基于电磁感应、探地雷达的城市地下道路管线探测原理方法与技术

孔位学　胡　畏　陈佳艺　袁健玮　芮勇勤　编著

东北大学出版社

·沈　阳·

图书在版编目（CIP）数据

基于电磁感应、探地雷达的城市地下道路管线探测原
理方法与技术／孔位学等编著. -- 沈阳：东北大学出
版社，2024. 7. -- ISBN 978-7-5517-3633-6

Ⅰ. U459. 9-39

中国国家版本馆 CIP 数据核字第 202443U7N8 号

出　版　者：东北大学出版社
　　　　　　地址：沈阳市和平区文化路三号巷 11 号
　　　　　　邮编：110819
　　　　　　电话：024-83683655（总编室）
　　　　　　　　　024-83687331（营销部）
　　　　　　网址：http://press.neu edu.cn
印　刷　者：辽宁一诺广告印务有限公司
发　行　者：东北大学出版社
幅面尺寸：185 mm×260 mm
印　　张：26
字　　数：612 千字
出版时间：2024 年 7 月第 1 版
印刷时间：2024 年 7 月第 1 次印刷
责任编辑：潘佳宁
责任校对：郎　坤
封面设计：潘正一
责任出版：初　茗

ISBN 978-7-5517-3633-6　　　　　　　　定　价：128.00 元

前　言

　　我国改革开放以后，中国特色社会主义现代化建设取得了辉煌成就，城市建设发展迅速，城市面貌日新月异，城市功能也日臻完善。与此同时，对城市基础设施的建设与管理就提出了更高要求。

　　城市地下管线是城市基础设施的重要组成部分，地下管线大致分为给排水管、雨水与污水管、煤气管道、石油与化工管道、照明电缆与有线电视电缆、工业与其他专用性动力电缆、通信电缆与光缆等。这些地下管线就如人体的"神经"和"血管"，日夜担负着水、电、信息和能源等的供配与传输。有人把这些地下管线誉为城市的"生命线"，是城市赖以生存和发展的物质基础。因此，查明城市中现有地下管线的分布和规划未来地下管线布局，成为我国城市建设和国民经济发展中的一项重要工作。

　　《基于电磁感应、探地雷达的城市地下道路管线探测原理方法与技术》主要包括以下内容：

　　（1）城市地下管线的基本状况——国内外地下管线典型事故案例和城市地下管线探测技术规程建立与实现。

　　（2）城市地下管线普查管理与术语规定——城市地下管线普查，城市地下管线管理，城市地下管线术语，城市地下管线基本规定。

　　（3）地下管线类别和探测方法分类——地下管线类别与探测，地下管线探测仪器探查方法与技术，地下管线探测主要方法分类，电磁感应探测法，电磁辐射探测法——地质雷达法，地下管线探测探查原则与方法，探查工作质量检验。

　　（4）电磁感应探测法基本原理、方法——一次场的性质，发射场的磁感强度，感生电流 I_2 的形成机理，利用水平分量 $B_x(x)$ 的反演分析，利用垂直分量 $B_z(x)$ 的反演分析，利用水平与垂直分量 $B_x(x)$、$B_z(x)$ 的反演分析。

　　（5）电磁感应管线探测仪（英国 RD8100 雷迪）——英国 RD8100 雷迪管线探测仪介绍，发射机的信号与接收机的三种工作方式，管线探测仪的性能、特点与功能。

　　（6）电磁辐射（地质雷达）探测法——电磁波在媒质中传播的波阻抗，波阻抗分界面下电磁波的反射与透射，媒质中电磁波传播速度及反射波相位，地下管线埋深的反演方法。

　　（7）LTD2100 型探地雷达探测原理与使用数据处理方法——探地雷达探测基本原

理，探地雷达探测地层管线的可行性，探地雷达探测地层管线的特点，LTD2100 型探地雷达挂接天线、系统性能与数据采集，探测数据 LTD 处理软件 IDSP 及应用。

（8）探地雷达 RD1100/1500 探测管线与数据处理分析——探地雷达 RD1100/1500 探测特色及基本原理，数据收集与技术应用，屏幕截图微型报告和传输数据。

（9）基于探地雷达的地下管线探测图谱特征及其判识方法——管线不同埋深与间距、管线内不同物质、不同材质管线、不同管线直径、不同管线埋深以及不同形状管线空洞等的特征分析，不同管线材质及内部介质影响的特征分析。

（10）探地雷达在道路检测中的质量评价应用——探地雷达延长道路使用年限破损检测，探地雷达检测道路破损影像，探地雷达检测道路常见病害类型影像，探地雷达检测市政道路病害标准影像。

（11）探地雷达在道路地下管线检测中的精准探测——地下管线的种类材料与主要探测仪器，探地雷达探测地下管线面临的问题与流程，地下管线探地雷达探测异常解译诊断。

（12）电磁感应、探地雷达在道路地下管线检测中的诊断——道路地下管线检测典型实例，道路地下管线开挖探槽与检测，路基地下管线开挖与检测。

（13）沥青路面主要病害与处置措施建议——公路路基路面处置原则与要求，路基翻浆与沉陷、沥青路面病害与处置对策，环城南路沥青路面病害处置与修复。

（14）沥青路面病害动力固结数值模拟——固结非饱和渗流特性理论，岩土本构模型，有限元强度折减法，动力响应分析原理，路面地下管线、雨污管道井周围与井盖沟槽等回填压实机理分析，环城南路路面地下给水管线渗漏诱发沉陷机理分析。

在本书完成之际，首先感谢同行的指导，重视与大力支持，感谢项目组同事所做的工作，还要感谢前辈们一如既往的关心与爱护，你们的殷切期望正是我们编写本书的动力源泉。由于作者水平和时间的限制，书中难免存在一些错误，敬请广大读者批评指正。也请您在发现错误后及时反馈给我们，以便再版时进行更新与修正！再次感谢广大读者。

编著者

2024 年 3 月

目 录

第1章 城市地下管线的基本状况

20 世纪 80 年代以前，我国城市地下管线管理严重滞后于城市发展，并且严重落后于国际同行业水平。全国除少数几个城区进行过地下管线的普查和建档工作外，绝大多数城市地下管线分布状况并不清楚，与这些城市的快速发展形成了强烈反差，在一定程度上限制了城市的高速发展。

◆◇ 1.1 地下管线事故频发、损失严重

由于地下管线分布与状况不明，因而在城建施工中地下管线遭到破坏的现象频繁发生，造成停电、停水、停气、通信中断，甚至导致火灾和爆炸事故。据统计，我国每年发生管线破坏事故上万起，不但造成数以亿计的经济损失，而且造成许多人员伤亡。主要重大事故统计如下：

（1）某大型钢铁厂控制中心的电缆被挖断，导致两个高炉停产，经济损失达 2000 多万元。

（2）武汉市一煤气管道被打穿，造成重大煤气泄漏事故，经济损失达 100 万元。

（3）某机场指挥中心的通信电缆被挖断，造成数十架航班停飞。

（4）北京某工程公司在施工中钻断北京电信管理局所属国家一级通信网中两条长途电缆和一条国际专线电缆，影响国际通信线路 70 条，长途电话 480 条，造成严重政治影响和重大经济损失。

（5）福建某印刷有限责任公司因水管碾断，印刷机和纸张被浸泡，造成经济损失达 150 万元，并导致全省中小学课本无法按时到位，后果非常严重。

（6）扬州市除夕晚上发生煤气大爆炸，被称为城市"生命线"的地下管线，成为当地居民的"夺命线"，造成严重的社会影响。

（7）2014 年 6 月 30 日，大连某建设工程有限公司在金州新区某停车场附近进行水平定向钻施工中，将中石油新大一线输油管线钻漏，导致原油泄漏，溢出原油流入市政污水管网，在排污管网出口处出现明火。

（8）2014 年 4 月，中国石油某石化分公司一条管道发生原油泄漏，污染了供水企业的自流沟，当地水务集团公司检测发现，其出厂水苯含量高达 118～200μg/L，远超国家

限值 10μg/L，引起当地市民抢购矿泉水的"热潮"。

（9）2013 年 11 月 22 日，山东某输油储运公司泄漏原油进入市政排水暗渠，在形成密闭空间的暗渠内油气积聚遇火花发生爆炸。事故造成 62 人死亡、136 人受伤，直接经济损失 7.5 亿元。

（10）2013 年 8 月 14 日，哈尔滨市辽阳街路面突然塌陷，造成 4 人落入深坑。事故原因是强降雨造成土质沉降，致使老旧排污管线断裂，泥沙灌入人防工程洞体。

（11）2012 年 5 月 25 日，淄博市高新区高速入口处附近，一家自来水公司施工时挖断济南至青岛段输油管道，造成大量柴油泄漏。

（12）2012 年 4 月 1 日，北京市西城区车公庄大街附近路面突然塌陷，行经此地的一女子意外落到坑里，被热力管道渗漏的热水烫伤，经抢救无效死亡。

（13）2010 年 7 月 28 日，南京市栖霞区迈皋桥街道某地块拆除工地发生地下丙烯管道泄漏爆燃事故，共造成 22 人死亡，120 人受伤住院治疗，其中 14 人重伤，直接经济损失 4748 万元。

◆◆ 1.2 地下管线乱埋乱设，构成城市未来发展的严重隐患

由于城市各类地下管线的经费来源和所属单位不同，没有统一管理体制，埋设时间不同，因而城市地下管线管径、管材、走向、埋深等十分混乱且错综复杂，极易形成牵一动十的现象。

1995 年山东某市发生的电缆爆炸特大事故，爆炸长度 2.2km，造成 13 人死亡、48 人受伤的惨剧，就是因煤气管道和电力电缆铺设过于靠近，煤气泄漏到电缆沟内，遇火引起爆炸。又如东北某市曾发生煤气管道爆炸，使修建在煤气管道上方的一栋居民楼遭到严重破坏，造成 8 人死亡、多人受伤。

我国城市地下管线状况落后而且十分混乱，与我国现代化建设和经济快速发展极不适应。导致这种状况的原因很多，也很复杂。

（1）地下管线资料流失和残缺现象严重。许多大中城市，尤其是一些历史悠久的城市，地下管线铺设的历史过久，有的城市地下管线施工档案不全，有的部分或全部流失，有的根本就没有建立档案资料，这就给管理工作带来巨大困难。

（2）地下管线多次、重复铺设，分布错综复杂。许多城市的地下管线由于所属单位不同，在不同时期施工，情况复杂，后来施工者稍有不慎就会造成严重后果。如一船厂在检修上水管时，竟把邻厂的主水管挖断，造成停水停产。又如沿海某市在建一大楼时，在施工中将该市主供水管破坏，顷刻间工地变成了"湖泊"。这样就容易形成"不动不行，一动就出问题"的尴尬局面。

（3）只注重地下建筑、忽视地下管线。尽管地下管线事故频频发生，损失惨重，但尚

未引起人们的足够重视。那种长期以来各自为政、条块分割、多头管理的局面仍在一定程度上存在。有些人认为搞地上建筑看得见摸得着,成绩明显,搞地下管线是"白花钱",看不见,摸不着。

(4)地下管线普查手段落后。过去,有一些城市认识到了健全地下管线资料对城市规划建设的重要性,开展了一些普查工作,但受制于落后的普查手段和方法,收效甚微。

◈◇ 1.3　地下管线典型事故案例

1.3.1　加拿大 Westridge Dock 原油管道破裂事故

1.3.1.1　事故概况

加拿大 Kinder Morgan 公司(KMC,金德尔-摩根公司)运营管理的 Westridge Dock 原油输送管道联络线建于 1953 年,管径 610mm,壁厚 6.4mm,最大运行压力(MOP)3.36MPa,长度 4.13km,起点位于 Trans Mountain 管道系统末端,终点位于 Westridge Dock 储油库(见图 1.1)。2007 年 7 月 24 日,被第三方施工开挖损坏,约 234m³ 原油发生泄漏。泄漏原油喷射到空中高达 12~15m,持续约 25min。50 户家庭、附近公路和邻近土地受到事故影响,公路因事故封闭了数天。原油流进下水道系统,最终进入 Burnaby 海域,并在风和潮水作用下进一步向海湾扩散,最终导致 1200km 海岸线受溢出原油影响,大量海岸生物受到污染。

1.3.1.2　事故经过

2007 年初,Burnaby 市在市区内湾道开挖一条新下水道,与 Westridge Dock 管道发生交叉。

7 月 17 日,KMC 公司批准了下水道承包商(以下简称承包商)交叉施工补充协议,允许拟开挖下水道在 DM20 附近穿过管道,最小间距为 0.3m。随后承包商联系 KMC 公司,请求其检查人员于 7 月 25 日到达作业现场定位管道,以便安装与管道交叉的下水道。

7 月 24 日中午 12 时,管道遭到机械损伤。同时,埃德蒙顿控制中心操作员发现监控和数据采集系统(SCADA)显示流向管道终端油罐的流量从 3160m³/h 增加到 3260m³/h(而原油开始泄漏时并未被察觉),随即控制中心收到居民的紧急呼叫,称发现油品泄漏,并提供了有关位置及事故情况的详细信息。操作员立即请求位于 Burnaby 终端的运营商关闭管道,随后停止了原油输送。破裂发生 15min 后,终端处的输油泵已经停止工作,通往油罐的输油阀已经关闭。但控制中心注意到 SCADA 系统仍然显示管道流量,立即请求终端运营商关闭输出阀,将管道与终端隔离。随后根据 KMC 公司紧急停车程序将管道内的油抽进油罐内。破裂发生 24min 后,终端被完全隔离。破裂之后约 1h,管道

图 1.1 Westridge Dock 储油库管道布置图

完成抽油。3h 后，运营商重新关闭通往油罐的输油阀，事故段两端均被隔离。7 月 27 日，管道重新启输。承包商在 KMC 公司检查人员监督下完成下水道安装。

1.3.1.3 原因分析

损坏的管段由加拿大交通安全委员会(TSB)监督进行金相分析，实验确定管道在事故发生前处于良好状态，不存在如腐蚀、变薄或断裂等失效风险。受损管段有 2 个大的穿壁孔和 9 处冲击凿伤，导致管道凹陷和变形。事故现场调查显示，管道位置偏离内湾道东部界线 4.0~9.8m，而非设计图纸上显示的 8.5m；下水道沟渠是根据 11.3m 的设计偏离进行挖掘的；管道与下水道沟渠中心线距离仅 1.5m，而第 1 版和第 2 版设计图纸上均显示间隔为 2.8m，且处在交叉施工法规规定的管道两侧 3m 受限区域内。

虽然 KMC 公司批准了交叉施工协议，管道中心线与下水道中心线之间有 2.8m 间隔，要求开挖沟渠与管道最低间隔为 1.5m，但 KMC 公司未在协议、设计图纸或注释中明确提出，未特别规定管道两侧 3m 受限区域内不得实施机械挖掘活动。未能遵守加拿大国家能源局(NEB)对管道周围 3m 临时受限区域禁止所有机械挖掘活动，直至管道通过手动挖掘或其他方法清楚定位为止的法律要求。

假设 KMC 公司特别要求，根据交叉施工协议条款在继续施工之前召开施工前现场会议、在该会议前满足所有安全要求以及管道在当时完成定位，明确指示必须确保与管道周围施工有关的所有安全和法律要求均得以满足，那么承包商将会意识到在满足特定条件之前无法在 DM20 处继续施工。但是，KMC 公司未提供任何有关 DM21 和 DM25 之间沟渠开挖工作的相关指示，而且在 DM20 以北只定位 DM20 至 DM21 之间约 30m 管道，在靠近 DM21 处，管道位置与设计图纸中的偏离位置一致。承包商认为可以在 DM21 处进行施工，并且继续在与管道平行的位置挖掘沟渠，同时认为继续向着内湾道上方朝向 DM25 的施工，也无须另行通知 KMC 公司(见图 1.2)。

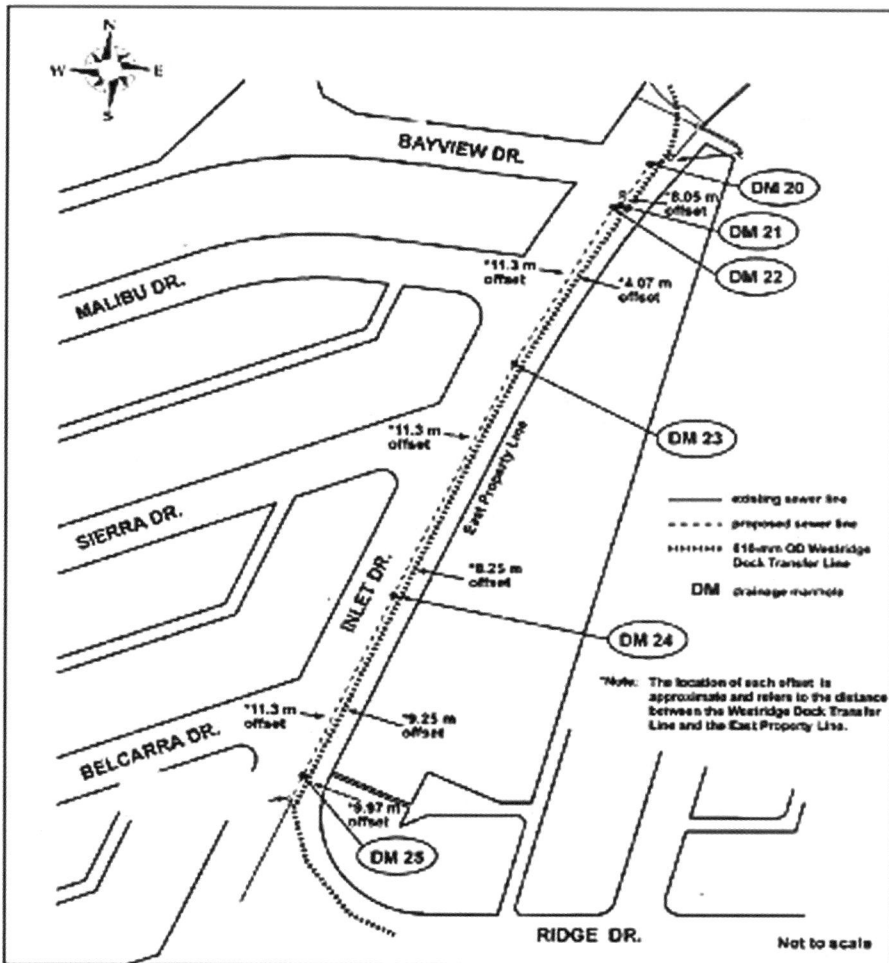

图 1.2　设计图纸管线偏移示意图

尽管承包商和 KMC 公司已知晓 DM20 处管道的现场位置与设计图纸不符，但是没有人质疑内湾道上是否存在设计与管道现场位置不符的其他地点，因此继续挖掘工作。管道在 DM25 处的实际位置比预计的更加靠近下水道的设计位置，存在误判。如果根据交叉施工协议和 NEB 法规条款规定，在施工前检测管道的深度和位置，该问题将会被发现。

挖掘机挖斗强力撞击管道 5 次，其中 2 次导致漏油，任何一次都应当能够提醒现场监督人员发现存在的问题并且了解撞言到了地下结构物。管道被挖掘机击穿后，输油泵被关闭。但是，由于 Burnaby 终端的位置比破裂现场的位置高，管道存油因重力作用继续流向破裂点。关闭泵而非终端的排放阀使得原油仍然可以绕开泵进入管道。如果通往油罐的阀门保持打开，则能够将原油从管道破裂现场排空。事故发生时未能及时将管道内的油排入油罐内，这与标准的紧急停车程序相反，并导致内湾道出现更多的泄漏油品。

导致这次事故的原因可简要概括为以下方面：

①由于管道的位置未按照交叉施工协议和 NEB《管道交叉法规第 I 部分》的要求沿着内湾道进行实地检测，因此设计图纸上的位置与其现场实际位置之间的偏差在开工之前未被发现。

②由于误判管道的位置，挖掘机根据获批的交叉施工设计图纸挖掘沟渠时损坏了管道。

③KMC 公司内部以及与承包商之间的沟通不充分，导致未能普遍理解或接受交叉施工项目工作计划和承包商施工计划。

④未能遵守交叉施工协议和 NEB《管道交叉法规第 I 部分》《管道交叉法规第 II 部分》中有关施工前现场会议、定位管道以及监督施工活动等规定，损害了管道安全。

⑤事故发生后关闭了终端油罐前的阀门却未关闭输油站阀门，没有通过终端阀门向油罐排油，导致输油站方向的油品因重力作用仍然向泄漏点流动，增加了泄漏量，不符合标准的紧急停车程序。

这是一起典型的第三方开挖损坏管道事故，其教训是：再完善的法规也要靠严格的管理去实现，细节决定成败。如加拿大国家能源局(NEB)《管道交叉法规》规定："在管道中心线两侧各 3m 范围内禁止所有机械挖掘活动，直至管道通过手动挖掘或其他方法清楚定位为止。"但这个规定在现场没有得到认真执行。如下水道开挖工程的初步设计图纸中作业间距与现场的定位偏差、第 2 版设计对第 1 版设计的纠偏不足、交叉施工确认程序履行不到位、现场检查人员对现场已显示的施工作业迹象的忽视等多个漏洞，最终击穿了法规设定的保护屏障，导致了事故的发生。

1.3.2 美国 X70 及以上钢级管道失效事故

X70 及以上钢级管道(以下简称高钢级管道)应用已有 30 余年历史，随着使用范围逐步扩大，失效事件时有发生。目前，高钢级管道失效频率已经控制在较低水平，但对其焊接结构完整性和系统可靠性方面的认知还存在一定的局限。因此通过失效数据的统计分析和系统性试验查清发生失效的主因是当务之急。

1.3.2.1　美国高钢级管道失效情况及原因

美国在 2008 年和 2009 年集中建设了一批高钢级管道(每年大约 6400km),在管道压力试验过程中发现了管材和环焊缝质量问题,出现了管道鼓胀变形、开裂和环焊缝泄漏,随后在役管道也出现了环焊缝开裂事故。为此,美国政府要求各管道公司对 2008 年和 2009 年建设的 DN508 口径以上、管道材料等级 X70 及以上的管道进行全面排查,并于 2010 年 3 月 18 日由交通运输部下属的管道和危险物质安全管理局(PHMSA)发布 PHMSA-2010-0078 号公告《管道安全:针对大口径管道由于变壁厚、错边和焊接不当造成的环焊缝质量问题》。事故分析表明这些失效事件都是由变壁厚环焊缝焊接不当、错边、管道内部焊接不当、管道支撑不当和附属物等原因造成的,大多数待焊接管端条件并没有达到设计和施工要求(即坡口处理不到位)。

2008 年至 2009 年,Enbridge 公司建设了全长 504km、管径 508mm、管材 X70 和 X80 钢、标称壁厚 6.4mm 的 LSr 管道。LSr 管道从加拿大曼尼托巴省 Cromer 至美国明尼苏达州 Clearbrook。在加拿大境内敷设管道长度为 288km,包括 278km 长 X70 管道和 10km 长 X80 管道;在美国境内敷设管道长度为 216km,全部为 X70 管道。钢管均由加拿大的 Evraz Inc.提供,采用电阻焊(ERW)工艺制造。Enbridge 公司在 LSr 管道建设过程中除遵守加拿大 CSAZ662-07《石油天然气管道系统》第 7.11 条环焊缝无损检测要求外,施工队伍对所有环焊缝进行了 100%射线检测,并建立了延迟无损检测方案,将大多数环焊缝纳入到延迟无损检测计划中,主要目的是检测环焊缝是否会出现延迟氢致裂纹。在加拿大境内共发现 21 处环焊缝裂纹,并进行了割口和换管处置。环焊缝裂纹产生的主要原因是,在大风和严寒天气条件下施工,预热不充分、层间温度不达标和焊后保温措施不到位。Enbridge 公司为了降低管道环焊缝裂纹存在的风险,对大部分(58%)环焊缝进行了延迟无损检测,尤其是对 2008 年 11 月以后施工的环焊缝(主要为第 9 标段和第 11 标段)开展了 100%延迟无损检测。

1.3.2.2　美国高钢级管道失效事件统计分析

PHMSA 记录了 X70 及以上钢级管道的历年失效事件,最早记录为 1972 年建设、材质为 X70 钢的 BLUE WATER 天然气管道,2014 年发生了由第三方损坏导致的管道本体开裂,共 51 起失效事件分类情况如下。

①失效事件数量与建设年代。管道失效事件数量与管道建设年代总体分布较均匀,其中 2008 年、2009 年建设的管道失效事件数量突出(见图 1.3)。

②失效事件数量与输送介质的关系。主要失效管道的输送介质分别为天然气(28 起,54.9%)、原油(13 起,25.5%)和二氧化碳 CO_2(8 起,15.7%),其他为液化石油气(1 起,1.96%)和乙烷(1 起,1.96%),见图 1.4。

③失效事件与管径分布。管道失效事件主要发生在 609mm（17 起，33.3%）和 762mm（17 起，33.3%）管径的管道，X70 及以上钢级大口径管线（>508mm）失效事件数量约为小口径（≤508mm）管线的 6 倍（见图 1.5）。

失效事件数量

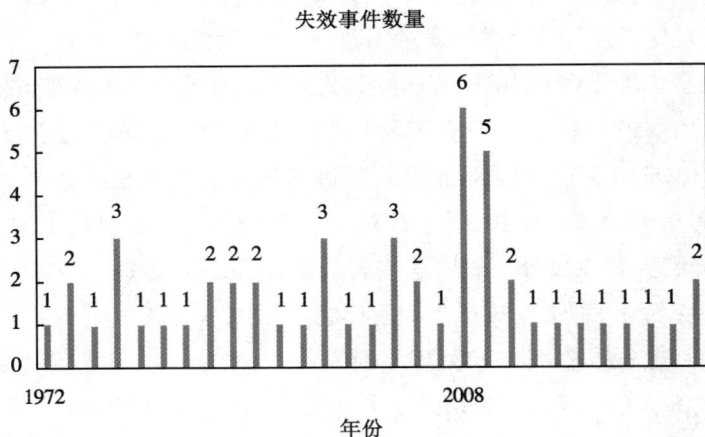

图 1.3　X70 及以上钢级管道各年份失效事件数量

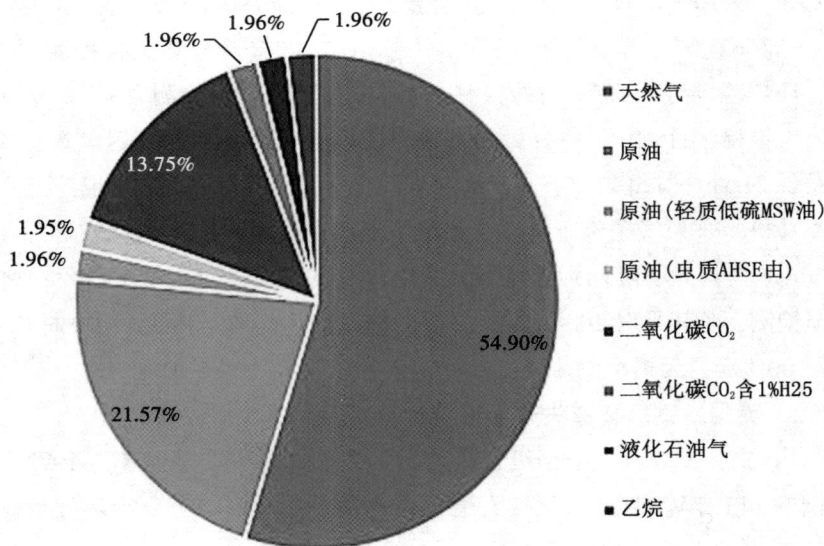

图 1.4　X70 及以上钢级管道不同输送介质失效事件数量

④失效位置。失效位置管体（22 起，43.1%）与焊缝（环焊缝、管体焊缝、焊缝配件）大致相当（23 起，45.1%），见图 1.6。

⑤失效类型。失效类型以泄漏（27 起，52.9%）为主，还有破裂（16 起，31.3%）、其他（8 起，15.7%），泄漏与破裂的比例约为 8：5。各管径管道泄漏占比[泄漏／（泄漏＋破

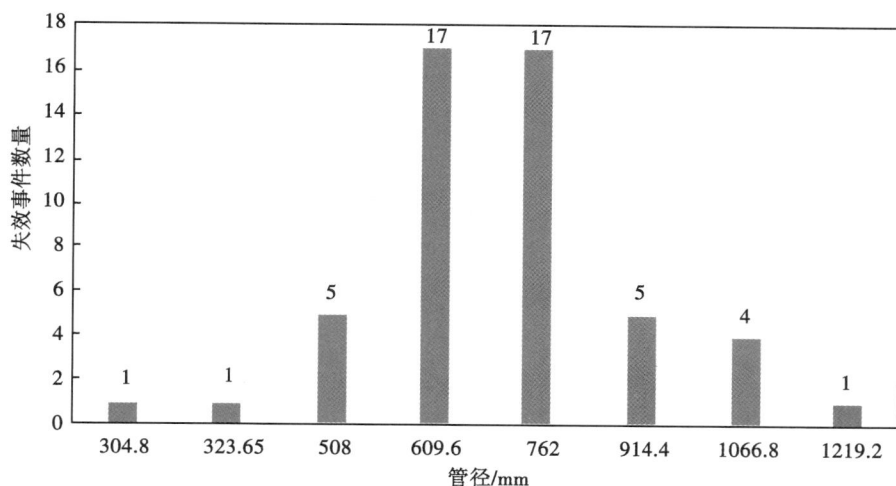

图 1.5　X70 及以上钢级管道失效事件数量与管径分布

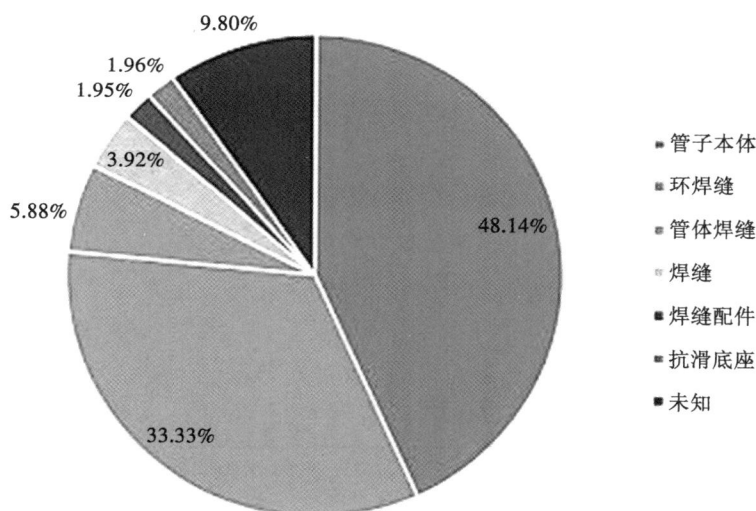

图 1.6　X70 及以上钢级管道失效事件数量与失效位置占比

裂)〕为：小于 304.8mm，泄漏占比为 100%；508～762mm，泄漏占比为 64.7%；大于 914.4mm，泄漏占比为 42.9%。大管径管道更容易发生破裂失效(见图 1.7)。

⑥点火事件。如图 1.8 所示，管道失效后发生点火事件 6 起，着火 3 起、爆炸 3 起 (其中 914.4mm 管道同时发生着火爆炸)，未点火事件 46 起。总体来讲，点火的可能性 为 9.8%，点火后出现着火或爆炸的概率大致相当。

⑦失效缺陷类型。缺陷类型主要为腐蚀穿孔(针孔、穿孔)、开裂(环向开裂、纵向开

失效类型与管径分布

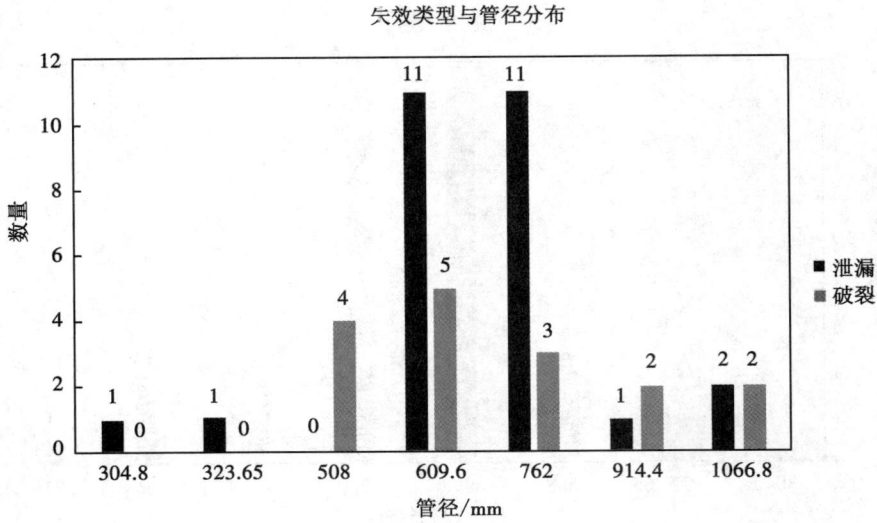

图 1.7　X70 及以上钢级管道失效事件类型与管径分布

点火

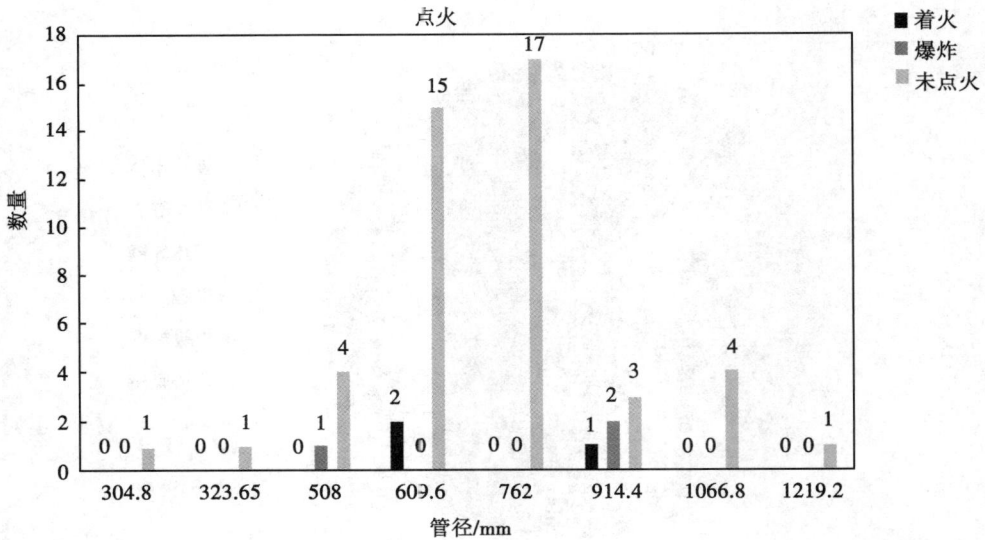

图 1.8　X70 及以上钢级管道失效后点火事件数量（508m 管道发生闪爆，未点火）

裂、裂纹），其中腐蚀穿孔为 16 起，占比 31.4%，开裂为 18 起，占比 35.3%（见图 1.9）。

　　⑧失效原因。失效主要原因为制造与施工缺陷（材料失效、施工/材料缺陷）共 29 起，占比 56.9%；第三方损坏（开挖损伤）共 7 起，占比 13.7%；腐蚀共 6 起，占比 11.8%；自然与地质灾害（自然灾害）和误操作各 4 起，分别占比 7.84%；其他为 1 起，占比 1.96%（见图 1.10）。

缺陷类型及数量

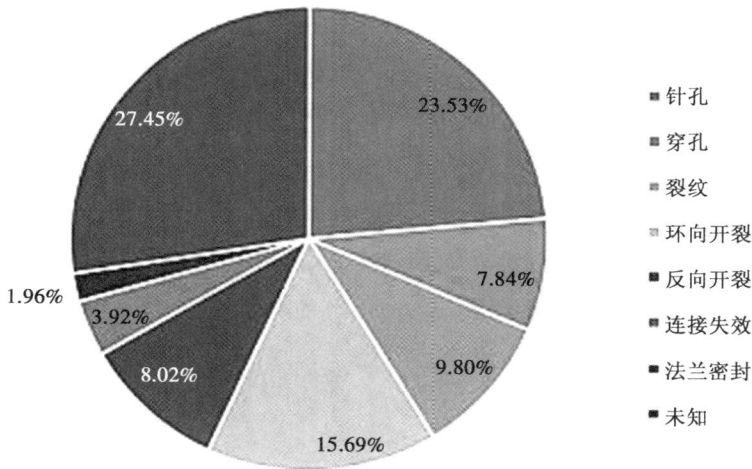

图 1.9　X70 及以上钢级管道失效缺陷类型占比

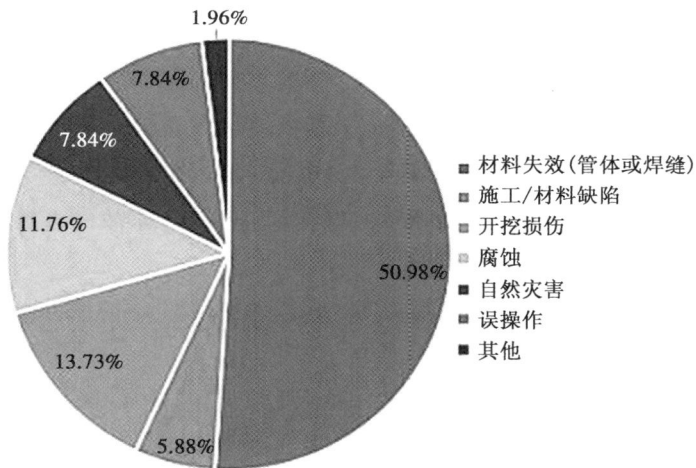

图 1.10　X70 及以上钢级管道失效原因占比

1.3.3　输气管道泄漏爆炸事故影响范围与相关标准比较分析

输气管道一旦发生泄漏引发燃烧、爆炸,将对周边人员和环境造成重大危害。本节以国内外发生的 4 起天然气管道泄漏燃烧事故为例,分析其事故后果影响范围,并与标准规定的潜在影响半径计算结果进行比较。同时分析了北美发生的多起天然气管道失效事故及影响范围,清楚表明天然气管道泄漏失效的危害性及影响范围已经超出了目前相关标准的规定。

1.3.3.1　事故案例

（1）比利时管道事故。2004 年 7 月 30 日上午 9 时，位于比利时首都布鲁塞尔以南 40km 处工业区的高压输气管道发生爆炸。事故管道管径 1000mm、材质 X70、壁厚 10mm，日常输送压力 8MPa，发生事故时的管道压力为 7.3MPa。爆炸后火焰最高达 450m，平均高度 250m。事故造成 24 人死亡(包括 5 名消防人员和 1 名警察)，132 人受伤(其中重伤 25 人)，多辆车辆被毁，摧毁了两家工厂，方圆 1000m 范围内的生态环境受到不同程度的影响(见图 1.11)。

图 1.11　比利时管道爆炸影响范围与火焰高度

（2）永唐秦管道事故。2010 年 5 月 4 日，永唐秦管道位于秦皇岛抚宁区榆关镇龙口店村的 15#阀室发生爆炸起火事故，未造成人员伤亡，距现场 98m 的室内可燃物充分燃烧，104m 外猪舍的猪被烤熟。该管道管径 1016mm，运行压力 5MPa。发生泄漏的管道为阀室内压缩机预留管线，管径为 355.6mm，与主管道相连。事故的直接原因为雷击。管线在 72h 内经抢险恢复运行(见图 1.12)。

图 1.12　永唐秦管道事故现场影响区域

（3）川气东送管道事故。2016 年 7 月 20 日 6 时 32 分，川气东送管道在恩施袁家湾隧道出口 1km 处由山体滑坡导致管道撕裂，并发生天然气闪爆。该管道管径 1016mm，运行压力约为 6MPa。闪爆造成管道反折(2 个管节段)与变形，抛出距离约 200m，还有 4

个管节段抛出约 100m。事故造成 2 人死亡、3 人受伤，严重烧毁区域 39.65m²，滑坡区域 62.5m²，滑坡量约 200 万 m³，过火（热辐射）区域 124.5m²（见图 1.13）。

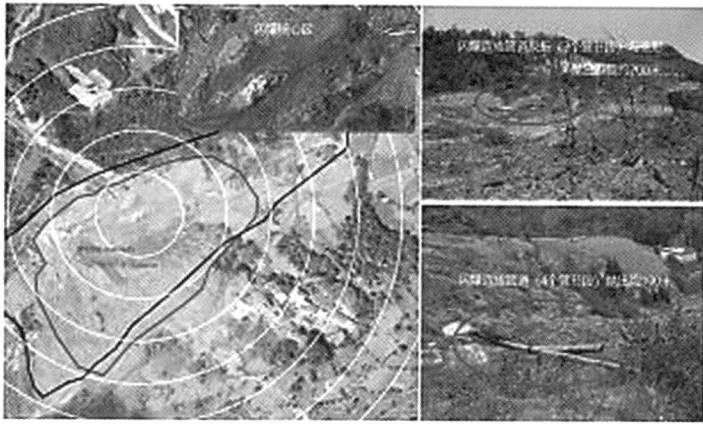

图 1.13　川气东送管道事故现场影响区域

（4）中缅天然气管道事故。2017 年 7 月 2 日，中缅天然气管道贵州晴隆县境内段，因当地持续降雨引发公路边坡下陷侧滑，挤断沿边坡埋地敷设的输气管道，导致天然气泄漏引发燃烧爆炸（图见 1.14），230m 外的农贸市场受损，40m 外的楼房烧毁，350m 外的树叶干枯。该管道管径 1016mm，运行压力 6.74MPa。事故造成 1 人死亡、23 人受伤，直接经济损失 2145 万元。

图 1.14　中缅天然气管道事故现场影响区域

1.3.3.2　理论计算与案例对比

天然气管道发生泄漏起火，形成喷射火，火灾热辐射影响主要取决于是否有人员暴露于火焰或特定的热辐射中，表 1.1 为热辐射作用下人员伤害和设备破坏的热通量准则。

表 1.1　热辐射作用下人员伤害和设备破坏的热通量准则

热辐射强度/(kW·m⁻²)	设备损坏	人员伤害
37.5	操作设备损坏	1%死亡(10s)、100%死亡、(1min)
25.0	在无火焰，长时间辐射下木材燃烧的最小能量	重大烧伤(10s)、100%死亡(1min)
12.5	有火焰时，木材燃烧及塑料熔化的最低能量	1度烫伤(10s)、1%死亡(1min)
4.0	30min 玻璃破碎	20s 以上人员感到疼痛，可能烧伤，无人员伤亡

案例中实际受影响范围与采用《油气输送管道完整性管理规范》(GB 32167—2015)中潜在影响半径(PIR)公式计算的结果对比见表 1.2。

从表 1.2 可以看出，真实事故受当时运行状态与环境条件(地形、气象)影响，采用潜在影响半径(PIR)公式(破裂模式、15.8kW/m² 热辐射通量值)计算的结果，不能覆盖所有情况。

表 1.2　案例中实际受影响范围与理论计算的结果对比

事故案例	管径/mm	运行压力/MPa	热辐射影响 特征类型	距离/m	PIR/m
案例一 破裂	1000	7.30	汽车轮胎软化、喷涂的漆有部分烧黑	155	267.5
			展板靠近火灾面局部烧毁	160	
			工厂框架结构燃烧损毁	170	
			树木朝向面燃烧，树叶烤黄	210	
			路灯导线损毁	340	
案例二 孔泄漏	1016	5.00	室内可燃烧物充分燃烧	98	224.9
			猪舍坍塌，且猪被烤熟	104	
案例三 破裂	1016	6.00	严重烧毁区域半径	110	246.4
			过火区域半径	200	
案例四 破裂	1061	6.74	楼房烧毁	40	261.1
			高压线断裂	60	
			农贸市场部分损毁	230	
			房屋玻璃破裂	290	
			树叶朝向面干枯	350	

1.3.3.3　北美典型输气管道失效事故

表 1.3 列举了美国和加拿大典型输气管道失效事故影响范围及后果。

1.3.3.4　认识与建议

(1)大口径天然气管道的爆炸燃烧影响范围均在数百米以上，比标准规定的潜在影响区计算值(PIR，考虑 1%的死亡概率)大。

(2)制定应急预案或现场处置时，要适当加大应急处置和人员疏散范围。

（3）我国地区等级划分以管道中心线两侧各 200m 为标准，并且未考虑管径、压力等因素，亟待改进。

（4）我国管道保护法规定的油气输送管道两侧各 5m 保护范围，目的是防止占压和施工挖掘损坏，保障管道巡检和维护维修，远远满足不了保障建筑物安全的需要。

（5）俄罗斯及中亚地区规定管径 1000mm 以上输气管道的安全距离是管道两侧各 300m，可供借鉴。

（6）建议持续改进事故调查分析，全面、系统、详尽地分析管道失效事故，促进管道安全保护技术的发展和管理水平的提升，以对行业发展方向、管理模式、立法等产生积极影响。

（7）我国目前偏重于对事故责任的追究，对技术原因分析和改进措施跟踪落实不够。建议加强事故致因分析，提出改进措施并及时在法律、规范和标准中体现，以防同类事故重复发生。

表 1.3　美国和加拿大典型输气管道失效事故影响范围及后果

时间	失效地点	事故描述	事故后果	最大伤害距离/m	管径/mm	压力/MPa
1969-09-09	靠近得克萨斯州休斯敦	破裂约 10min 后起火爆炸	过火区域长 112.8m、宽 91.4m(均在一侧)，超压影响距离 76.2m，热辐射影响距离 91.4m。106 处房屋损毁，9 人受伤	91.4	355.6	5.44
1974	靠近弗吉尼亚州比尔顿		过火区域长 213.4m，宽 121.9m	213.4	762.0	4.95
1974-03-15	靠近新墨西哥州法明顿	破裂随即起火	直径 91.4m 范围内的土地烧焦，3 人严重受伤(距离开裂点 18.3m)	—	324.0	3.42
1976-08-09	路易斯安纳州卡特莱特	破裂数秒内起火	过火面积 12.14km^2，6 人死亡(距离开裂点 30.48m)、1 人受伤	—	508.0	5.31
1982	艾奥瓦州哈德逊		5 人死亡(距离开裂点 45.72m)	—	508.0	5.65
1984-11-25	靠近路易斯安纳州杰克逊	破裂随即起火	过火区域长 442.0m，宽 109.7m，5 人死亡(距离开裂点 19.8m)，23 人受伤	289.6	762.0	7.00

表1.3(续)

时间	失效地点	事故描述	事故后果	最大伤害距离/m	管径/mm	压力/MPa
1985-04-27	靠近肯塔基州博蒙特	破裂随即起火	过火区域长213.3m，宽152.4m，2栋房屋、3辆房车被毁，5人在距破裂点96.9m的屋内因吸入浓烟致死，3人从距离破裂点97.5m的房屋内跑出来被烧伤，其中1人2度烧伤	152.4	762.0	6.82
1986-02-21	肯塔基州兰开斯特	破裂随即起火	过火区域长304.8m，宽274.3m，2栋房屋、1辆房车被毁，3人从距离破裂点85.3m的房屋内跑出来被烧伤，5人从距离60.9~160.0m的住所内跑出受轻伤	243.84	762.0	6.66
1994-03-23	新泽西州爱迪尔森	破裂随后起火	过火区域长426.7m，宽274.3m。房屋过火最远距破裂点274.3m。未造成人员伤亡，58人受伤	283.5	914.0	6.68
1994-02-14	萨斯喀彻温省枫树河	破裂随即起火	过火面积0.085km²	—	1066.0	8.32
1994-07-23	安大略省莱斯福特	破裂随即起火	过火面积0.047km²，热影响范围0.075km²	—	914.0	6.89
1995-07-29	马尼托巴省拉皮特城	管径1066mm管道破裂，随即起火，并行的管径914mm管道发生火灾	过火面积0.196km²，热影响范围0.8km²	—	1066.0	6.06

1.3.4 国内外输油管道泄漏事故案例处置对比分析

输油管道发生失效事故，已经泄漏油品进入水域的后果较为严重。在造成严重环境污染的同时，后期的泄漏油品收集、生态恢复等工作都需要耗费大量的时间和金钱，并且给运营企业带来停输损失和负面社会舆论。就如何预防这类事故的发生，制定有效的处置方案，提高应对能力，对近年来国内外发生的几起输油管道泄漏事故案例进行对比分析，以便从中汲取有益的经验和教训。

1.3.4.1　四起典型案例

（1）2000 年 4 月 7 日，波托马克电力公司下属 Piney Point 输油管道在位于马里兰王子乔治郡东南部的 Chalk Point 泵站发生破裂泄漏。ST 服务公司负责这条输油管道的运营管理，发生泄漏后长达 10h 该公司未采取任何措施，导致 638m³ 油品泄漏至附近的湿地和 Swanson 小溪，随后又进入了 Patuxent 河。公司花费约 7100 万美元用于污染带清理和恢复作业。

（2）2002 年 7 月 4 日，Enbridge 公司下属 4 号管线在明尼苏达州科哈赛特市附近的沼泽地里发生破裂，共泄漏 954m³ 原油，采取受控燃烧方式进行紧急处理。此次事件造成经济损失约 560 万美元。

（3）2010 年 7 月 25 日，Enbridge 公司下属 6B 管线在密歇根州马歇尔地区的湿地内发生破裂。破裂发生在计划停输的最后阶段，管道泄漏长达 17h 后运营商才发现管道发生破裂。在管道发生破裂到被发现这段时间内，公司操作人员两次启输向 6B 管线注入大量原油，导致 3192m³ 原油泄漏并渗透周围湿地，继而流入了 Talmadge 溪与 Kalamazoo 河。这次泄漏给周边环境带来了严重污染，当地居民被迫疏散到安全区域，两年后清理工作仍在进行，直接经济损失超过 7.67 亿美元。大约 320 人因暴露在原油环境下出现明显病症。

（4）2012 年 11 月 10 日，中国石油天然气管道局沈阳输油气分公司运营管理的庆铁二线在位于昌图输油站进站前 13.4km 处发生环焊缝开裂，造成约 200m³ 原油泄漏。利用集油坑收集原油 140m³，回收 135m³，约 60m³ 泄漏油品流入附近的黑咀河，绝大部分得到回收。泄漏造成停输 52h43min，油品回收费时 8d，受影响河道 43km。

1.3.4.2　应急处置方案分析

（1）现场指挥系统。Piney Point 输油管道泄漏事故发生后，ST 服务公司与现场溢油回收承包商成功部署了一套可以限制溢油扩散的拦油栅系统。但是，随后一场暴风雨摧毁了这套装置，溢油顺流蔓延了大约 25km，并使超过 60km 的海岸线受到污染。主要有以下几方面的疏漏。

①美国环境保护局（EPA）编制了现场指挥系统框架原则，并对所有联邦协调员进行了培训。但是 EPA 现场负责人抵达事故现场后没有立即执行，这对应急行动产生了不利影响。

②更为重要的是，由于在暴雨来临前的防御工作不到位，拦油栅系统被摧毁。同时，承包商发现险情的反馈信息也因为缺少统一指挥而无法及时有效传达。

③油品从拦油栅泄出后，情况变得更加复杂，更加难以控制。由于在事故最初没有建立现场指挥系统，在拦油失败后几天内都不能征调人员，无法做出快速有效响应。

（2）泄漏油品处置。在 Enbridge 公司 4 号管线泄漏事件中，工作人员在 Blackwater 小溪附近放置了栏油栅，以防止原油从溢油现场流到附近的河流及密西西比河中。Enbridge 公司用织物状木纤维复合板沿着私人土地但具有道路通行权的路段向溢油现场铺设出了一条长 0.4km 的道路。由于天气预报有大雨，应急人员担心原油可能会向更远处流动并污染密西西比河。现场指挥部随后成立，成员包括科哈塞特消防局、明尼苏达州污染控制局、明尼苏达州应急救援管理部以及明尼苏达州自然资源部林业科。

现场指挥部认为阻止原油进入附近河流的最好办法就是把溢出的原油控制在一定范围，然后燃烧。为了避免发生意外，指挥部命令疏散当地 12 户人家，最终有 7 名居民被撤离。下午，在溢油的周界涂上了化学阻燃剂，以阻止其向油罐区燃烧。燃烧持续了近24h，产生了高约 1.6km、长 9km 的烟雾，原油没有流到栏油栅以外的区域。

（3）应急资源。Enbridge 公司 6B 管线破裂泄漏后，最先做出反应的是当地管道维护站的四名 Enbridge 雇员。他们沿着 Talmadge 溪下游而不是开裂点周边区域做了补救工作，忘记了利用 Talmadge 溪边的涵洞做底流坝来减少原油扩散，对于流速很快的河水反而使用了不合适的围油栏。漏油处理承包商直到 10 多个小时后才确定漏油点。由于缺乏明确的应急资源要求，Enbridge 公司自己诠释了处理开裂所需资源的量级，导致发现开裂后最初几小时内缺少足够的资源和漏油处理回收设备。相比之下，海岸警卫队和EPA 法规都明确要求应急预案中满足最糟情况的泄漏应急所需物资，且必须安置在能够在应急预案所特定的时间内到达现场的位置。表 1.4 为 Enbridge 公司应急资源处置能力。

表 1.4　Enbridge 公司符合海岸警卫队和 EPA 法规所需应急资源处置能力

等级	泄漏时间/h	每日有效回收能力/$(m^3 \cdot d^{-1})$
等级 1	12	300
等级 2	36	450
等级 3	60	680

（4）应急联动处置。中国石油天然气管道局沈阳输油气分公司根据庆铁二线管道泄漏位置的压力和可能的泄漏原因，采用低压封堵和快速卡具堵漏方式，控制了油品泄漏。根据河流流速等水文特征，合理安排拦油点、设置拦油坝，控制了污油扩散范围。及时调集海上应急救援响应中心、吉林油田、辽河油田等队伍、设备和物资，保障了泄漏油品的及时回收。根据现场情况、水质监测结果，及时优化调整水体收油方案，确保了水质未受到较大污染。地方各级政府和乡镇、水利、公安、交通等部门参与并支持开展污油回收工作，协调了挖掘机、修路渣土、冲锋舟等物资，动员沿线群众积极参与围堵、清污等工作，保障了事件的成功处置。

1.3.4.3　处置结果对比分析

（1）事故都源于管道本体开裂（其中 3 起焊缝开裂，1 起皱褶开裂）引起的油品泄漏。泄漏的油品都不同程度地进入了周边的小溪或河流，造成了不同程度的环境污染。其中Enbridge 公司 6B 管线破裂泄漏是最严重的一起，也是泄漏量最大（泄漏约 3200m³ 原油）、事件处理时间最长(近 2 年)和造成的损失最大(7.67 亿美元)的一起事件。

（2）选择泄漏处理方式很关键。如 Enbridge 公司 4 号管线破裂泄漏采用受控点燃的方式处置泄漏原油，大大降低了事件处理的时间和成本。同时也发现 SCADA 系统和泄漏监测系统等不容易发现某些一定条件下的泄漏。

（3）通过比较可以发现，庆铁二线昌图进站管道泄漏处置的各个环节所利用的时间都是最短的，方法也比较得当，见表 1.5。

表 1.5　进站管道泄漏处置关键信息表

事件名称	事件类型	发现泄漏人员	发现泄漏距离发生泄漏的时间/h	发现泄漏后停阀门时间/min	发现泄漏距离确定泄漏点的时间/h	发现泄漏距离报告地方应急主管部门的时间/h	发现泄漏距离成立应急指挥中心的时间/h	泄漏处理方式	事件处理时间/d
2000 年 4 月 7 日 Finey Point 输油管道破裂泄漏	管道皱褶处开裂	运行人员	8.25	4	3.0	3.00	89.00	围堵收油	39
2002 年 7 月 4 日 Enbridge 公司 4 号管线破裂泄漏	直焊缝开裂	SCADA 系统监控人员	0	9	5.0	5.00	5.00	受控点燃	2.5
2010 年 7 月 25 日 Enbridge 公司 6B 管线破裂泄漏	直焊缝开裂	外部人员	17.00	5	10.0	2.25	5.25	围堵收油	715
2012 年 11 月 11 日庆铁二线昌图进站管道泄漏	环焊缝开裂	巡线人员	7.00	8	0.5	0.75	0.75	围堵收油	8

1.3.5　原油泄漏事故促进管道内检测技术发展

回顾历史，油气管道事故是实现管道行业管理提升和技术变革的强有力推手。正如管道内检测技术的发展，很大程度来源于油气管道失效事故的启示。从 Enbridge 管道公司输油管道破裂事故入手，分析探讨其对裂纹内检测技术发展的促进作用。

1.3.5.1　Enbridge 管道公司输油管道破裂事故

2002 年 7 月 4 日，Enbridge 管道公司（Enbridge Pipelines，LLC）运营管理的管径

863.6mm 输油管道在明尼苏达州科哈塞特市西部的一处沼泽地发生破裂，导致 954m³ 原油泄漏。事故经济损失约 560 万美元，没有造成人员伤亡。美国运输安全委员会（NTSB）事故调查报告（报告编号为 PAR0401）记录了事故管道裂纹情况（见图 1.15 和图 1.16）。

在靠近断裂两端的地方，疲劳裂纹氧化带延伸至管壁内约 0.25mm 深，疲劳断裂的其他部分氧化程度相对较轻，有 152.4mm 的中心疲劳区域裂纹较深，其中有大约 63.5mm 的中心疲劳区域，疲劳裂纹几乎穿透管壁（见图 1.15）。

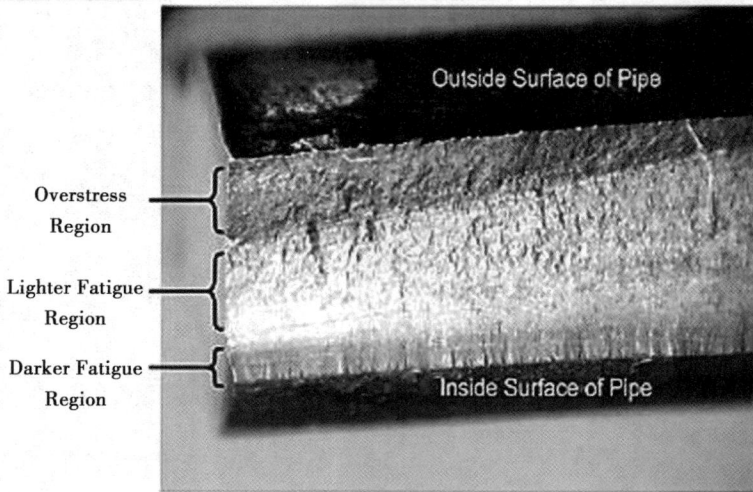

图 1.15　Enbridge 管道破裂事故

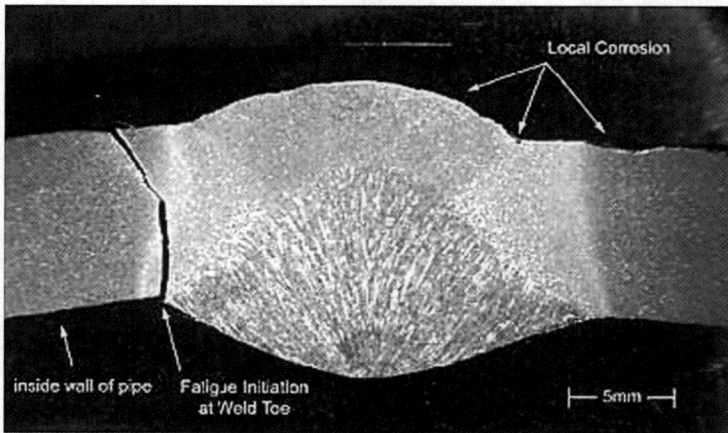

图 1.16　Enbridge 管道破裂内表面疲劳裂纹

1.3.5.2　事故调查报告中关于超声裂纹内检测技术发展要点摘录

从这起事故调查报告中可以追溯 GE PII 管道内检测服务公司针对液体管道的超声裂纹内检测工具发展沿革。1991 年，Enbridge 输油管道发生破裂，导致 6439m³ 原油泄漏。该管道于 1967 年建成投产、管径 863.6mm、管材 X52、壁厚 7.9mm、双面埋弧焊（DSAW），破裂发生在纵向焊缝焊趾处。1992 年 12 月，Enbridge 对美国境内管径 863.6mm 在役管道进行了可靠性评估。根据评估结果，进行了运行工艺的调整，减小了压力循环次数以及运行压力波动范围。针对 1991 年管道破裂，Enbridge 在财政和技术方面支持英国天然气公司（British Gas，BG）开发超声内检测工具，目的在于通过内检测检测管道存在裂纹缺陷。

据资料记载，Enbridge 在 1974，1979，1982，1986，1989 和 1991 年均发生了管道纵向焊缝失效事故，管道都由美国钢铁公司生产。经金相分析认定，破裂原因为焊趾处发生疲劳裂纹扩展导致失效。Enbridge 管径 863.6mm 管道系统还使用了 A.O.Smith 公司闪焊管道、加拿大 Phoenix 公司电阻焊管道、Kaiser Steel 公司埋弧焊管道，而所有由疲劳裂纹引起的纵向焊缝失效管道都产自美国钢铁公司。

1996 年，Enbridge 采用 PII（BG 公司专业的管道内检测技术服务公司）开发的超声内检测工具检测了美国钢铁公司生产的管径 863.6mm 的所有管道，并基于超声内检测结果开展了管道完整性评估，提出了维护维修建议和 10a 后进行再检测的计划。1999 年 5 月 5 日，RSPA［美国运输部管道与危害物质安全管理署（PHMSA）的前身］针对 Enbridge 提交的申请材料评估通过后，授权 Enbridge 按照《美国联邦法规》49 CFR 195 允许的压力运行管道。Enbridge 称，超声内检测是减小或消除管道失效风险的最佳办法。这种超声内检测工具时速 7.2km/h，裂纹长度检测阈值是 63.5mm，检测精度 ±10.16mm；裂纹深度检测阈值是壁厚的 25%，检测精度是 ±25% 壁厚。同时满足裂纹长度和深度尺寸，才会被报告为裂纹缺陷。

2002 年 7 月 4 日管道发生破裂泄漏后，PII 对 1996 年 5 月破裂位置的超声内检测数据进行重新分析，发现该处存在异常特征，但是这个异常特征并没有满足裂纹认定标准（即至少满足 10 个裂纹特征认定指标之中的 6 个）。PII 在事故后声明，当时那个异常特征最多满足两个裂纹特征认定指标，且不满足一个重要裂纹特征认定指标（即当检测工具沿管道向下游移动并记录数据时，没有收到从顺时针和逆时针两个方向发出的确认信号）；其原因主要为检测工具的 1 套里程传感器（共 2 套）距离纵向焊缝较近，这使得焊缝非常接近检测工具的超声波信号源，有可能阻断了信号。

1995—1996 年，超声内检测工具为 Mark Ⅲ 版本，1997 年升级到 Interim Mark Ⅲ 版本，新版本包含 1 套附加的偏置里程轮传感器，保障至少有一套传感器不会在纵向焊缝上运行。1997 年，Enbridge 管道公司最先在加拿大使用 PII 公司更为先进的超声裂纹内检测工具（USCD），2001 年在美国首次用于检测管径 863.6mm 的管道。时速仍为 7.2km/h，裂纹长度精度 ±5mm，裂纹深度精度 ±1mm。

2001 年 7 月（在 2002 年 7 月 4 日事故发生前一年），事故段管道完成了首次超声裂纹内检测工作。2002 年 9 月，事故发生后两个月，才完成数据分析工作。检测报告显示："经过超声裂纹内检测，管道的纵向焊缝部位没有新的裂纹类特征。"根据超声裂纹内检测报告，Enbridge 开挖验证了所有裂纹类特征，以及所有美国钢铁公司管道的纵向焊缝部位发现的凹痕状特征。此次超声裂纹内检测发现了所有已采用套筒修复的内部裂纹，套筒内没有发现新的内部裂纹状迹象，无损检测也没发现新的迹象。Enbridge 现场开挖检测到另外 21 处没有被超声裂纹内检测工具检测到的外部焊趾裂纹，因其裂纹尺寸在内检测工具检测规格之下。Enbridge 将此信息反馈给检测公司，以帮助其提高缺陷信号识别准确度。

2002 年 11 月，对明尼苏达州到威斯康星州管段进行了超声裂纹内检测。2003 年 2 月，提交的检测报告显示美国钢铁公司生产的管道有 121 道焊缝存在 285 处缺陷特征，其中有 6 处类裂纹和 29 处凹痕状特征出现在纵向焊缝处或其相邻位置。Enbridge 对这 6 处类裂纹和其中 4 处凹痕状特征的开挖检测显示，其中 3 处类裂纹属于应力腐蚀裂纹，2 处位于纵向焊缝的焊趾位置，1 处为焊接成形不良。1 处凹痕缺陷为深度 42%壁厚的裂纹缺陷，2 处为内部弧坑，另外 1 处是焊接成形不良。其余 25 处凹痕状特征靠近纵向焊缝位置或在纵向焊缝位置，被确定为低优先级。Enbridge 随后对所有凹痕状特征进行了开挖检测。

通过运营公司和专业内检测公司的不断合作，针对管道本体和制管焊缝裂纹类缺陷的内检测技术得到较好的发展，逐步提高了超声裂纹内检测工具的检出率和检测精度。

1.3.5.3 英国天然气公司内检测业务发展沿革

英国天然气公司（British Gas，BG）是英国最大的管道公司，1972 年，由英国燃气理事会（British Gas Council）改组为 BG。为了保障管道的安全运行，BG 早期投入大量资金创建了英国燃气检测中心。1986 年，随着 BG 私有化，在线检测中心变为 BG 的管道完整性管理公司（PII）。1977 年，BG 开发了世界上第一台高分辨率漏磁检测器，1978 年成立检测中心，共完成 BG 公司内部 2 万 km 管道检测，1981 年检测业务拓展到其他公司管道。1997 年 PII 被英国 Mercury Private Equity 财团从 BG 公司收购，独立发展，为全球范围客户提供检测服务。1999 年 PII 收购德国 Pipetronix 公司（以超声内检测业务为主）、加拿大 Positive Projects 公司（主营小口径内检测业务），检测范围扩展为漏磁、超声波、76.2~1422mm 全尺寸内检测。2002 年美国通用电气公司以 5 亿美元的价格收购 PII，成立 GE PII，总部设在英国 Cramlington。

1.3.6 美国管道事故案例对我国管道安全运行管理的启示

美国是世界上油气输送管道里程最长的国家，其油气管道保护法律在事故经验总结中不断完善。随着我国油气管道建设的快速发展，管道安全运行管理也面临越来越多来自法律方面的挑战。他山之石，可以攻玉。通过对美国相关事故审判案例及其责任认定的分析，可以汲取有益的经验和教训，不断提升我国管道企业的法律意识和依法保护的水平(见图 1.17)。

图 1.17　美国管道典型事故现场抢险

1.3.6.1　美国管道事故审判案例分析

美国实行判例法，允许法官从先例的判决中推导出法律原则，所以美国的事故判例具有宣示法律原则、解释制定法的重要作用。在大多数美国管道事故案例中，法庭需要原告证明管道运营单位在操作和维护管道过程中确实存在过失，以此判定其应承担的赔偿责任。

这些赔偿诉讼案例主要有两类：一类是管道被破坏并引发了伤害事故；另一类是管道泄漏而诱发伤害事故。

(1)管道遭受破坏引发的事故案例——管道公司未标记或警示管道位置引发事故。在由他人过失而导致的人身伤亡、财产损失的责任案例中，管道公司需要承担标记管道位置等"有效警示"方式的责任，而"有效警示"的定性取决于对该开发行为的可预见性是否在管道公司的判断范围之内。

①可预见的合理开发利用行为。管道公司应承担警示管道存在的责任。在一起电力公司与油气管道交叉施工案中，管道公司被认为在其知道管道的位置、知道电力公司员工将在该地附近树立一根电线杆，并且能观察到电力公司员工使用炸药进行岩石和障碍物爆破的情况下，有责任为电力公司有效标记管道的位置。

②不可预见的开发利用行为。如果管道公司没有能力预见到管道在当前位置和状态下，其上方的土地开发利用会导致意外事故，或者预见到管道上方土地的使用者应该有能力知道管道存在，则可以不必承担警示责任。在一起两家管道公司交叉施工的案件中，法院认为，管道公司作为一个许可者，没有义务向被许可的燃气公司和推土机操作员警示管道上一个多头接口的位置。这个多头接口在管沟回填时，被燃气公司雇佣的推土机破坏，引起了爆炸和大火，导致操作员死亡。法院按照惯例判定，管道公司对燃气公司不承担责任。

（2）管道遭受破坏引发的事故案例——管道公司过失引发的事故。

①管道公司和第三方承担共同责任。在一些案例中，有管道公司辩称管道运行中存在的过失并不是造成原告伤亡或财产损失的直接原因，而法庭认为，这种情形下管道公司应承担部分责任。如某管道公司承诺在管道作业带上已标出了所有的管线和限制线。但在作业过程中，推土机破坏了一个能事先标记出的接头，导致燃气泄漏，并烧毁了原告的木材。管道公司辩称不应承担责任，认为直接原因是推土机的操作方式不当致使接头被破坏。但法庭驳回了这个请求，判定第三方推土机操作员承担20%的过失责任，管道公司承担80%的过失责任，应按比例承担原告的木材损失。

②管道公司和原告承担共同责任。在一起农业作业破坏浅埋管道案中，一农夫点火焚烧杂草，为了控制火势，用耕犁开辟防火带而破坏了管道，导致燃气泄漏引发大火，烧毁了自己的拖拉机。对此，被告管道公司承认管道埋深不够，未达到不影响该土地正常使用的基本要求，但其仍辩称农夫的点火行为是一个独立的、与该土地使用无关的、特殊并且不可预见的行为，是造成事故的主要原因。但法院认为，在自有产权范围内点火焚烧其中的杂草，以便于更好地耕作是正当的行为；尽管在特定环境下开挖防火带可能会导致过失行为，但也不能认为当大火蔓延时，业主或者承租人就不具备这样的权利，因此管道公司依然不能逃避过失责任，应与原告承担共同责任。

③管道公司不承担事故诱因责任。在一起野蛮施工导致的管道破坏及人员死亡案中，法院判定燃气公司对筑路机械破坏地下管道造成泄漏和操作员死亡不负责任。法院认为，因为燃气管道埋设在燃气公司依法取得路权的土地下面，而操作员以一种不可预见的特殊方式使用管道表面，且燃气公司此前并未收到相关开发使用的通知，因此没有义务去为其标记管线的位置。

（3）管道遭受破坏引发的事故案例——原告应否承担共同过失责任。

①原告不承担共同责任。在一起因管道而造成的损失伤害案中，被告管道公司主张，原告在驾驶拖拉机越过被告沿公路敷设的一段可见石油管线时发生事故，存在共同责任。法庭指出，无法取得足够的证据证明驾驶员能够看见或被明确告知管道的位置，因此，原告不承担责任。

②原告承担主要责任。管道施工时未将当日焊接完成的管段进行封堵。造成儿童爬入管道深处因缺氧窒息身亡。法院判定儿童监护人因监护不到位承担部分责任，管道公司因未能采取正确措施进行管口封堵，负大部分责任。

③原告需承担共同责任。在另一起农业作业破坏管道案中，法院判定原告（农夫）对于耕犁破坏一条穿越其租赁土地的管线所引起的伤亡事故负有共同责任。法院经过调查认为，农夫知道管道从哪里进出农场及管道的大致走向。此外，农夫之前曾多次破坏过这段管道，在开挖作业时"料想到耕犁可能会碰到管道"（北美法律有地面扰动概念，扰

动深度小于 350mm 耕作等不会对管道造成影响，深度大于 450mm 产生土壤扰动，需征得管道公司同意并在其监护指导下实施）。在此类案例中，如果原告知道环境情况、意识到了危险并且评估了风险，或者具有这样的意识和评估能力，法庭一般会判决原告败诉。

（4）管道未遭受破坏发生事故的案例——管道公司未尽巡线检查义务所致事故。在一起管道泄漏导致的伤害案中，一名儿童因玩伴点燃了管道泄漏的天然气而被烧伤。法庭指出，有证据表明，这个泄漏点在发生事故前已经存在近 5 个月，管道公司线路管理人员和巡线人员未能及时发现这个泄漏点。应对造成事故伤害后果负大部分责任。

（5）管道未遭受破坏发生事故的案例——管道泄漏引发的事故。

①管道公司不承担责任。在一起点燃泄漏燃气导致人员受伤案中，原告在高速公路旁燃放焰火时，点燃了 180cm 外一条管道泄漏出来的燃气，造成原告受伤。尽管陪审团更倾向于支持原告的赔偿请求，但法庭认为管道公司没办法预见到这种事故的发生，遂驳回了原告的赔偿诉讼请求。

②管道公司承担责任。在一起石油管道泄漏引起污染案中，管道公司认为，原油泄漏污染原告的土地是管道被洪水破坏所导致，具有不可抗力，而非自身过失原因，请求免于承担责任，但未得到法庭支持。法庭指出，管道泄漏是可以通过建设和运营维护过程中采取恰当的防护措施来避免的。因此，最终判定管道公司承担事故赔偿责任。

（6）管道未遭受破坏发生事故的案例——原告（或第三方）承担共同过失责任。在一起成品油泄漏导致牲畜死亡损失案中，牛群的主人（原告方）在已经被告知管道发生泄漏的情况下，仍将牛群留在牧场，导致牛因饮用受污染的水而死亡。法庭指出，即使原告在被告知泄漏的情况下仍将牛群留在牧场确实属于共同过失，但原告主张的"需要被告管道公司在发现泄漏后立即给予充分的关注；管道公司应承诺控制泄漏并向原告报告缺口已经被修补，迅速展开检查并努力控制泄漏物等"的要求依然被认定是合理的。原被告双方应依据实际情况共同承担损失，且被告管道公司应负主要责任。

1.3.6.2　对我国管道安全管理工作的启示

（1）维持管道的完整性。管道企业有责任在管道的设计、建设、运营及日常维护工作中采取必要的防护措施，维护管道的完整性。

①管道企业对管廊带内的土地合理开发和利用要有预见性，管道埋设时应从设计和建设阶段就考虑到不干涉地表可预见的开发利用行为，并对这些可能的行为进行必要的标示和警示，经常给予关注。

②管道企业事先收到明确通知，管廊带内土地要进行特殊开发利用时，或者已经主动获知有关信息，那么就有义务为这一特殊利用行为进行必要的防护，向其明确标示管道的位置。

③管道企业有义务在日常运行过程中进行有效的巡检，发现事故隐患应及时排除、发现泄漏应及时维修。在上述措施不到位的情形下，即使因第三方介入行为或不可抗拒行为发生泄漏并导致事故时，仍然不能排除自身的责任。

（2）泄漏发生后及时采取措施。管道企业在发现管道泄漏后，有义务立即寻找泄漏点、控制泄漏物并向当地政府和公众进行报告，采取措施防止事态扩大。这种责任和义务是必然存在的，并不会随其他任何人是否存在共同过失而排除。

（3）受害人或第三方需承担的共同责任。管道企业存在一定的过失行为，同时受害人或其他第三方也存在明显的过失，其过失直接导致了事故的发生。这种情形下，受害人或第三方通常需承担共同责任，并分担事故的损失。但是在实际诉讼过程中，对于共同责任的认定存在较多的不确定性，特别是和受害人或第三方介入人员是否具备认识危险的能力有关，包括其具备的与该事故相关的知识、经验、是否先前受到劝阻，等等。

◆ 1.4　城市地下管线探测技术规程的建立与实现

地下管线是城市的重要基础设施，是现代化城市高效率、高质量运转的重要保证。地下管线资料是城乡规划、建设和管理的基础资料，是地下管线安全运行的保证。开展地下管线探测，可以解决地下管线资料残缺不全、精度不高、与现状不符等问题，从而避免或减少管线事故的发生。地下管线"普查"是指对规定范围内的地下管线进行全面探查和测绘，并建立地下管线数据库，建立城市地下管线普查作业方法和管理模式。

地下管线探测应积极采用新技术。随着科学技术的发展，城乡地下管线探测新方法、新技术、新仪器不断出现，只要经过试验，其探测精度能满足规程的精度要求的，或经过有关部门的鉴定、评审的，应积极采用，以促进科技进步，推动城乡地下管线探测事业发展。地下管线数据库的建立应以普查成果为基础，根据普查工作的进展分期分片进行。为保证地下管线普查成果的现时性，动态更新是十分必要的，应及时将已拆除或新建的地下管线进行注销或登记。当开展工程建设时，例如地铁、地下空间等重点工程建设时，因探测范围、精度要求等不同，应进行管线详细勘查。探测地段往往处于城市繁华地段，车流量大、车速快，存在交通安全隐患；探测作业人员经常需下到地下管井、沟道，实施作业探查，窨井中不仅可能缺氧，还可能存在一氧化碳等有毒、有害、可燃气体；电力管线高压带电，等等。各种隐患都威胁着探查作业人员的生命健康安全，因此应提高防范意识，采取规范的作业流程，防止发生安全事故。

◆◇ 1.5　本章小结

本章主要对我国当前城市地下管线的基本情况进行了分析。结合城市地下管线事故案例，对当前城市管线乱埋乱设、事故频发对城市建设与发展构成严重隐患的现状进行了系统剖析，可以明显看出，城市地下管线的科学规划、建设、管理与维护等，任重而道远，对城市地下管线的探测方法与技术、病害处置与分析提出了较高的要求。

第2章　城市地下管线普查管理与术语规定

改革开放以来，随着经济建设的快速发展，城市功能的重要性日益凸显，良好的基础设施和完美的城市功能所形成的良好的投资环境，是加快经济发展，加速现代化进程的重要保障。这就对城市建设提出了越来越高的要求，城市负载也越来越重，于是对地下管线的依赖性也越来越强。地下管线越铺越密，越铺越多，越铺越宽，越铺越远。若不及早结束城市地下管线错综复杂、混乱无序的状态，若不实现对地下管线的现代化科学普查和动态管理，那么，城市地下管线非但发挥不了城市的"神经与血管"和城市生命线的作用，相反会成为城市的隐忧祸患和危害根源，引发各种预料不到的事故，危及人民生命财产安全，影响城市的健康发展。

◆◆ 2.1　城市地下管线普查

在频繁发生事故从而造成重大经济损失并危及广大人民生命安全的惨痛教训面前，人们深刻认识到地下管线的问题已经到了非彻底解决不可的地步。

（1）1992年首次召开了全国地下管线探测技术研讨会，并出版发行了《全国地下管线探测技术研讨论文集》。随之，我国1993年成立了第一个地下管线探测公司——金迪公司，并相继进口和自行研制了一大批地下管线探测仪器和相应资料处理软件系统。

（2）自1994年颁布《城市地下管线探测技术规程》CJJ 61—94以来，又分别于2013年和2017年颁布《城市地下管线探测技术规程》CJJ 61—2013和CJJ 61—2017。

（3）特别是1995年以后，全国许多大、中城市相继开始进行大规模的地下管线普查和重新建立科学管理档案，并成立了全国"地下管线管理技术专业委员会"，成为城市地下管线探测和管理的行业指导性机构。在开展地下管线普查的初期阶段，就取得了可喜的成绩。1993—1996年的4年间，有116个单位查明31万km地下管线，建立了5000幅图的数据库，形成了400多个探测队伍，每年可完成3万km的管线探测任务。在管理软件方面也消化和引进了欧美探测与分析系统。

（4）接下来在一些城市建立起60多个计算机动态管理工作站，并于1996年开始制定了近期和远期工作规划，用5~8年时间，将我国600多个城市的地下管线普查清楚，其中58个大中城市在5年内完成普查及建立动态管理数据库工作。组织专家在1年左右时间内，审定或编制出我国统一的地下管线普查及建立数据库的试行标准，用以指导我国地下管线普查与管理工作。

(5)近十年来，在相关院校开设地下管线探测技术与管理方面的课程，广泛开展学术研究与交流活动，同时举办发行《地下管线管理》刊物。经过多年的努力，我国的城市地下管线的管理水平达到国际现代化城市一般水平，全国 20 个超百万人口的大城市达到国际先进水平。

◆◇ 2.2　城市地下管线管理

几年来按上述工作规划管理取得了巨大的成绩。

(1)我国已有 10 多个省 60 多个城市建立了地下管线信息管理系统，且越来越多的城市正在积极准备建立之中，这些管理系统在城市建设、规划和管理方面发挥了重要作用。

(2)我国城市地下管线探测技术不断提高并日趋完善和成熟，同时不断研究建立标准高、质量好的管理系统。

(3)城市地下管线探测与管理的工作标准与相应规程正在建立并不断完善，这些都标志着我国城市地下管线工作正逐步走向标准化和规范化。

(4)我国通过近 10 年的发展，已建立起一支具有相当水平的地下管线探测、测绘和管理软件系统的专业人员队伍。这支专业队伍完全能高标准、高质量地完成国家城市地下管线的探测、测绘及相应的动态管理软件系统编制的全部任务。

◆◇ 2.3　城市地下管线术语

(1)普查地下管线探测的对象。地下管线分为地下管道和地下电缆等，但不包括地下人防巷道。地下管道有给水、排水、燃气、热力、工业、石油、综合管沟和垃圾真空等，其中排水分为雨污合流、雨水和污水；地下电缆有电力和通信，通信包括中国电信、中国联通、宽带网、有线电视等。

(2)地下管线探测基本内容。地下管线探测包括地下管线探查和地下管线测绘两个基本内容。地下管线探查是通过现场调查和不同的探测方法探寻各种管线的埋设位置和深度，并在地面上设立测量点，即管线点；地下管线测绘是对已查明的地下管线位置(即管线点的平面位置和高程)进行测量，并编绘地下管线图；也包括对新建管线的竣工测量。

(3)地下管线普查。地下管线是城乡基础设施的重要组成部分，是城乡规划、建设、管理的重要基础信息，是城乡赖以生存和发展的物质基础，被称为城乡的"生命线"。由于历史的原因，我国城乡的地下管线资料残缺不全；同时改革开放以来，随着城乡建设的飞速发展，各类地下管线不断增加，但因管理不善，未能及时进行竣工测量，使地下管线资料与现状不符，严重地制约和影响规划、建设、管理的科学化、现代化的进程。因此，在一定时期内，需要对城乡建成区和规划发展区内的地下管线现状进行全面的探测，即地下管线普查，它应包括地下管线探查、地下管线测绘和地下管线信息管理系统建设三部分。

（4）地下管线现况调绘。在地下管线普查工作初期，为模拟地下管线的现状，以便为野外探测作业和调查地下管线属性等提供参考或依据，由各管线权属单位负责组织有关专业人员对已埋设的地下管线进行资料收集，并分类整理，调绘编制现状调绘图，这整个过程统称为现况调绘，它是地下管线普查的前期基础工作之一。为了正确地表示地下管线探查的结果，便于地下管线测绘工作的进行，在探查或调查过程中设立的测点，统称为管线点。它分明显管线点和隐蔽管线点。明显管线点的点位和埋深可以通过实地调查进行测量，隐蔽管线点的点位和埋深必须用仪器设备探查来确定。

（5）地下管线内外业一体化。地下管线内外业一体化，是内业和外业多工序技术作业，不同阶段数据处理，系统结构之间的相互结合。管线普查的内外业一体化模式是由广州市于1995年最先提出，即管线普查单位以开井调查与仪器探查结合，数字化测绘，机助成图一体化作业获取管线数据成果，按档案管理要求一次性组卷归档，同步建立地下管线信息系统，信息共享。

（6）地下管线实时动态定位技术（Real Time Kinematic，RTK）。RTK技术是全球卫星导航定位技术与数据通信技术相结合的载波相位实时动态差分定位技术，它能够实时地提供测站点在指定坐标系中的三维定位结果。它是在基准站安置一台Global Navigation Satellite System（GNSS，即全球导航卫星系统）接收机，对所有可见卫星进行连续观测，并将观测数据和基准点的坐标信息，通过无线电实时地发送给流动站（即用户观测站）。

Global Positioning System（GPS，即全球定位系统），是美国国防部发射的24颗卫星组成的全球定位、导航及授时系统，GPS的卫星所发射的空间轨道信息覆盖着整个地球表面。GPS卫星按精确的轨道一天围绕地球旋转两次，并将信号信息传输到地球。GPS接收器收到这些信息后，运用三角测量计算出用户的准确位置。一个GPS接收器要接收到至少3颗卫星信号，才能计算出位置的经度和纬度，并进行全程跟踪。如果接收到4颗或更多卫星信号，GPS接收器还能够测定用户所在地的经度、纬度及海拔高度。一旦用户的位置被确定。先进的GPS还可以演算出其他信息，诸如车速、行驶轨迹、方位，行驶距离、到达目的地的距离，日出日落的时间等。

流动站的接收机在接收卫星信号的同时，通过无线电接收设备接收基准站传输来的信息，并在系统内组成差分观测值进行实时处理，快速获取流动站的点位坐标数据。目前，GNSS包含了美国GPS、俄罗斯GLONASS、中国北斗、欧盟Galileo系统，可用卫星数量达到 100 颗以上，是综合的星座系统。

（7）管线竣工测量是城市地下管线普查的延伸，必须以城市规划行政主管部门批准并核发的《建设工程规划许可证》为基础，其大部分技术要求沿用了地下管线普查的技术规范，如在精度要求、野外测量规定、图件编绘、成果表编制等，与普查规定基本一致。管线竣工测量是规划管理的一个重要环节，因而其技术要求又具有以下特点。

①测量管线内容：按报建图上的管线红线施测，包括管径小于 100mm 水管或水表、低压燃气管、排水明渠（沟）、架空通信和电力线等。

②测量地域方面：无普查区和非普查区之分。

③资料整理及成图：填写竣工测量验收记录册，如果实测结果与报建情况出入较大，应进行说明；应在管线图上按报建图要求测注管线与规划路的位置关系。

（8）地下管线普查电子数据成果。地下管线普查电子数据成果，主要内容包括普查准备、监理、施工阶段的电子数据成果文件、图件成果文件、验收及管线信息管理系统管理等阶段的电子成果文件、相应的支持软件、参数和其他相关电子数据成果。

◆◇ 2.4　城市地下管线基本规定

（1）地下管线探测的工作内容及工作程序。主要适用于地下管线普查项目，其他类型的地下管线探测工程可以根据项目需要、工作性质及工作量对工作程序进行适当简化。

（2）在普查范围内地下管线探测的取舍标准。在实际探测中，当同一管线上连续变径时，应考虑管线表示的连续性。热力、石油、综合管沟、垃圾真空等管线为新增。其中，综合管沟是指规格不小于 2000mm×2000mm 或内径不小于 2000mm 的管线共同沟，用于铺设不同类别的管线。其他类型的地下管线探测工程，其探测的取舍标准可依据项目需要进行具体规定，无特别要求的，可参考本条规定开展探测工作。

（3）地下管线的普查范围。当一条街道宽度有变化时，其宽度大于 3m 的长度占全街总长的 2/3，也应普查。规定了三类不进行普查的情况，对规定不查的情况，必须查清其与外部管线的连接关系并标注有关说明。

（4）任务实施时，应保护好仪器设备，定期进行检验和校正；在生产中应用的计算机软件，应能保证满足产品质量的要求。

（5）规定了采用地下管线探测仪器探查地下管线时定位和定深的精度要求。

由于目前使用的地下管线探测仪是以电磁场原理为基础的，埋深越大误差越大，埋深小于 2m 的部分，精度要求维持不变；埋深大于 2m 小于 4m 时，水平位置限差 ±0.10h、埋深限差 ±0.15h 与部标 CJJ 61—2017 一致。对于精度只限于小于 4m 的技术指标，是基于下列几个原因。

①到目前为止，地下管线探测普遍使用的仪器有英国 Radiodetection 公司生产的 RD 系列（PXL，PDL，4000 型），美国 Metretech 公司生产的 9800xt 型，美国 Ditch Witch 公司生产的 Subsite 系列（970/950 型）等，大部分仪器说明书上的探测深度范围一般不大于 5m，而且这些深度指标都是在仪器厂商的实验室条件下单管线无干扰的测试结果。

②电磁理论表明，管线埋深大于 4m 时，H_x、ΔH_x 曲线已非常平缓，实际探测时，必须在管线两侧 2.5m 内无其他管线干扰，而且电流强度足够大，才能测到管线信号，城市道路上一般难以达到这个要求。

③即使能满足上述条件，单线圈法可以使用，但是抗干扰性能差，双线圈法的 ΔH_x 的 70%测深方法误差较大。

◆◇ 2.5　本章小结

本章首先分析了近年来我国城市地下管线的管理现状，给出了城市地下管线相关术语的基本概念与内涵，并对城市地下管线探测的一般规定和技术指标做出了相应的要求。

第3章 地下管线类别和探测方法分类

建立地下管线探查和地下管线现况调绘之间的分工和衔接关系，探查是在现况调绘提供管线现况图的基础上进行实地调查和采用仪器进行探查。

◈ 3.1 地下管线的类别与探测

地下管线可按用途、材质和管形等方法来分类，通常按用途可大体分为：

①给水、排水管；②雨水、污水管；③煤气、暖气管；④石油、天然气管；⑤工业化学液流管；⑥照明电缆；⑦有线电视电缆；⑧高压电缆；⑨专用动力电缆；⑩通信电缆；⑪通信光缆。

地下管线探测主要内容有查明地下管线的种类、平面位置、走向、埋深（或高程）、规格、性质和材质等，编绘地下管线图，建立地下管线数据库。地下管线探测的程序宜包括：接受任务（委托），搜集资料，现场踏勘，探测仪器检验和方法试验，编写技术设计书，实地调查，仪器探查，建立测量控制，地下管线测量，数据处理，地下管线图编绘，编写技术总结报告，数据监理和入库，成果验收和资料归档等。地下管线普查的取舍标准按表3.1执行。

表3.1 地下管线普查取舍标准

序号	管线种类	需探查的管线
1	给水	内径≥100mm
2	排水（含雨、污水）	内径≥300mm，方沟≥400mm×400mm
3	电力	电压>380V
4	通信	全测
5	燃气	全测
6	热力	内径≥100mm
7	工业	内径≥100mm
8	石油	内径≥100mm
9	综合管沟	全测
10	垃圾真空	全测

　　地下管线普查范围应符合下列规定：宽度≥3.0m 的道路及街巷沿线两侧应进行普查；机关单位、工厂、院校或庭院等的内部不查，封闭的高速公路和高速铁路不查；正在拆迁待成片改造的旧街区或待开发的小区内部不查；但穿越非普查区域的主干管线必须查清。对于探测的仪器和工具应精心使用与爱护，定期检验，经常维护保养，使其保持良好状态。地下管线探测的精度应符合下列规定。

　　①隐蔽点探查精度按表 3.2 执行。

　　②明显管线点埋深测量精度：当地下管线埋深≤2.5m 时，其测量埋深限差为±5cm；当埋深>2.5m 时，其测量埋深限差为±0.02h。

　　③地下管线点测量精度：平面位置中误差 m_s 不得大于±5cm（相对于邻近控制点），高程测量中误差 m_h 不得大于±3cm（相对于邻近高程控制点）。

表 3.2　地下管线探查精度　　　　　　　　　　　　　　　　　　　　　cm

地下管线中心埋深	水平位置限差 δ_{ts}	埋深限差 δ_{th}
$h \leq 100$	±10	±15
$100 < h \leq 200$	±15	±(5+0.1h)
$200 < h \leq 400$	±0.10h	±0.15h

　　注：表中 h 为管线中心埋深。

　　④管线图的测绘精度：管线的实际线位与邻近地上建（构）筑物、道路中心线及相邻管线的间距中误差 m_c 不得大于图上±0.5mm。

　　⑤地形图的数学精度执行现行的《城市测量规范》（CJJ/T 8—2011）。

◆◆ 3.2　地下管线实地探测

　　地下管线的实地调查应在现况调绘图所标示的各类管线位置的基础上进一步实地核查，并对明显管线点作详细调查、记录和测量。在明显管线点上应采用经检验的钢尺实地测量地下管线的埋深，单位用cm。地下管线的埋深可分为内底埋深和外顶埋深，应根据地下管线的类别确定。地下管线实地调查项目按表 3.3 执行。在明显管线点上，应查明地下各种管线上的建（构）筑物和附属设施，按表 3.4 执行。

　　在窨井（包括检查井、闸门井、阀门井、仪表井、人孔和手孔等）上设置明显管线点时，管线点的位置应设在井盖中心。当地下管线中心线的地面投影偏离井盖中心，其偏距大于 0.4m 时，应以管线在地面的投影位置设置管线点，井盖中心设独立管线点。地下管道及埋设电缆的管沟应测量其断面尺寸。圆形断面应测量其直径；矩形断面应测量其宽和高，单位用 mm。埋设于地下管沟或管块中的电力或通信电缆，应查明其根数或管块孔数。其中埋设在同一管块中不同权属的通信管线应分别查明；埋设在同一管块中不同电压等级或回数的电力电缆应调查，并在成果表备注栏内注明。

表 3.3　地下管线实地调查项目

管线类别		埋深		断面尺寸		载体特征			管道材质	根数	附属设施	管线权属单位和埋设年代	备注
		外顶	内底	管径	宽×高	电压	压力	流向					
给水	管道	△		△					△		△	△	
排水（雨、污水）	方沟		△		△			△	△		△	△	
	压力管		△	△				△	△		△	△	
电力	直埋	△		△		△			△		△	△	
	管块	△			△	△			△	△	△	△	回数
	沟道	△			△	△			△	△	△	△	
	隧道	△			△	△			△	△	△	△	
通信	直埋	△		△					△	△	△	△	
	管块	△			△				△	△	△	△	
	沟道		△		△				△	△	△	△	
燃气		△		△			△		△		△	△	
工业	自流		△	△				△	△		△	△	
	压力	△		△			△		△		△	△	
热力		△		△					△		△	△	
石油		△		△					△		△	△	
综合管沟			△		△				△		△	△	
垃圾真空		△		△					△		△	△	

注：①表中"△"为应调查项目；

②军用、铁路、民航、海运及其他专用管线所需调查项目，参照本表规定执行。

表 3.4 地下管线探测必须查明的建（构）筑物和附属设施

管线种类	地面建（构）筑物	附属物
给水	水源井、净化池、泵站、水塔、水池等	阀门、排气阀、排泥阀、放水口、消防栓、各种管井、水表等
排水（含雨、污水）	化粪池、净化池、暗沟地面出入口等	各种管井(起终点井、跌水井、沉砂井、交叉口井、转折点井)、进出水口、雨水箅、排污装置等
电力	变电站、变电室、配电房、各种塔（杆）等	各种管井、变压器、塔、接线箱、分线箱等
通信	变换站、控制室、各种塔（杆）等	管井(人孔、手孔)、接线箱、上杆、分线箱等
燃气	燃气站、调压房(柜)、储气柜等	排气装置、阀门、凝水井、阀门井等各种井
热力/工业/石油/垃圾真空	动力站、调压房、塔、支架、支墩等	凝缩器、排液、排污装置、各种管井、阀门等
综合管沟	出入口等	通风口、投料口、防火门(墙)、透气阀等

注：①军用、铁路、民航、海运及其他专业管线参照本表规定执行，但应注明管线权属单位及用途；

②电力管沟(块)测注的平面位置为管沟(块)几何中心位置，埋深量至管沟(块)的外顶部。

◆◇ 3.3 地下管线探测仪器探查方法与技术

（1）仪器探查是在现况资料收集和实地调查的基础上，根据不同的地球物理条件，选用不同的物探方法进行地下管线探查。探查地下管线应遵循如下原则：从已知到未知；从简单到复杂；优先采用有效、轻便、快速、成本低的方法；复杂条件下宜采用多种探查方式或方法。

（2）探查地下管线，可供选择的方法有电磁法、探地雷达法、直流电法、磁测法、地震波法和红外辐射法等。不论选用何种物探方法，必须具备以下条件：被探查的地下管线与其周围介质之间有明显的物性差异；被探查的地下管线所产生的异常场须有足够的强度，能在地面上用仪器观测到；接收信号能从干扰背景中清楚地分辨出被查管线所产生的异常；施加在管线上的电磁信号不得干扰管线的正常运行；探查精度应达到规程的要求。

（3）地下管线探查前，应在探查区已知管线上进行方法试验，确定该种方法技术和仪器设备的有效性、精度和有关参数。

①不同类型的地下管线、不同地球物理条件的地区，以及新技术推广前应分别进行方法试验。在盲区或重要复杂地段探查管线时，应采用金属管线探测仪进行搜索，搜索方法可选用平行搜索法或圆形搜索法，发现异常后宜用主动源法进行追踪，精确定位、定深。

②探查金属管道和电缆，应根据管线的类型、材质、管径、埋深、露出情况和地电环境等因素，按下列规定选择探查方法：金属管道，根据现场条件宜采用直接法、夹钳法及感应法；接头为高阻体的金属管道，宜采用感应法或夹钳法，亦可以采用探地雷达法。当探查区内铁磁性干扰较小时，可采用磁测法；管径（相对埋深）较大的金属管道，宜采用直接法或感应法，也可采用探地雷达法、电磁法或地震波法；埋深（相对管径）较大的金属管道，宜采用功率大、频率低的直接法或电磁感应法；电力电缆，宜先采用被动源工频法进行搜索初步定位，然后用主动源法精确定位、定深。当电缆有出露端时，宜采用夹钳法；通信电缆和照明电缆，宜采用主动源电磁法。有条件时，可施加断续发射信号；管线复杂或埋深较大时，宜采用剖面观测方法，并进行反演计算，求取位置和埋深参数。

③非金属管道的探查方法，按下列原则进行选择，但应加大开挖验证工作的力度。非金属管道宜采用探地雷达法。管径较大时可采用地震波法，当具备场地条件时，可采用电阻率法（含高密度电阻率法）或声波探测法；有出入口的非金属管道，宜采用示踪电磁法；钢筋混凝土管道可采用感应法，但需加大发射功率、缩短收发距离（应注意近场源影响）；热力管道（或高温输油管道）宜采用主动源电磁法或红外辐射法；可采用管道内窥检测技术（如 CCTV、QV 等）协助判断排水管道的走向；对采用非开挖敷设的 PE 等给

水或燃气塑料管，有示踪线的按金属管线的探测方法执行，否则根据施工成果资料，用虚线表示。

④用金属管线探测仪定位时，可采用极大值法或极小值法。极大值法，即用金属管线探测仪两垂直线圈测定水平分量之差 ΔH_x 的极大值位置定位；当金属管线探测仪不能观测 ΔH_x 时，宜采用水平分量 H_x 极大值位置定位。极小值法，即采用垂直分量 H_z 的极小值位置定位。两种方法，宜综合应用对比分析，确定管线平面位置。

⑤用金属管线探测仪定深时，可采用特征点法（ΔH_x 百分比法，H_x 特征点法）或直读法，探查过程中宜多方法综合应用。定深点宜选择在其前后 3~4 倍管线中心埋深范围内被测管线是单一直管线、中间无分支且相邻管线之间距离较大的位置。金属管线探测仪定深还应符合下列规定：不论用何种方法定深，应先在实地精确定出定深点的管线水平位置；直读法定深时，应保持接收机天线垂直，直读结果应根据方法试验确定的定深修正系数进行深度校正。

⑥采用金属管线探测仪感应法探查地下管线时，应使发射机与管线处于最佳耦合状态，接收机与发射机保持最佳收发距离；当周围有干扰存在时，应采取减少或排除干扰的方法。采用夹钳法时，夹钳应套在目标管线上，并保证夹钳端口吻合良好。采用直接法时，管线供电点处应保持良好电性接触，接地点应布设合理，保证良好接地条件。

⑦区分两条或两条以上平行金属管线时，宜采用金属管线探测仪探测的直接法或夹钳法，通过分别直接对各条管线施加信号来加以区分。亦可采用探地雷达协助探查。

⑧现场作业时，应严格按仪器的使用说明操作。现场应填写管线探查记录表，并编制探查草图。当采用电子记录时，应保证数据的可溯性。

⑨采用探地雷达探测时，应选用与探测对象的埋深和管径相匹配的天线频率，设置合适的探测参数。测区雷达探测工作结束后，应编写雷达工作总结报告。

（4）对隐蔽管线点必须进行开挖验证，并应符合下列规定：每一个测区应在隐蔽管线点中均匀分布，随机抽取不应少于隐蔽管线点总数的 1%，且不少于 3 个点进行开挖验证；当开挖管线与探查管线点之间的平面位置偏差或埋深偏差超过表 3.2 规定限差的点数（即超差点数），小于或等于开挖总点数的 10% 时，该测区的探查工作质量合格；当超差点数大于开挖总点数的 10%，但小于或等于 20% 时，应再抽取不少于隐蔽管线点总数的 1% 开挖验证。两次抽取开挖验证点中超差点数小于或等于总点数的 10% 时，探查工作质量合格，否则不合格；当超差点数大于总点数的 20%，且开挖点数大于 10 个时，该测区探查工作质量不合格；当超差点数大于总点数的 20%，但开挖点数小于 10 个时，应增加开挖验证点数到 10 个以上，按上述原则再进行质量验证。

地下管线探查除对管线点的平面位置和埋深进行检查外，还应对管线点的属性调查进行检查。发现遗漏、错误应及时进行补充和更正，确保管线点属性的完整性和正确性。经质量检查不合格的，应分析原因，并采取相应的纠正措施进行重新探查。在重新探查过程中，应验证所采取纠正措施的有效性。各项检查工作应做好检查记录，并在检查工作结束后编写管线探查质量检查报告，检查报告应包括工程概况、检查工作概述、问题及处理措施、精度统计及质量评价等内容。

◆◇ 3.4　地下管线探测主要方法分类

地下管线探测应在地下管线现况调绘的基础上，采用实地调查和仪器探查相结合的方法进行。地下管线探测应查清各种地下管线的敷设状况、在地面上的投影位置和埋深，在地上设置管线投影中心标志点作为联测的管线点。同时应查明管线种类、性质、规格、材质、载体、流向、电缆根数和附属设施等。

管线点应设置在特征点或附属物点上，无特征点或附属物点的直线段也应设置管线点，其设置间距不应大于 70m。特征点包括多通点、分支点、转折点、起讫点、变径点、变质点和变深点等，附属物点包括接线箱、变压箱、各种窨井(人孔井、手孔井、阀门井等)、调压器、仪表以及其他管线附属设施的中心点。当管线弯曲时，管线点的设置应以能反映其弯曲特征为原则。地下管线探查应对隐蔽管线点采用仪器探查的方法进行搜索、定位、定深和追踪。管线点编号采用管线代号和点号组成，其中管线代号用拼音字母，点号用阿拉伯数字标记。物探点号以测区为单元按顺序编号(如 J12 表示给水管道第 12 号管线点，M12 表示燃气管道第 12 号管线点，以此类推)。探查时应在管线点处设立地面标志，标志位置宜在明显且能长期保留的建(构)筑物等地方，应保证在管线探测成果验收前不毁失、不移位和易于识别。地面标志宜根据保留的时间长短和地面情况而定，选择油漆标注、刻石、铁钉或木桩等形式，不易做地面标志的管线点应在实地栓点。标志应以不影响市容市貌为原则。

一般依据地下管线的材质、埋深和地质条件的不同，采取不同的探测方法。

(1)直接法和插钎法。当阀门井和消防井分布较密时，可采取在井内直接观测和追索的方法，这是一种可行又直观的简便方法。在埋深较浅且覆盖层又很松软时，可采用钢钎触探方法，这是一种经济、简便、有效、可行的方法。

(2)磁探测法。磁探测法是属于地球物理探测法中的一种，通常称为磁法探测。由于铁质性管道在地球磁场的作用下被磁化，便或多或少地带有磁性。管道被磁化后的磁性强弱与管道的铁磁性材料有关，钢、铁管的磁性强，铸铁管的磁性较弱，非铁质管则无磁性。被磁化的铁质管道就成了一根磁性管道，因而形成它自身的磁场，通过在地面观测铁质管道磁场的分布，便可发现铁质管道并推算出其埋探。

(3)电探测法。电探测法属于地球物理探测法之一，通常称为电法探测。电法探测可以分为直流电探测法与交流电探测法两大类。

①直流电探测法。这种方法是用人工通过两个供电电极向地下供直流电。电流从正极供入地下再回到负极，在地下形成一个电流密度分布空间，当存在金属管线时，由于金属管线的导电性良好、它们对电流有"吸引"作用，因而电流密度的分布产生异常情

况，若地下存在水泥或塑料管道，它们的导电性极差，于是对电流则有"排斥"作用，同样也使电流密度的分布产生异常情况，通过在地面布置的两个测量电极便可以观测到这种异常，从而可以发现金属管线或非金属管线的存在及其位置。这种方法是以金属管线或非金属管线与其周围的土层存在导电性差异为前提条件的。

常用的直流电探测法又可分为联合剖面法、对称四极剖面法、中间梯度剖面法和赤道偶极剖面法等。

②交流电探测法。这种方法是利用交变电磁场对导电性或导磁性或介电性的物体具有感应作用或辐射作用，从而产生二次电磁场，通过观测发现被感应的物体或被辐射的物体。常用的交流电探测法可分为甚低频法、电磁感应探测法、电磁辐射探测法等。

◆◇ 3.5 电磁感应探测法

电磁感应探测法是利用近区人工发射的电磁波对地下管线产生电磁感应作用，从而使地下管线产生感生电流，进行探测的。这种电流称为二次电流，于是在地下管线的周围形成二次电磁场，通过观测二次电磁场便可发现地下管线的存在及其位置。

◆◇ 3.6 电磁辐射探测法——地质雷达法

众所周知，电磁波存在感应与辐射两种作用，感应作用是以感生的传导电流为主，如金属管线（良导体），在频率为甚高频以下的电磁场中，它只能被感生出传导电流，故属于感应作用。

若对非良导性物体，如水泥管道或塑料管道，它只能在频率为甚高频以上（如几十、几百以至几千兆赫）的电磁场中产生位移电流，这就属于辐射作用，这时利用了新的物性参数——介电常数。所以在交流电探测中，要想探测水泥管和塑料管等非金属管线，就可以采用发射频率在 50～1000MHz 的地质雷达。

目前，由于地质雷达设备过于昂贵，故极少用于地下管线探测工作。在交流电探测法中多采用电磁感应探测法，这种方法比较成熟、简便和有效；同时，已经有专用探测仪器。

关于交流电探测法中的后两种方法，有人称之为"电磁探测法"和"电磁波探测法"，这是不科学的分类命名，因为两者都属于电磁波类，仅仅是波长不同。

还有人将电磁感应探测法称为频率域电磁法，这种命名法也是不准确的。因为目前所采用的电磁感应探测法，其发射的电磁波是单一频率的电磁波，又常称为谐变电磁波，这种电磁波的振幅是随时间变化的，故知其应为时间域电磁波，单一频率电磁波的振幅在频率域（即对时间域的电磁波作 Fourier 变换所得）是不变的。还有一些别的探测法，如红外线探测法等，由于不太常用，这里不再赘述。

◆◇ 3.7　地下管线探测探查原则与方法

（1）探查地下管线应遵循的原则。

①从已知到未知。采用仪器探查时，无论采用何种方法，在正式投入使用前，一般都应在测区内已知管线敷设情况的路段进行方法试验，以便确定该仪器方法的有效性及可能达到的精度，测深的修正方法等。然后将该方法推广到其他待探查的管线区。

②从简单到复杂。在测区正式开展探查作业时，一般应选择从管线分布稀疏的地区开始，先查电缆，其次查金属管，最后查非金属管；先查浅管后查深管，以管线长直线段或明显标志点为基础，逐步向管线密集、复杂地域深入，直至全部解决管线的定性、定位、定深。

③如果通过试验证明，测区可供选择探查地下管线的方法有多种时，应优先采用轻便、效果好、快速安全、成本低的方法。

④在管线分布复杂、管线种类多、干扰大、地球物理条件和自然条件差的路段，用单一的探查方式和方法难以查清管线的敷设状况时，应采用多种探查方式和方法进行比较，互相验证，以便提高管线的探查精度。

（2）采用仪器进行地下管线探查作业时，作业方式与方法很多。具体采用何种方法和方式，应根据测区的任务要求、探查的对象、测区的地球物理条件，以及测区的实际情况，通过方法试验来确定。

一般而言，探查金属管线，采用金属管线探测仪的直接法（见图 3.1）和感应法（见图 3.2），探查电缆采用夹钳法（见图 3.3），电力电缆可采用 50Hz 被动源法，甚低频接收条件好的地区可选用甚低频法（见图 3.4），探查磁性管道可采用磁测法等。

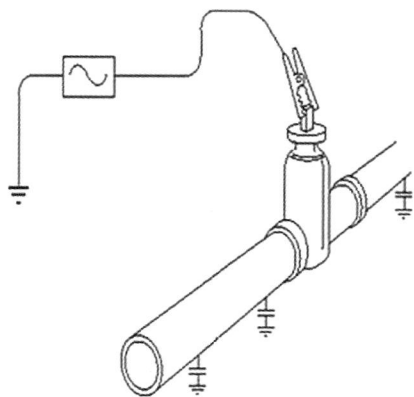

图 3.1　直接法

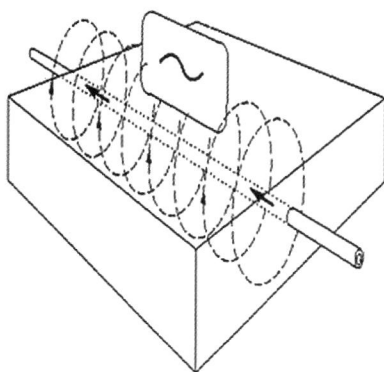

图 3.2　感应法

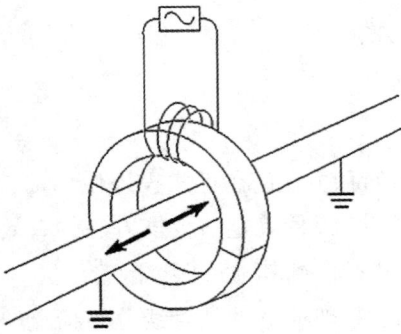

图 3.3　夹钳法

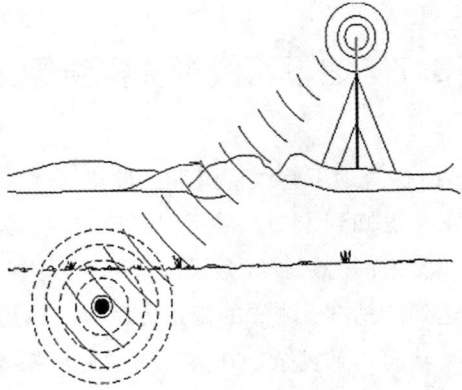

图 3.4　甚低频法

（3）地下管线探查方法试验的内容与要求。方法试验的目的是使物探工序进行作业时有的放矢，根据不同的探查对象、不同的地球物理条件选用不同的仪器、方法进行探查，确定有效的测深修正方法，以提高作业速度、工作效率和探查成果的精度。当测区内地质条件差异较大时或采用新方法技术前，应分别进行方法试验。

（4）盲区探查管线的方法和要求。在盲区用感应法搜索地下管线，可采用以下两种工作方式。

①平行搜索法。发射线圈可以呈水平偶极发射状态垂直放置，也可呈垂直偶极发射状态水平放置，发射机与接收机之间保持适当的距离（应根据方法试验确定最佳距离），两者对准呈一直线，同时向同一方向前进。接收线圈与路线方向垂直，使其无法接收直接来自发射机的信号。当前进路线地下存在金属管线时，发射机产生的一次场会使该金属管线感应出二次电磁场，接收机接收到二次场便发出信号，或在仪器表头中指示地下管线的存在位置。

②圆形搜索法。原理同平行搜索法，其区别是发射机位置固定，接收机在距发射机适当距离的位置上，以发射机为中心，沿圆形路线扫测。水平偶极发射时，扫测应注意发射线圈与接收线圈对准呈一条直线。此法在完全不了解当地管线分布状况的盲区搜索时最为有效、方便。搜索电力电缆亦可采用工频法。这种方法是直接测量电力电缆本身的工频（50Hz）信号及其谐波在其周围形成的电磁场信号，达到搜索电力电缆的目的。

（5）金属管道和电缆探查的方法。探查金属管道和电缆时，应根据管线类型、材质、埋深、管径、出露情况、接地条件及干扰因素来选择不同的探查方法。特别是当管线复杂或埋深较大时，宜采用剖面观测方法：一般沿垂直管线走向布设观测剖面，按一定点距观测电磁场数据，绘制电磁场观测曲线，结合已知资料，进行不同参数（位置、埋深等）的曲线拟合（反演计算），求取管线最佳埋设参数。

（6）非金属管道探查的推荐方法。探查非金属管道是一个技术难题，经过多年的试验与应用，探地雷达是探查非金属管道最有效的方法之一。该方法利用脉冲雷达系统，连续向地下发射脉冲宽度为纳秒级的高频脉冲，然后接收反射回来的电磁波脉冲信号，通过剖面异常探测管道位置信息。探地雷达对金属管线或非金属管道都是有效的。其他方法如电磁感应法、地震波法、声波探测法、电阻率法等也可用于搜索非金属地下管线，但电磁感应法只适用于钢筋混凝土管；电阻率法、地震波法、声波探测法要有相应的施工条件，所以在城乡道路上不方便。对有出入口的非金属管道，可采用示踪电磁法，亦可采用 Closed Circuit Television View(CCTV)、Quick View(QV)等内窥检测技术协助探查管道走向。

（7）用电磁感应类金属管线探测仪定位的两种方法：极大值法和极小值法。两种方法宜综合应用，对比分析，确定管线位置（见图 3.5）。

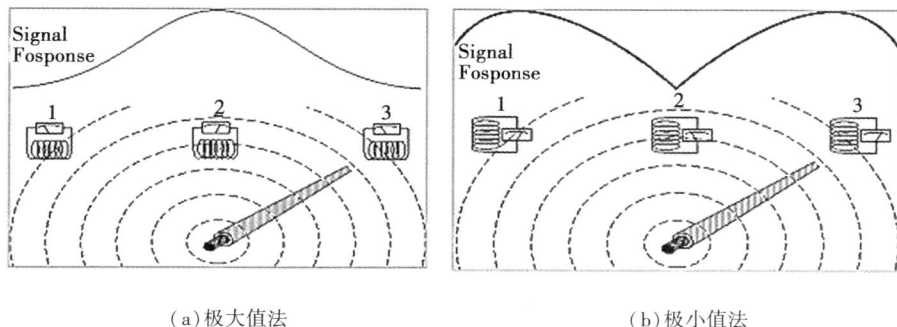

（a）极大值法　　　　　　　　　　　　（b）极小值法

图 3.5　极大、极小值法

（8）金属管线探测仪定深的方法及要求。定深方法有特征点法（ΔH_x 百分比法、H_x 特征点法）、直读法等。

①特征点法。利用垂直管线走向的剖面，测得管线异常曲线峰值两侧某一百分比值处两点之间的距离与管线埋深之间的关系，来确定地下管线埋深的方法称为特征点法。不同型号的仪器，不同的地区，可选用不同的特征点法。埋深较大（>3m）时，宜通过现场试验确定特征点法的适用性。

● ΔH_x 70%法见图 3.6(a)：ΔH_x 百分比与管线埋深具有一定的对应关系，利用管线 ΔH_x 异常曲线上某一百分比处两点之间的距离与管线埋深之间的关系即可得出管线的埋深。有的仪器由于电路处理，实测异常曲线与理论异常曲线有一定差别，可采用固定 ΔH_x 70%法定深。

● H_x 特征点法见图 3.6(b)。80%法：管线异常曲线在 80%处两点之间的距离即为管线的埋深；50%法（半极值法）：管线异常曲线在 50%处两点之间的距离为管线埋深的 2 倍。

②直读法（见图 3.7）。金属管线探测仪用上下两个线圈测量电磁场的梯度，而电磁场梯度与埋深有关，所以可以在接收机中设置按钮，用指针表头或数字式表头直接读出地下管线的埋深。这种方法比较简便，且在简单条件下有较高的精度。但由于管线周围介质的电性不同，可能影响直读埋深的数据，因此应在不同地段、不同已知管线上方通

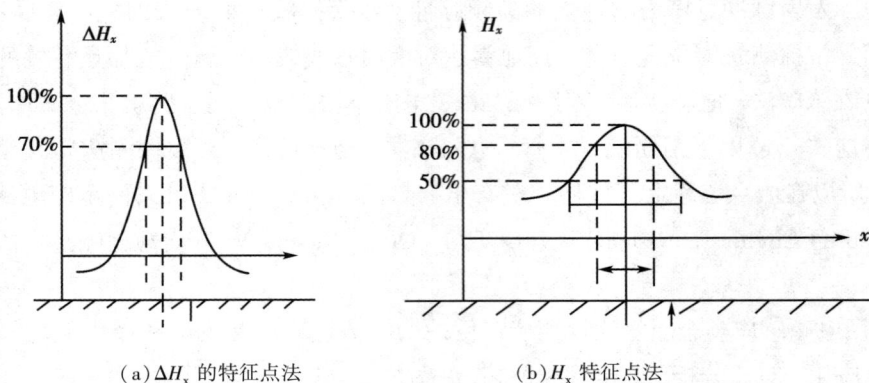

（a）ΔH_x 的特征点法　　　　　　（b）H_x 特征点法

图 3.6　特征点法

过试验确定定深修正系数，进行深度校正，提高定深的精确度。除了上述定深方法外，还有许多其他方法，方法的选用可根据仪器类型及试验结果确定。不论用何种方法，均应满足设计要求。为保证定深精度，定深点的平面位置必须精确；在定深点前后各 4m 范围内应是单一的直管线，中间不应有分支或弯曲，而且相邻平行管线之间不要太近。

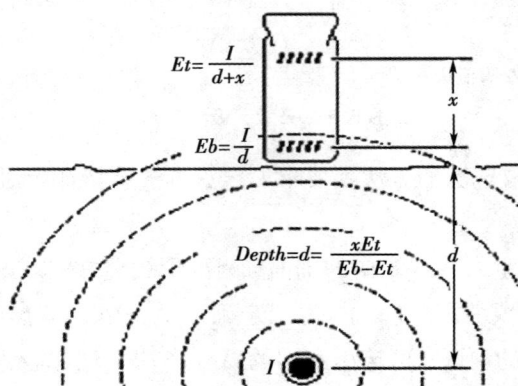

$$Et = \frac{I}{d+x}$$

$$Eb = \frac{I}{d}$$

$$Depth = d = \frac{xEt}{Eb - Et}$$

图 3.7　直读法

（9）感应法、夹钳法和直接法探查地下管线时的仪器操作要求。用感应法探查地下管线，接收机与发射机相距太近，会受到发射机一次场的干扰；太远接收机接收的信号又会太弱，都会直接影响管线的平面定位和定深精度。因此接收机与发射机要保持适当的距离，以便被测管线和收发系统的电磁波处于最佳耦合状态，提高管线的探查精度。

（10）目前，实际应用的探地雷达大多数使用高频脉冲电磁波进行探测，具有快速、高分辨的特点。一般情况下，地下管线在雷达图上的典型图像是抛物线，形成原理见图 3.8。实地探测的参数通常包括天线频率、时窗、采样率、点距、波速、增益等，现场应根据实际情况进行设置。

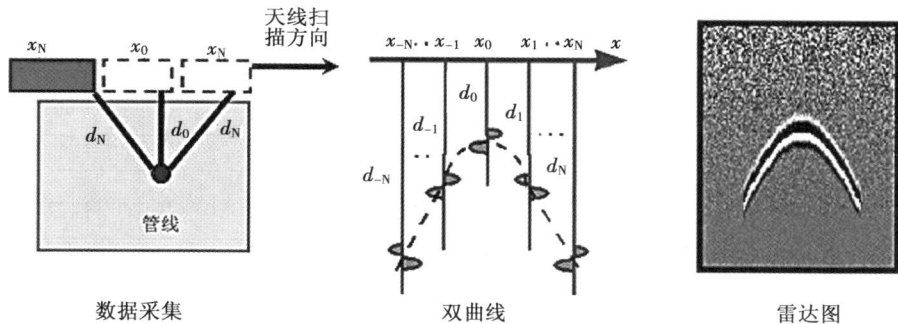

图 3.8　探地雷达探查工作原理图

◆◇ 3.8　探查工作质量检验

（1）地下管线探查应实行"二级检查一级验收"制度。探测单位应进行作业组检查、项目组检查、单位检查。要求各级检查独立进行，不能省略或代替。地下管线探查的检查内容包括明显管线点及隐蔽管线点的检查。检查点应均匀分布于整个测区不同条件、不同埋深、不同类型的管线上，应具有代表性。管线点数学精度检查的要求：隐蔽管线点用仪器复查地下管线的平面位置和埋深，明显管线点进行重复测量检查，用复查的结果分别计算中误差。

（2）探查工作质量的检查及评定方法。开挖验证是评价探查工作质量的主要方法，开挖验证点应"随机抽取、均匀分布"，要考虑到不同埋深、不同类型、不同探查条件有代表性的点进行开挖验证。地下管线探查除对管线点的水平位置和埋深进行检查外，还应对管线点的属性调查进行检查，检查内容包括规定调查的所有项目，并对照管线种类进行检查。如发现遗漏、错误应及时进行补充和更正，确保管线点属性资料的完整性和正确性。经质量检验不合格的测区，应对不合格原因进行分析研究，之后返工重新探查并验证。

（3）地下管线探查结束后应编写管线探查质量检查报告，检查报告的内容如下。

① 工程概况：包括任务接受、测区概况、工作内容、作业时间及工作量。

② 检查工作概述：检查工作组织、检查工作实施情况、检查工作量统计以及存在的问题。

③ 问题及处理意见：对于检查中发现的质量问题，提出整改措施，问题处理结果；对于限于当前仪器、技术条件未能解决的问题，提出处理建议。

④ 精度统计：精度统计是质量检查工作的重要内容，其中包括最大误差、平均误差、超差点比例、中误差及限差的统计计算等。

⑤ 质量评价：应根据精度统计评定工程质量情况。

◆◇ 3.9 本章小结

不同类型的地下管线，对于现场调查、探测方法和质量控制等方面的要求也不尽相同。本章对不同的地下管线探测方法与技术进行了系统探讨，为下一步的城市地下管线探测与工程应用奠定了理论基础，并对具体的探测内容与探测精度控制，以及地下管线探测的原则与质量检验提出了要求。

第4章 电磁感应探测法的基本原理

电磁感应探测法的原理是,在发射线圈中供以谐变电流,称为一次电流,会在发射线圈周围建立起谐变电磁场,称为一次场。地下管线在谐变场的作用下,感应出谐变电流,称为二次电流,地下管线中的二次谐变电流又会产生谐变电磁场,称为二次场。在地面上通过接收线圈便可观测到二次场,这样便可知道地下管线及其具体位置。

近年来,地下管线探测工作,无论是探测技术还是地下管线资料的管理软件系统,均有较大的发展和提高,尤其是后者,Geographic Information System(地理信息系统,GIS)是随着地理科学、计算机技术、遥感技术和信息科学的发展而发展起来的一门学科。在计算机发展史上,计算机辅助设计技术(CAD)的出现使人们可以用计算机处理像图形这样的数据,图形数据的标志之一就是图形元素有明确的位置坐标,不同图形之间有各种各样的拓扑关系。简单地说,拓扑关系指图形元素之间的空间位置和连接关系。简单的图形元素如点、线、多边形等,点有坐标(x,y),线可以看成由无数点组成,线的位置就可以表示为一系列坐标对,如(x_1,y_1),(x_2,y_2),(x_n,y_n),平面上的多边形可以认为是由闭合曲线形成的范围。图形元素之间有多种多样的相互关系,如一个点在一条线上或在一个多边形内,一条线穿过一个多边形,等等。在实际应用中,一个地理信息系统要管理非常多、非常复杂的数据,可能有几万个多边形,几万条线,几万个点,还要计算和管理它们之间各种复杂的空间关系。

GIS 和 GPS 两个工作平台,发展更快、更趋完善。但是,后者的意义和价值主要取决于管线探测资料的准确性和可靠性。因此,努力提高管线探测的精度仍是首要任务。这不仅需要普遍提高管线探测人员的理论素质和技术水平,还必须加强电磁感应探测法的反演问题的研究,探索一些科学的反演方法。所谓地下管线的反演问题,就是根据地面观测的资料或数据建立起求取地下管线位置与埋深的数学模型及计算方法。确定地下管线在地面的投影位置及其走向是比较简单的,一般采用观测二次场水平分量 $B_x(x)$ 的极值点的方法,也可采用观测二次场垂直分量 $B_z(x)$ 的 0 值点(又称哑点)的方法。在实际工作中,地下管线的有效长度一般是不可能知道的,所以反演时将认定有效长度是无限的,也就是不考虑有效长度有限时的影响,但有效长度有限时是有明显影响的,这也是地下管线探测往往存在误差的主要原因。当然也有不受地下管线有效长度有限时所产生的影响的一些反演方法。

◆◇ 4.1 一次场的性质

假定供给发射线圈的谐变电流为

$$I_1 = I_0 e^{2\pi ft} \tag{4.1}$$

式中，I_0——一次谐变电流的幅值，其大小取决于发射机的发射功率。

f——谐变电流的频率，称为发射频率。

不同的仪器往往设置不同的发射频率，英国雷迪公司的 RD-400 系列管线探测仪具有 8kHz 和 33kHz 两个发射频率，美国麦克劳林公司的"检验者"（Verifier）管线探测仪具有 9.5kHz 和 38kHz 两个发射频率。RD-400 系列管线探测仪发射的电磁场谐变周期分别为：

$$T_1 = \frac{1}{8000} = 1.25 \times 10^{-4}\text{s} \text{ 和 } T_2 = \frac{1}{33000} \approx 3.03 \times 10^{-5}\text{s} \tag{4.2}$$

而 Verifier 型管线探测仪发射的电磁场谐变周期分别为：

$$T_1' = \frac{1}{9500} = 1.05 \times 10^{-4}\text{s} \text{ 和 } T_2' = \frac{1}{38000} \approx 2.63 \times 10^{-5}\text{s} \tag{4.3}$$

发射线圈至地下管线的距离 r 一般小于 100m，这样电磁场从发射线圈传播到地下管线所需时间为：

$$t = \frac{r}{c} \approx \frac{10^2}{3 \times 10^8} \approx 3.33 \times 10^{-7}\text{s} \tag{4.4}$$

可见，电磁场由发射线圈传播到地下管线的走时 t 远远小于电磁场的变化周期，也就是说，电磁场的变化相对传播走时是极其缓慢的，常常将这种变化缓慢的电磁场称为"似稳态"或"准静态"场。在似稳态场作用下，对场内物体的感应效应远远超过辐射效应，换言之，似稳态电磁场使地下管线产生的感应电流（即传导性电流）远远大于产生的辐射电流（即位移电流）。这样一来，发射线圈发射的电磁场属于感应场或近区场。还可以用电磁场的波长 λ 与传播距离 r 作比较来加以判别，若 λ 远大于 r，则电磁场为感应场，否则电磁场为辐射场。

发射频率为 8kHz 的电磁波的波长为：

$$\lambda_1 = \frac{c}{f_1} = \frac{3 \times 10^8}{8 \times 10^3} = 375 \times 10^2 \text{m} \tag{4.5}$$

发射频率为 33kHz 的电磁波的波长为：

$$\lambda_2 = \frac{c}{f_2} = \frac{3 \times 10^8}{33 \times 10^3} = 90.9 \times 10^2 \text{m} \tag{4.6}$$

由此可见，λ_1 和 λ_2 均远大于 r，故知所发射的电磁波为感应场。而探地雷达的发射频率为 $f = 50 \times 10^6 \text{Hz}$，故有：

$$\lambda = \frac{c}{f} = \frac{3 \times 10^8}{5 \times 10^7} = 6.0\text{m} \tag{4.7}$$

可见，传播距离 r 远远大于探地雷达所发射的电磁波波长 λ，满足这一条件的场称为辐射场或远区场。

◆◇ 4.2　发射场的磁感强度

假定取发射线圈中一线元 $\text{d}\boldsymbol{l}$，其中载有发射电流为 $I_1(I_1 = I_0 e^{i2\pi ft})$，那么，它在线元以外任意一点 P 处所产生的磁感强度可由毕奥-萨伐尔定律给出：

$$\text{d}\boldsymbol{B}_1(P) = k\frac{I_1\text{d}\boldsymbol{l} \times \boldsymbol{r}}{r^3}; \quad \boldsymbol{B}_1(P) = kI_1\oint_L \text{d}\boldsymbol{l} \times \boldsymbol{r}/r^3 \tag{4.8}$$

式中，k——磁常数，在国际单位制中，$k = 10^7 \text{T} \cdot \text{m}/\text{A}$；

　　　r——线元 $\text{d}\boldsymbol{l}$ 到 P 点的距离。

将公式(4.8)沿发射线线圈 L 进行积分便可得，P 点的一次磁感强度的方向垂直于 $\text{d}\boldsymbol{l}$ 和 $\boldsymbol{r}$ 两个矢量所在的平面，并由右旋法则确定。

4.2.1　圆形发射线圈的感应磁场

设一圆形发射线圈 L 中载有交变电流，电流为：

$$I_1 = i_0 e^{i2\pi ft} \tag{4.9}$$

设在圆形线圈附近任取一坐标原点 O，现研究线圈以外任意一点 P 处的磁感应强度，设 Q 点的 $\text{d}\boldsymbol{l}$ 是圆形线圈上的一段微元，Q 点至 P 点的距离为 r'，O 点至 P 点的距离为 r，O 点至 Q 点的距离为 R，如图 4.1 所示。

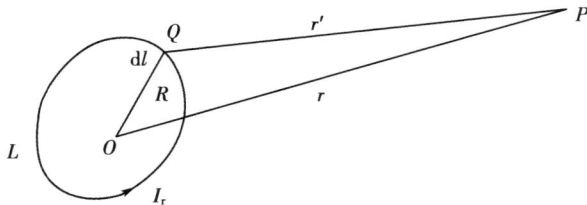

图 4.1　载流圆形发射线圈

因在实际工作中被感应的地下管线距发射线圈的距离远大于发射线圈的几何尺寸，即 r' 和 r 均远大于 R，这样，P 点的矢量为：

$$\boldsymbol{A} = kI_1\oint_L \frac{\text{d}l}{r'} \tag{4.10}$$

式中

$$\frac{1}{r'} = \frac{1}{\sqrt{r^2 - 2\boldsymbol{r} \cdot \boldsymbol{R} + R^2}} = \frac{1}{r}\left(1 - \frac{2\boldsymbol{r} \cdot \boldsymbol{R}}{r^2} + \frac{R^2}{r^2}\right)^{-1/2} \tag{4.11}$$

当 $R \ll r$ 时，式（4.11）可写为：

$$\frac{1}{r'} \approx \frac{1}{r}\left(1 + \frac{\boldsymbol{r} \cdot \boldsymbol{R}}{r^2}\right) = \frac{1}{r} + \frac{\boldsymbol{r} \cdot \boldsymbol{R}}{r^3} \tag{4.12}$$

于是

$$\boldsymbol{A} = kI_1 \oint_L \frac{\mathrm{d}l}{r^2} + kI_1 \oint_L \frac{\boldsymbol{r} \cdot \boldsymbol{R}}{r^3}\mathrm{d}l$$

$$= kI_1 \oint_L \frac{\mathrm{d}l}{r'} + \frac{kI_1}{r^3}\oint_L \boldsymbol{r} \cdot \boldsymbol{R}\mathrm{d}l \tag{4.13}$$

式（4.13）右端第一项积分，是从路径 L 的起点指向终点，是 $\frac{ki_2}{r^2}\oint_L \mathrm{d}l$ 的闭合积分，结果应该等于 0，于是

$$\boldsymbol{A} = \frac{kI_1}{r^3}\oint_L \boldsymbol{r} \cdot \boldsymbol{R}\mathrm{d}l \tag{4.14}$$

若暂将 $\mathrm{d}l = \mathrm{d}\boldsymbol{R}$ 代入式（4.14），得：

$$\boldsymbol{A} = \frac{kI_1}{r^3}\oint_L \boldsymbol{r} \cdot \boldsymbol{R}\mathrm{d}\boldsymbol{R} \tag{4.15}$$

因有

$$\mathrm{d}[(\boldsymbol{r} \cdot \boldsymbol{R})\boldsymbol{R}] = (\boldsymbol{r} \cdot \boldsymbol{R})\mathrm{d}\boldsymbol{R} + \boldsymbol{R}\mathrm{d}(\boldsymbol{r} \cdot \boldsymbol{R})$$

$$= (\boldsymbol{r} \cdot \boldsymbol{R})\mathrm{d}\boldsymbol{R} + (\boldsymbol{r} \cdot \mathrm{d}\boldsymbol{R})\boldsymbol{R} \tag{4.16}$$

故

$$\oint_L \mathrm{d}[(\boldsymbol{r} \cdot \boldsymbol{R})\boldsymbol{R}] = \oint_L (\boldsymbol{r} \cdot \boldsymbol{R})\mathrm{d}\boldsymbol{R} + \oint_L (\boldsymbol{r} \cdot \mathrm{d}\boldsymbol{R})\boldsymbol{R} \tag{4.17}$$

考虑到全微分沿闭合回路的积分恒等于 0，即：

$$\oint_L \mathrm{d}[(\boldsymbol{r} \cdot \boldsymbol{R})\boldsymbol{R}] = 0 \tag{4.18}$$

于是有

$$\oint_L (\boldsymbol{r} \cdot \boldsymbol{R})\mathrm{d}\boldsymbol{R} = -\oint_L (\boldsymbol{r} \cdot \mathrm{d}\boldsymbol{R})\boldsymbol{R} \tag{4.19}$$

这样一来，

$$\boldsymbol{A} = \frac{kI_1}{2r^3}\oint_L (\boldsymbol{r} \cdot \boldsymbol{R})\mathrm{d}\boldsymbol{R} - \frac{kI_1}{2r^3}\oint_L (\boldsymbol{r} \cdot \mathrm{d}\boldsymbol{R})\boldsymbol{R}$$

$$\tag{4.20}$$

$$= \frac{kI_1}{2r^3}\oint_L [(\boldsymbol{r} \cdot \boldsymbol{R})\mathrm{d}\boldsymbol{R} - (\boldsymbol{r} \cdot \mathrm{d}\boldsymbol{R})\boldsymbol{R}]$$

根据矢量公式：

$$(\boldsymbol{a} \cdot \boldsymbol{c})\boldsymbol{b} = (\boldsymbol{a} \cdot \boldsymbol{b})\boldsymbol{c} = \boldsymbol{a} \times (\boldsymbol{b} \times \boldsymbol{c}) \tag{4.21}$$

式(4.21)可写成：

$$\boldsymbol{A} = \frac{kI_1}{2r^3} \oint_L (\boldsymbol{R} \times \mathrm{d}\boldsymbol{R}) \times \boldsymbol{r} \tag{4.22}$$

再将 $\mathrm{d}\boldsymbol{R} = \mathrm{d}\boldsymbol{l}$ 代入式(4.22)，得：

$$\boldsymbol{A} = \left(\frac{kI_1}{2} \oint_L \boldsymbol{R} \times \mathrm{d}\boldsymbol{l} \right) \times \frac{\boldsymbol{r}}{r^3} \tag{4.23}$$

令

$$\boldsymbol{m} = \frac{kI_1}{2} \oint_L \boldsymbol{R} \times \mathrm{d}\boldsymbol{l} \tag{4.24}$$

式(4.24)称为发射线圈中电流 I_1 的磁矩 $\boldsymbol{m}$，于是代入式(4.23)中，得：

$$\boldsymbol{A} = \frac{\boldsymbol{m} \times \boldsymbol{r}}{r^3} \tag{4.25}$$

据此可求得圆形发射线圈中电流 I_1 在任一点 P 的磁感强度为：

$$\boldsymbol{B} = \nabla \times \boldsymbol{A} = \nabla \times \frac{\boldsymbol{m} \times \boldsymbol{r}}{r^3} = \frac{3(\boldsymbol{m} \cdot \boldsymbol{r})\boldsymbol{r}}{r^5} = \frac{\boldsymbol{m}}{r^3} \tag{4.26}$$

这就是圆形线圈磁感强度的表达式。若发射线圈是个 N 匝密绕的圆形线圈，每匝上流过的电流仍为 I_1，则其磁矩为：

$$\boldsymbol{m}_N = N\boldsymbol{m} = \frac{kNI_1}{2} \oint_L \boldsymbol{R} \times \mathrm{d}\boldsymbol{l} \tag{4.27}$$

那么，N 匝密绕圆形线圈在 P 点的磁感强度为：

$$\boldsymbol{B}_N = \frac{3(\boldsymbol{m}_N \cdot \boldsymbol{r})\boldsymbol{r}}{r^5} = \frac{\boldsymbol{m}_N}{r^3} \tag{4.28}$$

图 4.2 绘出了载流圆形发射线圈周围的磁感应线。

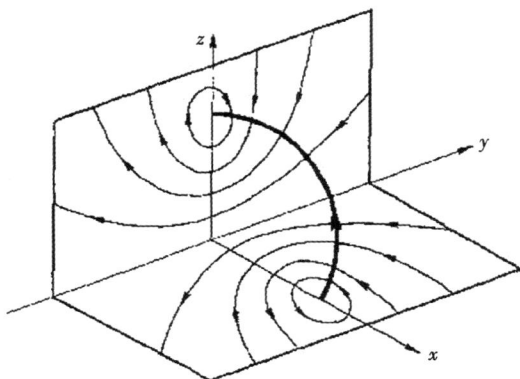

图 4.2　圆形发射线圈的磁感应线

4.2.2 矩形发射线圈的磁感强度

若有如图 4.3 所示的矩形发射线圈 $ABCD$，边长分别为 a 和 b，4 个边的编号分别为 1，2，3，4。4 个顶点 A，B，C，D 到圈外任意一点 P 的距离分别为 r_a，r_b，r_c，r_d，并设 α_{11} 和 α_{12} 是 P 点与 AB 边两端构成的两内角，α_{21} 和 α_{22} 是 P 点与 BC 边两端构成的两内角，α_{31} 和 α_{32} 是 P 点与 CD 边两端构成的两内角，α_{41} 和 α_{42} 是 P 点与 DA 边两端构成的两内角，如图 4.3 所示。

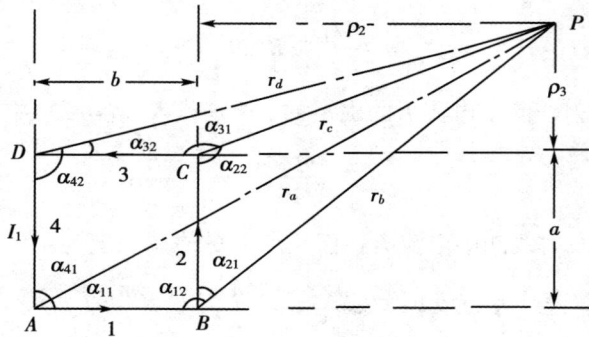

图 4.3　载流矩形发射线圈

流过 AB、BC、CD 和 DA 边的电流在 P 点处的磁感强度分别为：

$$B_1 = \frac{kI_1}{\rho_3 + a}(\cos\alpha_{11} + \cos\alpha_{12})\boldsymbol{\varphi}_1 \tag{4.29}$$

$$B_2 = \frac{kI_1}{\rho_2}(\cos\alpha_{21} + \cos\alpha_{22})\boldsymbol{\varphi}_2 \tag{4.30}$$

$$B_3 = \frac{kI_1}{\rho_3}(\cos\alpha_{31} + \cos\alpha_{32})\boldsymbol{\varphi}_3 \tag{4.31}$$

$$B_4 = \frac{kI_1}{\rho_2 + b}(\cos\alpha_{41} + \cos\alpha_{42})\boldsymbol{\varphi}_4 \tag{4.32}$$

式中，　ρ_2，ρ_3——P 点到 BC，CD 边的垂向距离；

$\boldsymbol{\varphi}_1$，$\boldsymbol{\varphi}_2$，$\boldsymbol{\varphi}_3$，$\boldsymbol{\varphi}_4$——相应磁感强度方向上的单位矢量(基矢)。

关于式(4.29)至式(4.32)的推导将在下节介绍。最后根据电磁场的叠加性质，载流矩形发射线圈在 P 点的磁感强度为：

$$B(P) = B_1 + B_2 + B_3 + B_4 \tag{4.33}$$

◆◇ 4.3　感生电流的 I_2 的形成机理

感生电流又称为二次电流，它是在一次谐变电磁场的感应作用下，地下管线中产生的电流，并且是沿着管线轴向方向流动的谐变电流。关于管线中二次电流是如何形成的，在一次谐变电磁场的磁力线周围感生涡流或者说静止的线圈(回路)中穿过谐变磁场引起感生电流的原理都难以说明管线中沿轴向流动的二次电流的形成。因为第一种说法谐变磁力线穿过管线产生涡流，但涡流合成后不一定是沿管线轴向流动的；第二种说法，地下管线并不在有限的范围内构成回路，故不能引起感生电流。

根据 Faraday 电磁感应定律，谐变磁场可产生谐变电场，两者的关系为：

$$\nabla \times \boldsymbol{E}_2(P) = -k \frac{\partial \boldsymbol{B}(p)}{\partial t} \tag{4.34}$$

若设一次谐变磁场可表示为：

$$\boldsymbol{B}_1 = \boldsymbol{B}_{10} \mathrm{e}^{i2\pi fk} \tag{4.35}$$

式(4.35)中 B_{10} 为 B_1 的幅值，将式(4.35)代入式(4.34)，得：

$$\nabla \times \boldsymbol{E}_2(P) = -i2\pi fk\boldsymbol{B}_1(P) \tag{4.36}$$

式(4.36)说明，在一次场域内任一点 P 处，一次场 B_1 的值完全确定了该点二次电场 E_2 的旋度值。当然，还不能唯一地确定该点的二次电场值。

设在 B_1 场域中地下管线上有任意两个点 a 和 b，那么，根据式(4.36)可分别得：

$$\nabla \times \boldsymbol{E}_2(a) = -i2\pi fk\boldsymbol{B}_1(a) \tag{4.37}$$

$$\nabla \times \boldsymbol{E}_2(b) = -i2\pi fk\boldsymbol{B}_1(b) \tag{4.38}$$

由上述两式可得：

$$\nabla \times (\boldsymbol{E}_2(a) - \boldsymbol{E}_2(b)) = -i2\pi jk(\boldsymbol{B}_1(a) - \boldsymbol{B}_1(b)) \tag{4.39}$$

根据一次场的唯一性可知，$\boldsymbol{B}_1(a)$ 和 $\boldsymbol{B}_1(b)$ 两矢量不会全等，亦即 $\boldsymbol{B}_1(a)$ 不恒等于 $\boldsymbol{B}_1(b)$，从而可知，a，b 两点二次电场强度之差的旋度不为 0，于是两点的二次电场之差也必不为 0，于是可设

$$\Delta \boldsymbol{E}_2 = \boldsymbol{E}_2(a) - \boldsymbol{E}_2(b) \neq 0 \tag{4.40}$$

这样一来，地下管线上 a，b 两点间的电位差为：

$$\Delta \boldsymbol{U}_2 = \Delta \boldsymbol{E}_2 \cdot \boldsymbol{l}_{ab} \tag{4.41}$$

式中，l_{ab}——地下管线上 a，b 两点之间的有效长度，根据式(4.41)便可给出地下管线上 a，b 两点间的感生电流(即二次电流)为：

$$l_2 = \frac{\Delta U_2}{Z} \tag{4.42}$$

式中，Z——地下管线上 a，b 两点间的交流阻抗值。

显然，阻抗 Z 愈大，则 I_2 愈小，如铸铁管，反之亦然。

◆◇ 4.4 利用水平分量 $B_x(x)$ 的反演分析

4.4.1 半极大值点反演法

根据图 4.4，水平分量极大值可按照如下方法求得。

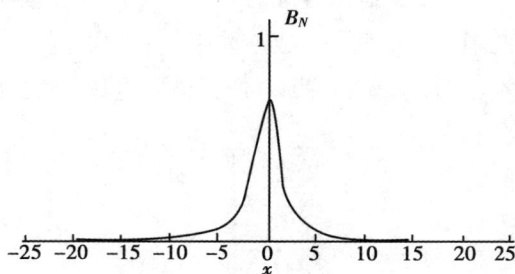

$$B_x(x) = \frac{2kI_2x}{h^2+x^2}, \quad B_z(x) = \frac{2kI_2h}{h^2+x^2}$$

图 4.4 $\theta = 90°$，$y = 0m$ 时的 x 曲线

取

$$\frac{\partial B_x(x)}{\partial x} = 2kI_2h\frac{\partial\left(\dfrac{1}{h^2+x^2}\right)}{\partial x} = -\frac{4kI_2hx}{(h^2+x^2)^2} = 0 \qquad (4.43)$$

于是可得对应 B_x 极大值的 $x = 0$，将 $x = 0$ 代入图 4.4，得极大值为：

$$B_x(0) = \frac{2kI_2}{h} \qquad (4.44)$$

若令

$$B_x(x) = \frac{2kI_2h}{h^2+x^2} = \frac{1}{2}B_x(0) = \frac{kI_2}{h} \qquad (4.45)$$

由式（4.45）可得：

$$\frac{2h}{h^2+x^2} = \frac{1}{h} \qquad (4.46)$$

据此可得到地下管线埋深为：

$$h = \sqrt{x^2} = \pm x_{1/2} \qquad (4.47)$$

这里 $x_{1/2}$ 是 B_x 分量半极大值点对应的 x 坐标值，一个是正的，一个是负的。显然，B_x 分量的两个半极大值点的距离为：

$$d = x_{1/2} - (-x_{1/2}) = 2x_{1/2} = 2h \qquad (4.48)$$

故又可得：

$$h = \frac{d}{2} \qquad (4.49)$$

即知地下管线埋深等于 B_x 分量两个半极大值点间距离的一半，如图 4.5 所示。

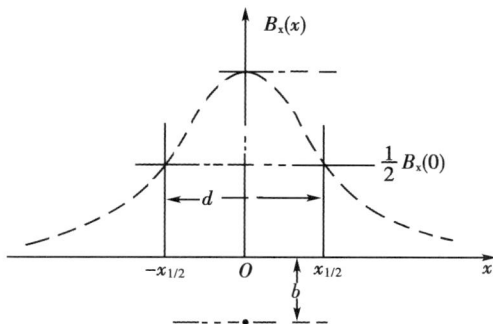

图 4.5 B_x 分量半极大值点反演方法

4.4.2 0.8 倍极大值点反演法

若令

$$B_x(x) = \frac{2kI_2 h}{h^2 + x^2} = 0.8 B_x(0) = 0.8 \frac{2kI_2}{h} \qquad (4.50)$$

由式(4.50)得管线埋深为：

$$h = \sqrt{4x^2} = 2(\pm x_{0.8}) \qquad (4.51)$$

这里 $x_{0.8}$ 代表 B_x 分量 0.8 倍极大值点的 x 坐标值，一个是正值，一个是负值。显然，B_x 分量的两个 0.8 极大值点间的距离为：

$$d = x_{0.8} - (-x_{0.8}) = 2x_{0.8} = h \qquad (4.52)$$

故知，管线埋深等于 B_x 分量两个 0.8 倍极大值点间的距离，如图 4.6 所示。

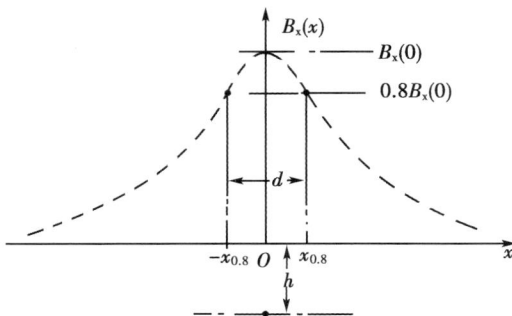

图 4.6 B_y 分量的 0.8 倍极大值点反演方法

4.4.3 极大值抬高反演法

这一反演方法要求在 B_x 分量的极大值点对应的 $x=0$ 处进行两次观测：一次是在地平面上观测，即得 $B_x(0)$；一次是将仪器抬高 Δh 进行观测，记为 $B_x(\Delta h)$。由式（4.27）可知：

$$B_x(\Delta h) = \frac{2kI_2}{h+\Delta h} \tag{4.53}$$

取比值

$$C = \frac{B_x(\Delta h)}{B_x(0)} \tag{4.54}$$

将式（4.45）和式（4.44）代入式（4.54），得：

$$C = \frac{2kI_2}{h+\Delta h} \bigg/ \frac{2kI_2}{h} = \frac{h}{h+\Delta h} \tag{4.55}$$

由式（4.55）便可得管线埋深为：

$$h = \frac{C}{1-C}\Delta h = \frac{B_x(\Delta h)}{B_x(0)-B_x(\Delta h)}\Delta h \tag{4.56}$$

◆ 4.5 利用垂直分量 $B_z(x)$ 的反演分析

4.5.1 极大值点反演法

根据图 4.4 中的公式，垂直分量的极大值可依如下方法求得，取：

$$\frac{\partial B_z(x)}{\partial x} = 2kI_2 \frac{\partial\left(\dfrac{x}{h^2+x^2}\right)}{\partial x}$$

$$= 2kI_2\left[\frac{1}{h^2+x^2} - \frac{2x^2}{(h^2+x^2)^2}\right] = 0 \tag{4.57}$$

由式（4.57）可求得管线埋深为：

$$h = \pm x_{max} \tag{4.58}$$

式中，x_{max}——对应 B_z 分量极大值的 x 坐标，一个为正值，另一个为负值。

显然，B_x 分量上两个极大值的 x 坐标点间的距离为：

$$d = x_{max}-(-x_{max}) = 2x_{max} = 2h \tag{4.59}$$

故管线埋深等于 B_x 分量两个极大值点间距离的一半，如图 4.7 所示。

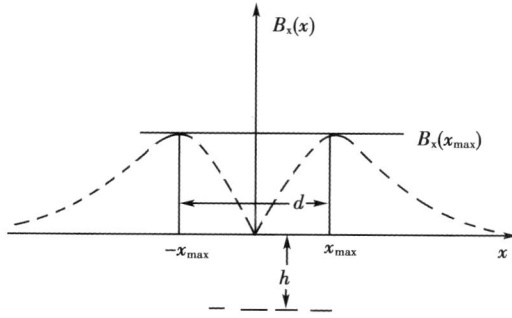

图 4.7　B_x 分量极大值点反演方法

4.5.2　45°倾角法

首先沿测线找到 B_x 分量的哑点，即 $B_z(x)=0$ 的点。然后将探测线框倾斜 45°，从哑点出发沿测线向两端观测，当测得 $B_z=0$ 的两个点，则这两个点与哑点的距离就等于管线的埋深；也可以用作图法，在上述两点分别做两条与测线成 45°角的直线，那么两直线的交点就是地下管线所在处，这种作图法又称"45°倾角矢量交汇法"，如图 4.8 所示。

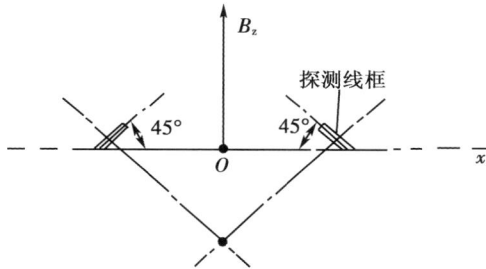

图 4.8　45°倾角矢量交汇法

4.5.3　任意倾角法

任意倾角法的原理与 45°倾角法相似，不同之处就是探测线框的倾角是任意的。假定在测线上已获得 B_z 分量的哑点，在哑点两侧的测线上任意选取与哑点距离相等的两个点，在这两点上旋转探测线框（旋转轴应是与测线正交的水平线），当转至获得的 $B_z(x)$ 分量为 0 时，记下线框的角度 α，这样，在此两点做线框面的法线，则两法线的交点便是地下管线所在处。这是先定点后转动线框的反演法，也可以先定探测线框的倾斜角度，然后从哑点分别向两侧沿测线移动，移至所测得 B_z 分量为 0 的两点，这样，在这两点作探测线框面的法线，则这两法线的交点亦为地下管线的埋深，这就是任意倾角矢量交汇法。如图 4.9 所示，这一反演方法需要通过作图来完成。

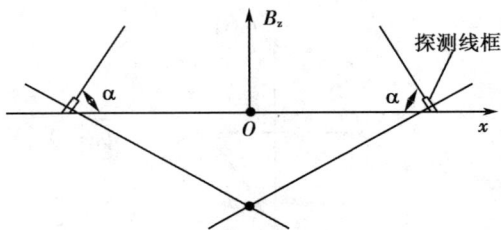

图 4.9　任意倾角的矢量交汇反演法

◆◇ 4.6　利用水平、垂直分量 $B_x(x)$、$B_z(x)$ 的反演分析

4.6.1　B_x 和 B_z 两分量的交点反演法

假定在同一观测线上观测了两个分量场 $B_x(x)$ 和 $B_z(x)$。若取：

$$B_x(x) = |B_z(x)| \tag{4.60}$$

将图 4.4 中的公式代入式(4.60)，得：

$$\frac{2kI_2h}{h^2+x^2} = \frac{2kI_2}{h^2+x^2}|x| \tag{4.61}$$

于是由式(4.61)直接可得到管线埋深为：

$$h = |x| = \pm x \tag{4.62}$$

这里 x 代表 B_x 和 B_z 两分量交点的坐标值，并且和式(4.60)中的垂直分量 B_z 一样采用了绝对值，这是因为当 $x>0$ 时，$B_z>0$，当 $x<0$ 时，$B_z<0$。

事实上，电磁感应探测仪器的观测读数是取绝对值的，所以一般均将 $B_x(-x)$（负值）反号成正值。

这里将证明只要同时利用两个分量曲线进行反演，即使管线的有效长度是有限的，也不会对求取管线埋深带来影响。

4.6.2　总场垂直分量的正演模型

测线与管线正交且通过坐标原点的情况，这时 $\theta = \pi/2$，且 $y=0$，可得：

$$B_Z(x, 0, 0) = \frac{kI_2L}{\sqrt{h^2+x^2}} \cdot \frac{1}{\sqrt{h^2+x^2+\left(\dfrac{L}{2}\right)^2}}\varphi_0 \tag{4.63}$$

以上导出的磁感强度是总场 B_z 的正演数学模型，但实际工作中观测的是总场 B_2 的水平分量或者垂直分量。为表述简便，以下讨论时将总场 B_z 的下脚标舍去。总场 $B(P)$

的垂直分量 $B_z(P)$ 是指总场在垂直方向上的分量，如图 4.10 所示。

图 4.10 中的 φ 为 r 与垂直线 $\overline{PP'}$ 的夹角，可得：

$$B_x(x,\ y,\ 0)=B(x,\ y,\ 0)\sin\varphi=B(x,\ y,\ 0)\frac{\overline{P'd}}{r}$$

$$=\frac{kI_2}{r^2}\left[\frac{\frac{L}{2}-x\cos\theta-y\sin\theta}{\sqrt{r^2+\left(\frac{L}{2}-x\cos\theta-y\sin\theta\right)^2}}+\right.$$

$$\left.\frac{\frac{L}{2}+x\cos\theta+y\sin\theta}{\sqrt{r^2+\left(\frac{L}{2}+x\cos\theta+y\sin\theta\right)^2}}\right](x\sin\theta-y\cos\theta) \tag{4.64}$$

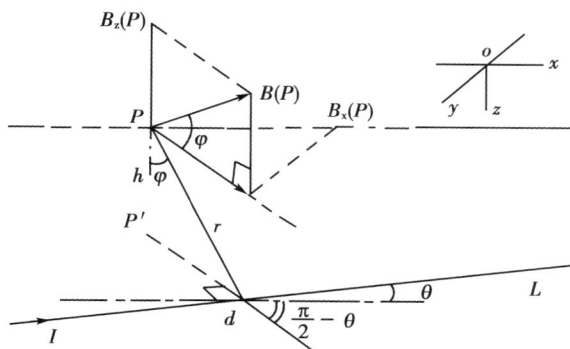

图 4.10　测点 P 处磁感应场 B 的垂直分量和沿测线的水平分量

这时 $\theta=\pi/2$，且 $y=0$，代入式（4.64），得：

$$B_x(x)=\frac{kI_2L}{h^2+x^2}\cdot\frac{x}{\sqrt{h^2+x^2+\left(\frac{L}{2}\right)^2}} \tag{4.65}$$

测线与管线正交且通过坐标原点时，$\theta=\pi/2$，且 $y=0$，可得：

$$B_x(x,\ 0,\ 0)=\frac{kI_2L}{h^2+x^2}\cdot\frac{h}{\sqrt{h^2+x^2+\left(\frac{L}{2}\right)^2}} \tag{4.66}$$

将式（4.63）和式（4.66）代入式（4.60）中，得：

$$\frac{kI_2Lh}{(h^2+x^2)\sqrt{h^2+x^2+\left(\frac{L}{2}\right)^2}}=\frac{kI_2L}{(h^2+x^2)\sqrt{h^2+x^2+\left(\frac{L}{2}\right)^2}}\ |\ x\ |\ ;h-|\ x\ |=\pm x \tag{4.67}$$

由式（4.67）可见，同样可求得管线埋深 h，与式（4.62）完全相同。

由图 4.11 可知，管线埋深 h 也等于两个分量的交点距离 d 的一半，即

$$h = \frac{d}{2} \tag{4.68}$$

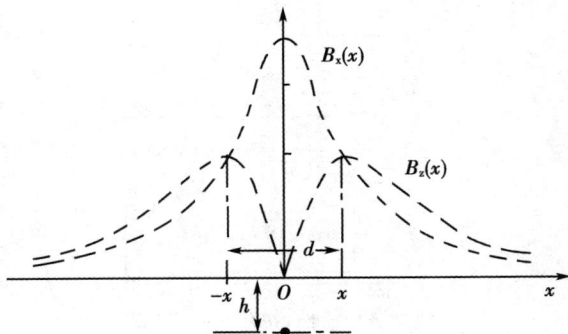

图 4.11　B_x 和 B_z 两个分量交汇反演方法

4.6.3　B_x 和 B_z 两个分量的同点比值反演法

假定在同一测线上观测到了 B_x 和 B_z 两个分量，若任意取对应坐标值为 x_i 的两个分量 $B_x(x)$ 和 $B_z(x)$ 的比值，即

$$C_x = \frac{B_x(x_i)}{|B_z(x_i)|} \tag{4.69}$$

那么将图 4.4 中公式代入式（4.69），得：

$$C_i = \frac{\dfrac{2kI_2h}{h^2+x_i^2}}{\dfrac{2kI_2|x_i|}{h^2-x_i^2}} = \frac{h}{|x_i|} \tag{4.70}$$

由上式便可知管线埋深为：

$$h = C_i|x_i| = \frac{B_x(x_i)}{|B_z(x_i)|}|x_i| \tag{4.71}$$

显然，若将式（4.63）和式（4.66）中的 $B_x(x)$ 和 $B_z(x)$ 代入式（4.69）中，也会得到式（4.70）。这里 x_i 是可以任意选取的坐标值，如图 4.12 所示，一般还是选取对应的两个分量值较大的坐标值，因为此时误差较小。

比较式（4.61）和式（4.71），当 x_i 为 B_x 和 B_z 分量的交点时，则有：

$$C_i = \frac{B_x(x_i)}{|B_z(x_i)|} = 1 \tag{4.72}$$

将 C_i 代入式（4.71），得：

$$h = |x_i| \tag{4.73}$$

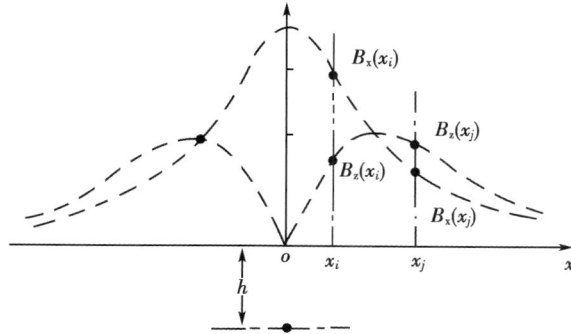

图 4.12　B_x 和 B_z 两个分量的同点比值反演方法

可见式(4.62)是式(4.71)的一个特例。

◆◇ 4.7　本章小结

　　本章主要探讨了电磁感应法的基本原理与应用。首先分析了发射场的磁感强度以及感生电流的形成原理，然后对不同情况下地下管线探测数据处理中的反演问题进行了详细的理论推导，为电磁感应探测法在依托工程中的实践应用提供技术支持。

第 5 章 电磁感应管线探测仪——英国 RD8100

由发射机产生电磁波并通过不同的发射连接方式将信号传送到地下被探测金属管线上，地下金属管线感应到电磁波后，在地下金属管线表面产生感应电流，感应电流就会沿着金属管线向远处传播，在电流传播的过程中，又会通过该地下金属管线向地面辐射出电磁波，这样当地下管线探测仪接收机在地面探测时，就会在地下金属管线正上方的地面接收到电磁波信号，通过接收到的信号强弱变化，就能判别地下金属管线的位置和走向。这就是英国 RD8100 雷迪管线探测仪的基本原理。

发射机向金属管线发送信号，所发送信号沿地下金属管线传播并产生电磁场，在管线的远端，所施加信号通过大地返回到发射机接地端，从而形成回路。这时拿着接收机沿管线方向行走，便能接收到发射机施加在管线内信号产生的电磁场。

◆◇ 5.1 英国 RD8100 雷迪管线探测仪

RD8100 是 RD8000 地下管线探测仪的升级版本。除了继承 RD8000 系列产品响应速度快、准确性高、可靠性强的优点外，在天线设计和软件界面上较 RD8000 有了一定的改进，依然为用户提供了高性价比和可靠性的地下管线探测解决方案。同样，RD8100PXL 是 RD8100 系列里性价比较高的一款配置，配合 Tx-10 发射机，可以探测 5m 以内的金属材质管线，或者结合不同深度的管道有源探头和推杆，对无压力的非金属管道进行准确探测，是地下管线普查和详查必备的地下管线探测仪(见图 5.1)。

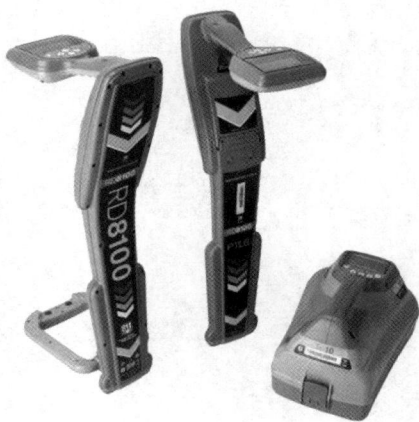

图 5.1 英国 RD8100 雷迪管线探测仪

全新 RD8100 地下管线探测仪是英国雷迪先进的产品系列之一，是该公司 40 多年来倾力打造的一款高性能、高品质和耐用性的探测仪产品，配置 5 根精准定位天线，可以根据工程需要，选择合适的探测精准水平。

随着公用基础设施铺设日趋复杂，定位人员需要功能更强大更灵活的工具，RD8100 独有各项功能，例如电流方向指示和 iLOC，配合多功能 Tx 发射机系列使用，即使面对复杂的地下条件，也能做出高灵敏度的响应定位。该仪器内置 GPS 和使用记录选项可自动生成数据，作为客户工作或内部质量和安全审计的参考资料，以推动完善作业实践。

◇◇ 5.2　发射机的信号

发射机的信号发送连接方式有三种：直连法、耦合法、感应法。

（1）直连法。探测方法为发射机输出线红色端直接连接到管线的裸露金属部分，另一端接地。此种方法产生的信号强，传播距离远，适用于音频和射频频率工作状态。

（2）耦合法。当不能与待测管线直接相连时，可以采用耦合夹钳进行耦合法探测。此种方法可根据现场的实际情况来选择发射频率，适用于音频频率和射频频率工作状态。当地下管线的近端和远端都接地以形成回路时，就使用音频频率工作状态；如果两端接地不良好，回路电阻过大，或者音频信号耦合不上，就改用射频频率工作状态来测试。

（3）感应法。在某些情况下，操作者无法接近管道或电缆来进行直接连接或使用耦合夹钳，此时可使用发射机内置的感应天线来发射输出（射频）信号，将信号感应到被测地下管线上来进行定位探测。首先，将发射机放置于管道或电缆的地面正上方，发射机放置方向应使发射机面板上的指示线与管线路径方向一致。然后使用接收机在管线地面上方就能探测出地下管线位置。这种方法只能使用射频频率而不能用音频频率，同时被测管线的两端都必须有良好的接地，即被测管线要具有良好的回路。

◇◇ 5.3　接收机的三种工作方式

接收机的三种工作方式分别为：波峰法、波谷法、跨步电压法。

（1）波峰法。用水平线圈接收电磁场水平分量的强度，对无干扰的管线进行峰值探测。在管道正上方时，当接收机的正面与管线走向垂直时，磁场响应强度较大，这不仅因为线圈离管线近，线圈所在的磁场强，还因为此时磁场的磁力线通过接收线圈的磁通量。

（2）波谷法。用垂直线圈测量电磁场的垂直分量，探测目标管线上的磁场是无数个与管线同心的圆形磁力线组成的，接收机在管线正上方信号响应小，两侧各有一个高峰。这是由于这些磁力线在管线正上方穿过接收机垂直接收线圈的垂直分量为零，此时通过接收机的垂直线圈的磁通量为零，信号响应有一个小值（零值或极小值）。

（3）跨步电压法。当接收机在管线两侧移动时，仪器的响应会随着接收机远离管线而逐渐增大，这是因为，此时的磁力线方向与接收机垂直线圈平面已形成一定的角度，通过接收机垂直线圈的磁通量逐渐变大。

◆◇ 5.4 RD8100 管线探测仪的性能

（1）RD8100 地下管线探测仪是一个强大的工具，可以帮助操作人员从附近管线中找出目标管线。通过 CD（电流方向指示）功能，可以快速定位地下公用设施，以免将时间浪费在追踪错误管线上。

（2）该仪器自动使用记录与 GPS 定位，内置 GPS 的 RD8100 定位仪能够每秒自动记录关键的定位参数，并为各次定位提供全景图像，在一年或更长的时间内，用户都可以根据记录对使用模式进行评估。此外，该数据还可供内部审计或与合作伙伴及客户共享，以证明完成任务或符合客户要求。使用数据可以导出多种文件格式，如可用于谷歌地图的 KML 格式，以确认作业的时间和地点。

（3）快速精准："峰值+"模式。全新"峰值+"模式将精准的峰值定位与快速覆盖地面的导向箭头相结合。仅需一键即可快速对比谷值和峰值来检测失真。

（4）该探测仪使用电力信号滤波器定位和区分线缆，当发射机无法连接到信号时，在密集的线路网中难以追踪单独的电线，这是因为冲突信号或强烈信号极易混淆干扰，或两者结合后会发出一束新信号。

如果一个信号来自单一线缆或多条线缆，则可利用电源信号的谐波性，一键启动滤波功能，用户即时进行追踪和标记线路。

（5）采用 4kHz 和 CD（电流方向指示）追踪高阻抗公用设施，4kHz 定位频率专用于追踪高阻抗线路，如通信双绞线或街道照明电缆。由于这种公用设施常见于基础设施密集的地区，可将 4kHz 定位频率和电流方向结合使用，以提高追踪效率。

（6）该仪器采用导向模式快速追踪管线，可使用导向模式对埋设公用设施路线进行快速追踪。直观的比例箭头、定向"指针"和不同声音提示，确保准确无误地追踪目标管道或线缆。

（7）自定义定位仪频率以与网络频率匹配，所有 RD8100 定位仪均可设定多达 5 个频率，与目标通信网络信号相匹配。

（8）故障查找，将 RD8100 定位仪固定至 A 字架上，用于识别并将绝缘护套故障地点定位在 10cm 以内。

（9）该仪器特别配置 5 根精准探地天线，实现定位和重复定位。

（10）带内置或外部 GPS 的探测，可保存高达 1000 条测量值，获取公用设施深度，还可将数据用蓝牙发送至移动设备。可通过内置 GPS 选项添加位置数据，或使用无线蓝牙链接与外部卫星导航系统 GNSS 设备连接，以获取所需数据。

（11）该探测仪耐用、密封，设计为 IP65 防护等级，专为工作现场设计。

（12）具有 iLOC 发射机遥控功能，节省现场探测时间，iLOC 是 RD8100 定位仪和发射机之间的蓝牙连接，可在远达 450m 的距离远程控制发射机信号的输出功率和频率，减少来回行走的时间，以便集中精力进行定位。

（13）浅表定位警告有源和无源定位模式 Strike Alert，此项功能遇到浅表线缆和管道会发出屏显和声音警告，可以降低事故风险。

（14）复杂环境定位独有功能——动态过载保护，动态过载保护可过滤干扰信号，可在如变电站附近或架空电力线路的电噪声环境中，正常使用该定位仪。

（15）eCert 远程校准，无须停机，无须将装置送至服务中心，使用 RD Manager 电脑软件包，通过网络即可检验定位仪校准情况，并确认校准是否合格。

（16）增强型自检，可在现场确认测量系统功能的完好性。自检功能将信号加载至定位电路并检查显示屏和电源功能。全新 RD8100 地下管线探测仪，通过 RD Manager 电脑软件对定位仪进行设置、校准和更新。

◆◇ 5.5　RD8100 管线探测仪的特点与功能

5.5.1　RD8100 管线探测仪的特点

（1）独特的五天线设计。RD8100 采用独特的 5 根天线设计，较之 RD8000 大大提升了信号接收的灵敏度，使客户在任何测试环境下都能达到精准测试的条件。

（2）4kHz 定位频率专用于高阻抗管线。在 RD8100 上新增了 4kHz 的定位频率，使一些电信和路灯的双绞线更容易被探测到，探测的距离更远。在管线密集区域尤其适用，如果配合 4kHz 的 CD 电流方向探测，探测的深度将得到保障。

（3）新的 Peak+"峰值+"探测模式。与以往的管线仪不同，RD8100 除了依旧保留原来的四种探测模式外，还增加了"峰值+"模式。所谓"峰值+"模式，即在峰值模式下结合了引导模式或者谷值模式，使在几条并行的管线间容易识别峰值，避免漏掉一些比较弱的峰值信号。

（4）深度和电流数值同时显示。RD8100 能够同时显示当前位置的管道深度和电流数值信息，使客户能够方便地对照深度和电流的大小，避免两者数据间的频繁切换。

（5）iLOC。iLOC 是 RD8100 定位仪和发射机之间的蓝牙连接，可在远达 450m 的距离远程控制发射信号的输出功率和频率，减少来回行走时间以便集中精力进行定位。

（6）ECERT 远程校准，无须停机。无须将装置送到服务中心，使用 RD Manager 电脑软件包，通过网络即可检验定位仪校准情况，并确认校准是否合格。

（7）动态过载保护。该功能使 RD8100 能在其他管线仪无法正常探测的区域进行测量。在强电干扰的环境中，RD8100 可自动过滤干扰信号，因而，在变电站和铁路高压电网下，RD8100 也能正常工作。

（8）增强的 Strike Alert(穿透报警) 和被动避开扫描。一旦发现浅埋电缆，便发出警报，避免事故的发生。同时用电力和无线电模式快速扫测地下管道和线缆。原声可区别电力和无线电信号的存在。

（9）罗盘和 CD(电流方向) 功能。罗盘可以指出目标管道和线缆的方向。使用罗盘进行追踪，并正确摆放接收机，以获取准确深度。电流方向是一项技术，电流方向箭头可准确识别多条平行电缆中的目标电缆。能快速查找和识别目标电缆。

（10）可内置 GPS 功能。RD8100 使用了全新的硬件设计，客户可以选择内置 GPS 的功能，在探测管线的同时保存当前位置的 GPS 坐标信息，设备能够存储 1000 个测绘信息，结合用户日志的功能可以方便地管理客户的探测路线，还可以导出 KML 格式的文件。

5.5.2　RD8100 管线探测仪的标志

RD8100 管线探测仪的标志如图 5.2 所示。

RD8100 管线探测仪接收机功能：

（1）定位仪功能：①键盘；②含自动背光的 LCD 显示屏；③扬声器；④电池盒；⑤可选锂电池组；⑥配件连接器；⑦耳机连接器；⑧蓝牙模块天线；⑨USB 端口(位于电池盒内部)。

（2）定位仪键盘：⑩电源键；⑪频率键；⑫上下箭头；⑬天线键；⑭探测键；⑮发射机键。

（3）定位仪屏幕图标：⑯带峰值标识的信号强度图表；⑰信号强度读数；⑱谷值/比例导向箭头；⑲电量图标；⑳灵敏度读数/日志号；㉑音量图标；㉒电流方向箭头；㉓无线电模式；㉔电源模式；㉕配件或测量指示器；㉖CD 模式图标；㉗A 型图标；㉘频率/电流/菜单读数；㉙蓝牙状态图标，图标闪烁表示正在进行配对，若图标常亮，则表示已经建立连接；㉚天线模式图标，峰值/谷值/宽峰值/峰值+/导向；㉛探头图标，表示已经选定一个探头信号源；㉜管线图标，表示已经选定一个管线信号源；㉝罗盘，表示定位管线或探头与定位仪的相对方向；㉞发射机通信状态，确认 iLOC™ 通信成功；㉟发射机待机指示器；㊱深度读数；㊲仅限带 GPS 功能的定位仪，GPS 状态图标；㊳GPS 信号质量图标。

RD8100 管线发射机的标志如图 5.3 所示。

RD8100 管线发射机功能：

（1）发射机功能：①键盘；②LCD 显示屏；③可拆卸配件盒；④1 号电池盒；⑤可选锂电池组；⑥蓝牙模块(iLOC 设备)。

（2）发射机键盘：⑦电源键；⑧频率键；⑨上下箭头；⑩测量键。

（3）发射机屏幕图标：⑪电池电量图标；⑫操作模式读数；⑬待机图标；⑭输出电压水平指示器；⑮夹钳图标，表示已连接信号钳或其他配件；⑯直流电源连接指示器；⑰感

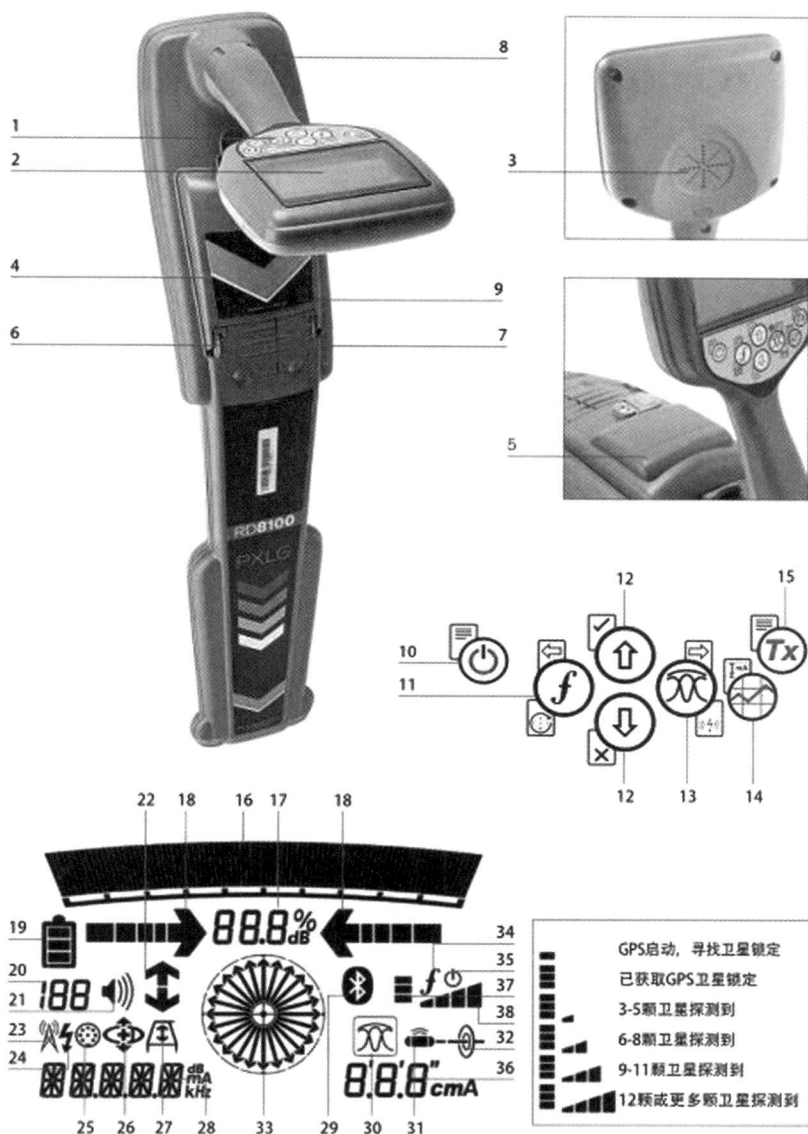

图 5.2　RD8100 管线探测仪的标志

应模式指示器；⑱A 型图标，表示发射机处于故障查找模式；⑲电流方向模式，表示发射机处于电流方向模式；⑳电压警告指示器，表示发射机的电压水平具有潜在危险性；㉑音量图标。

（4）仅限带 iLOC 功能的发射机：㉒匹配图标，当发射机和定位仪通过 iLOC 连接时会显示该图标；㉓蓝牙图标，表明蓝牙连接的状态。若图标闪烁，则表示正在配对。

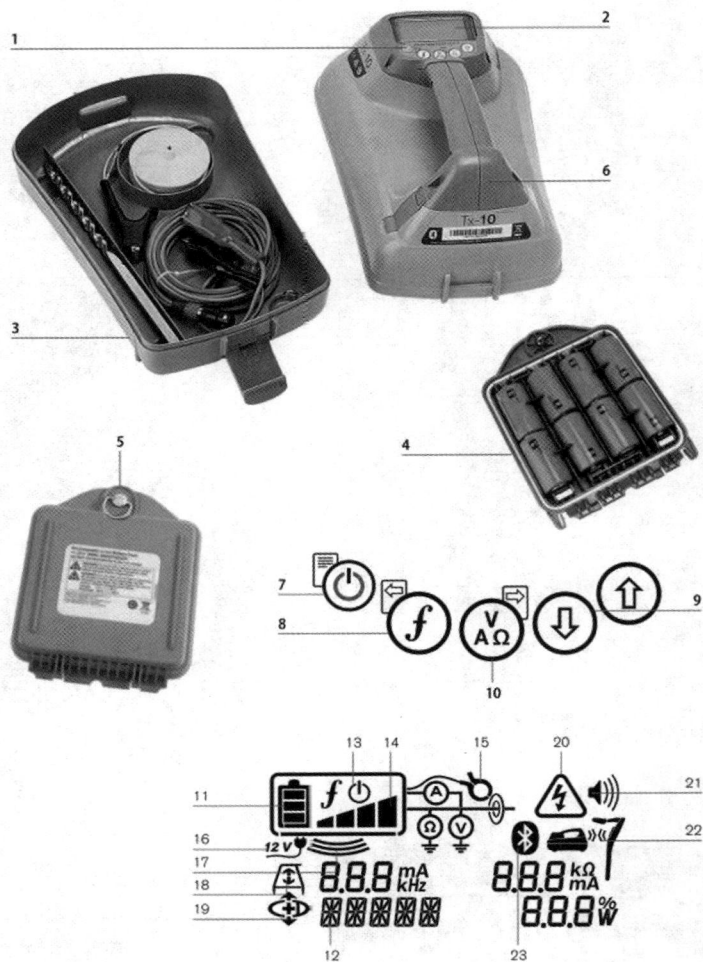

图 5.3　RD8100 管线发射机的标志

按下⏻键打开定位仪或发射机。一旦接通电源，按键功能如下：

（1）定位仪按键（见图 5.4）。

按键	● 短按	▬ 长按
⏻	进入菜单	关闭电源
f	滚动选定定位频率高低	SideStep™（参见'iLOC'部分）使用电流方向™时：对电流方向进行重置
⦿	使用有源频率时：切换峰值、峰值+、谷值、宽峰和导向天线模式。 在电力模式下： 滚动电力信号滤波器™以提高对于平行或强电力信号的区分效果	峰值+天线模式： 在导向和谷值箭头间切换
⬆ and ⬇	增加和减少增益。按下按键时RD8100自动将增益设置为中间值	以1dB的增量幅度快速增加和减少增益
⊗	进行探测测量，配对成功后可通过蓝牙发送结果	—
Tx	发送iLOC命令到配对成功的发射机	接通发射机电源，设置菜单以在iLOC上使用

图 5.4　定位仪按键

68

(2)发射机按键(见图 5.5)。

按键	● 短按	▬ 长按
⏻	进入菜单	关闭电源
ⓕ	滚动选择定位频率高低	-
(V/AΩ)	利用当前设定的频率测量电压和阻抗	在标准频率下测量电压和阻抗
⇧ and ⇩	调整输出信号	选择待机 ⇩ / 最大标准电力 ⇧

提示：从高到底滚动选择频率时，同时按下 ⓕ 和 ⇩ 按钮（定位仪和发射机均适用）。

图 5.5　发射机按键

5.5.3　RD8100 管线探测仪系统设置

通过 RD8100 定位仪和发射机菜单，可以选择或更改系统选项。进入菜单后，会有箭头键来导航菜单。发射机和定位仪上的导航是一样的。在菜单中，屏幕上的大部分图标会暂时消失，在显示屏左下角会出现菜单选项。点击右箭头将进入子菜单，点击左箭头则会返回到上一级菜单。

请注意，在浏览定位仪菜单时，ⓕ和⊗键将作为左右箭头使用。当浏览发射机菜单时，ⓕ和(V/AΩ)键将作为左右箭头使用。

(1)导航菜单：①按下⏻键进入菜单；②使用⇧或⇩键在菜单选项中滚动；③按下⇨键进入选项的子菜单；④使用⇧或⇩键在子菜单选项中滚动；⑤按下⇨键确认选择并返回上一个菜单；⑥按下⇦键返回主操作屏幕。

应注意，当选择某一选项，并按下⇦键时，系统将自动启用该选项。

(2)定位仪菜单选项。

- VOL：在 0(静音)和 3(最高)之间调节扬声器的音量。
- DATA：删除、发送或审阅所保存的 Survey CERT 测量数据，并启用或禁用蓝牙通信频道。
- BT：启用、禁用、重设或配对蓝牙连接。在接入个人电脑或个人掌上电脑(PDA)时，将确定所使用的协议。
- GPS：启用或禁用内部 GPS 模块，并且启用/禁用 SBAS GPS 增强(仅限 GPS 型号)或选择外部 GPS 源。
- CDR：电流方向重设。(处于 CD 模式时，按住ⓕ键。)
- UNITS：选择公制或英制。
- INFO：进行自检、显示最近重新标定(MCAL)或最近 eCert 标定的日期。
- LANG：选择菜单语言。
- POWER：选择本地电力网络频率：50 或 60Hz。

- ANT：启用或禁用任何天线模式，峰值模式除外。
- FREQ：启用或禁用单个频率。
- ALERT：启用或禁用 Strike Alert™。
- BATT：设置电池类型，连接后，碱性电池、镍氢电池、锂电池自动选择。
- ARROW：在"峰值+"模式中选择谷值或比例导向箭头
- COMP：启用或禁用罗盘功能的显示。

（3）发射机菜单选项。

- VOL：在 0（静音）和 3（最高）之间调节扬声器的音量。
- FREQ：启用或禁用单个频率。
- BOOST：在规定的时间内（按分钟记）增强发射机的输出功率。
- LANG：选择菜单语言。
- OPT F：运行 Side Step auto™，自动选择所连接公用设施的定位频率。
- BATT：设置电池类型，碱性电池、镍氢电池或锂电池，并且启用/禁用 ECO 模式。
- MAX P：设定发射机最大输出功率。
- MODEL：设定发射机，使其与定位仪型号相匹配。
- MAX V：将输出电压设定为最大值 90V。
- BT：启用、禁用或配对蓝牙连接（仅限蓝牙型号）。

5.5.4　RD8100 管线探测仪菜单使用、选项选择以及更改操作示例

（1）定位仪主电源频率。请选择所在国家或地区合适的电源频率（中国选择 50Hz）：①按下⊚键进入菜单；②使用⊚或⊚键滚动至电源菜单；③按下⊗键进入电源菜单；④使用⊚或⊚键选择合适的电源频率；⑤按两次⊘键以确认选择，然后返回到主操作屏幕。

（2）电池。应使系统设置与当前安装的电池类型相匹配，确保设备最佳性能和正确的电量显示，这一点很重要。

若要设置电池类型，请按照以下步骤操作：①按下⊚键进入菜单；②使用⊚或⊚键滚动至 BATT 菜单；③按下定位仪上的⊗键或发射机上的⊛键进入 BATT 菜单；④向上或向下滚动，选择正确的电池类型（碱性电池、镍氢电池或锂电池），当锂电池组连接到接收机时，锂电池自动被选；⑤按两次⊘键以确认选择，然后返回到主操作屏幕。

（3）发射机 ECO 模式。使用碱性电池时，可以选择 ECO 模式来提高电池的使用时间。选择 ECO 模式时，当电池不能再提供足够电力时，发射机会自动降低其最大输出功率。

若要启用 ECO 模式，请按照以下步骤操作：①按下⊚键进入菜单；②使用⊚或⊚键滚动至 BATT 菜单；③按下⊛键进入 BATT 菜单；④使用⊚或⊚箭头选择碱性电池类型；⑤按下⊛键进入 ECO 子菜单；⑥使用⊚或⊚箭头选择 ECO；⑦按三次⊘键以确认选择，然后返回到主操作屏幕。

（4）定位管道和线缆。RD8100 定位仪主要运用定位"叶片"，使其垂直于被定位的线缆或管道进行工作（见图 5.6 至图 5.8）。

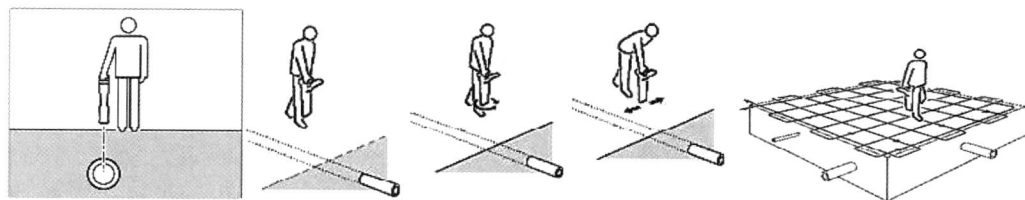

图 5.6　定位单管道

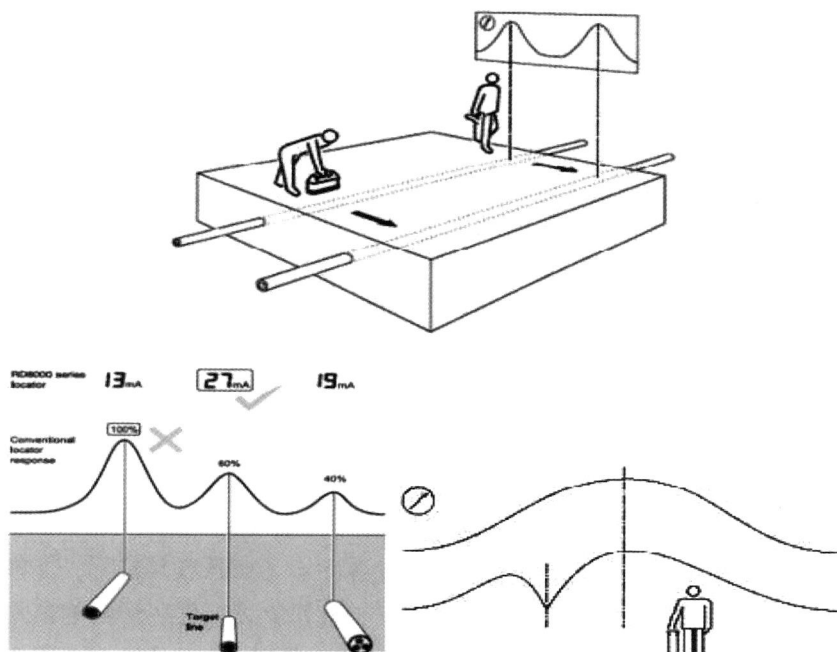

图 5.7　定位多管道

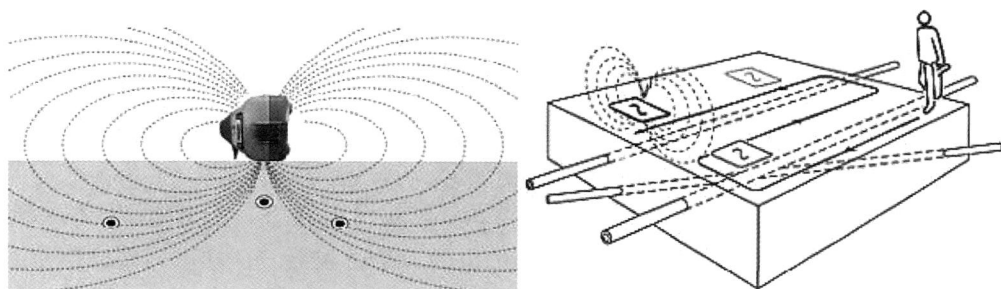

图 5.8　定位斜管道

(5)运行自检。建议至少每周或每次使用之前对设备进行一次自检，自检主要检测定位电路的完好性，因此自检时应远离大型金属物体，例如车辆或强电力信号，这一点尤为重要。若要运行自检功能，请按照以下步骤操作：①按下◎键进入菜单；②使用◉或◉键滚动至INFO菜单；③按下⊗键进入INFO菜单；④使用◉或◉箭头选择TEST；⑤按下⊗键选择"YES"；⑥按下◉键开始自检；⑦一旦完成自检，结果（通过或失败）将显示在屏幕上；⑧使用◎键重新启动定位仪。

(6)Side Step auto™。通过测量目标线缆或管道的阻抗，发射机可为定位任务提供通用定位频率。如要运行Side Step auto™，请将发射机连接到目标公用设施，然后按照以下步骤操作：①按下◎键进入菜单；②使用◉或◉键滚动至OPTF菜单；③按下⊗键选择"START"；④按下◉键启动检测功能，发射机将自动选择通用频率并应用于已连接公用设施。

(7)有源频率定位。有源频率系通过发射机直接将频率应用于目标管道或线缆，并为追踪埋设管道或线缆提供最有效的方式。一般来说，在大型低阻抗公用设施上最好使用低频，而在较小的高阻抗公用设施上使用高频。请务必使用最低功率追踪目标公用设施以尽可能降低追踪错误路线的风险。发射机可通过以下三种方法发出信号：①直接连接。在直接连接中，可以使用所配的红色直连导线，将发射机直接连接到待探测的管道或线缆。黑色导线一般通过配备的接地棒与地面连接。然后，发射机将向线路发出离散信号，这时可以利用定位仪追踪到该信号。该方法提供了单独线路上的最佳信号，可以使用较低的频率，并可在较长的距离上追踪到该频率。此时与带电导体直连可能产生致命危险，此操作仅应由具有充分资质的人员来完成，并仅使用允许和通电线路连接的相关产品。②感应。将发射机置于地面上探测区域的上方或附近，可以选择适当的频率。然后，发射机将把信号随机地引向附近的任何金属导体。在感应模式下，通常建议使用高频，因为这样较容易引向附近的导体。③发射机夹钳。可以使用选配的信号夹钳，将发射机的信号施加于绝缘带电导线或直径最大215mm的管道，并传输到公用设施。这种发射机信号传输方法对绝缘带电导线十分有效，且无须断开线缆的电源。

这里应当注意的是，不要将夹钳用于非绝缘的带电导体，将夹钳用于电源线缆或从电源线缆上移除夹钳之前，应确保夹钳始终与发射机相连。

(8)无源频率定位。无源频率探测系利用埋设金属导体上已有的信号进行探测。RD8100支持探测4种类型的无源频率：电力、无线电、GPS以及有线电视（CATV）信号。无须发射机的协助，就可以探测到这些频率。

(9)电力信号滤波器。RD8100允许操作人员利用电力网络上产生的谐波信号进行探测。进入电源模式后，滚动选择5个独立的电力信号滤波器。这样可以帮助操作人员确定单一的强电力信号是来自单一线缆还是来自多条线缆。然后，根据检测到线路的不同谐波特性便可以追踪和标记线路。此外，在对于其他探测方式而言总信号过强的情况下，使用单独谐波能够准确定位线缆线路。

（10）定位模式。RD8100 具有 5 种定位模式可供选择，针对不同的工作，每种定位模式都有其具体用途。按下⊗键，在不同的定位模式之间滚动。

峰值：主要用于精确定位，峰值条形图清楚呈现信号强度。在埋设公用设施的正上方会显示峰值信号。

"峰值+"：此模式可将精确的峰值条形图与谷值箭头结合以检测出失真现象，或与比例导引箭头结合使用以快速追踪线路，通过按住⊗键可在二者之间进行切换。

导向：将比例导向箭头和弹道"指针"与左/右音频指示信息相结合，用于快速追踪埋设公用设施的总体路径。

宽峰值：运行方式与峰值模式类似，但能够给出更大区域范围的探测结果。主要用于检测和追踪极其微弱的信号，例如埋设极深的公用设施。

谷值：快速显示公用设施路径的左/右指示信息。由于谷值易受到干扰，因此最好在无其他公用设施的区域使用。

（11）深度、电流和罗盘读数。RD8100 可测量并显示公用设施的深度、定位信号电流以及线缆或管道与定位仪的相对方位。这样可确保追踪到正确的目标线缆或管道，尤其在有其他公用设施的环境下。RD8100 具有 Tru Depth™功能，该功能可以确保定位或探测测量值的准确性。当定位仪与定位线缆或管道路径所成角度超过 7.5°，或当定位仪确定信号条件太差无法进行可靠测量时，显示器会自动清除深度和电流数据。这里应当指出的是，请勿将测量深度作为机械作业或其他挖掘工作指南使用。

（12）电流方向（CD）。Tx-10（B）发射机用于将一个专用的电流方向信号导入管道或线缆。该信号可在大量平行公用设施中追踪单个管道或线缆，确保操作人员追踪到正确的目标线路。电流方向信号夹钳或直连导线可将专用信号导入管道或线缆，还可使用电流方向定位仪夹钳或电流方向听诊器来识别单个管道或线缆。

5.5.5　RD8100 管线探测仪的功能

自推出首款商用双天线、电缆和管道定位仪以来，雷迪已开创了多项创新技术，如今被广泛用于定位行业。继开发诸如深度测量、Strike Alert™及 Current Direction™技术之后，定位仪进一步推动公用设施防损向前发展，使挖掘工作变得更加简单、安全。独特配置天线加可选折叠式 RF 标识球天线，具有较高的精度和速度。集成 GPS 和使用记录选件，自动生成客户报告数据或内部质量与安全检查，旨在促进工作实践，实现最佳效果。

（1）峰值。位于电缆正上方时显示最强反应，也显示深度和电流测量值。用于挖掘之前和挖掘期间的精确定位(见图 5.9)。

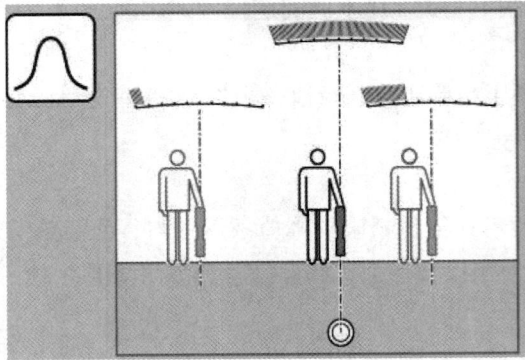

图 5.9　英国 RD8100 雷迪管线探测峰值法

（2）Peak+。添加导向或谷值模式至峰值并在之间交替。用于检查多条线路的分布情况或可能需要额外警戒的其他特性时，查找峰值快速作出反应(见图 5.10)。

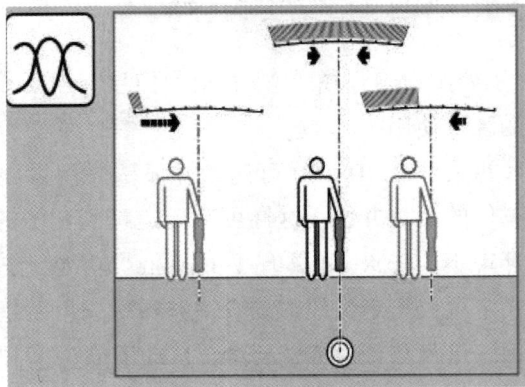

图 5.10　英国 RD8100 雷迪管线探测 Peak+法

（3）导向。成比例导向箭头和差异化音调表示公用设施位于用户左侧还是右侧。用于检查公用设施的一般方向，属于预定位扫描。对于拥塞区，优于谷值模式(见图 5.11)。

（4）宽峰值。操作类似于峰值模式，但更适用于定位较弱信号。用于定位深层线路，或当弱信号水平或干扰让常规峰值定位变得困难时使用。(见图 5.12)

（5）谷值。箭头和声音信号显示电缆与操作人员的相对位置。电缆上方显示谷值反应。用于在非拥塞区域长距离标识单一公用设施。声音反应可使用户依赖于声音而非屏幕(见图 5.13)。

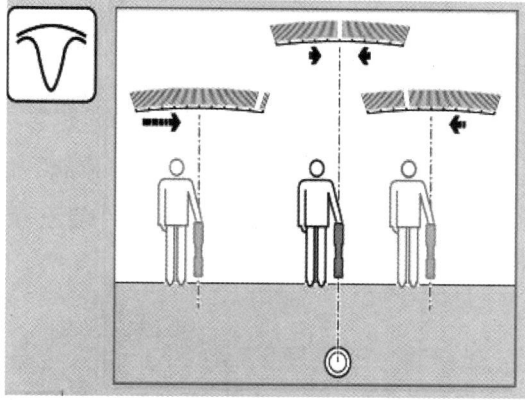

图 5.11 英国 RD8100 雷迪管线探测导向法

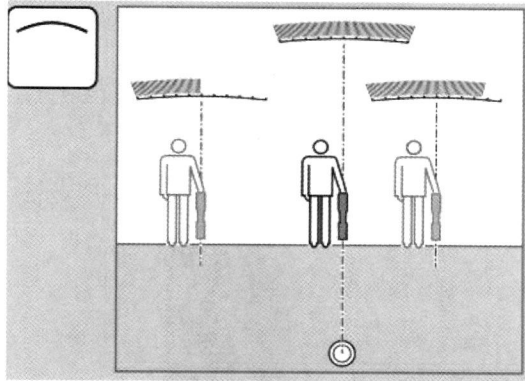

图 5.12 英国 RD8100 雷迪管线探测宽峰值法

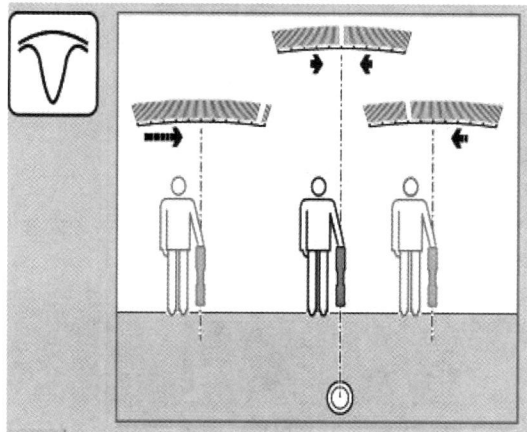

图 5.13 英国 RD8100 雷迪管线探测谷值法

◆◇ 5.6 本章小结

雷迪 RD8100 是目前国际市场上较为先进和实用的一种地下管线电磁感应探测仪器 (见图 5.14)。本章对这一电磁感应探测仪的工作原理与性能进行了系统分析,为其在城市道路地下管线探测中的应用提供了依据。

甚至在强光下,高对比屏幕也能清晰显示

同步显示深度和电流,让您更加确信您正在跟进目标线路

自定义频率
最多可编程 5 种其他频率,将 RD8100 自定义为您网络上的信号

利用蓝牙® 连接进行探测测量
使用蓝牙可存储多达 1000 条记录并无线发送至移动设备或个人电脑。
可选集成 GPS 添加位置数据,无需外部设备

定位更长距离
90V 信号输出和自动阻抗匹配

iLOC

现场使用 – IP65
抗震、入口保护壳防融击、防掉落、防水、防尘

设计精密
独特配置五条定制精密接地天线,定位精确可靠

采用 4 kHz 频率,利用电流方向对更高阻抗电缆进行更长距离的定位和追踪

配件基底托盘

RD Map™ 应用程序
实时*创建埋地公用设施详细地图

升级以从您的定位仪系统中获取更多:

图 5.14 英国 RD8100 雷迪管线探测仪现场探测

第6章　电磁辐射(地质雷达)探测法

电磁辐射(地质雷达)探测法既可以探测金属管线,又可以探测非金属管线,如水泥管道或者塑料管道,而且探测精度很高。Ground Penetrating Radar(GPR)探测法又称探地雷达法,是通过发射天线向地下发射主频达几百或几千兆赫的宽频带短脉冲电磁波,这种电磁波在介质内波阻抗分界面上引起反射和透射现象,当反射波返回地面时被接收天线所接收,通过对接收到的电磁波的同相轴变化的分析,可以识别地下管线是否存在,并确定其空间位置。

目前,国际上通常应用的地质雷达观测系统大概有如下 5 种类型:中国生产的 LTD2100 型;意大利生产的 RIS-2K 型;英国生产的 EKKO-100 型和 EKKO-1000 型;瑞典生产的 RAMAC 型和美国生产的 SIR-10 型。

◆◇ 6.1　电磁波在媒质中传播的波阻抗

假设媒介的电导率为 σ, 磁导率为 μ, 介电常数为 ε, 根据 Maxwell 微分方程, 即:

$$\frac{\partial \mathbf{E}(z, t)}{\partial z^2} = \sigma\mu \frac{\partial \mathbf{E}(z, t)}{\partial t} + \varepsilon\mu \frac{\partial^2 \mathbf{E}(z, t)}{\partial t^2} \tag{6.1}$$

$$\frac{\partial \mathbf{H}(z, t)}{\partial z^2} = \sigma\mu \frac{\partial \mathbf{H}(z, t)}{\partial t} + \varepsilon\mu \frac{\partial^2 \mathbf{H}(z, t)}{\partial t^2} \tag{6.2}$$

这是一种沿 z 轴方向传播的平面电磁波。

实质上, 式(6.1)和式(6.2)是两个完全对称的阻尼波动方程, 其中 $\sigma/2\varepsilon$ 为阻尼系数, 也就是说电磁波在电导率 $\sigma \neq 0$ 的媒介中传播时是有阻尼的。求解式(6.1)和式(6.2)方程可分别得:

$$\mathbf{E}(z, t) = E_0 \mathrm{e}^{-\beta z} \mathrm{e}^{i(\omega t - \alpha z)} \tag{6.3}$$

$$\mathbf{H}(z, t) = H_0 \mathrm{e}^{-\beta z} \mathrm{e}^{i(\omega t - \alpha z)} \tag{6.4}$$

式中: E_0 和 H_0 为地面($z=0$)上的初始($t=0$)场强; β 和 α 为场强衰减因子和相位因子。

α 和 β 表达式分别为:

$$\alpha = \omega \sqrt{\frac{\varepsilon\mu}{2} \left[\sqrt{1 + \left(\frac{\sigma}{\omega\varepsilon}\right)^2} + 1 \right]^{1/2}} \tag{6.5}$$

$$\beta = \omega \sqrt{\frac{\varepsilon\mu}{2}} \left[\sqrt{1 + \left(\frac{\sigma}{\omega\varepsilon}\right)^2} - 1 \right]^{1/2} \tag{6.6}$$

式中：$\omega = 2\pi f$，为电磁波的圆频率。

若取

$$\begin{aligned}
\frac{\partial \boldsymbol{H}(z, t)}{\partial z} &= H_0 \left[-\beta e^{-\beta z} e^{i(\omega t - \alpha z)} - i\alpha e^{\beta z} e^{i(\omega t - \alpha z)} \right] \\
&= H_0 e^{-\beta z} e^{i(\omega t - \alpha z)} \left[-(\beta + i\alpha) \right] \\
&= -(\beta + i\alpha) \boldsymbol{H}
\end{aligned} \tag{6.7}$$

显然

$$\begin{aligned}
\nabla \boldsymbol{E}(z, t) &= \boldsymbol{i} \frac{\partial \boldsymbol{E}(z, t)}{\partial x} + \boldsymbol{j} \frac{\partial \boldsymbol{E}(z, t)}{\partial y} + \boldsymbol{k} \frac{\partial \boldsymbol{E}(z, t)}{\partial z} \\
&= -(\beta + i\alpha) \boldsymbol{k} \boldsymbol{E}(z, t) \\
\nabla \boldsymbol{H}(z, t) &= \boldsymbol{i} \frac{\partial \boldsymbol{H}(z, t)}{\partial x} + \boldsymbol{j} \frac{\partial \boldsymbol{H}(z, t)}{\partial y} + \boldsymbol{k} \frac{\partial \boldsymbol{H}(z, t)}{\partial z} \\
&= -(\beta + i\alpha) \boldsymbol{k} \boldsymbol{H}(z, t)
\end{aligned} \tag{6.8}$$

由上面两式可见，以哈密顿算子∇作用于场矢量时，其作用等于场矢量乘以$-(\beta + i\alpha)\boldsymbol{k}$，也就是：

$$\nabla = -(\beta + i\alpha) \boldsymbol{k} \tag{6.9}$$

于是，由 Maxwell 的另一方程，即：

$$\nabla \times \boldsymbol{E}(z, t) = -\mu \frac{\partial \boldsymbol{H}(z, t)}{\partial t} = -i\omega\mu \boldsymbol{H}(z, t) \tag{6.10}$$

根据式(6.9)可将式(6.10)改写成：

$$(\beta + i\omega) \boldsymbol{k} \times \boldsymbol{E}(z, t) = i\omega\mu \boldsymbol{H}(z, t) \tag{6.11}$$

考虑到 $\boldsymbol{k}$ 为 z 轴方向的单位矢量，并与 E 正交，那么对公式(6.11)两边取模量可以得到：

$$E = \left| \frac{i\omega\mu}{\beta + i\alpha} \right| H = ZH \tag{6.12}$$

这里

$$Z - \left| \frac{i\omega\mu}{\beta + i\alpha} \right| = \frac{\omega\mu}{\sqrt{\beta^2 + \alpha^2}} = \sqrt{\frac{\mu}{\varepsilon}} \left[\sqrt{1 + \left(\frac{\sigma}{\omega\mu}\right)^2} \right]^{-1/2} \tag{6.13}$$

式中：Z 为电磁波在媒介中传播时的波阻抗，由式(6.13)看出，媒介阻抗大小不仅与媒介的 3 个特性参数 σ，μ 和 ε 有关，还与电磁波的频率 ω 有关，且频率 ω 愈大，则阻抗愈大。

◆◇ 6.2　波阻抗分界面下电磁波的反射与透射

假定有上下两种媒质 1 和 2，它们的特性参数分别为 ε_1，σ_1 和 ε_2，σ_2，而 $\mu_1 = \mu_2 - \mu_0$，这是因为在地面以下浅层部位常常是非磁性土层。现设入射的电磁波场矢量为 H，反射和透射的电磁场矢量分别为 H^p 和 H^p，那么在第一和第二种媒质中的场矢量分别为：

$$H_1 = H + H^p \tag{6.14}$$

$$H_2 = H^p \tag{6.15}$$

若在电磁场作用下，阻抗分界面上不会产生面电流，那么场矢量在阻抗分界面上切向分量是连续的，即：

$$H_{1t} = H_{2t} \tag{6.16}$$

将式(6.12)和式(6.14)代入上式，有：

$$H_t - H_t^p = H_t^p \tag{6.17}$$

式中：H_t^p 前负号是因为去掉矢量符号后考虑到反射场与入射场 H_t 方向相反。

在垂直入射条件下，根据场矢量在阻抗分界面上的切向分量连续性和法向分量为零的边界条件，则有：

$$E - E^p = E^p \tag{6.18}$$

同理，亦有：

$$H - H^p = H^p \tag{6.19}$$

将式(6.12)代入式(6.18)，考虑到反射电磁波是逆着 Z 方向行进的，故 H^p 的方向应有改变，如图 6.1 所示，即：

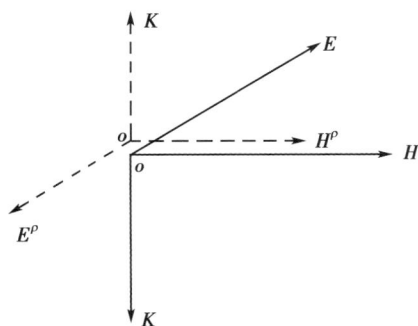

图 6.1　电磁波行进方向的关系

$$Z_1(H + H^p) = Z_2 H^p \tag{6.20}$$

联立式(6.18)和式(6.20)，便分别得到：

$$H^p = \frac{Z_2 - Z_1}{Z_2 + Z_1} H = RH \tag{6.21}$$

$$H^p = \frac{2Z_1}{Z_2+Z_1}H = PH \tag{6.22}$$

式中：R 和 P 为电磁波在阻抗分界面上的反射系数和透射系数；Z_1 和 Z_2 为第一种媒质和第二种媒质的波阻抗。

$$R = \frac{Z_2-Z_1}{Z_2+Z_1} \tag{6.23}$$

$$P = \frac{2Z_1}{Z_2+Z_1} \tag{6.24}$$

◆◇ 6.3 地质中电磁波传播速度及反射波相位

获得地质雷达资料后，在分析判断时，总希望将时间剖面换成深度剖面，才能确定地下管线的埋深位置。这样就要求给出电磁波在媒质中的传播速度。

由公式(6.3)或公式(6.4)可知，电磁波的相位值为：

$$\varphi = \omega t - \alpha z \tag{6.25}$$

显然，使相位值保持常量的相面必是电磁波的波阵面，即：

$$\omega t - \alpha z = C_0 (任意常数) \tag{6.26}$$

它对应某个波阵面，则有：

$$z = \frac{\omega}{\alpha}t + \frac{C_0}{\alpha} \tag{6.27}$$

于是，由上式便得：

$$\frac{\mathrm{d}z}{\mathrm{d}t} = \frac{\omega}{a} = v \tag{6.28}$$

因 z 是波阵面传播的距离，所以 $\mathrm{d}z/\mathrm{d}t$ 就是电磁波的相速度，在无频散效应的媒质中，它就是电磁波的传播速度，将公式(6.5)中相位因子代入公式(6.28)中，得：

$$v = \sqrt{\frac{2}{\varepsilon\mu}\left[\sqrt{1+\left(\frac{\sigma}{\omega\varepsilon}\right)^2}+1\right]^{1/2}} \tag{6.29}$$

在一般情况下 $\mu=\mu_0$，而介电常数可写成 $\varepsilon=\varepsilon_0\varepsilon_r$，$\varepsilon_0$ 称为真空的介电常数，ε_r 称为相对介电常数，于是上式可改写为：

$$v = c\sqrt{\frac{2}{\varepsilon_r}}\left(\sqrt{1+q^2}+1\right)^{-1/2}; \quad c=(\varepsilon_0\mu_0)^{-\frac{1}{2}}; \quad q=\frac{\sigma}{\varepsilon\omega}=\frac{18\sigma}{\varepsilon_r f}\times10^9 \tag{6.30}$$

式中：c 为真空中电磁波的传播速度；q 为媒质中传导电流与位移电流的比值；f 为电磁波的主频率。

为方便参考使用，表6.1列出了常见的浅层媒质的特征参数 σ、ε_r 和对应的衰减因子 β、波速 v、波阻抗 Z 和最大探测深度 H。

表 6.1　浅层媒质的特征参数

媒质名称	$\sigma/(\Omega^{-1} \cdot m^{-1})$	ε_r	q	β/m^{-1}	$v/(m \cdot ns^{-1})$	Z/Ω	H/m
水	0.150	80	0.4219	3.0959	0.033	40.46	2.9
湿淤泥	0.060	25	0.5400	2.1885	0.058	70.73	4.1
湿黏土	0.020	20	0.2250	0.8378	0.066	83.26	10.7
湿沙土	0.015	18	0.1875	0.6635	0.070	88.09	13.5
致密灰岩	0.003	5	0.1350	0.2523	0.134	167.84	35.5

注：本表数据是采用脉冲电磁波主频为 80MHz 时计算获得的。

下面采用图形来示意地质雷达探测管线时所获得的时间剖面的基本特征。图 6.2 中 x_i 表示测点，也常称为观测道，发射天线和接收天线可布置在测点的两侧，且十分靠近。图中两种符号分别代表发射天线和接收天线的位置。

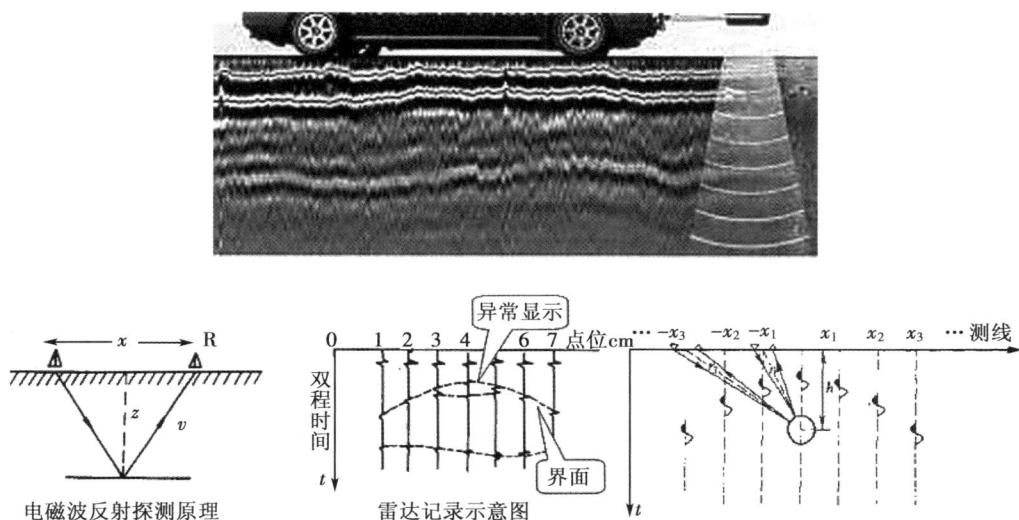

图 6.2　地质雷达探测剖面示意图

由于发射天线与接收天线的距离与测点到管线的距离 r 相比是非常小的，故可视电磁波为同点发射和同点接收。这样电磁波传播至管线表面时，因管线与周围黏土的波阻抗有较大差别，形成了明显的波阻抗分界面，于是电磁波在波阻抗分界面上便产生反射电磁波，如图 6.2 所示。从图中可以看出，反映地下管线的反射电磁波同相轴呈现抛物线形状，抛物线的顶点对应着管线中心位置。由于示意图上只给出了一条反射电磁波同相轴，一般因为衰减作用不严重，同相轴会有很多条出现，如图 6.3 所示的现场实测地质雷达剖面。

有时也可利用反射波的相位来识别地下管线的性质，因为反射电磁波的相位是取决于媒质阻抗分界面的性质，换言之，取决于波阻抗分界面的反射系数 R 的符号。若 $R>0$，由式(6.23)可知，第二种媒质的波阻抗值小于第一种媒质的波阻抗值，这时反射电磁波的相位与入射电磁波的相位相反，若 $R>0$，则情况相反。

这里给出两张现场地质雷达实测剖面图，这是采用意大利生产的 RIS-2K 型地质雷达获得的资料。图 6.3 反映埋深不同的管道，埋藏最浅的是左边那根管道，埋藏最深的是中央偏左的那根管道，右边的那根管道离前两根管道距离稍远，埋深介于前两者之间。图 6.4 反映出 1 根供水管、两根通信电缆和 1 根电缆，右边是埋藏较深的 1 根供水管，在其左侧则是埋藏较浅的两根通信电缆，最左边是 1 根电缆，由于两根通信电缆靠得很近，其同相轴互相产生了干扰。此外，由图可知，当地下管线半径越小且埋藏越浅时，其电磁波反射同相轴抛物线顶点的曲率半径就越小；当地下管线尺寸越大且埋藏越深时，其电磁波反射同相轴抛物线顶点的曲率半径就越大。

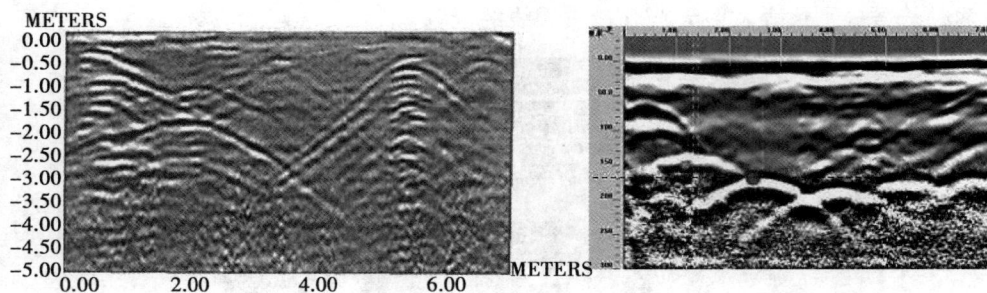

（a）400MHz 天线探测　　　　　　　　　　　（b）200MHz 天线探测

图 6.3　反映管道的地质雷达剖面

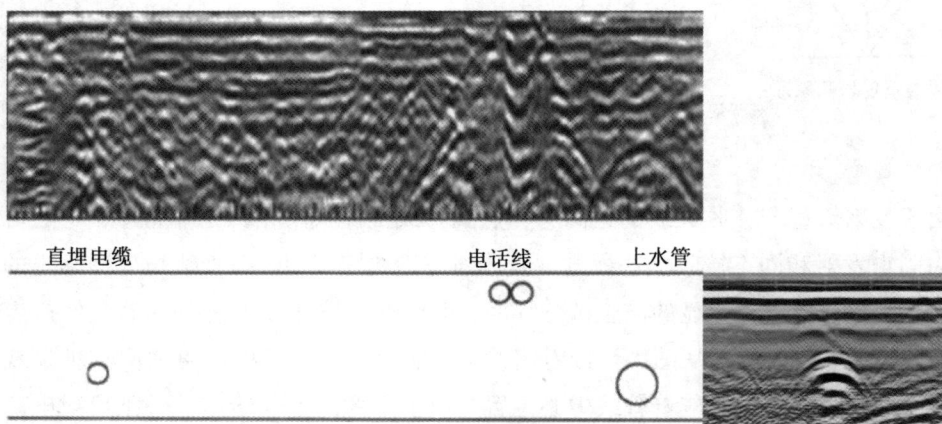

图 6.4　反映管道和电缆的地质雷达剖面

◆◇ 6.4　地下管线埋深的反演方法

地质雷达探测法求地下管线埋深的方法主要是根据地质雷达观测剖面上同相轴进行的。

6.4.1　已知电磁波波速的反演方法

设管线埋深为 h，电磁波在管线上部黏土中的波速为 v，同时设坐标原点位于管线的正上方，x 轴与测线重合，并与管线正交，那么测线上坐标 x_i 的接收道的反射波双程走时可从对应抛物线同相轴上读取为 t_i，且 t_i 满足如下公式：

$$t_i = \frac{2r_i}{v} = \frac{2}{v}\sqrt{h^2 + x_i^2} \tag{6.31}$$

式中：r_i 为观测点至管线的距离。

如果知道管线上部黏土的波速，而 t_i 是可以从地质雷达观测剖面上估读出来的，那么管线埋深将容易求得：

$$h = \sqrt{\left(\frac{t_i v}{2}\right)^2 - x_i^2} \tag{6.32}$$

为了更准确，可取 n 道[即 $i = 0 \sim (n-1)$]的埋深的平均值，即：

$$\overline{h} = \frac{1}{n}\sum_{i=0}^{n=1}\sqrt{\left(\frac{t_i v}{2}\right)^2 - x_i^2} \tag{6.33}$$

当反射电磁波的同相轴顶点很明显时，读取同相轴顶点的走时 t_0，而已知同相轴顶点坐标近 $x_0 = 0$，由式(6.32)得地下管线的埋深为：

$$h = \frac{t_0 v}{2} \tag{6.34}$$

6.4.2　电磁波波速未知的反演方法

一般地下管线上覆地层是不均匀的，很难将电磁波的波速给定得合理，这时就采用另一种解释方法。

现考查坐标为 x_i 和 x_{i+1} 两个观测道，根据式(6.31)分别有：

$$t_i^2 = \frac{4}{\gamma_2}(h^2 + x_i^2)$$

$$t_{i+1}^2 = \frac{4}{v^2}(h^2 + x_{i+1}^2) \tag{6.35}$$

从以上两式消去波速可得：

$$h = \sqrt{\frac{k_{i,\,i+1}^2 x_{i+1}^2 - x_i^2}{1 - k_{i,\,i+1}^2}} \quad\quad (6.36)$$

式中：$k_{i,i+1} = t_i/t_{i+1}$ 为第 x_i 道上反射波和第 x_{i+1} 道上反射波的走时之比。

例 6-1 设在地质雷达观测剖面上读得第 10 道、第 14 道和第 18 道的坐标值和反射波双程走时分别为：

$$x_{10} = 20\text{m},\ t_{10} \approx 610\text{ns};\ x_{14} = 24\text{m},\ t_{14} \approx 731\text{ns};\ x_{18} = 28\text{m},\ t_{18} \approx 852\text{ns} \quad (6.37)$$

这样，

$$K_{10,\,14} = \frac{610}{731} \approx 0.8345,\ k_{14,\,18} = \frac{731}{852} \approx 0.858 \quad\quad (6.38)$$

根据式（6.36）可得：

$$h_1 = \sqrt{\frac{k_{10,\,14}^2 x_{14}^2 - x_{10}^2}{1 - k_{10,\,14}^2}} = 1.92\text{m}$$

$$h_2 = \sqrt{\frac{k_{14,\,18}^2 x_{18}^2 - x_{14}^2}{1 - k_{14,\,18}^2}} = 2.09\text{m} \quad\quad (6.39)$$

取平均值：

$$\bar{h} = \frac{h_1 + h_2}{2} = 2.01\text{m} \quad\quad (6.40)$$

与实际埋深 2m 的相对误差为：

$$\varepsilon_r = \frac{2.01 - 2}{2} \approx 1.0\% \quad\quad (6.41)$$

由式（6.31）可以获得管线上覆黏土层的电磁波波速为：

$$v = \frac{2}{t_i}\sqrt{h^2 + x_i^2} \quad\quad (6.42)$$

将对应的 t 和 h 值代入上式，得：

$$v_1 = \frac{2}{610}\sqrt{2.01^2 + 20^2} \approx 0.0659\text{m/ns}$$

$$v_2 = \frac{2}{731}\sqrt{2.01^2 + 24^2} \approx 0.0659\text{m/ns} \quad\quad (6.43)$$

$$v_3 = \frac{2}{852}\sqrt{2.01^2 + 28^2} \approx 0.0659\text{m/ns}$$

因 $v \approx 0.0659\text{m/ns}$ 与表 6.1 中湿黏土波速 0.066m/ns 十分接近，故知此管线上面覆盖湿黏土。

例 6-2 设在另一地质雷达观测剖面上读得第 15 道、第 20 道和第 25 道的坐标值和反射波双程走时分别为：

$$x_{15} = 15\text{m},\ t_{15} \approx 434\text{ns};\ x_{20} = 20\text{m},\ t_{20} \approx 576\text{ns};\ x_{25} = 25\text{m},\ t_{25} \approx 718\text{ns} \quad (6.44)$$

这样，

$$k_{15,20} = \frac{434}{576} \approx 0.7535, \quad k_{20,25} = \frac{576}{718} \approx 0.8022 \qquad (6.45)$$

根据式 (6.34) 求得：

$$h_1 = \sqrt{\frac{k_{15,20}^2 x_{20}^2 - x_{15}^2}{1 - k_{15,20}^2}} = 2.21\,\text{m}$$

$$h_2 = \sqrt{\frac{k_{20,25}^2 x_{25}^2 - x_{205}^2}{1 - k_{20,25}^2}} = 2.49\,\text{m}$$

$$(6.46)$$

取平均值：

$$\bar{h} = \frac{h_1 + h_2}{2} = 2.35\,\text{m} \qquad (6.47)$$

这与实际埋深 2.5m 的相对误差为 6.0%

将求得的 $\bar{h}$ 和对应的 $x_{15}, t_{15}, x_{20}, t_{20}, x_{25}, t_{25}$ 分别代入公式 (6.36)，可以求出管线上面覆盖层的电磁波波速 v。

$$v_1 = \frac{2}{434}\sqrt{2.35^2 + 15^2} \approx 0.07\,\text{m/ns}$$

$$v_2 = \frac{2}{575}\sqrt{2.35^2 + 20^2} \approx 0.07\,\text{m/ns}$$

$$(6.48)$$

$$v_3 = \frac{2}{718}\sqrt{2.35^2 + 25^2} \approx 0.07\,\text{m/ns}$$

因 $v \approx 0.07$m/ns 与表 6.1 中湿沙土的电磁波波速完全一致，故知此管线上面覆盖湿沙土。

◆◆ 6.5　本章小结

本章主要对目前市场上常用的地质雷达探测仪器所采用的电磁辐射探测法的探测原理进行了探讨，并区分不同情况对管线的埋深进行了反演分析，结果表明，可以较准确地判别地下管线上覆土层，且具有较高精度。

第7章　探地雷达地层探测原理方法——LTD2100

探地雷达和探空雷达的工作原理基本相同，二者都是利用高频电磁波在界面上的反射来探测目标体。只是探空雷达所发射的电磁波在空气中传播，衰减较小，可探测远距离的目标；而探地雷达所发射的电磁波在地层内传播，由于地层的强烈吸收作用，其衰减幅度较大，因而探测距离较小(见图7.1)。

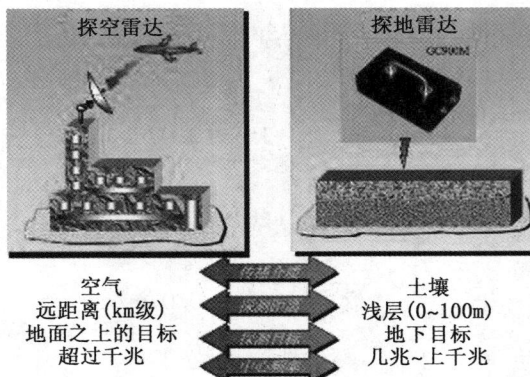

图7.1　探地雷达和探空雷达的工作

正因为探地雷达探测的是在地下有耗介质中的目标体，它形成了自己独特的发射波形与天线设计特点。根据国内外已发表的文献资料，探地雷达使用的发射波形有调幅脉冲波、调频连续波、连续波等；使用的天线有对称振子天线、非对称振子天线、螺旋天线、喇叭天线等。由于对称振子型调幅脉冲时域探地雷达具有输出功率大、能实时监测测量结果、设备可做成便携式等优点，在地面探地雷达中，已得到广泛应用。本工程探地雷达初步探测除了依据公路、铁路等规范，还主要依据《城市地下管线探测技术规程》(CJJ 61—2017)。

◆◆ 7.1　探地雷达探测技术发展

众所周知，利用雷达对空间目标的探测已发展成为一项成熟的技术，并被广泛应用在各种军事及民用领域中。然而随着人类对自然界认识的逐步深化,人们对地下世界的探知要求变得越来越迫切与深入。早在 1904 年,德国人就采用了电磁波探测地下的金属物体。1956 年 J.C.Cook 又提出了应用无载频脉冲雷达探测地下目标。随着科学技术理论与应用实践,瞬态无载频脉冲雷达技术得到了较快的发展,并在 20 世纪 70 年代进入了实际应用阶段。我国从 20 世纪 80 年代开始进行探地雷达技术的研究和试验,最初用于军事地雷的探测。经过十几年的研制攻关,在雷达硬件设备、信号处理、目标成像等方面取得了重大进展和突破,特别是成功地实现了对地下目标的三维层析成像分析,大大提高了探测诊断分辨率和清晰度,使探地雷达在信号处理和成像技术方面进入了世界领先行列。

多年来,我国探地雷达探测技术基本上与国际先进水平保持同步发展,先后取得了与国外同类技术基本相当的研究成果。研制的全数字化产品 LTD2100 一体化探地雷达,既可以用于对公路等浅层道面厚度进行探测,又可以用于地下工程较深结构层目标的探测,已广泛应用于军事和民用领域。

常规的检测方法,例如钻芯法,具有破坏性大、费用高,需结合巡视和地表观测(地表现象);采样受到局限,有限的数据难以进行整体评价;工程设计检验(需要很多钻芯数据);横向对比(可比性差)等特点。而探地雷达方法具有如下优势:不用钻芯(无破坏,NDT);定量化检测;可得到连续信息;速度快,费用低;与工程设计具有很好的对比性;可进行整体评价等。

◆◇ 7.2　探地雷达探测基本理论

探地雷达是一种电磁波探测技术。静止的电荷分布或电流分布,激发稳定电场。稳定电场不随时间变化,不向外辐射能量。如果场源的电流随时间变化,就激发变化的电场,变化的电场在其周围激起变化的磁场,变化的磁场又要激起变化的电场,变化的电场和磁场由近及远地传播出去,形成电磁场。在无源空间中,电磁场的发射、传播、反射、折射及绕射满足如下的 Maxwell 方程:

$$\nabla \times \frac{r}{H} = \frac{\partial D}{\partial t}, \ \nabla \times \frac{r}{E} = -\frac{\partial B}{\partial t}, \ \nabla \cdot B = 0 \tag{7.1}$$

$$\nabla \cdot D = 0, \ \frac{r}{D} = \varepsilon \frac{r}{E}, \ B = \varepsilon \frac{r}{H} \tag{7.2}$$

从式中可以看出,该方程组具有波动方程的形式。这充分表明电磁场矢量和在自由空间中有一定速度,并以波的形式传播。

(1)平面电磁波在均匀导电媒介中的传播。电磁波在均匀导电介质中传播,既要考虑传导电流的影响,也要考虑位移电流的影响。

假设平面电磁波沿 Z 的正方向, 亥姆霍斯方程为:

$$\frac{\mathrm{d}^2 E(z)}{\mathrm{d}z^2} + k'\overset{\vee}{E}(z) = 0 \tag{7.3}$$

$$\frac{\mathrm{d}^2 H(z)}{De^2} + K'\overset{\vee}{H}(z) = 0 \tag{7.4}$$

通过求解上式并乘上时间因子 $e^{i\omega t}$, 得场矢量:

$$H(z, t) = H_0 e^{-bz} e^{i(\omega t - az)}, \quad E(z, t) = E_0 e^{-bz} e^{I(\omega t - az)} \tag{7.5}$$

$$a = \omega\sqrt{\varepsilon\mu}\left[\frac{1}{2}\left(\sqrt{1+\left(\frac{\gamma}{\omega\varepsilon}\right)^2}+1\right)\right]^{\frac{1}{2}}, \quad b = \omega\sqrt{\varepsilon\mu}\left[\frac{1}{2}\left(\sqrt{1+\left(\frac{\gamma}{\omega\varepsilon}\right)^2}-1\right)\right]^{\frac{1}{2}} \tag{7.6}$$

由此可见, 在导电介质中传播的平面电磁波, 在传播方向上波的振幅按指数规律衰减。a 表示每单位距离落后的相位, 称为位相常数; b 表示每单位距离衰减程度常数, 称衰减常数。知道了常数 a, 就可由下式求出电磁波在导电媒介中的传播速度:

$$v = \frac{\omega}{a} \tag{7.7}$$

式中: a, b 为由导电介质的性质和电磁波的角频率决定。

(2)平面电磁波在良导电均匀媒介中的传播。对于铜、铁等良导电媒介质, 其电导率很大, 由式(7.6)看到衰减常数 b 也很大。因此, 电磁波在良导电媒质中传播时, 场矢量衰减很快, 电磁波只能透入良导体表面的薄层内(电磁波只能在导体以外的空间或电介质中传播), 这种现象称为趋肤效应。在 $z = 1/b$ 处, 振幅为 E_0/e, 即场矢量的振幅在导体内的 $1/b$ 处, 已衰减到表面处的 $1/e$。这时, 电磁波透入导体内的深度称为穿透深度, 或趋肤深度, 表示为: $\delta = 1/b$, 把 b 代入式(7.7)经过简化可得:

$$\delta = \frac{1}{b} = \frac{\lambda}{2\pi} \tag{7.8}$$

在这里, 表明电磁波进入良导体的深度是其波长的 $1/2\pi$ 倍, 高频电磁波透入良导体深度很小。当频率是 100MHz 时, $\delta = 0.67 \times 10^{-3}$cm。可见, 高频电磁波的电磁场, 集中在良导体表面的薄层内, 相应的高频电流也集中在该薄层内流动。

(3)电磁波的反射。上述波动方程和有关的传播与衰减常数描述了电磁波的运动。其中引起电磁波衰减和传播的两个主要电性参数是电导率和介电常数。而对于应用高频电磁波的探地雷达来说, 其发射电磁波的频率范围、被探测目标体的电导率和介电常数均影响着电磁波的传播。

探地雷达利用高频电磁脉冲波的反射原理来实现探测目标, 其反射脉冲信号的强度不仅与传播介质的波吸收程度有关, 而且也与被穿透介质界面的波反射系数有关。

垂直界面入射的反射系数 R 的模值和幅角, 可表示如下:

$$|R| = \frac{\sqrt{(a^2-b^2)^2+(2ab\sin\phi)^2}}{a^2+b^2+2ab\cos\phi} \tag{7.9}$$

$$\mathrm{Arg}R = \phi = \arctan^{-1}(\sigma_2/\omega\varepsilon_2) - \arctan^{-1}(-\sigma_1/\omega\varepsilon_1)$$

$$a = \mu_2/\mu_1, \quad b = \sqrt{\mu_2 \varepsilon_2 \sqrt{1+(\sigma_2/\omega\varepsilon_2)^2}} / \sqrt{\mu_1 \varepsilon_1 \sqrt{1+(\sigma_1/\omega\varepsilon_1)^2}} \tag{7.10}$$

式中：μ，ε 为介质的导磁系数、相对介电常数和电导率。角标 1 和 2 表示入射介质和透射介质。

从式(7.10)可以看出，反射系数与界面两侧介质的电磁性质和频率有关，两侧介质的电磁参数差别越大，反射系数也越大，同样反射波的能量亦越大(见图 7.2)。

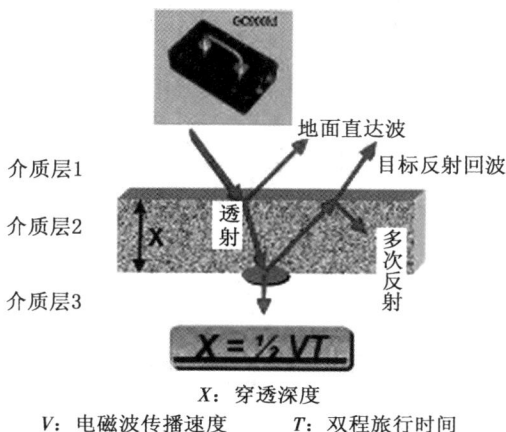

图 7.2 电磁波的反射关系

探地雷达工作时，在雷达主机控制下，脉冲源产生周期性的毫微秒信号，并直接反馈给发射天线，经由发射天线耦合到地下信号，在传播路径上遇到非均匀体(面)时，产生反射信号。位于地面上的接收天线在接收到地下回波后，直接传输到接收机，信号在接收机经过整形和放大等处理后，经电缆传输到雷达主机，经过处理后传输到微机。在微机中对信号依照幅度大小进行编码，并以伪彩色电平图/灰色电平图或波形堆积图的方式显示出来，经过数据处理来判断地下目标的深度、大小和方位等特性参数(见图7.3)。

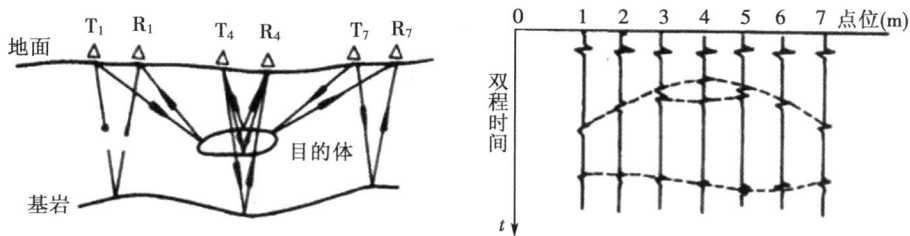

图 7.3 探地雷达电磁波反射路径与探测剖面

在雷达主控系统的控制下，发射机产生的大幅度宽带电磁信号经过发射天线耦合到地下，当电磁信号遇到与周围环境电介特性不同的地下目标时，产生反射信号，反射信号通过接收天线检测，经过一系列信号处理后，形成二维剖面图像以供识别诊断。

（4）确定地下埋藏目标的深度。脉冲波的轨迹方程：

$$t = \frac{\sqrt{4z^2 + x^2}}{v} \tag{7.11}$$

式中：t 为脉冲波走时（ns）；z 为反射体深度（m）；x 为 T 与 R 的距离（m）；v 为雷达脉冲波速（m/s）。

地质雷达的天线发射及接收器有单置公式和双置公式之分，单置公式为发射与接收器一体化设计，双置公式为反射与接收分体设计。

使用单置式天线计算探测目标层深度的计算公式为：

$$z = \frac{1}{2}vt \tag{7.12}$$

使用双置式天线计算探测目的层深度的计算公式为：

$$z = \sqrt{\frac{t_2^2 x_1^2 - t_1^2 x_2^2}{4(t_1^2 - t_2^2)}} \ , \quad v = \frac{\sqrt{x_2^2 - x_1^2}}{\sqrt{t_2^2 - t_1^2}} \tag{7.13}$$

式中：z 为反射体的深度（m）；t_1 为第一次脉冲波走时（ns）；x_1 为第一次 T 与 R 的距离（m）；t_2 为第二次脉冲波走时（ns）；x_2 为第二次 T 与 R 的距离（m）。

◆◇ 7.3　探地雷达探测地层管线的可行性

探地雷达所用的电磁波有一较宽的频谱，频段远大于一般的地面电磁法，属于分米波。图 7.4 为路面探地雷达探测原理图，发射天线和接收天线紧靠地面，由发射机发射的短脉冲电磁波经发射天线辐射传入大地，电磁波在地下传播过程中遇到介质的分界面后便被反射或折射，反射回地面并被接收天线接收的电磁波，称为回波。显然，根据回波信号及其传播时间便可判断电性界面的存在及其埋深。

图 7.4 同时给出了雷达波的反射波形图，反射波不仅发生在不同介质的分界面上，也发生在空气与地层（空洞）或金属、非金属与地层的界面上。图中右部表示了垂直发射和接收的点沿地面改变位置时所得到的波形图。由于入射波抵达反射界面时，两种不同介质界面的反射系数不同，所以表征各界面存在的反射波幅度也不一样。

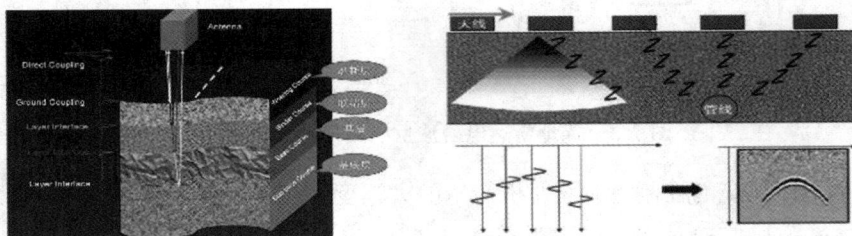

（a）探地雷达探测原理　　　　　　　　　　（b）地下管线反射波形

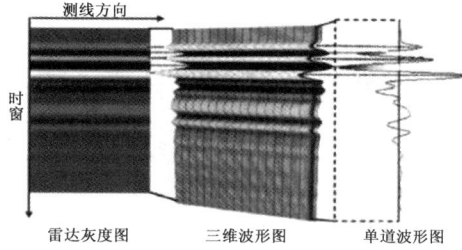

（c）探地雷达灰度波形

图 7.4 探地雷达探测原理图及反射波形

导电性好的介质对电磁波具有较强的反射性能。电磁波在地下介质中的传播，其能量将因介质的吸收而损耗，吸收的程度取决于地层的吸收系数。吸收系数小，电磁波能量损耗小、衰减慢；吸收系数大，则损耗大、衰减快。

由此可见，由于探地雷达通常采用的频率在 50~1500MHz 之间，因此在较好的条件下，其探测范围已扩展为 15~30m，探测的分辨率可达数厘米，深度符合率小于±5cm。

◆◇ 7.4 探地雷达探测地层管线的特点

（1）探地雷达的主要优点：①探地雷达设备轻便，携带方便；②探地雷达是无损探测技术设备；③探地雷达与其他地球物理探测方法相比，数据采集速度非常快，处理方便；④探地雷达水平和垂直探测精度高；⑤探地雷达图像比较直观、易于诊断。

（2）探地雷达的主要特点：①探地雷达用电磁波穿透地下介质；②探地雷达探测穿透深度取决于介质的介电常数和电导率；③探地雷达记录发射、反射波的反射时间；④探地雷达电磁波速度一般在 50~150m/μs。

（3）探地雷达的反射特点：①探地雷达探测的 95% 是用偶极反射模式；②从原理上讲，探地雷达类似于声呐设备；③探地雷达发射机发射一列电磁脉冲，该列电磁脉冲在介质中传播；④探地雷达在地下介质的电特性在有变化的地方发生反射（即散射）；⑤探地雷达接收机拾取"背散射"信号，记录它并将其显示在接收机屏幕上（见图 7.5）。

◆◇ 7.5 LTD2100 型探地雷达

探地雷达 LTD2100 以数字化步进控制电路为基础，以 ARM 系统为核心，采用WinCE 系统，与以往 LTD 系列探地雷达相比，LTD2100 具备"小型化便携式设计""稳定性强""探测精度高""系统软件功能完备、使用简单"等特点。

探地雷达 LTD2100 型号是中国电波传播研究所研制的小型化便携式探地雷达（见图

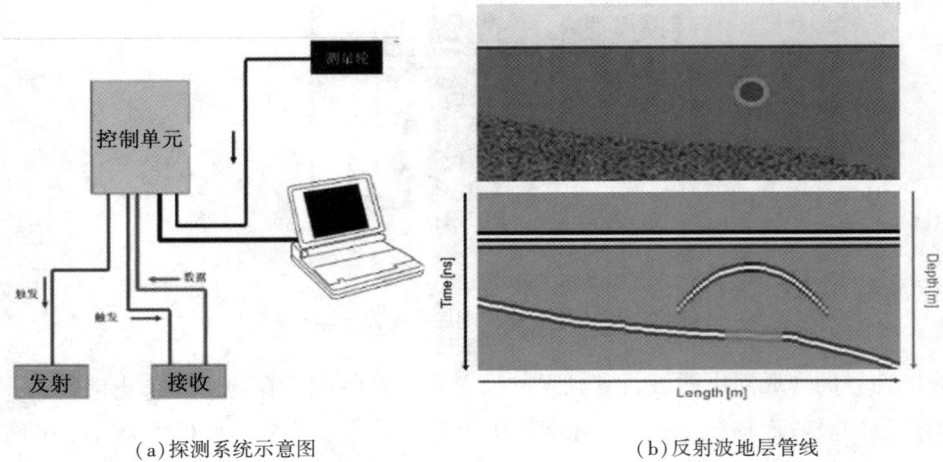

| (a)探测系统示意图 | (b)反射波地层管线 |

图 7.5　探地雷达地层探测与反射波

7.6），系统由便携式主机、收发天线、综合控制电缆、测距轮（可选）、内置 14.8V 锂电池、数据采集和处理软件等组成。

1 电器开关	6 下移键：兼具减小功能	11 PALSE 功能键：暂停/继续
2 雷达开关：START 键	7 左移键：兼具取消功能	12 PLAY 功能键：数据回放
3 TAB 切换键	8 右移键：兼具确认功能	13 LCD 功能键：显示器调节
4 实时帮助	9 确定键：选定功能	14 DEL 键：与 OS 系统功能相同
5 上移键：兼具增大功能	10 SAVE 功能键：存盘/停止	15 ESC 键：与 OS 系统功能相同

图 7.6　探地雷达 LTD2100 型号主机

在现场将仪器正确连接后，借助于便携机内的"数据采集和处理软件"，可完成参数调试、数据采集、数据回放和处理的整个过程。只要具备简单的微机、地质和相关工程知识，再通过短时间学习和培训，即可掌握探地雷达 LTD2100 型号系统的使用。

◆ 7.6　探地雷达挂接天线

探地雷达 LTD2100 型号通过挂接不同型号的天线，可完成对不同深度目标的探测（天线主频越高，探测深度越浅，垂向分辨率越高；反之亦然。见表 7.1）。

表 7.1　LTD2100 探地雷达挂接不同型号的天线主要参数表(1500、900、400、100MHz 天线)

设备名称	尺寸/cm	重量/kg	探测深度/m	厚度/深度检测误差	偏移距/cm	发射幅度/V	应用范围
LTD-2100	31×21×6	2.5					主控系统
AL2500MHz	49×20×56	5.2	0.02~0.2	<2%	24	20	喇叭天线主要用于公塔面基层厚度检测
AL2000MHz	49×20×56	5.2	0.02~0.3	<3%	24	20	
AL1500MHz	49×20×56	5.2	0.02~0.5	<4%	24	30	
AL1000MHz	49×20×56	5.2	0.02~0.6	<5%	24	30	
GC1500MHz	24×16×14	1.3	0.03~0.5	<4%	6	40	中高频屏蔽天线主要用于浅层目标探测
GC900MHz	34×19×15	2.4	0.05~1.0	<6%	15.2	60	
GC400MHz	32×32×21	4.2	0.10~3.0	<10%	16	80	
GC270MHz	46×46×24	9	0.10~8	<15%	18	100	
GC100MHz	82×75×29	22	0.15~15	<20%	33	1000	低频天线主要用于深层目标探测
GC50MHz	183×12	12	0.2~20	<20%	−180	1000	

◈ 7.7　探地雷达系统性能指标

(1)主要特点。

◎一体化设计,体积小、重量轻、功耗低;

◎基于 WinCE 平台实时控制软件,启动快;

◎程序固化在 FLASH 存储器中,运行稳定可靠;

◎内嵌高速 DSP,实现滤波、放大等实时处理;

◎SD 卡取代硬盘,故障率低,数据输出方便;

◎全数字化程控时钟控制,最小时间间隔10ps;

◎基于 Windows 操作系统开发的雷达软件都是全中文界面,操作简便、易上手;

◎具备连续、点测或测距轮控制等测量方式,实时二维图像显示,事后处理二维或三维成像;

◎随仪器为用户提供仪器操作和数据处理解释的多媒体演示和典型工程探测图谱。

(2)性能指标。

◎LTD2100 型雷达主机为单通道模式;

◎LTD-2200 型雷达主机为单、双通道模式可选,分时工作;

◎连续工作时间:≥4h;

◎体积:≤311mm×212mm×61mm(含航空插座);

◎主机重量：≤2.5kg；

◎整机功耗：15W，内置 14.8V、65Wh 锂电池供电或外部电源供电 9~18V；

◎脉冲重复频率：16，32，64，128kHz 可调；

◎扫描速率：16，32，64，128Hz 可调；

◎时窗范围：5ns~1μs，连续可调；

◎记录道长度：256，512，1024，2048 可调；

◎输入带宽：1Hz~16kHz；

◎动态范围：−7~130dB；

◎雷达信号输入范围：±10V；

◎系统信噪比：大于 70dB；

◎软件处理功能：滤波、放大、道间平均、去背景处理；

◎测量方式：逐点测量，距离触发测量，连续测量可选；

◎显示方式：伪彩图、堆积波形或灰度图；

◎冲击振动：满足 GJB74.6~85 要求；

◎工作温度：−10~+50℃；

◎储存温度：−20~+60℃；

◎湿热条件：+30℃，90%。

◆◇ 7.8 探地雷达仪器的联接和启动

（1）探地雷达仪器的联接。根据施工任务选定所用设备后，可参照图 7.7 将整个系统进行联接。

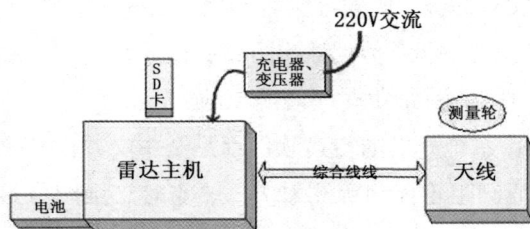

图 7.7 探地雷达仪器的联接系统

探地雷达仪器的联接和启动具体步骤为：

◎从包装箱中拿出主机，一块电池和 SD 卡。

◎把抽屉式电池装入电池仓，拧上旋钮（与主机外沿平行为锁紧状态）。

◎把 SD 卡正面向下插入主机 SD 卡槽，盖好橡胶盖。

◎拧下航空插座盖，将综合线缆头的定位槽对准，顺时针旋转拧紧。

◎按下右上角主机电源开关，自动进入雷达实时工作界面，雷达准备完毕。

（2）LTD2100 探地雷达采集系统的安装和启动。LTD2100 探地雷达主机控制计算机采用 ARM 微处理器，操作系统采用嵌入式窗口操作系统 Windows CE，主控制软件固化于 ARM 处理器内，用户不需要再行安装或更新维护。确认正确连接后，首先打开供电电源开关，然后按下位于仪器面板右上角的主机电源按钮，系统将显示 WinCE 系统启动界面，然后屏幕显示：自检正常后主机系统自动进入 LTD2100 探地雷达实时采集系统（见图 7.8）。

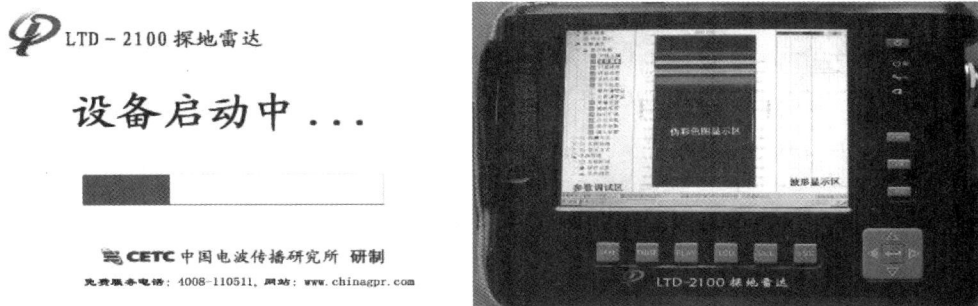

图 7.8　雷达启动与参数调试和实时采集界面

（3）LTD2100 探地雷达采集系统。采集系统由探地雷达参数调试与实时采集界面组成，系统启动进入实时采集系统，首先看到的是雷达参数调试界面，从左至右依次是参数调试区（以菜单形式完成雷达参数的列表和调试）、伪彩色图显示区（实时显示调试结果）、单道波形显示区（实时显示调试结果）。通过按下面板右边的转换键，即可实现雷达参数调试和实时采集界面的切换。实时采集界面用伪彩色图/堆积波形形式实时显示仪器采集到的雷达数据，其下端功能显示区给出了主机正在进行的工作，与面板下端的6 个功能键相对应。

◆◇ 7.9　探地雷达数据采集过程

借助现场探测经验，探地雷达参数设置完毕后，下面的探测方式选择和现场采集过程将会变得相对简单。

（1）探测方式的选择。正确设置采集参数后，可根据实际需要选择探测方式。LTD采集系统提供了三种采集方式：连续测量、人工点测和测距轮控制。

①Menu 测量方式——连续测量。

◎此种方式按照扫描速度的设定，连续记录雷达波形。这时记录的数据量比较大，具有较高的水平分辨率，主要用于不适合使用测距轮的场地下目标的普查。

◎选择此种方式时，有两种显示方式可供选择：Menu 显示方式–伪彩色图和堆积波形，同时可选择相应的实时处理功能。

◎Menu 实时处理–道间平均：根据输入道数 N，将邻近的 N 道波形作平均当作当前记录，可在一定程度上消除系统和随机噪声，突出有用信号。

◎Menu 实时处理–背景消除：此项处理将去除在水平和垂向上的一直保持不变的信号(固有信号)，从而突出突变信号，发现有用目标。

②Menu 测量方式——人工点测。

◎事先已经知道或通过普查圈定目标的大致范围后，可以利用点测方式精确确定地下目标的空间位置。

◎选中此种方式，并设置可供平均的道数后(执行实时处理–道间平均后选择)，用 Table 键切换到采集界面，然后单击面板上的左移键触发，系统将记录一道波形。

◎此法测量速度较慢，主要用于对重点目标或天线不宜连续拖动的区域探测。

人工点测时一般选择堆积波形显示方式，并且暂时不作背景消除(执行 Menu 实时处理–背景消除来实现)处理。

③Menu 测量方式——测距轮控制方式。此种方式一般用于公路施工质量检测，在 LTD2100 型车载公路检测系统中，拖在车后的测距轮每行驶一定距离触发一次，系统将记录一道波形。

(2)现场探测过程。参数设置完毕，并选定探测方式、实时处理和显示方公式(除了选择图形显示方式外，还可通过执行 Menu 显示方式–转换调色板和调色板精度来选择合适的调色板)后，便可按下 Table 切换键进入，以下将针对不同探测方式逐一进行说明。

①选择连续探测方式时的采集过程。

◎选择连续探测方式后，只需拖动天线，系统将依据扫描速度的设定自动采集数据，此种方式过程简单，不用人工干预。

◎探测时，进入数据采集界面，将看到相应的伪彩色图或堆积波形(在参数调节界面—显示方式处切换)的滚动显示，同时在屏幕下方你可以看到系统对于 6 个功能键当前所起作用的提示。

②选择人工点测方式时的采集过程。

◎人工点测前，对已通过普查而圈定的范围按网格进行测线划分。探测时，将天线放置在圈定范围的一个顶点不动，正确设置参数，选择人工点测采集方式，进入实时采集界面，选择存盘后，按下面板上的左移键将触发一次，系统将记录一道波形。此后逐点移动天线，直至所有测点完成。

◎采集过程中的其他操作可参照连续探测方式的探测过程。

③选择测距轮控制方式时的采集过程。

◎与连续探测方式过程有所不同，测距轮控制方式必须通过测距轮的不断转动进行触发并传送一个信号，系统才会进行数据采集。

◎采集过程中的其他操作可参照连续探测方式的探测过程。

这里应指出，所有的探测在存储数据前，一定要根据具体探测任务和地下目标的特性，参照以前的区域资料和先验知识，对探地雷达剖面进行初步判读，确定所设置的采集参数和选择的采集方式是否合适。

◆◇ 7.10 探地雷达探测数据 LTD 处理软件 IDSP

探地雷达的处理软件 IDSP 具备探测数据 LTD 预处理（文件管理、参数设置、剖面截取、道间重采样、文件头重置等）、数据处理和分析（一维滤波、反褶积、数学运算、克西霍夫偏移、零点校正、希尔伯特变换、滑动平均、道间均衡、背景消除、三维切片显示等）、工程评价（地面和目标层确定、自动追踪、速度计算、层厚估计、自动目标、绘制直方图和综合报表等）、成果输出（剖面和报表的保存）等功能，所有界面都是全中文操作，操作简单，升级方便（见图 7.9 和图 7.10）。

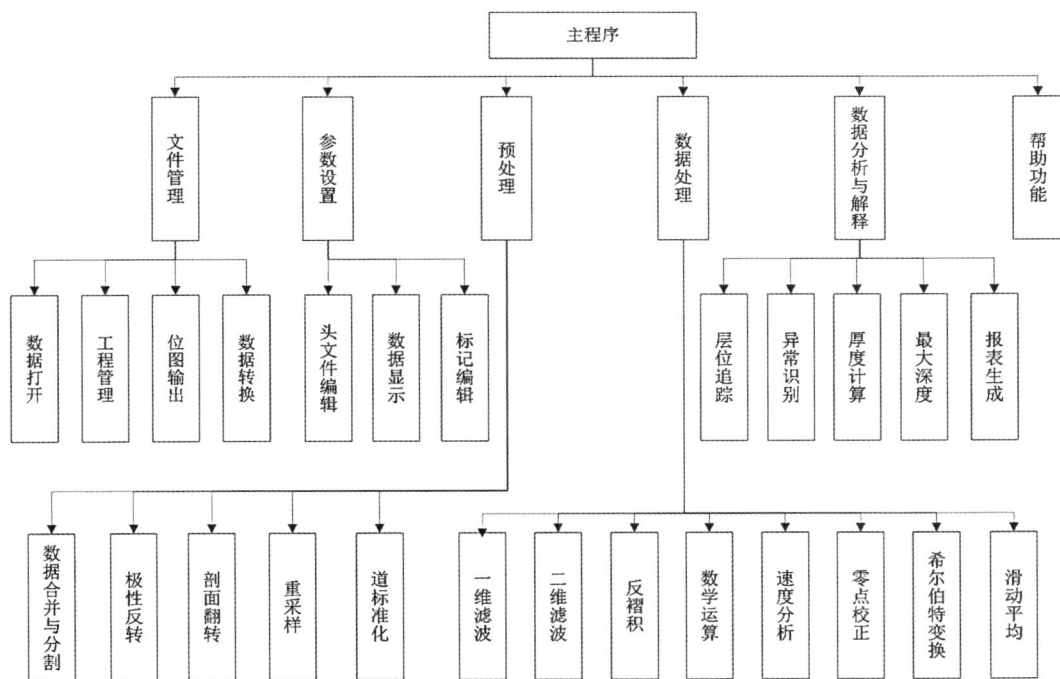

图 7.9　LTD 探地雷达数据处理软件 IDSP 框架图

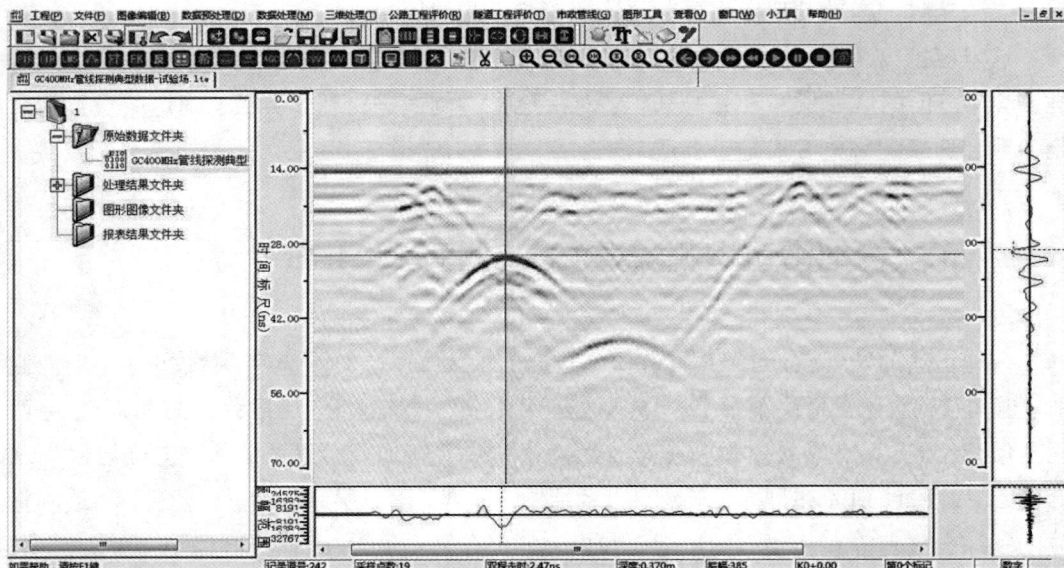

图 7.10   LTD 探地雷达数据处理软件 IDSP 界面

◆◇ 7.11   探地雷达探测数据 LTD 处理过程

探地雷达接收到的回波数据中包含反映目标特征的有用信号和随机噪声，通过事后数据处理，提高信噪比，尽可能以最大分辨率在雷达图像剖面上显示反射波，使解释员通过分析时域、频域，甚至波数域波形，从中提取各种目标特征参数。IDSP 具备雷达数据的静校、动校、振幅处理、频谱分析、滤波、奇异性检测（小波分析）和希尔伯特变换等处理功能，每次处理完成后，将生成新的窗口，可以对处理结果进行保存，但此结果不包含标题、桩号、标记等剖面修饰信息，因此在处理前首先要对剖面进行文件头修改、桩号和标记校正、道标准化等预处理。在实测数据的处理中，较为实用的处理方法有振幅处理和滤波（包括水平和垂直滤波）。

（1）数据处理→振幅处理→增减振幅。雷达记录中的目标信号的幅度有时会很小，这时可通过调节振幅增益来调节振幅的大小，满足显示和分析的要求。IDSP 将整个道记录分为 15 段，操作时，将鼠标指向右图所示的小圆圈，鼠标指示变为"<-->"时，压住左键拖动，即可增大/缩小该点的振幅值；而当压住右键拖动时，可整体增大或缩小整个记录的振幅值。

（2）数据处理→频谱分析。频谱分析的目的是借助于傅里叶变换等数学手段将一道雷达记录展开为不同频率、不同初相的简单波形，结合发射波形的频率和相位特征（包括子波的特征），对接收波形的频率和相位信息进行分析，确定有用的频率成分。通过点击工具条最右端的 FA 按钮，可方便地在"时间幅度波形"和"频率幅度波形"之间切换。

（3）数据处理→垂直滤波→带通滤波。带通滤波是去除干扰，提高信噪比的有效手段之一。使用时首先根据频谱分析结果得出有用信号频率范围，对应输入到带通滤波界面中的低频截止频率（最小值）和高频截止频率中（最大值）即可。

（4）数据处理→垂直滤波→反褶积。探地雷达在用于浅层目标的探测时，垂向分辨率是一个重要的指标。如何通过数据处理方法进一步提高地下目标的垂向分辨率，是准确探测乃至成像显示地下目标的关键。借助于反褶积（反滤波）技术，把原始雷达记录转换为反射系数序列（还原为理想的尖脉冲），达到压缩天线子波和减弱鸣振（Ringing）的目的，是可用的改善分辨率的方法之一。

综上所述，使用时只需根据要求结果相似：一是消除低频的固有噪声，二是消除固有背景，突出异常信号。实现背景消除不需要输入参数。

◆◇ 7.12　探地雷达探测数据 LTD 处理 IDSP 快速上手

（1）打开软件点击 home 键。

◎方式 1：双击在桌面上生成的图标。

◎方式 2：双击任何一个.lte 格式的探地雷达数据，打开软件。

（2）导入数据。

◎方式 1：双击打开或将数据拖入打开的软件界面。

◎方式 2：在"常用菜单"选项卡上的"工程文件"组中，点击"打开文件"。

◎方式 3：在"常用菜单"选项卡上的"窗口显示"组中，点击"工程视图"显示"资源管理器"选择相应文件夹中的文件。

（3）显示数据。

◎第一步：在"常用菜单"选项卡上的"文件设置"组中，点击"编辑头文件"，在弹出的对话框中查看数据的信息是否正确（见图 7.11）。

◎第二步：在"常用菜单"选项卡上的"文件设置"组中，点击"调色板"选择合适的颜色类型，一般默认灰度图即可。

◎第三步：调节增益，在"常用菜单"选项卡上的"窗口显示"中点击"显示增益"或使用键盘的上下键，来调整显示增益。

（4）数据处理，点击进行简易处理。这里把一些常用的处理方法集合在一起了，主要包括"校正零偏""幅度补偿""调节零点""调节增益""数字滤波""背景消除""滑动平均"等 7 种处理方法，同时也可以在这些处理上面添加选择相应参数。这样就完成了一次数据处理（见图 7.12）。

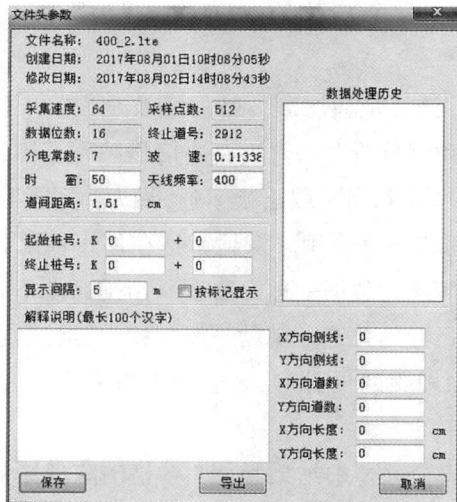

图 7.11　文件头参数编辑

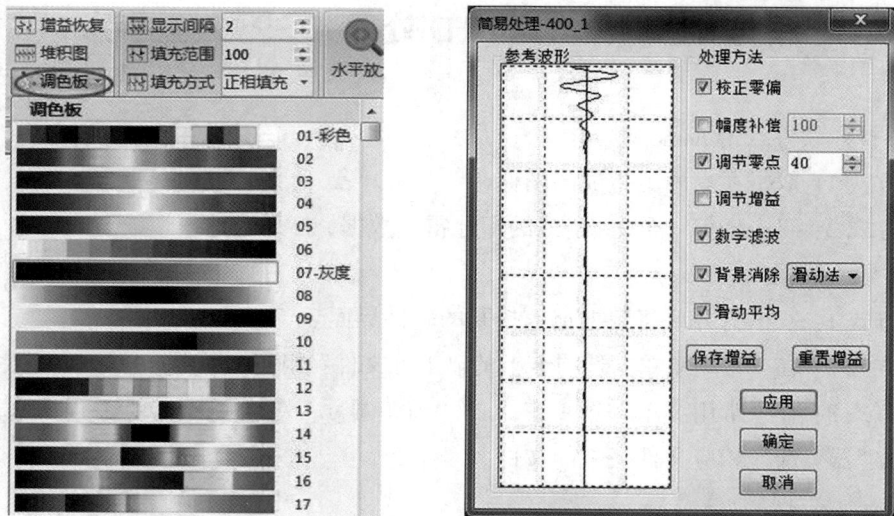

图 7.12　数据处理

（5）保存图像。点击 home 键中的导出图像选项，把处理后的数据保存为图像。

◆◇ 7.13　本章小结

与探空雷达相比，探地雷达对地层及地层管线的探测更为复杂。本章基于探地雷达探测基本理论，以 LTD2100 为例，对探地雷达探测地层管线的可行性进行分析，指出了相应的探测特点，进而对探测仪器的特点、性能、应用及数据处理软件进行了探讨。分析表明，探地雷达用于探测地层管线可行，探测范围、深度和分辨率满足管线探测的要求。

第 8 章 探地雷达探测管线原理方法
——RD1100/1500

英国 RD1100 定位专家、勘测人员和其他用户提供查找和标记各种电缆和管道(包括塑料和陶瓷)的位置所需的工具。标配的内置功能可进行屏幕截图并将其保存到内存,然后通过 Wi-Fi 立即发送电子邮件或稍后导出到 USB 记忆棒。捕获 GPS 定位用于整合到 Google Earth™ 中。RD1500 将公用设施定位作业提升到一个新水准,为用户提供简单易懂的深度切片以及传统的线视图。利用专利 Frequen See™ 技术突出显示小型/浅表、中型或大型/深埋的公用设施。RD1500 的功能通过软件得到进一步增强,可导出 GPR数据并执行详细分析,外置 GPS 实现了更高的定位精度。探地雷达 RD1100/1500 装备见图 8.1。

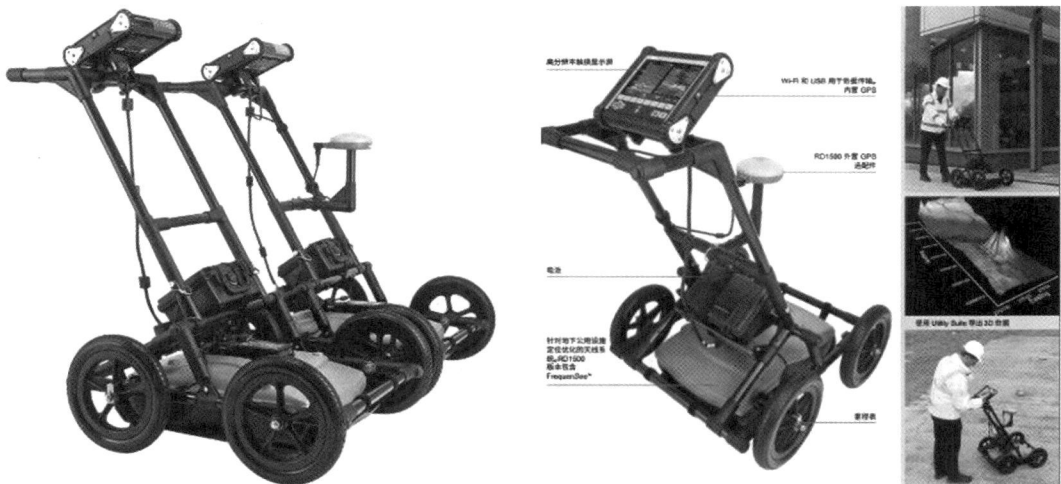

图 8.1　探地雷达 RD1100/1500 装备

◆◇ 8.1　探地雷达 RD1100/1500 型号探测特色

(1)地理参照数据。在 Google Earth™ 和其他地理参照程序中显示勘测位置(见图8.2)。

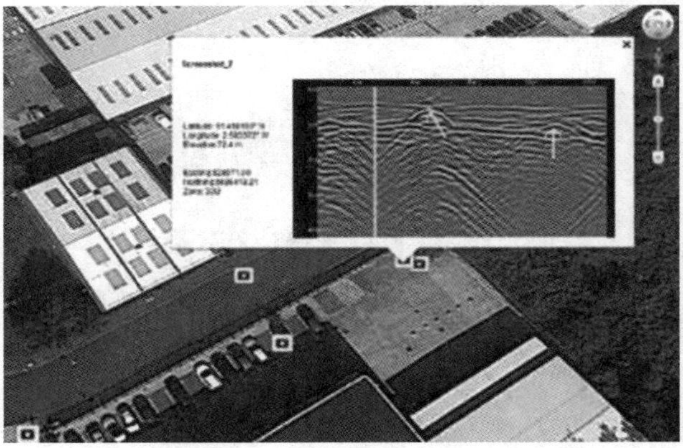

图 8.2　探地雷达地理参照数据

（2）深度切片。查看不同深度的水平切片，以前所未有的清晰度显示电缆、管道和其他公用设施。（见图 8.3）

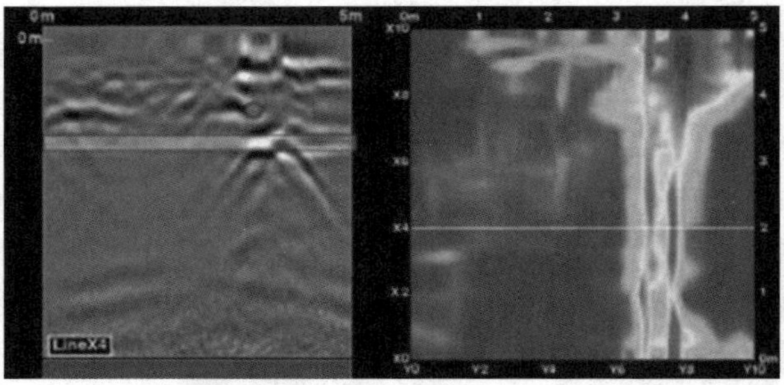

图 8.3　探地雷达深度切片

（3）现场地图查看。利用外置 GPS 选配件查看规划地图中标识的特征（见图 8.4）。

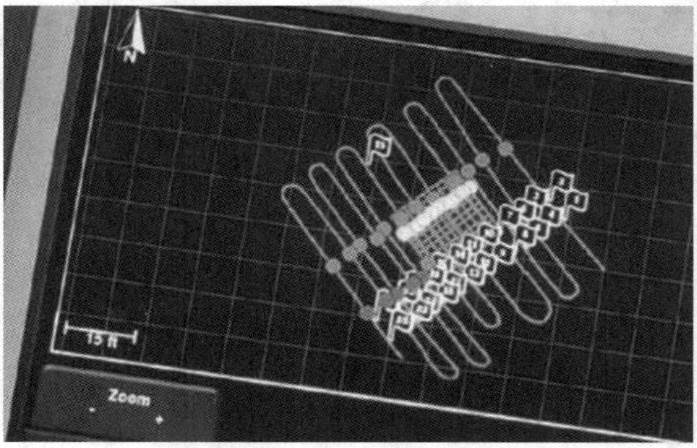

图 8.4　探地雷达现场地图查看

（4）即时电子邮件。通过连接 Wi-Fi 网络或使用手机作为热点，从勘测现场生成并提交微型报告，即时生成信息，提高工作效率（见图 8.5）。

图 8.5　探地雷达即时电子邮件

（5）生成高级报告。RD1500 的增强包包含用于 GPR 数据分析和管理的综合 EKKO Project 电脑软件解决方案，允许切片分析电脑上的深度数据，生成包含数据图像、屏幕截图和照片以及文字和公司标志的 PDF 报告，导出数据为其他格式，比如 CSV、SEG-Y 等。

增强包添加了 3 个用于更高级别分析的补充模块，它们可在 Utility Suite 中找到：线视图（Line View）修改并显示 GPR 线，切片视图（Slice View）处理并显示网格数据，可输出数据用于 3D 可视化和地理参照软件程序，注解（Interpretation）用于在后处理阶段添加点、多义线、方框和注解到 GPR 线。见表 8.1。

表 8.1　探地雷达 RD1100/1500 探测规格表

探地雷达	RD1100 和 RD1500	选配件及备注
传感器频率	250MHz 兹超宽带	RD1500：包含 FrequenSee
信号增强	QynaQ（通过推车速度优化数据质量）。空间滤波	
数据分析	就地分析	RD1500：通过 EKKO_Project 和 Utility Suite（选配件）进行后处理分析
触摸显示屏	尺寸：21cm 对角线	增强：升级的显示单元包
电源	能耗：1.25A/12V 电池：12V，9A 时铅酸电池	电池寿命一般为 4~6h

表8.1(续)

探地雷达	RD1100 和 RD1500	选配件及备注
空间间隔	5cm	
深度范围	最大 8m	取决于土地条件
显示深度标尺	1～8m	
支持的语言	非语言图标、英语、西班牙语、法语、德语	
尺寸(高×宽×厚)	100cm×75cm×115cm	
重量	22kg	
工作温度范围	显示屏：−10～50℃ 传感器：−40～50℃	
环境保护	IP65	
合规	CE、FCC、ETSI、加拿大工业部	
标准质保	1 年	

（6）探地雷达 RD1100/1500 探测频率频谱的低、中、高特征。Frequen See™ 允许用户选择频率频谱的低、中、高部分，既具备了多天线系统的优点，又保持了单天线系统的品质。Frequen See 利用 RD1500 天线的宽带宽，可选择性地强化浅表/小尺寸、中等深度/尺寸或者深埋/大尺寸目标。探测频率频谱的低、中、高特征见图 8.6。

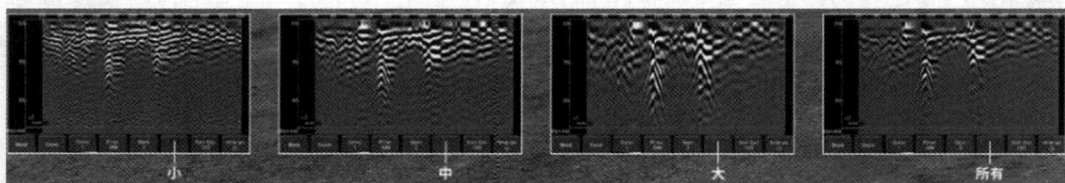

图 8.6　探测频率频谱的低、中、高特征图

◆◇ 8.2　探地雷达 RD1100/1500 型号快速探测操作

（1）启动。按下显示单元上的电源按钮即可启动 RD1100。首次打开系统时，它将运行启动向导来配置系统，然后将重新启动。启动完成后，以及在以后的每一次启动后，将看到如下屏幕(见图 8.7)。

（2）设置。用手指从屏幕顶部向底部划动。将出现一个显示日期、电池电量、GPS 状态和 Wi-Fi 状态的下拉菜单。如要关闭下拉菜单，只需触摸菜单下方屏幕上的任意位置(见图 8.8)。

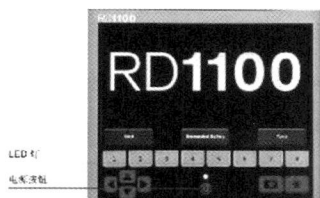

图 8.7　启动界面

图 8.8　设置界面

(3)数据开始采集。在主屏幕上按开始(Start)开始采集数据(见图 8.9)。

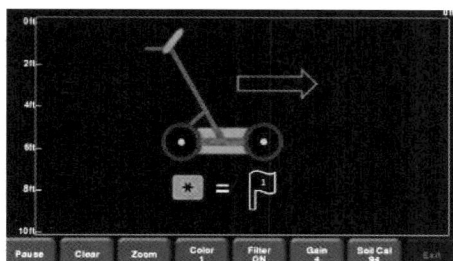

图 8.9　数据开始采集界面

(4)数据采集。只需推动系统便可开始收集数据,数据从右向左滚动。当穿过一个感兴趣的对象时,可沿着相同的路线将系统移回来,直到红色垂线准确地位于响应(通常是一条双曲线)的上方。现在装置正好在该对象上方。这时可以在地上做一个记号然后继续勘测(见图 8.10)。

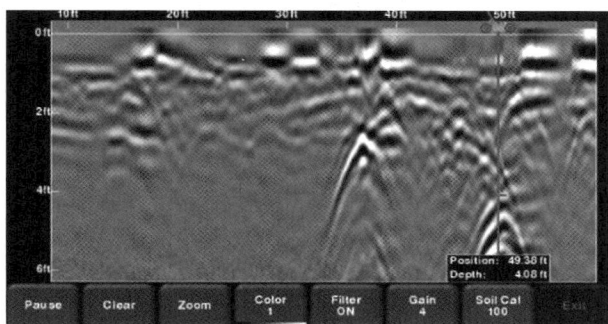

图 8.10　数据收集界面

(5)数据处理。通过屏幕底部的菜单可更改查看参数进行数据处理,比如增益、滤波器、颜色和缩放(深度和水平位置,见图 8.11)。

(6)屏幕数据图像保存。按显示单元上的相机(Camera)按钮保存屏幕数据的图像。它将被保存为屏幕截图(.JPG)文件。这些图像可通过主屏幕的"屏幕截图库"访问(见图 8.12)。

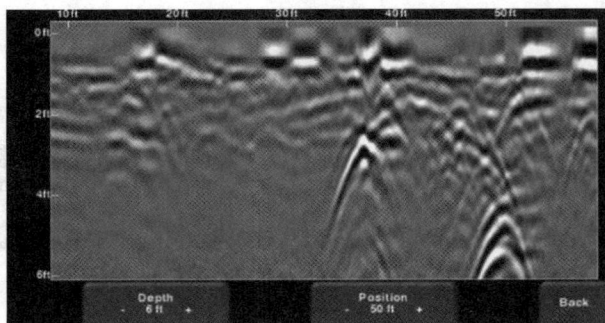

图 8.11　数据处理界面

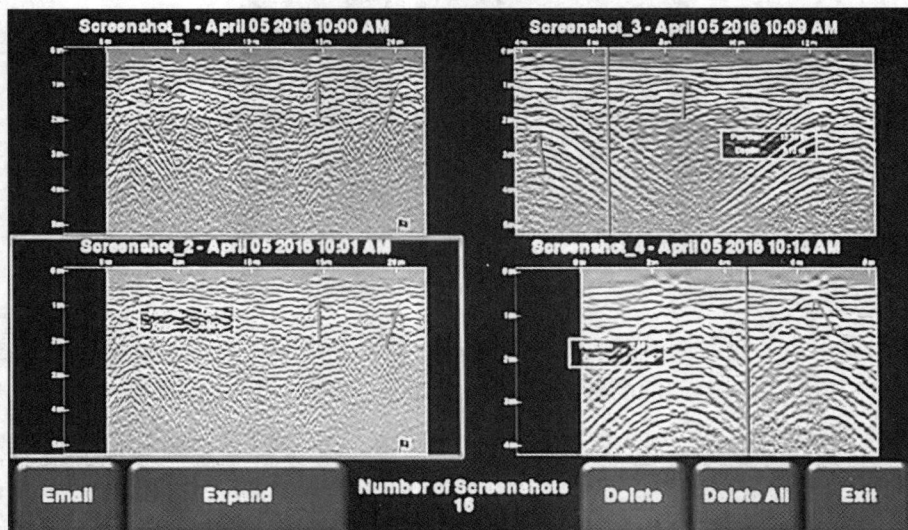

图 8.12　屏幕数据图像保存界面

◆ 8.3　探地雷达 RD1100/1500 型号基本原理

8.3.1　基本原理

探地雷达(GPR)技术利用无线电波实现地下物体成像。GPR 系统发射高频无线电波脉冲并探测从地下物体返回的回声。当目标材料与基质材料不同时,回声产生(如砾石中的 PVC 管)(见图 8.13)。

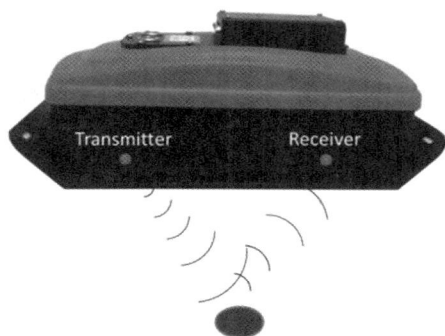

图 8.13　探地雷达(GRP)技术原理

8.3.2　双曲线特征

GPR 显示屏显示沿着一条直线扫描时,信号振幅与深度(时间)和传感器位置之间的变化关系。这称为"线扫描"。由于雷达能量的辐射区呈一个 3D 圆锥形而非一束细线,因此小型点目标(比如管道、岩石或树根)的 GPR 响应是一条双曲线(或倒 U 形曲线)。雷达波在穿过物体之前和之后碰到物体,形成可出现在记录上的双曲线反射,即使物体不在雷达正下方(见图 8.14):当垂直与地下目标相遇时,双曲线最容易观察。物体的实际位置位于双曲线顶部(见图 8.15)。

图 8.14　屏幕数据双曲线图像界面

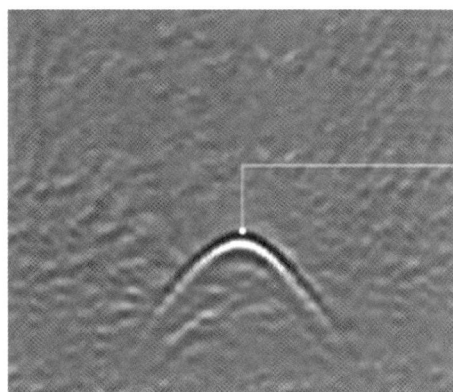

双曲线顶部即为物体所在之处

图 8.15　屏幕数据双曲线与电波脉冲顶部图像界面

8.3.3 计算深度

探地雷达记录无线电波前进到目标然后返回的时间；它不会直接测量到该目标的深度。到目标的深度基于电波前进到目标然后返回的速度进行计算。

计算深度：

$$D = VxT/2 \tag{8.1}$$

在 RD1100 中，速度由土壤标定值（Soil Calibration Value）指示。一旦设置了土壤标定值，就可以准确地确定测量深度。

8.3.4 土壤标定值

表 8.2 中的数值是常见地下材料及其对应的土壤标定值。与地下可能有不同材料混合的实际情况有一些偏差。迄今为止，已知土壤含水量对土壤标定值的影响最大（见表 8.2）。

表 8.2 地下材料及其对应的土壤标定值

空气	300
冰	160
干燥的土壤	140
干燥的岩石	120
土壤	100
潮湿的岩石	100
混凝土	100
硬路面	100
潮湿的土壤	65
水	33

8.3.5 空气波干扰

某些双曲线是由地面物体的空气波反射产生的，比如柱子、栅栏、架空电线和树木。下面的图片显示空气波反射对数据的影响（见图 8.16）：看懂数据图像的一个重要方面就是学会识别这些无用的"空气"目标，并将它们与地下目标区分开来。详实的现场记录对于帮助识别无用的数据必不可少。识别空气反射的最佳方法就是目标双曲线法。地面物体的双曲线比地下物体的更宽，土壤标定值可达 300。

图 8.16 空气波干扰

◆◇ 8.4 探地雷达数据收集与技术应用

GPR 数据沿着一条直线收集，操作者可通过横断面图像查看它。操作者可定位一个特征并轻松后退，然后在地面标记该物体的位置。操作者可识别地下特征的准线，检查线性度并获得精确的深度测量。从主屏幕按开始(Start)按钮，将看到如图 8.17 所示的屏幕。

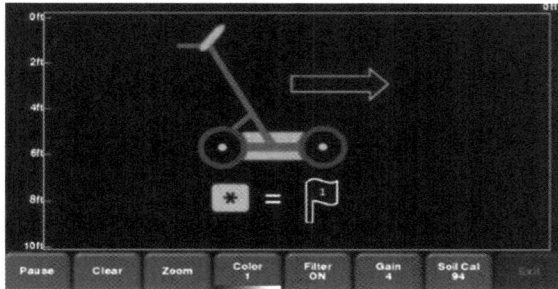

图 8.17 数据收集界面

8.4.1 采集数据

当看到该屏幕时，系统已做好收集数据的准备。当沿着一条直线推动系统时，收集的 GPR 数据从右向左滚过屏幕(见图 8.18)。位于 GPR 线图像侧面的深度标尺和位于图像顶部的位置标尺基于偏好(Preferences)菜单中的设置被设为公制或美制单位。如果自动隐藏按钮(Auto Hide Buttons)被设为开启(ON)，屏幕底部的菜单会在开始收集新数据时消失，从而使数据显示区最大化。当用户停止、后退或按键盘上的任意键时，菜单再次出现。

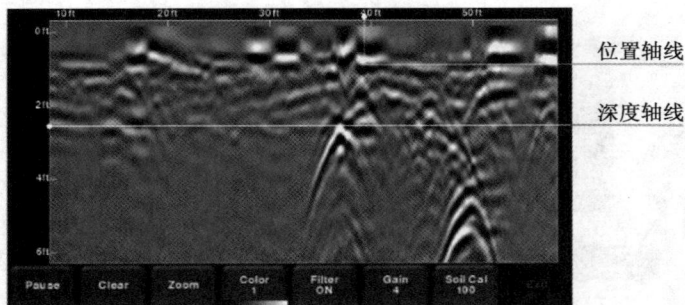

图 8.18　线扫描采集模式，显示收集的数据和轴线标签界面

8.4.2　后退指示器

线扫描模式加入了后退功能，可准确定位目标并在地面标记它们。在屏幕上采集一些数据后，向后移动系统（见图 8.19）。

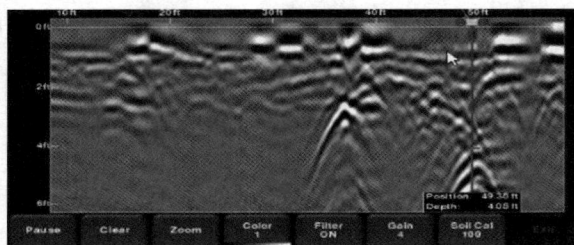

图 8.19　倒退时的后退指示器界面

在后退模式中，有两个指示器：

●位置指示器：红色的垂线对应 GPR 传感器中心的位置。当向后拉动推车时，位置指示器移动，在图像中标记推车的当前位置，并且有一个方框出现在当前位置，与线的起点相对，如顶部数字所示。

●深度指示器：一条短的红色水平线对应当前的深度值，如方框中的底部数字所示。要确定物体深度，可通过拖拽水平线到目标位置来向上或向下移动指示器（见图 8.19）。也可以使用 4 方向键盘上的向上和向下箭头来移动。注：确保已经获得一个土壤标定值以保证深度精度。

如要定位一个特征，只需沿着相同的路线往回拉动推车，直到红色垂线准确地位于响应（通常是一条双曲线）的上方。可以在地面标记对象的位置，然后继续收集数据。一旦到达最初开始后退的点，系统将继续采集新数据。还可以通过触摸屏幕并保持一秒钟来获得线扫描上任意处的深度和位置信息。在触摸屏幕的地方将出现一条十字准线和一个显示位置和深度的方框（见图 8.20）。

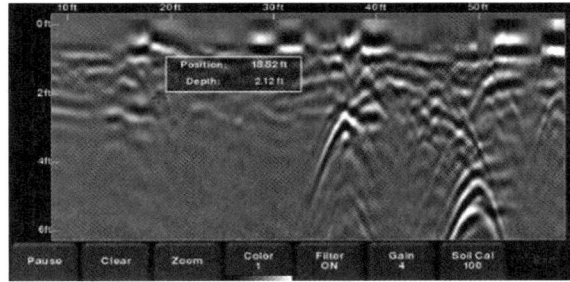

图 8.20　触摸屏幕获得任意点的深度和水平位置界面

如要获得有关屏幕上不同点的位置和深度信息，只需触摸并拖动方框或十字准线到目标位置。

8.4.3　旗标

通常以插入旗标的方式来标记值得注意的表面特征，比如杆、人行道、地形变化等。这些标记可帮助关联具有上述地面特征的地下目标。当向前采集数据或者后退时，按键盘上的星号按钮将在当前位置插入一个旗标。这些旗标按顺序进行编号（见图8.21）。

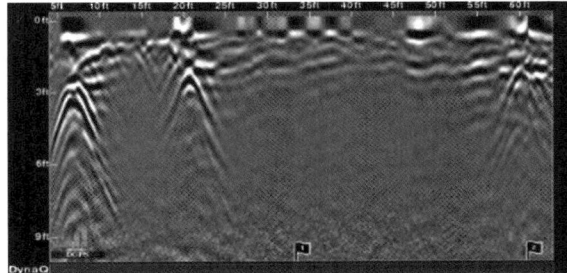

图 8.21　插入旗标界面

8.4.4　线扫描菜单选项

下面描述的所有设置可更改在屏幕上查看数据的方式。这对于优化不同特征的外观可以起到一定的帮助。

（1）清除（Clear）。按该按钮将清除屏幕上的数据。

（2）缩放（Zoom）。①该按钮控制所显示的 GPR 数据的水平和垂直缩放比例。按缩放（Zoom）按钮可更改底部菜单上的按钮如下：深度（Depth）-按深度（Depth）按钮下方的+和-按钮可更改数据的显示深度。这通常称为深度窗口。预设值范围为 1~8m，参见图8.22。

如果数据是在较浅的深度收集的，当回顾数据时，深度设置仍然可以在事后增大。一般来说，建议将显示深度设为预计最深目标之深度的 1.5~2.0 倍。

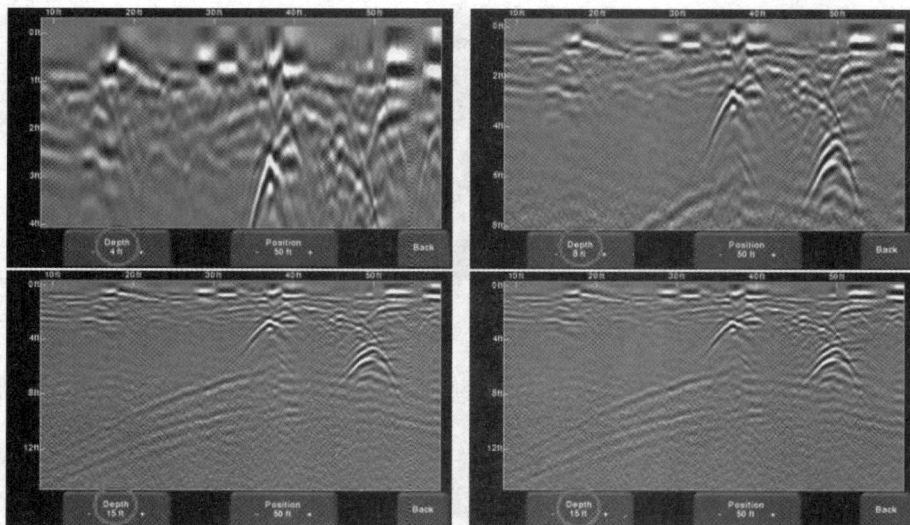

图 8.22 不同的显示深度界面

②位置(Position)-按位置(Position)按钮下方的+和-可更改单个屏幕上显示的数据长度。这也称为水平扩展。预设值范围为 10~30m，参见图 8.23。将其设为 30m 的一个原因是为了在屏幕上容纳更多的数据并寻找相交的双曲线中的一致性。

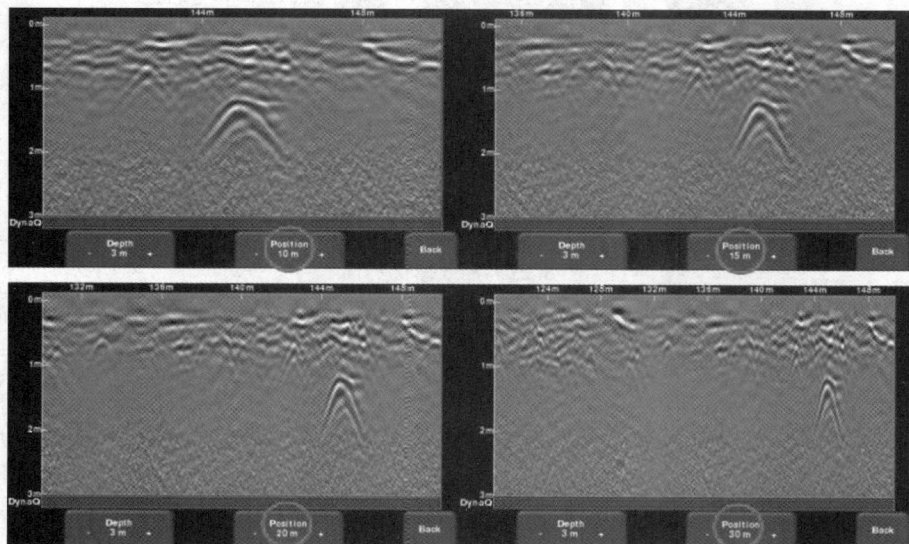

图 8.23 不同的位置，或水平扩展界面

(3)颜色(Color)。按颜色(Color)按钮可更改 GPR 线的调色板。有 8 种不同的调色板选项。当调色板更改时，图像自动重新显示。几个简单的调色板如图 8.24 所示。

(4)滤波器(Filter)。当滤波器打到开启(ON)位置时，数据中的平缓响应被过滤，从而使来自物体的双曲线响应增强了(见图 8.25)。过滤还帮助识别可能被图像顶部的强

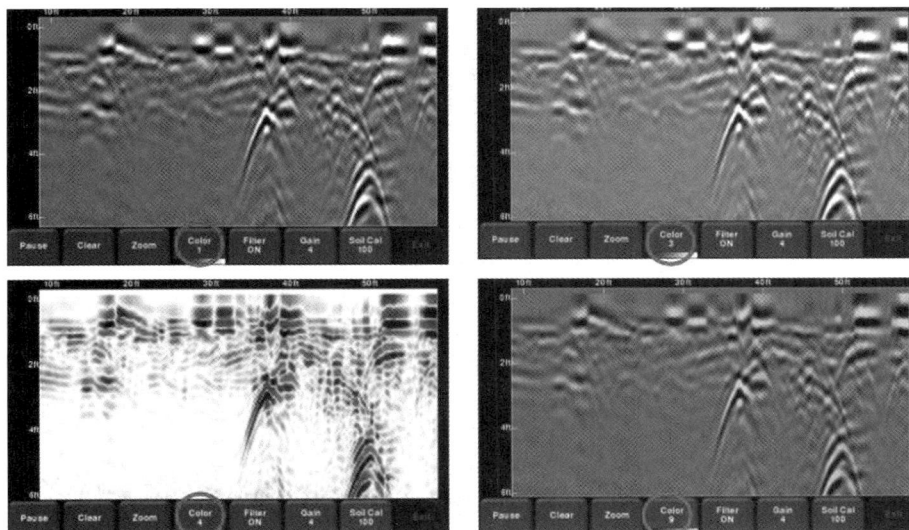

图 8.24　更改调色板界面

信号掩盖的浅表目标。但是它也会过滤其他平缓响应，比如土壤边界，因此如果此时的目标是平坦的，在使用该选项时应小心。滤波器默认设为开启(ON)。

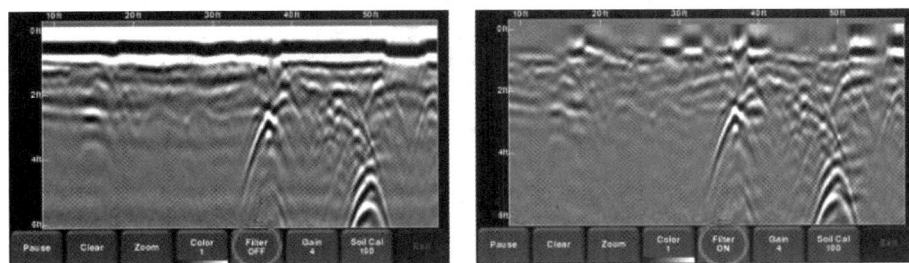

(a)Off 时的数据图像　　　　(b)ON 时的数据图像

图 8.25　滤波器数据图像

(5)增益(Gain)。由于被扫描的材料可吸收 GPR 信号，因而越深的目标返回的信号越弱。增益就像一个音频音量控制装置，可放大信号，使较深的目标在图像中看起来信号更强一些。增益可在 1~9 之间调节，1 表示已应用最小的放大，9 表示已应用最大的放大。按该按钮可增大增益；到达 9 之后又循环回到 1。应避免数据的过增益，因为这样可能会导致读图困难。

一般来说，导电性较强的土壤(如黏土)将比导电性较弱的土壤(如砂土)需要更高的增益(见图 8.26)。

(6)土壤标定。土壤标定值(又称为波速)是一个用来确保所测深度准确性的参数。由于它所基于的是在该区域收集的数据，因此确保深度准确性的最佳方法就是使用双曲线匹配法。相交的线性目标(比如呈直角的管道或电缆)产生一条适合土壤类型标定的

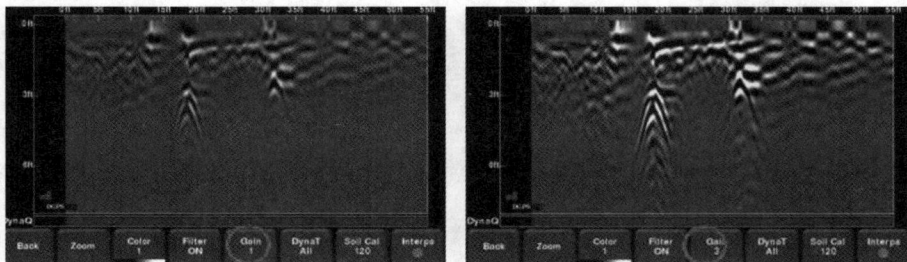

图 8.26　不同增益(Gain)界面

双曲线。得到的土壤标定值将用于计算目标的深度估值。此时如果土壤类型是根据一条以斜角(而非直角)产生的目标双曲线标定的,那么这些深度估值将不准确。当屏幕上出现一条来自地下目标的双曲线时,按土壤标定值(Soil Cal)。屏幕底部的菜单将改变,可以选择通过双曲线匹配法指定土壤类型或调整土壤标定值(见图 8.27)。

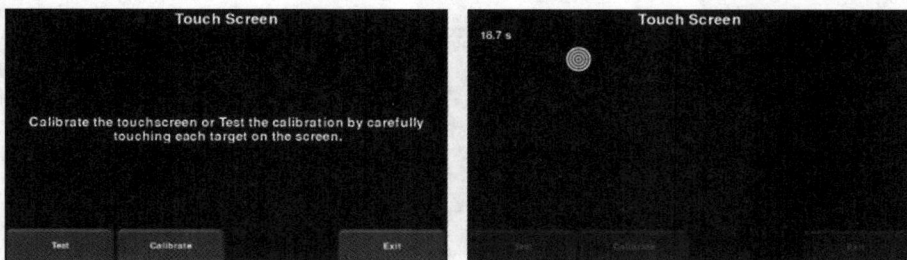

图 8.27　触摸屏测试(左)和触摸屏校准测试(右)

触摸屏:测试检查触摸屏是否正常工作。可以测试屏幕(按测试(Test))或执行测试前的快速校准(按校准(Calibrate))。它们均需在预定时间里触摸屏幕上的目标。这些选项的含义如下。

①土壤类型(Soil Types)可以用来标定,按该按钮可在下列介质之间切换,括号内是它们的预设土壤标定值:非常潮湿(60);o潮湿(80);o微湿(100);o干燥(120);o非常干燥的土壤(150);o空气(300)。

注:不能"应用"和接受空气(air)值。只可以通过匹配双曲线来确定它是否为空气波。

②土壤标定值(Soil Cal),允许使用双曲线匹配来确定更准确的土壤标定值。取决于是否处于后退模式,选项有轻微的差异。如果按土壤标定值(Soil Cal)时后退指示器出现在屏幕上,那么来回拉动 RD1100 将调整垂直位置指示器。操作者通常应移动系统直到它出现在所考虑的双曲线上方。然后可以通过触摸屏幕并拖拽它来调节水平滚动条的垂直位置,也可使用向上和向下键盘来调节。移动滚动条以便它与所考虑的双曲线的顶部对齐(见图 8.28)。

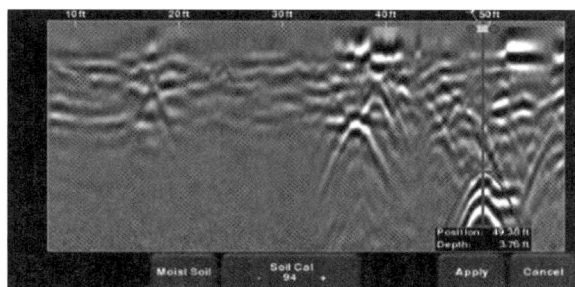

图 8.28   当处于后退模式时调整土壤标定值界面

或者，如果在收集数据或者已经按下暂停（Pause）按钮时按土壤标定值，屏幕中间将出现一条红色双曲线。拖拽双曲线，使它位于来自地面的一条真实双曲线的上方（见图 8.29）。可以使用 4 方向键盘来对移动进行微调。

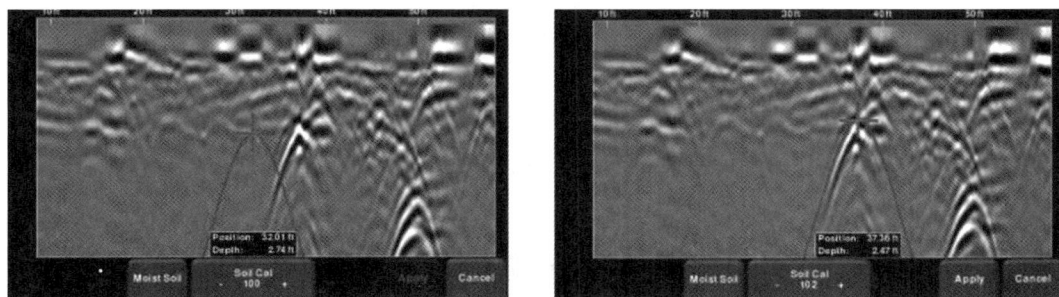

图 8.29   按土壤标定值（Soil Cal）显示一条双曲线

对于上面的任何一个方案，一旦红色双曲线正确定位，可以使用土壤标定值（Soil Cal）按钮上的+和−来扩大或收紧形状。一旦形状匹配（如图 8.28 和图 8.29 的右边图像），即可获得正确的土壤标定值，测得的深度将会最准确。按应用（Apply）使用该值。如果得到一个将近 300 的土壤标定值，则这可能是一个空气波，应使用另一个双曲线响应来标定。

（7）暂停（Pause）按钮。使用暂停（Pause）按钮可暂时停止数据收集，然后再次恢复，不会清除屏幕上的数据。如要收集目标上方的一系列平行线并在屏幕上显示所有数据以进行对比，该按钮可以派上用场。一旦收集一些数据后，按暂停（Pause）。现在可以移动 LMX200 且屏幕上没有数据滚动。准备恢复收集数据时，按开始（Start）。屏幕上将出现一条粗的红色垂线，这与按暂停（Pause）按钮然后重启时所出现的一致（见图 8.30）。

（8）画箭头。RD1100 允许在屏幕上画箭头，以突出显示特征。触摸希望出现箭头头部的屏幕处，然后顺着箭头杆的方向滑动。或者也可以轻击屏幕，这样将在该位置插入一个向上指的垂直箭头。在图 8.31 的例子中，用户触摸双曲线附近，然后向上滑动手指创建箭头，触摸任意箭头可移除它。

（9）保存图像为屏幕截图。按相机（Camera）按钮将对屏幕图像进行截图，然后保存

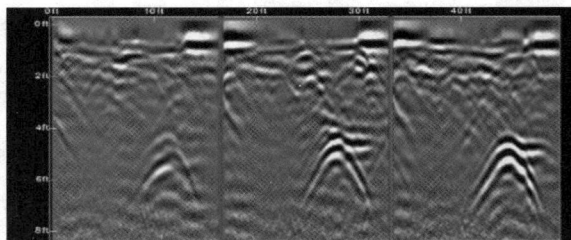

图 8.30　按暂停然后恢复数据收集界面

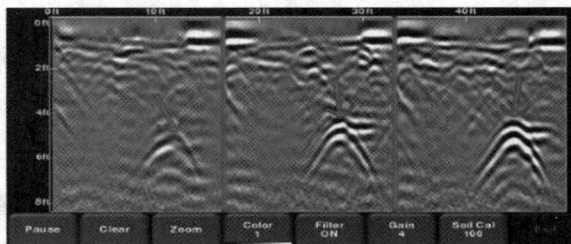

图 8.31　在屏幕上画箭头，以突出显示目标和特征界面

为.JPG 文件。屏幕截图和通过电子邮件发送微型报告详见下节内容。

◆◇ 8.5　探地雷达屏幕截图微型报告和传输数据

8.5.1　截取屏幕

如要保存当前屏幕的图像，按显示单元上的相机(Camera)按钮即可。这可将屏幕保存为可在任何第三方看图软件上查看的截图图像(.JPG)。

如果没有连接 Wi-Fi 网络，将会出现一条消息确认所保存图像的文件名(见图8.32)。

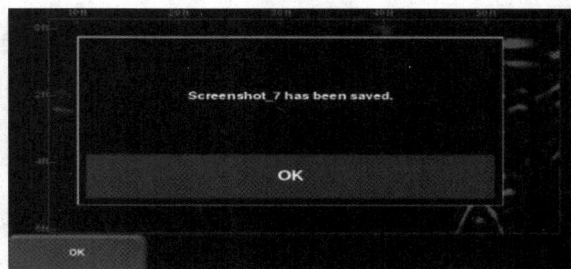

图 8.32　按显示单元上的相机按钮截取屏幕后显示的消息(无 Wi-Fi)界面

如果已连接无线网络并已配置电子邮件发件地址，将看到图 8.33 中的消息，提示是否要用电子邮件发送屏幕截图并提示输入电子邮件地址。电子邮件地址默认为最后输入的那个地址。轻击地址框将出现一个虚拟键盘，可以通过它输入新的电子邮件地址。按电子邮件地址左边的"…"按钮显示最近用过的 5 个电子邮件地址，可轻松选择一个最近用过的电子邮件地址，而无需重新输入它。

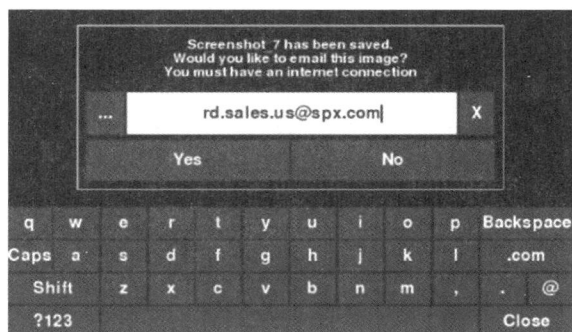

图 8.33　按显示单元上的相机(Camera)按钮截取屏幕后显示的消息

8.5.2　屏幕截图库

通过屏幕截图库可管理保存在 RD1100 上的所有屏幕截图。如果保存了至少一个屏幕截图，那么此时可以进入屏幕截图库；否则屏幕截图库(Screenshot Gallery)按钮将是灰色的。从主屏幕按屏幕截图库按钮，将看到如图 8.34 所示屏幕。屏幕截图的总数显示在屏幕底部的中央。

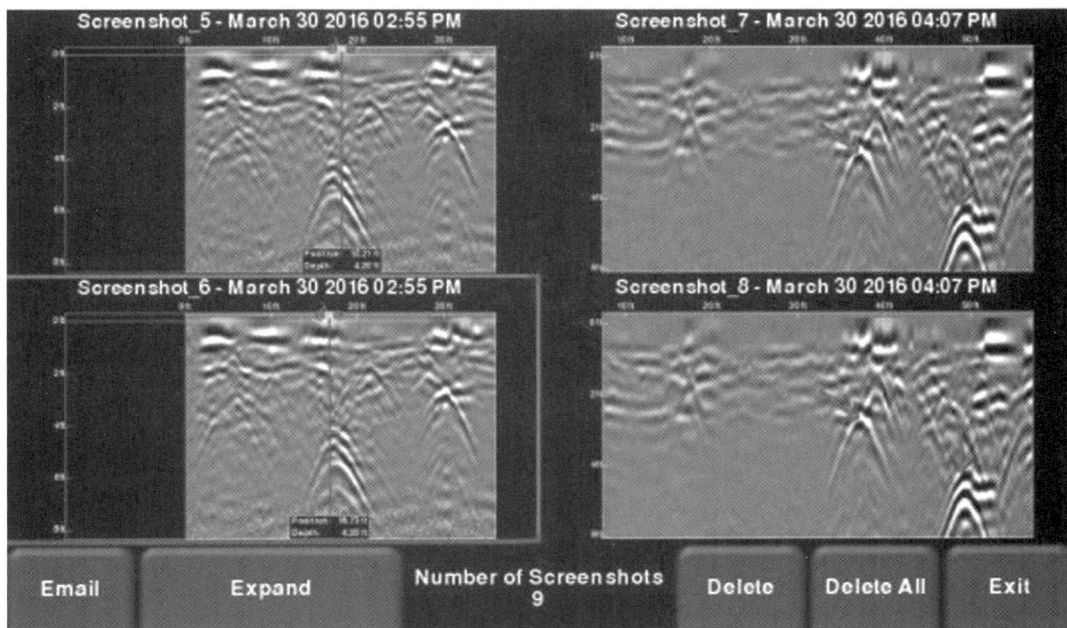

图 8.34　屏幕截图库与平铺视图界面

如果保存的屏幕截图多于 4 个,可通过滑动屏幕(左右)或使用 4 个方向箭头来查看其他截图。如要选择某个屏幕截图,可直接触摸屏幕,或使用 4 个方向箭头。在这里可以选择:电子邮件(E-mail),按该按钮可将屏幕截图作为微型报告通过电子邮件发送,假设已连接到 Wi-Fi 网络并且已在系统中保存了一个电子邮件发件地址,将可以看到电子邮件提示。展开(Expand),这将把选定的屏幕截图放大至全屏(见图 8.35)。

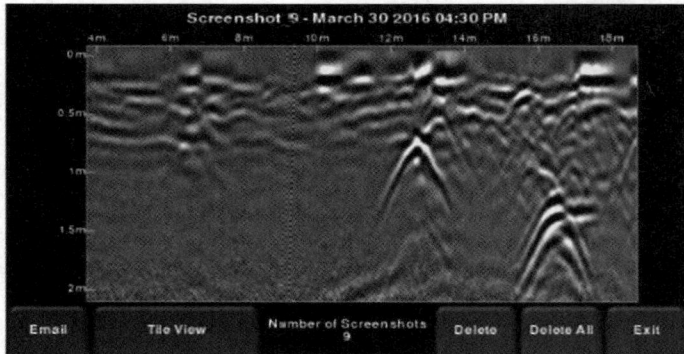

图 8.35 屏幕截图库与展开的视图界面

按平铺视图(Tile View)可回到每页 4 个画面的视图。删除(Delete),将删除选定的屏幕截图。接着将出现一条确认消息,提示是否要继续。全部删除(Delete All),将删除全部屏幕截图。接着会出现一条确认消息,提示是否继续。退出(Exit),将返回主屏幕。当下次进入屏幕截图库时,将显示离开时所查看的视图,以平铺或展开方式。

8.5.3 使用智能手机上的热点

如果 Wi-Fi 信号不可用,也可以使用智能手机创建一个个人热点,将其作为 Wi-Fi 访问点。如果在连接到手机个人热点时遇到困难,请确保在连接时手机处于可查找模式。举个例子,在 iPhone(iOS 9.0)上前往设置(Settings)—个人热点(Personal Hotspot)。确保个人热点(Personal Hotspot)设置开启,在该屏幕等待,直到 RD1100 连接已建立。一旦显示单元上弹出确认消息,手机即可恢复正常使用(见图 8.36)。

注意:创建个人热点时,可能会断开所有 Wi-Fi 网络连接。反之亦然,如果个人热点已设置,尝试连接到 Wi-Fi 网络可能会断开个人热点的连接。

8.5.4 微型报告

当通过电子邮件发送屏幕截图时,它作为微型报告的一部分被发出。该微型报告还包含一个含有所收集数据的信息的表格,包括所使用的设置、日期和时间(见图 8.37)

图 8.36　智能手机上的热点

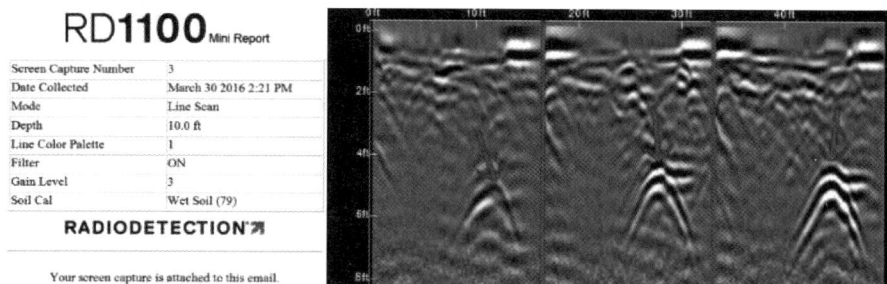

图 8.37　微型报告样本

8.5.5　传输数据

可通过插入一个 U 盘到 USB 端口来将屏幕截图图像导出到电脑(见图 8.38)。

一旦 U 盘被识别,将弹出一条消息,提示已插入 U 盘,确认是否要将数据导出到 U 盘(见图 8.39),点击是(Yes)开始传输。

每一个连续的数据导出将创建一个名为 Export××的新目录,××从前一个目录以 1 为增量递增。所有屏幕截图在屏幕截图文件夹内保存为.JPG 文件。系统信息文件夹包含一份系统摘要诊断报告。如果 GPS 数据在屏幕截图过程中可用,那些屏幕截图将被标上

图 8.38 插入一个 U 盘到显示单元上的 USB 端口来导出数据

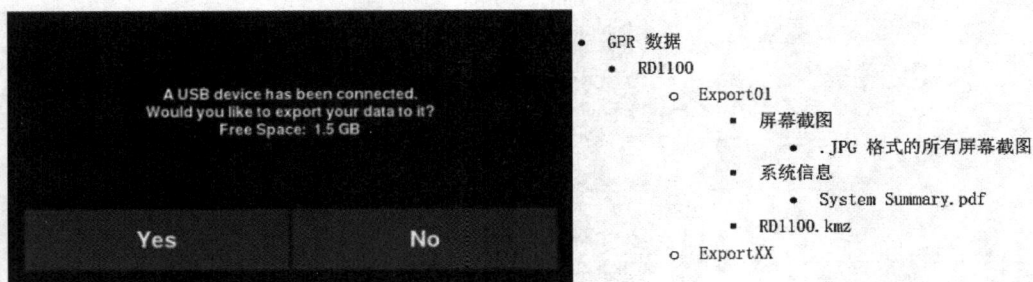

- GPR 数据
  - RD1100
    - Export01
      - 屏幕截图
        - .JPG 格式的所有屏幕截图
      - 系统信息
        - System Summary.pdf
    - RD1100.kmz
    - ExportXX

图 8.39 U 盘连接到显示单元时

地理标签，并生成一个.kmz 文件。该文件可在 Google Earth™中轻松打开，显示那些屏幕截图的地理位置。

◆ 8.6 本章小结

用于探测管线的探地雷达，除了国产型号 LTD2100 以外，英国产的 RD1100/1500 由于具有操作简单、使用便捷、精度高等优点，在管线探测方面具有一定的优势。为便于分析比较，本章对这一仪器从探测原理、操作实践、数据收集与报告传输等方面进行了简要介绍，为下一步的城市道路地下管线探测提供了技术支持。

第9章 基于探地雷达地下管线探测图谱特征判识方法

地下管线是城市公共基础设施的重要组成部分，是为城市输送供给的"生命线"，与人民的生产生活密切相关。随着城市的高速发展，对地下管线的需求也在增加，为了对城市地下管线更有效的管理与统筹，开展管网数据库的建设及地下管线探测技术的深入研究势在必行（王学海，2006）。经过几十年的发展，地下管线探测已有许多种方法，例如，电磁感应法（史伟，2015）、管线探测仪（王明星等，1997）、磁梯度法（王水强等，2005）、高密度电阻率（杜良法和李先军，2007）、瞬态瑞雷面波（杨兴其等，2000）、地震映像法（肖顺等，2014）、探地雷达（张鹏等，2015）、综合物探法（王勇和王永，2011）。这些不同的方法从不同的物性差异着手，建立了一套成熟的理论方法和工作体系，但各有优缺点。在众多的探测方法中，探地雷达具有高精确、高分辨率、无损性等独特的优势，它只要目标管线与周围介质间存在介电常数差异，就能开展探地雷达探测，既可以探测金属管线，也可以探测非金属管线（曾昭发等，2010）。

考虑到实际管线探测环境条件的复杂性，给雷达探测及解释诊断工作带来了诸多困难。可见，地下管线的埋深与间距、管道内不同物质与雷达探测效果的关系，总结不同管状体在雷达正演剖面的图像特征，有助于雷达资料的判断和解释诊断。例如，空心混凝土管的典型雷达单道波形见图9.1。

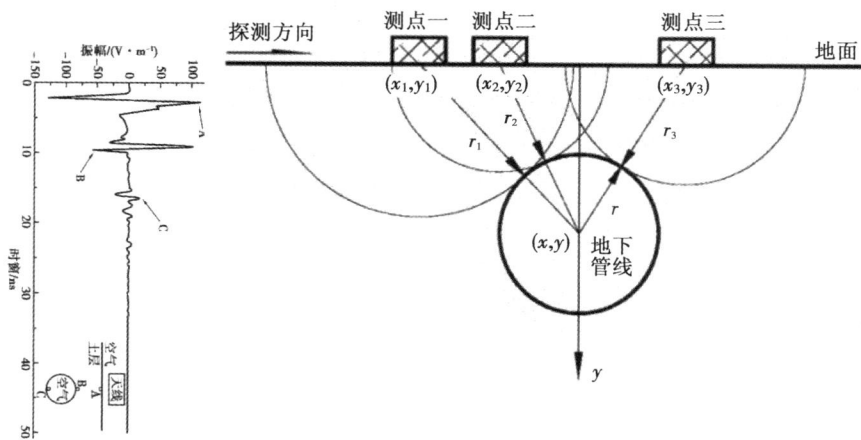

图 9.1　空心混凝土管的典型雷达单道波形图

◆◇ 9.1　管线不同埋深与间距特征分析

电磁波在地下传播过程中，对地下目标的反射及绕射性能受许多因素的影响，其中地下介质的特性参数、电磁波的频率、媒介的含水性都影响着电磁波的探测效果。为提高地下管线的探地雷达探测精度，开展管线埋深、间距，管线内不同物质的电磁散射特性及探地雷达波形特征的正演，为工程实测雷达图像解译诊断提供理论支持。

图 9.2(a)为间距、埋深不同的金属管状异常体在同一背景介质中的模型。模拟区域长与宽为 2.5m×2.0m，背景介质的电导率为 0.01s/m，相对介电常数为 6.0。在(0.4，0.5m)、(0.8，0.5m)、(1.5，0.75m)、(2.0，0.75m)位置处各有个半径 0.15m 的金属管状异常体，图 9.2(a)左上方两个金属管状异常体间距为 0.1m，右下方两个金属管状异常体间距为 0.2m。采用 FDTD 法对模型进行正演，图 9.2(b)中管状球体的上界面能够清楚分辨出，埋深浅一点的两个金属管异常正演图中电磁波能量强一些，图像更加清晰，虽然它们之间的间距较小，但是探地雷达依然可以清晰地分辨出两个管道的位置，埋深深一点的两个金属管异常体正演图中电磁波能量稍弱，但是依然可以清晰的辨认出两个异常体的位置。可见，异常体的埋深对探地雷达管线探测是一个重要的影响因素；在异常体间距较短的情况下，依然可以辨别出异常体的位置，说明探地雷达对管线探测的识别能力很强。

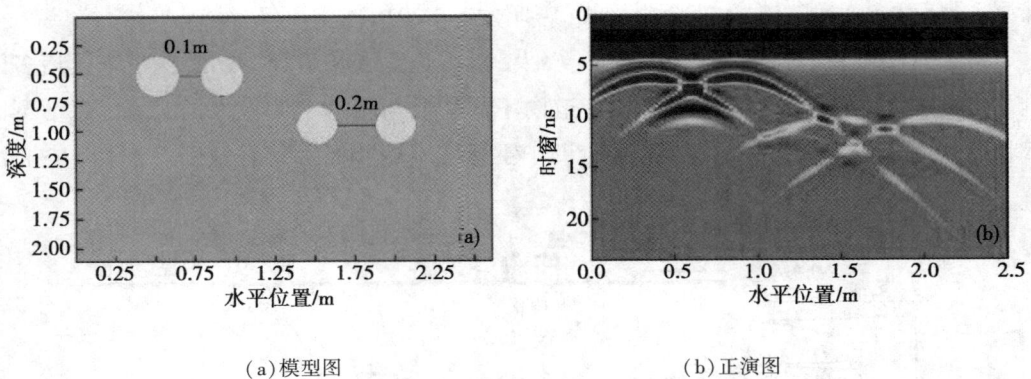

(a)模型图　　　　　　　　　　(b)正演图

图 9.2　不同埋深、间距管状异常地电模型示意图

◆◇ 9.2　管线内不同物质特征分析

图 9.3(a)为两个 PVC 管内部有不同物质的异常体在同一背景介质中的模型。模拟区域长与宽为 1.5m×1.5m，背景介质的电导率为 0.01s/m，相对介电常数为 6.0。在(0.60，0.75m)、(1.05，0.75m)位置处各有个半径为 0.15m 的 PVC 管，管壁厚度为

0.025m，左边 PVC 管内部充满水，右边为 PVC 空管。每隔 0.005m 采集一道雷达数据，总共采集了 300 道雷达数据。

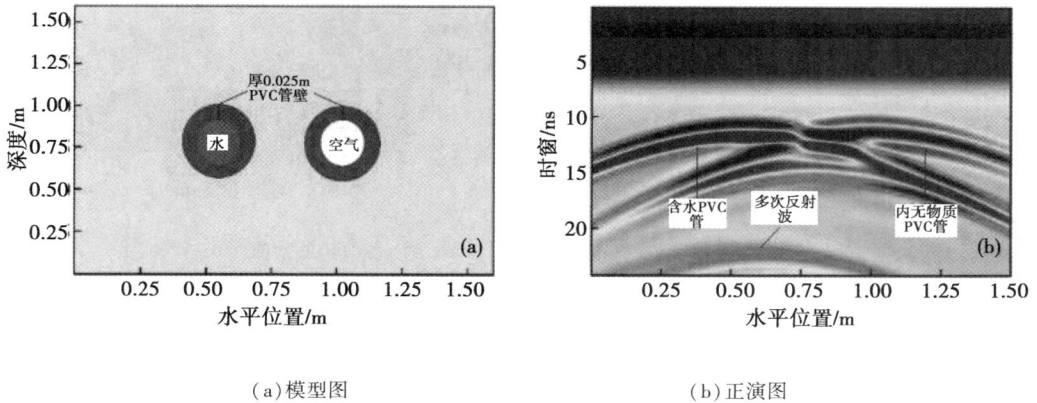

（a）模型图　　　　　　　　　　　　　　（b）正演图

图 9.3　PVC 管道内部不同物质异常体地电模型示意图

由两个 PVC 管正演剖面图 9.3（b）可知：

（1）含水 PVC 管电位与雷达波的电位相反，PVC 管的上界面可以清晰被检测到，由于水的相对介电常数较高，导致电磁波在探测到含水的 PVC 管线时发生强烈反射；

（2）PVC 空管与雷达波的电位相同，探地雷达波传播至 PVC 空管时，电磁波同样会出现双曲线绕射波，且弧形双曲线下还会出现多次反射波，多次反射波的间距与管径成明显的正比关系，通过它能较好地推断 PVC 管径；

（3）由此可见，探地雷达探测城市地下管线时，管线内部物质的成分直接影响到探测的雷达波形。

◆ 9.3　不同管线材质特征分析

建立图 9.4（a）所示的含有不同管线模型，模型区域为 4.0m×2.0m，模拟区域的背景介质相对介电常数为 6.0，电导率为 0.01s/m，在位于（0.75，1.00m）、（1.50，1.00m）、（2.25，1.00m）、（3.00，1.00m）位置处分别是含水空洞、空洞、PVC 管线、金属管道，其截面圆心状、半径均为 0.25m，介质的相对介电常数分别为 81.0、1.0、1.4、50.0，电导率依次为 0.001、0、0.005、5。

通过图 9.4（b）中不同材质管线与空洞探地雷达正演剖面图可知：

①在于同一埋深的条件下，含水空洞和金属管的电磁波相位与空洞和 PVC 管线电磁波相位相反，这是由于含水空洞和金属管的相对介电常数与电导率都高于空洞和 PVC 管线。

②金属管弧形曲线反射最明显，能量最强，这是由于金属管的介电常数与背景介质的介电常数相差较大，形成了强电磁波反射面所致。

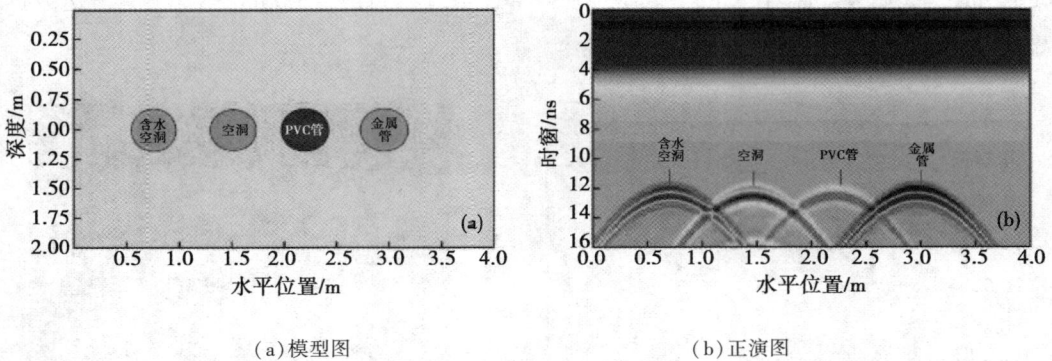

（a）模型图　　　　　　　　　　　（b）正演图

图 9.4　不同材料模型的地电模型

③空洞异常体双曲线弧形亦较明显，弧形双曲线的顶部明显指示空洞的上顶面。

④PVC 管线的双曲线弧形反射在雷达剖面中明显可见，但它的反射最弱，正常情况下 PVC 管线弧形双曲线下还会出现多次反射波，多次反射波的间距与管径成明显的正比关系，通过它能较好地推断 PVC 管径。

◆◇ 9.4　不同管线直径特征分析

图 9.5 所示不同管线直径正演模型，目标均为圆形钢管，其上壁顶点到土体上表面距离均为 1m，壁厚 5cm，三个管道管径分别为 0.2，0.6，1.0m。雷达灰度图采用能量影像的方式来表现反射信号，图中的白色代表正的反射振幅，颜色越白代表正的振幅值越大。黑色代表负的反射振幅，颜色越深则表明负的振幅值越大。

由图 9.5 不同管线直径正演模型可知：

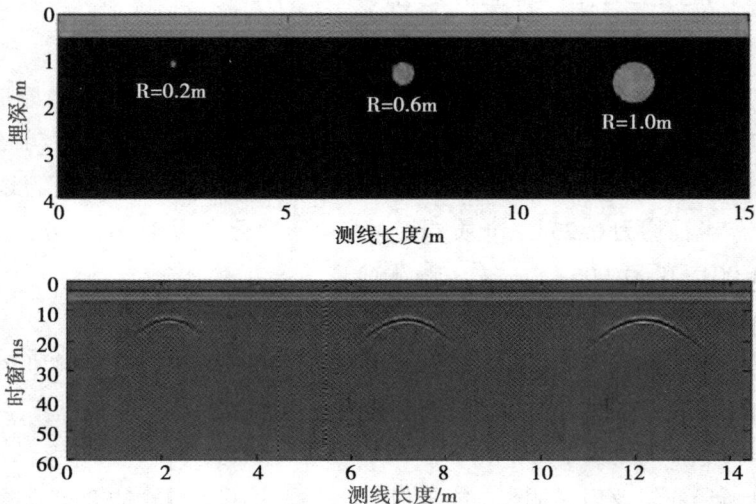

图 9.5　不同直径管线的雷达测线剖面图

①雷达图像中管线的反射信号随着管径的变大而增强，直径越大的管线所产生的正的反射振幅或负的振幅值就越大，即管线在雷达反射中的双曲线图像越明显。

②由于随着管径的增加，电磁波的反射面积也随之增大，这便导致了反射间的电磁波能量随着增加。

③雷达图像中双曲线顶部的弧线段也随着管径变大而逐渐趋于平滑，且两翼长度拉长。

④由于探地雷达在探测时能量以圆锥形状发散射出，管径变大后，也就意味着电磁波能够较早地接触到管线边缘，并且离开管线的时间也随之增加，这就是曲线双翼在图中不断拉伸变长的原因。

◆◇ 9.5　不同管线埋深特征分析

图9.6所示探测目标为圆形钢管，直径均为0.8m，壁厚为5cm，钢管上壁顶点与土体上表面距离依次为1.0，1.5，2.0m。

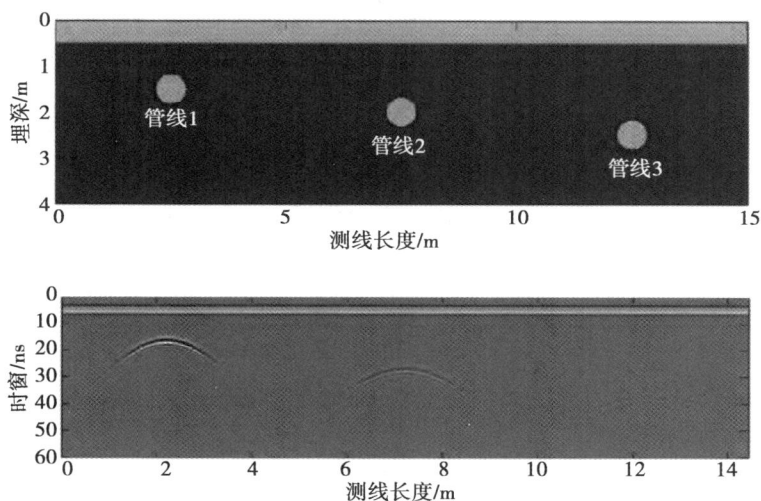

图9.6　不同埋深管线雷达测线剖面图

探测目标正演剖面图9.6可知：

①管线的埋深越浅，双曲线开口越小，埋深加大，双曲线变缓，埋深很大时曲线趋于水平；

②管线的反射信号也随着埋深越来越弱，埋深2m的管线几乎在图中没有反映，由于土层是有耗介质，电磁波在有耗介质中传播时要产生能量的衰减；

③根据电磁感应定律，决定这种损失大小的主要因素是工作频率，随着天线频率的提高，反射轴精细程度随之提高，但同时能量的衰减也越大；

④在实际管线探测时，应根据探测深度合理选择天线频率，若选择高频率天线探测深埋管线则容易使得管线图像模糊而淹没在杂波中。

◆◇ 9.6 不同管线形状空洞特征分析

图 9.7 为钢管外径、等腰三角形的高、正方形的边、圆形及半圆形空洞，直径均为0.8m，不同形状管线的空洞特征分析。

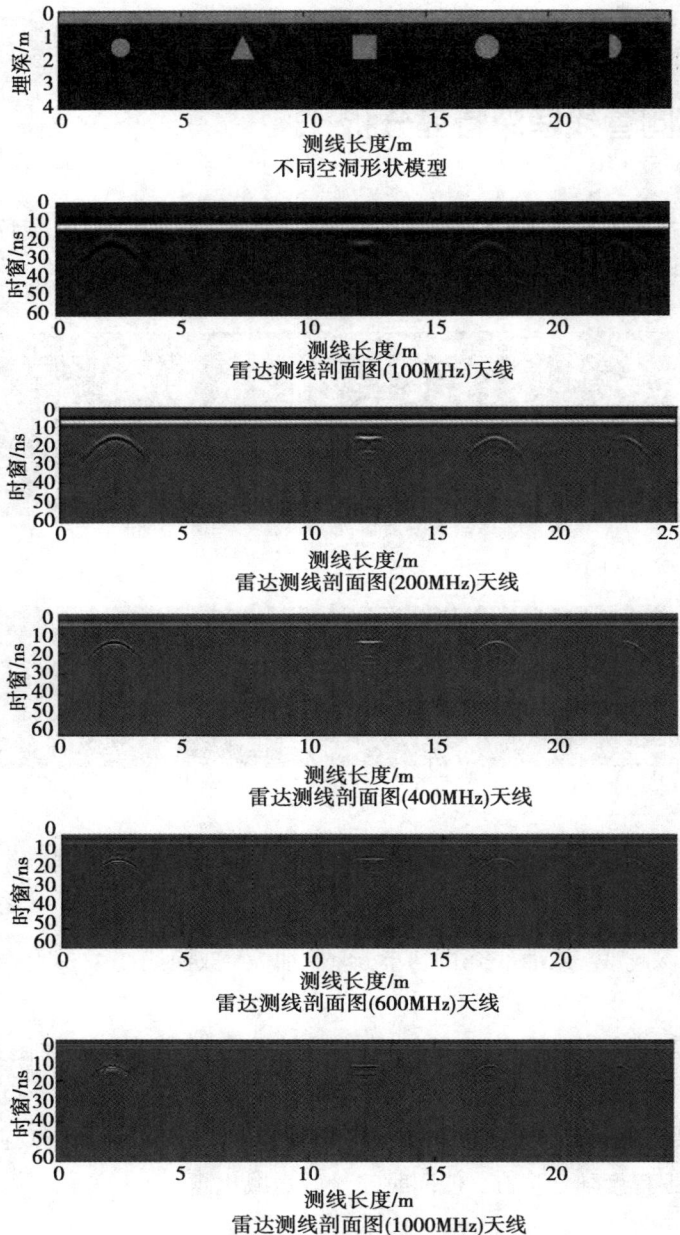

图 9.7 不同空洞形状雷达测线剖面图

不同形状管线空洞正演剖面图 9.7 可知：

①几何形体也是影响探地雷达反射剖面成像的重要因素，地层介质中存在各种形状的岩土体，三角形空洞对电磁波的反应最不明显；

②三角形空洞在天线频率超过 400MHz 时，在雷达图像上基本没有明显的反射痕迹；

③方形空洞在雷达图上与管线的区别为：上部曲线并非弧形，而呈水平状，两侧弧线在频率较小时表现得较为明显，且随着频率的增加不断缩减；

④在天线频率大于 400MHz 时，弧线在图上基本消失，这时的图像表现为叠加的水平状曲线；

⑤圆形空洞的图像与非金属管类似，而对于半圆形空洞而言，图像的左半部分弧线缺失，这与模型完全一致。

综上所述，通过模拟结果可以了解不同几何形体的雷达响应，对雷达反射剖面的解读和判译提供了直观的经验基础。

◆◇ 9.7　不同管线材质及内部介质影响特征分析

不同材质及内部充填介质的正演模型中，分别模拟圆形空洞、混凝土管以及金属管线在相同埋深时的雷达波探测情况，如图 9.8 所示。从左向右分别为空心的孔洞、混凝土管、金属管以及充水条件下的空洞、混凝土管、金属管。6 个模拟对象的外径为 0.8m，混凝土管及金属管的壁厚为 0.05m，6 根管线的顶部埋深相同，都为 1.0m。

（1）雷达探测空洞、混凝土管与金属管在不充水或者充水情况下的反射波形可知，金属管的波形图最清晰，这是因为钢与地层间介电常数差异较大，电磁波反射也最为强烈。

（2）在不充水的情况下，空洞及混凝土管有二道波形曲线，这是电磁波传播到模型底部反射而引起的，也是雷达单道波形图计算管径的依据。

（3）在不充水的情况下，金属管对波的反射近乎于全反射，故在金属管有一道波形曲线。

（4）在充水条件下，由于水的介电常数很大，电磁波在水中传播时的衰减幅度较大，故在充水情况下，无论管线的材质怎样，都不能用来计算管径。

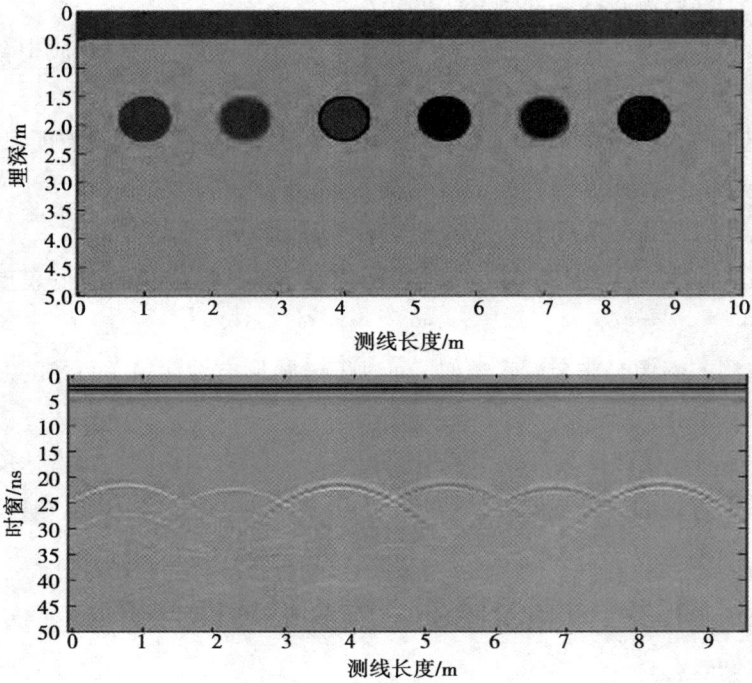

图 9.8　不同材质管线地质雷达测线剖面图

◆◇ 9.8　本章小结

　　探地雷达探测影像资料的判读和解译是探测工作的难点，也是探测工作成败的关键。错综复杂的地下管线给雷达探测的解译带来了困难，本章主要给出了不同条件下的探测图谱特征，如不同埋深、管线内不同材质、不同管线直径等。在积累了大量不同条件下图谱特征的基础上，雷达判读和解译的准确率将大大提高。

第 10 章　探地雷达在道路检测中的
质量评价应用

在探地雷达实用之前，道路检测通常采用路面病害调查、弯沉测试、钻孔取芯等常规方法。经过修补、改造后的道路，往往过不了几年，就会再次出现裂缝、破碎等病害。道路管理养护部门感到压力巨大。

由于路面破损调查只能看到道路表面损坏情况，弯沉测试、钻孔取芯虽然能够检测到道路垫层与基层中脱空情况，但是属于点状检测，数据量少，无法较全面地反映地下脱空的真实情况，导致许多脱空段很难发现，再好的修补技术也发挥不出应有的效果，是道路大修后再破损的主要原因(见图 10.1)。

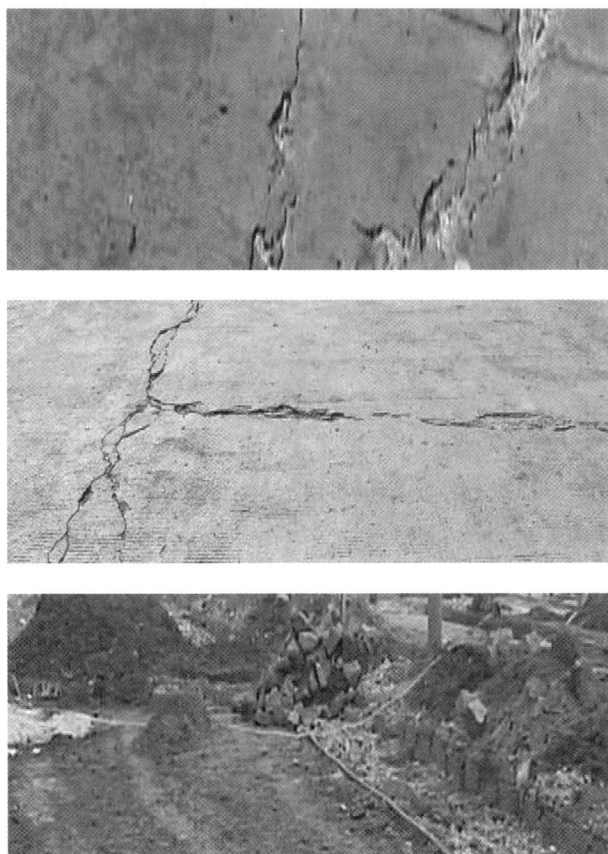

图 10.1　道路路面损坏与垫、基层中脱空

探地雷达无损和密集探测的特点，弥补了常规方法表观、点状检测的缺点。使得人们在不破坏路面的前提下，探测到道路结构层厚度、板底脱空以及垫基层中的空洞等，提高了道路病害隐患检出率。根据检测结果采取针对性措施进行养护，不但可以节约大量道路改造费用，大幅提高了养护质量，从而延长道路使用年限。

◆◇ 10.1 探地雷达延长道路使用年限破损检测

（1）道路探地雷达脱空探测与处理。某路长 2.1km，双向 4 车道，水泥混凝土板块路面。2004 年进行路面破损探测，之后整板更换、注浆补强、加铺沥青混凝土路面。至今基本上没有再出现过裂缝，破碎病害。图 10.2 为板块脱空照片和探地雷达探测的影像。

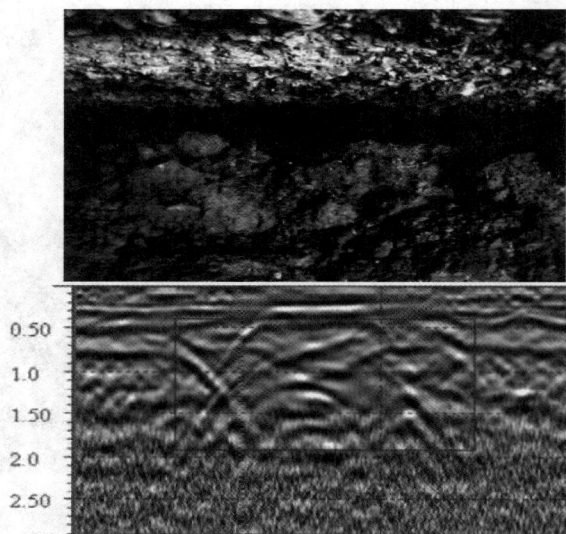

图 10.2　板块脱空照片和探地雷达探测的影像

（2）道路破损调查与处理。某路长 12.4km，双向 8 车道，沥青混凝土+水泥混凝土板块路面。2010 年进行路面病害调查、探地雷达脱空探测、弯沉测试和钻孔取芯。之后整板更换、注浆补强、重铺沥青混凝土路面。至今没有再出现裂缝、破碎等病害。图 10.3 为道路破损照片和探地雷达探测的影像。

（3）探地雷达信号测点位置用天线附带的测量轮计量。探测参数为：工作频率 400、900MHz 天线；时窗长度 20~30ns；采样点数 512 点/道；扫描速度 128 扫/s；重复频率 128kHz，测量轮扩展 5，10（道路检测中的质量综合评价成果见图 10.4）。

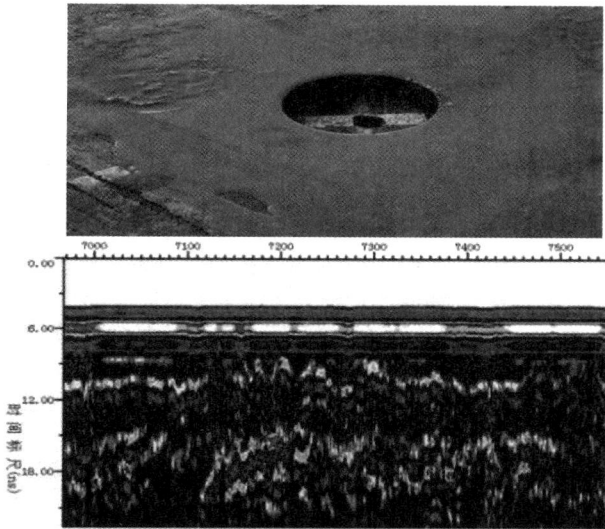

图 10.3　道路破损照片和探地雷达探测的影像

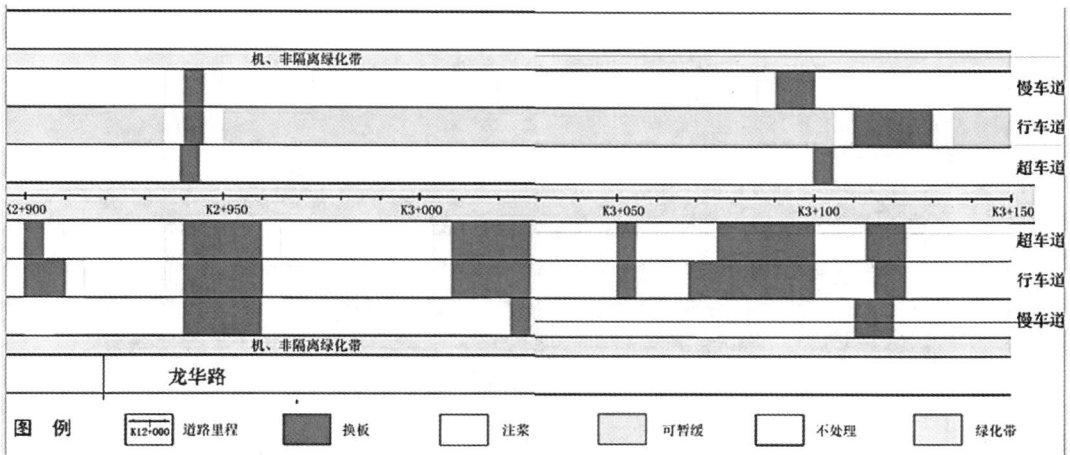

图 10.4　道路检测中的质量综合评价成果

◆◇ 10.2　探地雷达检测道路破损探影像

（1）空洞影像与探地雷达检测（见图 10.5）。

（2）新旧板块探地雷达检测影像（见图 10.6）。

图 10.5 空洞影像与探地雷达检测

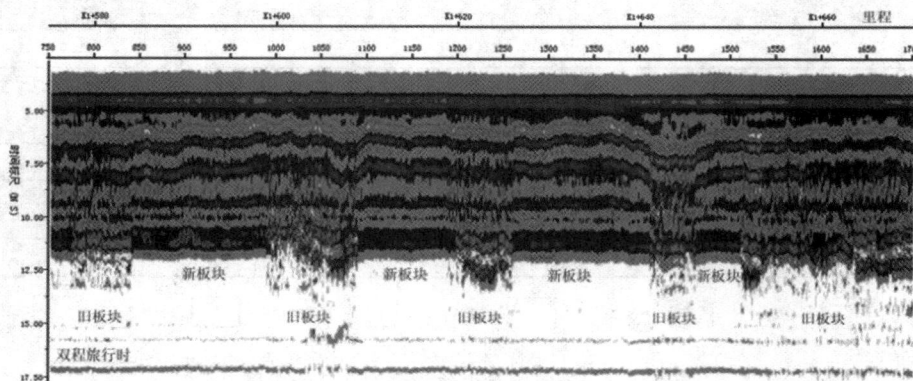

图 10.6 新旧板块探地雷达检测影像

（3）巨厚沥青混凝土探地雷达检测影像（见图 10.7）。

（4）沥青混凝土探地雷达检测影像（见图 10.8）。

（5）市政沥青混凝土探地雷达检测影像（见图 10.9）。

综上所述，在道路投入使用后的日常维护管理中，通常对路表面出现的破损、凹陷、裂缝、平整等问题可以及时发现，但对道路内部存在的隐性灾害，如路面下的空洞、积水、脱空、基础疏松等却无有效的检测手段，难以做到防患于未然，随着冬冰夏融，热胀冷缩以及日积月累的冲压，往往容易导致重大交通事故的发生。应用道路探测雷达可进

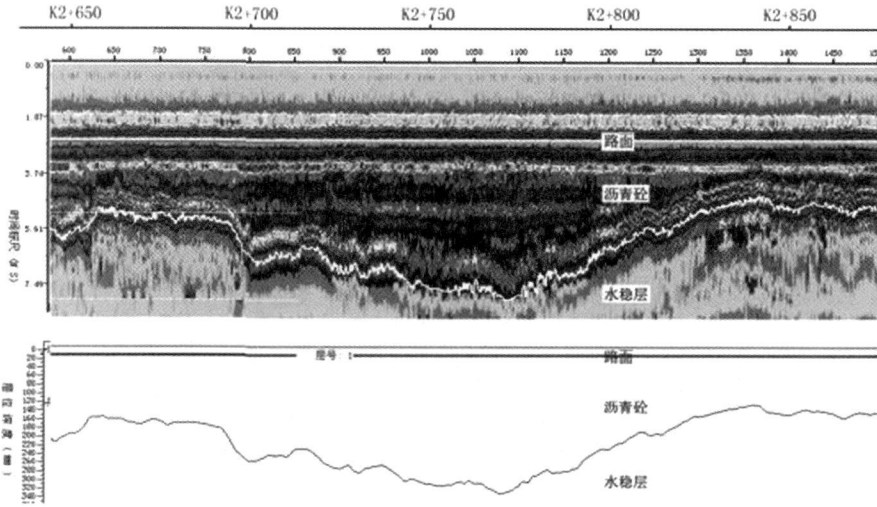

图 10.7　巨厚沥青混凝土探地雷达检测影像

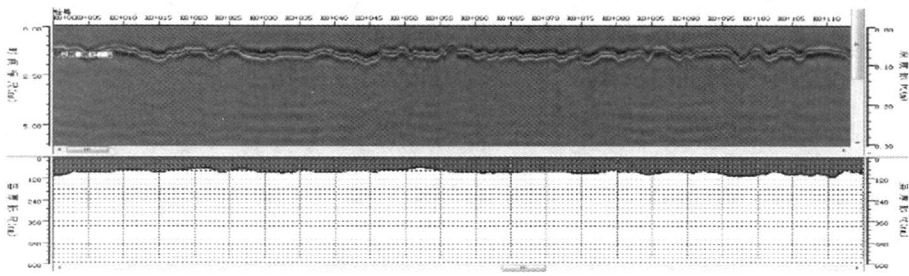

图 10.8　沥青混凝土探地雷达检测影像

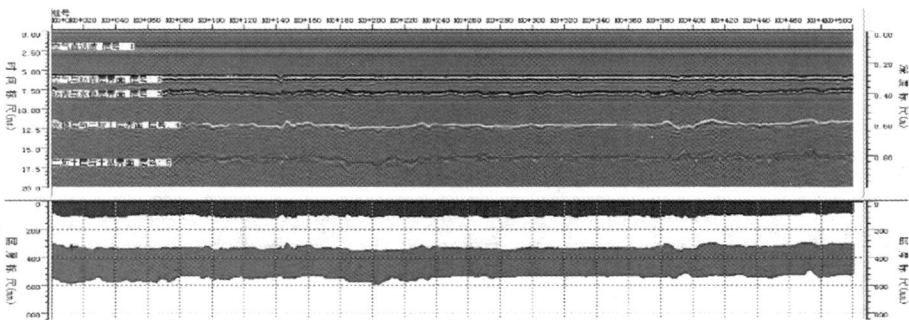

图 10.9　市政沥青混凝土探地雷达检测影像

行道路状态的日常维护监察、阶段性路基质量普查、路基内隐性灾害或病害(如裂缝、下陷、脱空、变形)的探测,及时发现路面下的问题,防患于未然。

◆◇ 10.3 探地雷达检测道路常见病害类型影像

（1）空洞多次反射出现多组振相反应探地雷达检测影像（见图 10.10）。

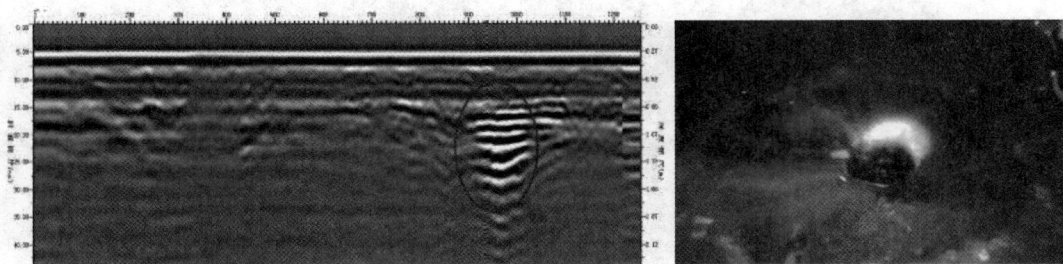

（a）孔洞

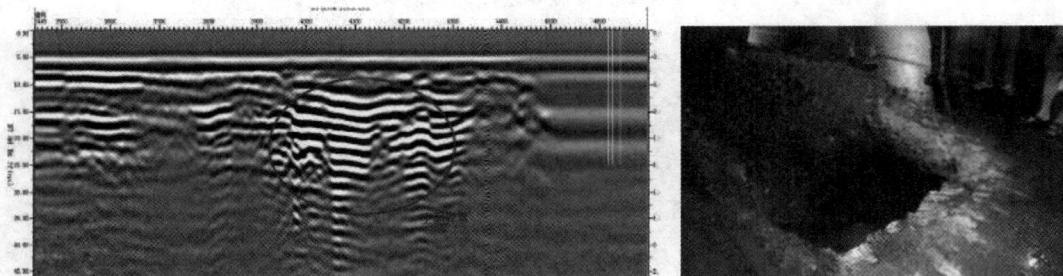

（b）空洞

图 10.10 空洞病害类型与探地雷达检测影像

（2）裂缝图像特征——层位错断与同相轴不连续探地雷达检测影像（见图 10.11）。

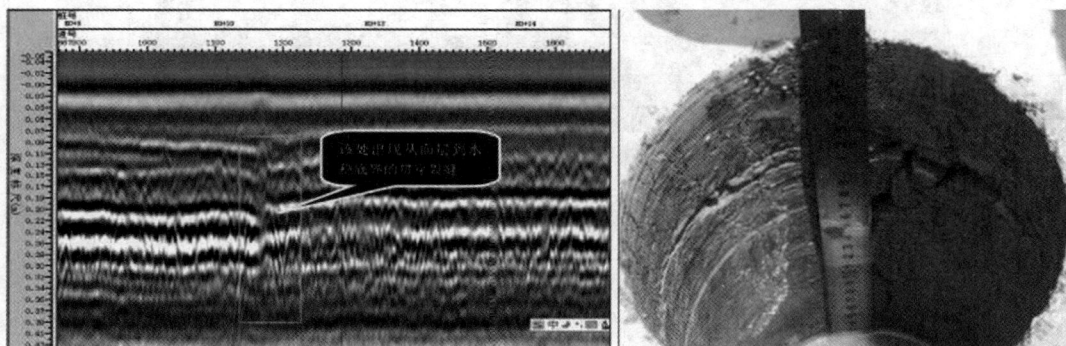

图 10.11 裂缝病害类型与探地雷达检测影像

（3）裂隙——层位错断与同相轴不连续探地雷达检测影像（见图 10.12）。

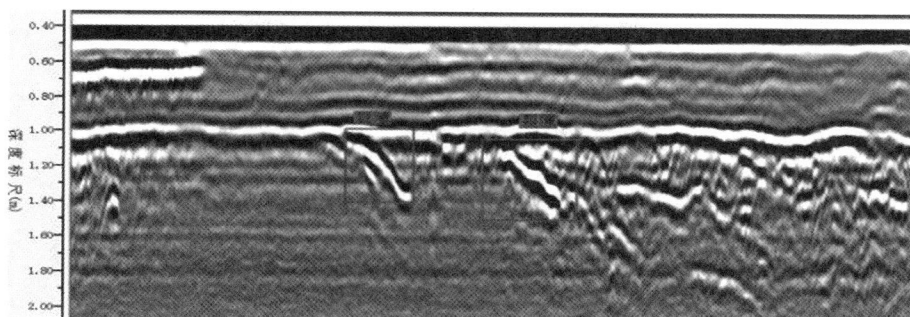

图 10.12　裂隙病害类型与探地雷达检测影像

（4）水稳层破碎——层位错断与同相轴不连续探地雷达检测影像（见图 10.13）。

（5）水稳层沉降——标注处水稳层有一定程度破碎，层位有下降趋势探地雷达检测影像（图 10.14）。

（6）不均厚垫层——红线左边一层垫层和右边两层垫层探地雷达检测影像（图 10.15）。

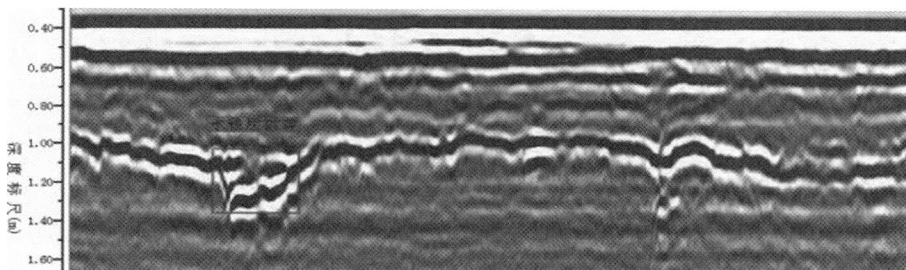

图 10.13　水稳层破碎病害类型与探地雷达检测影像

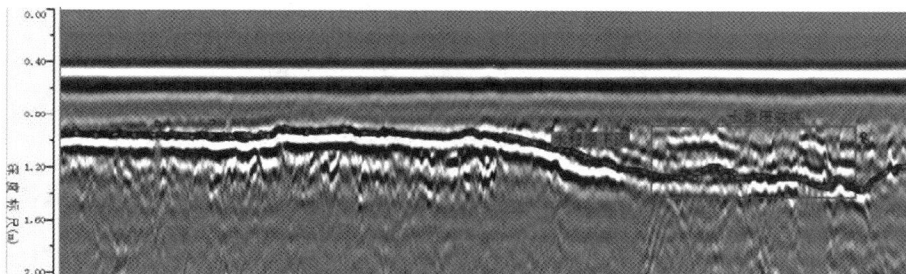

图 10.14　水稳层沉降病害类型与探地雷达检测影像

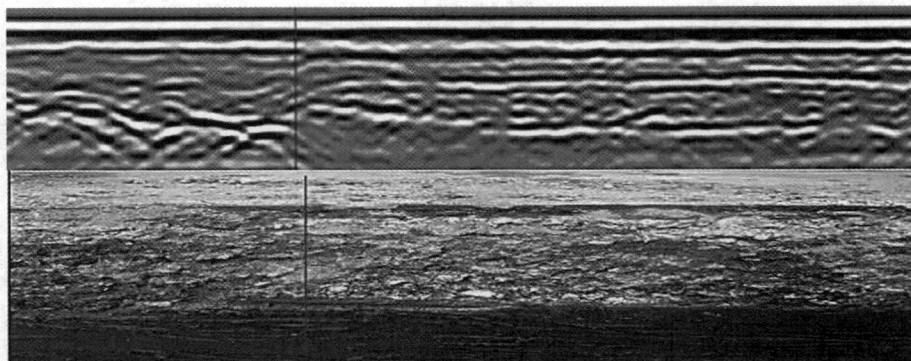

图 10.15　不均厚垫层类型与探地雷达检测影像

◆◇ 10.4　探地雷达检测市政道路病害标准影像

探地雷达市政道路病害探测一般步骤：通过 DMI 距离同步控制系统，控制数据均匀采集。高精度 GPS 数据记录采集，使每一道雷达数据有据可查。通过高清摄像机记录周围街景路况，还原检测现场，数据分析主要给出病害大小、位置、程度和类型。

（1）路基水稳层接触不密实标准影像。路基层与水稳层接触界面反应异常，初步判断为不密实反应。经后期询问施工方得知该地段路基材质为砾石，施工时仅作压实处理，使该层位置存在较大空隙（见图 10.16）。

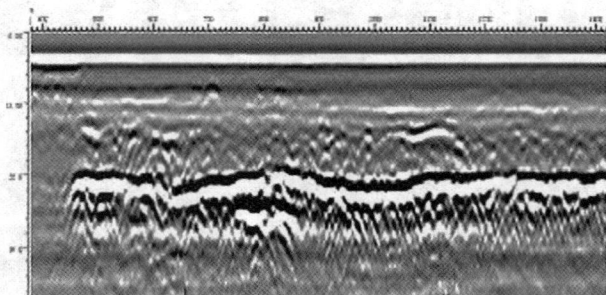

图 10.16　探地雷达市政道路病害探测数据分析——路基水稳层接触不密实标准影像

（2）管线反应（疑似不密实区）标准影像。探地雷达市政道路病害探测中，往往使用多重手段解译疑似病害——利用探地雷达、现场排查、蛇眼探测、钻芯取样和探坑探槽综合解译，并进行现场精准定位，分析结果标明病害位置、图像，包括管线、疏松、破碎、空洞、窨井、回填、外界干扰等一系列道路检测中常见探地雷达图像，方便施工前后分析对比。同时，根据电磁波反射原理，探地雷达在经过管线时距离变化由远到近，然后远离管线，在图像中呈现完整的双曲线形状，根据反射强度不同又可以划分为金属与非金属材质（见图 10.17）。

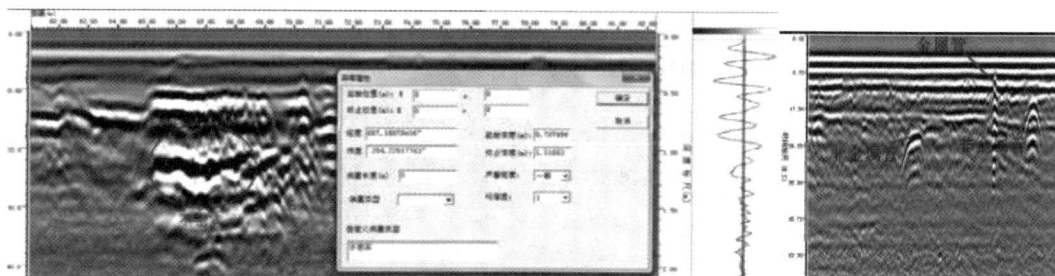

图 10.17　探地雷达市政道路病害探测数据分析——管线反应(疑似不密实区)标准影像

(3)管线周围脱空影像标准。图 10.18 中能较明显地看出两根管线,因回填土土质不同、压实程度不够,管线架空等一系列原因,管线上方出现明显反应,考虑范围因素,确定为脱空反应。

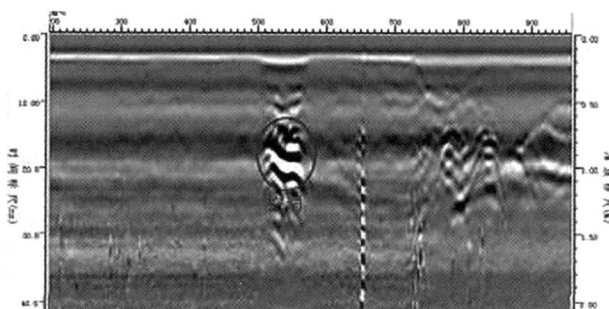

图 10.18　探地雷达市政道路病害探测数据分析——管线周围脱空影像标准

(4)窨井空区反应影像标准。窨井空区类似一个从地表开始的连续空洞,探地雷达经过其上表面时,电磁波在井中反复震荡,形成竖直方向上连续的强反应信号(见图 10.19)。

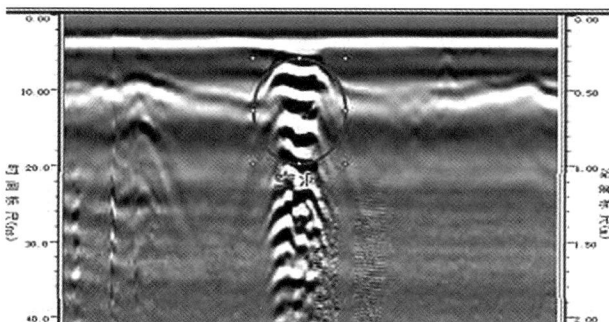

图 10.19　探地雷达市政道路病害探测数据分析——窨井空区反应影像标准

(5)路基路面回填不密实造成沉陷、脱空病害反应影像标准。根据图 10.20 影像显示,有明显开挖回填的痕迹,因当时回填材料松散,回填不密实等因素,在后期风化中重新形成沉陷、脱空病害。

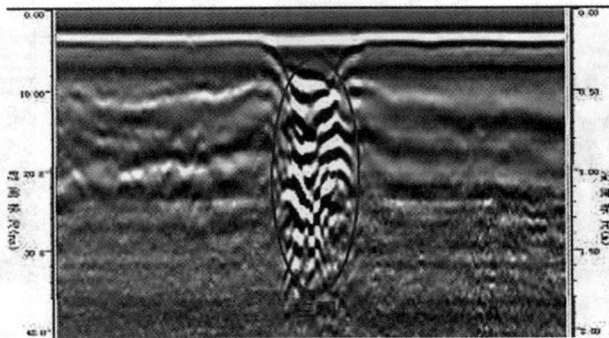

图 10.20　探地雷达市政道路病害探测分析——路基路面回填不密实造成沉陷、脱空病害影像标准

（6）空洞病害反应影像标准。电磁波在均匀介质中传播时反射信号较弱，而在空洞中界面反射信号强呈典型的孤立体相位特征，通常为规整或不规整的双曲线波形特征，三振相明显（见图 10.21）。

空洞病害修复主要为：通过挖掘机对病害区域全部挖出后，回填新鲜土方、石粉、二灰土等回填物，夯实后加注混凝土，最后摊铺沥青完成路面修复；在病害区域内钻孔至病害位置，调配合适水泥浆通过泵机加压注入地下，抽出注浆管，封堵注浆孔，避免冒浆。圈定警示区域，保证注浆完全凝固。

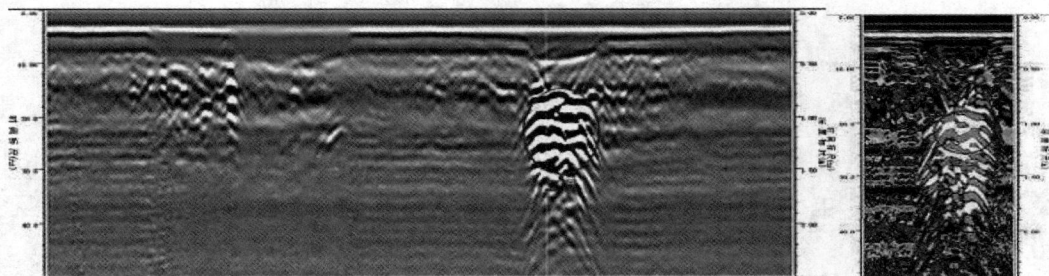

图 10.21　探地雷达市政道路病害探测数据分析——空洞病害反应影像标准

（7）地面建筑干扰反应影像标准。探地雷达在检测过程中经过高压线，天桥等强反应目标体时，会在图像中显示双曲线波形，需根据检测现场排除干扰目标。图 10.22 中显示的是雷达经过广告牌时的反应情况。

综上所述，市政路基路面中基层多为砂质土层，结构松散，地基为淤泥质土层，在流水作用下易造成水土流失；十字路口管线复杂，包括梅花管线、污水管线、雨水管线、电力管线等多种管线；本路段处于城市东西交通要道，邻近高速路，重型车辆过往频繁；现场曾经经常有不等规模开挖埋管施工，存在工程扰动影响等。病害形成机理主要为：

①路基环境：本身存在土质疏松、回填不密实等一系列问题，在受到外力作用下容易造成水土流失，进而形成空洞，是地下病害形成的物质基础。

②环境因素：雨季短时间内可带来大量降水，冲刷路基；部分区域存在水囊体或局

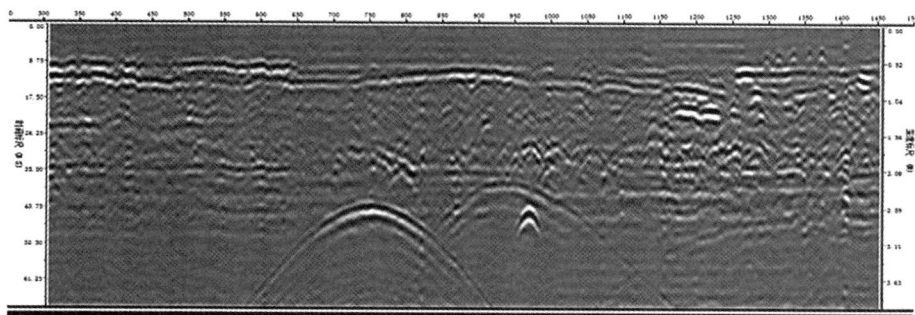

图 10.22　探地雷达市政道路病害探测数据分析——地面建筑广告牌干扰反应影像标准

部滞水流失后原区域形成空洞。

③工程扰动：修建地下管线工程施工建设等人为因素带来的扰动。其中，地下施工对路基环境的影响远大于地面。

④车辆因素：重型车辆带来的大荷载同样也是断板、塌陷形成的一大诱因。

◆◇ 10.5　本章小结

本章主要探讨了探地雷达在道路检测中的应用。结合工程实践，首先给出了不同破损类型下的实测影像，接着对道路常见病害的标准雷达影像进行分析，最后，给出了城市道路病害的标准影像。依据这些标准影像，可以大大提高探测效率，为下一步采取有针对性的养护措施提供依据。

第 11 章　探地雷达在道路地下管线
检测中的精准探测

地下管线绝大多数是隐蔽工程，既不可见又不能全面开挖，必须借助专业仪器设备探查，查明其管线属性。了解地下管线的种类和材质是选择合适的探测方法的前提，也可为资料解释提供参考。

◆ 11.1　地下管线的种类材料与主要探测仪器

（1）金属管线。

①输水管线：主管线多埋设于主道路下，其埋深范围通常在 0.5~3.0m 内，其材质主要为两种，即混凝土管、铸铁管。而支管线的埋深基本为 1.5m，材质主要为铸铁管。

②热力管道。

③电缆管线（电信）：大部分埋设于人行道或慢车道内，管线分支较多。

④电力管线：基本埋设于慢车道或人行道内，埋深范围 1.0~3.0m 内。

（2）非金属管线。

①排水管线：混凝土，管径较大，埋深在 0.5~2.0m。

②燃气管线：其管道埋设通常存在一定的规律，埋深主要在 0.5~2.0m 内。PE（聚乙烯）管居多。

（3）下管线材料材质。下管线材料材质主要有：铸铁、钢管、铜管、水泥、混凝土、PVC、PE、陶瓷管、砖石等。

（4）地下管线主要探测仪器及特点。地下管线不同材质的管线具有不同的物理性质，会产生不同的物理场，国内目前遍用的管线探测技术探测仪器如下。

①探地雷达（见图 11.1）：主要应用于探测金属、非金属管线——定位管线走向、定位管线深度。能探测的管线类型：电缆，光缆，通信缆，金属管，纯水泥管，PVC 管，陶瓷管，以及各种塑料管，能区分地下管线类型（金属/非金属），能探测地下管线口径。

②电磁感应法：主要应用于金属、电缆定位，能够提供有关地下管线的各种资料，不能探测非金属管线。

地下不同的管线运输载体的特征不同，主要探测方法与应用如下。

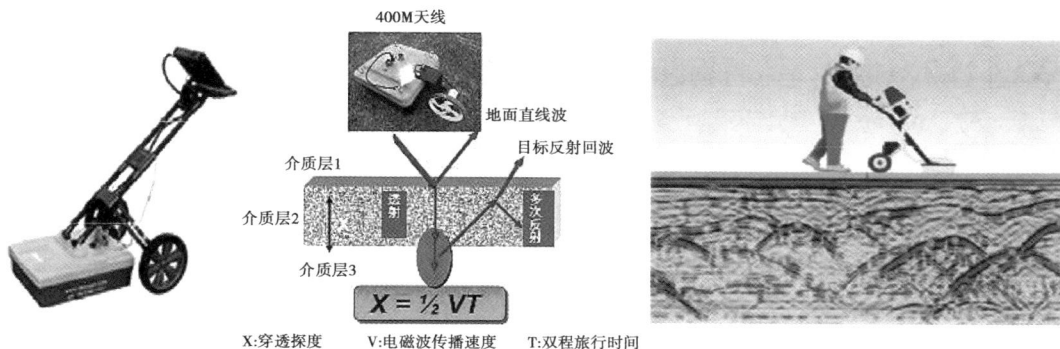

X:穿透深度　V:电磁波传播速度　T:双程旅行时间

图 11.1　地下管线探地雷达检测识别

①声学探测：主要应用于通常用于漏水探测，塑料自来水和煤气管道的追踪。

②红外线成像：主要应用于排水管道漏点定位、供热管道的漏点定位。

③扎探主要应用于：最原始的探测方法，不能称其为技术。

11.2　探地雷达探测地下管线面临的问题与流程

（1）管线种类繁多直径、材质、用途，空间结构复杂交叉、层叠、捆绑。

（2）地层条件复杂、地表条件、岩性特征，地下水位、回填状况。

（3）外界因素干扰、强电磁干扰、地下管线异常相互干扰。

（4）实际探测深度受到很大限制，很难在埋深大于 10m 以上的情况下准确测量地下管线的埋设位置和深度，已超出目前仪器设备的探测能力。

地下管线探地雷达探测主要流程见图 11.2 所示。

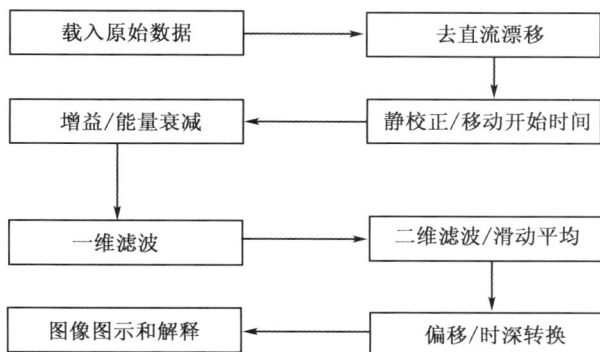

图 11.2　地下管线探地雷达探测主要流程

◆◇ 11.3 地下管线探地雷达探测异常解译诊断

地下管线大多为金属材质，部分为非金属材质，多以坚硬均匀的物质构成(如铸铁、钢、混凝土、PE、PVC 等材质)，分布在市区内主、次、支路下的土壤或杂填土中，地下管线与周围松散、硬度不一的土壤或杂填土之间，管线与管线内的载体之间，均存在着介电常数和电阻率等物性差异，这是雷达用于地下管线探测的地球物理前提。(见图 11.3)

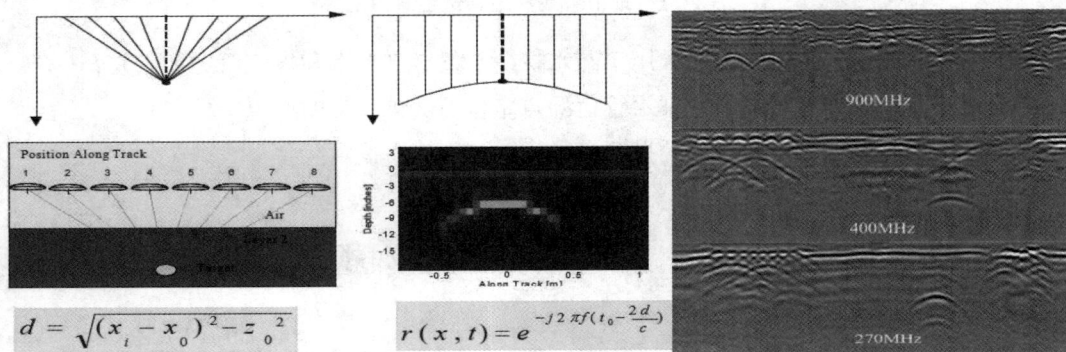

图 11.3 地下管线探地雷达探测异常形成

(1)地下管线探地雷达探测异常反射规律(见图 11.4)。

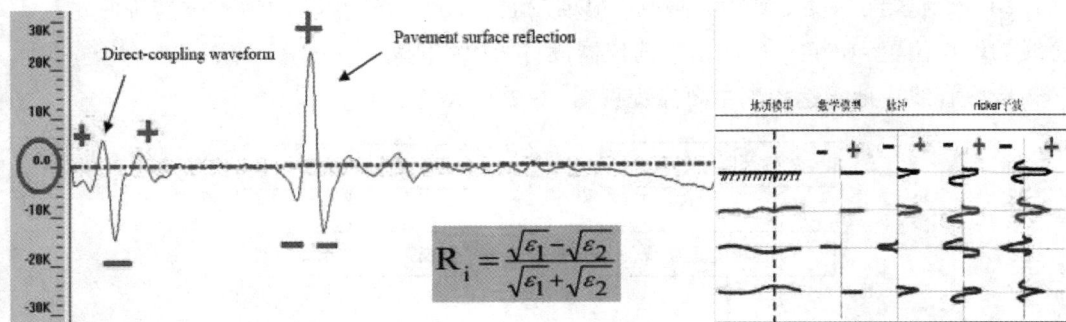

图 11.4 地下管线探地雷达探测异常反射规律

①地下管线的反射走时曲线在几何形态上呈双曲线。

②地下管线在水平地面的投影位置可由其在探地雷达图像上双曲线同相轴的极小点来确定。

③根据探地雷达图像上双曲线同相轴的极小点的初至相位时间及天线距和相应介质的传播速度可计算出地下管线的管顶埋深。

可见，只要有管线，其反射波能量比背景反射强的特点，就可以识别出是否有管线存在，即运动学特征：走时双曲线形态；动力性特征：振幅双曲线相位。

（2）判别管线类型的依据：相位（反射系数），如图 11.4 所示。

①反射系数有正有负，而透射系数永远为正；

②分析反射波同相性时，需参照空气直达波；

③电磁波由低介电常数层传播到高介电常数层时，反射系数为负，反之为正。

综上所述，非金属管材的相对介电常数较一般土层低，金属的相对介电常数很高，相当于波由高速层进入低速层（见表 11.1）。

表 11.1　判别管线类型解译方法

介质	电导率/$(S \cdot m^{-1})$	相对介电常数	速度/$(mm \cdot \mu s^{-1})$
空气	0	1	300
干沥青	0.01-0.1	2-4	212-150
湿沥青	0.001-0.1	6-12	122-86
干黏土	0.1-1	2-6	212-122
湿黏土	0.1 1	5.40	134 47
金属	10^{10}	300	17
湿煤	0.001-0.1	8	106
干混凝土	0.001-0.01	4-40	150-47
湿混凝土	0.01-0.1	10-20	95-67
淡水	10-0.01	81	33
淡水冰	10-10	4	150
干花岗岩	10-10	5	134
湿花岗岩	0.001 0.01	7	113
干灰岩	10-10	7	113
湿灰岩	0.01-0.1	8	106
PVC 塑料	1.34	3.3	160

（3）确定空气直达波的相位特征（见图 11.5）。

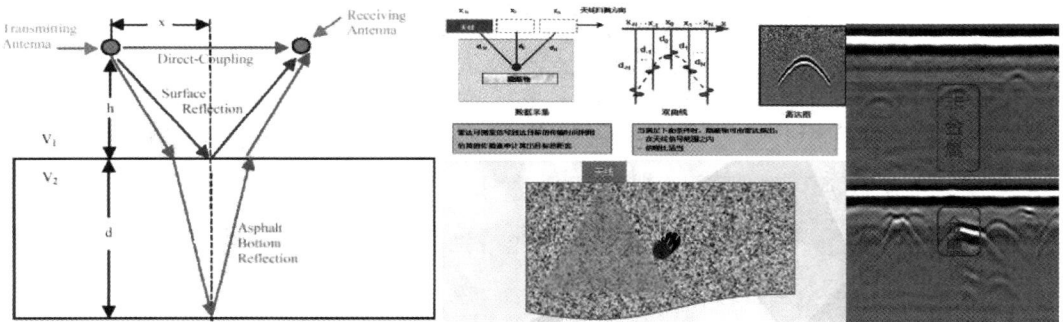

图 11.5　利用空气耦合与地面耦合（提升天线）确定空气直达波的相传特征

（4）金属管线（8cm）的相位特征（见图11.6）。

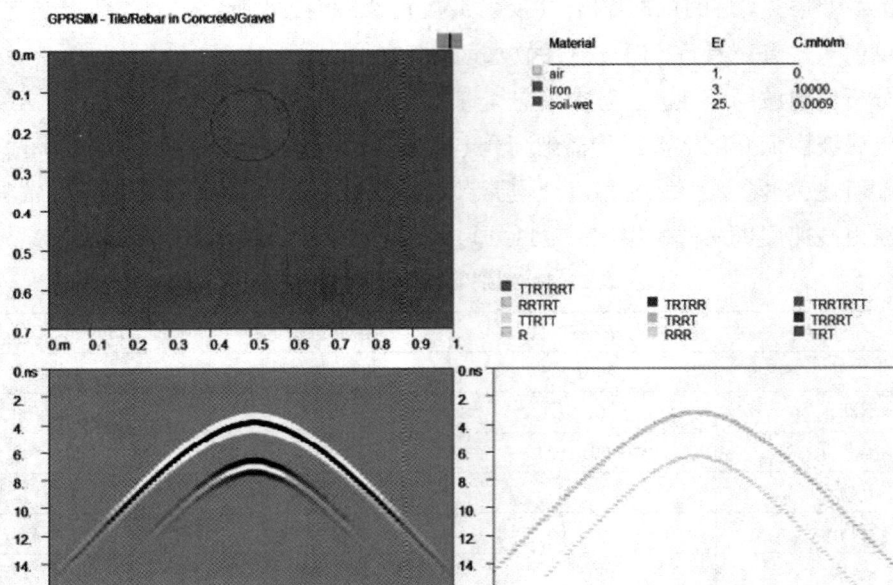

图 11.6　金属管线（8cm）相位特征

①反射波与入射波相位相反；

②一般看不到管底的反射，管径大时可以；

③有时存在较强的多次反射波。

（5）PVC 管线（6cm）的相位特征（见图11.7）。

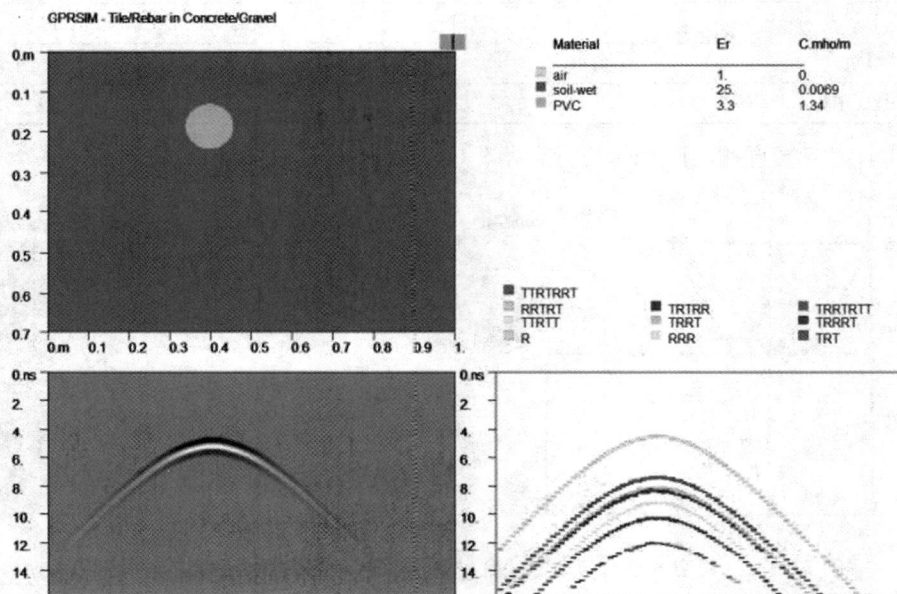

图 11.7　PVC 管线（6cm）相位特征

①反射波与入射波相位相同；

②管径小时看不到管底的反射。

（6）PVC 管线（12cm）的相位特征（见图 11.8）。

①反射波与入射波相位相同；

②管径较大时能看到管底的反射。

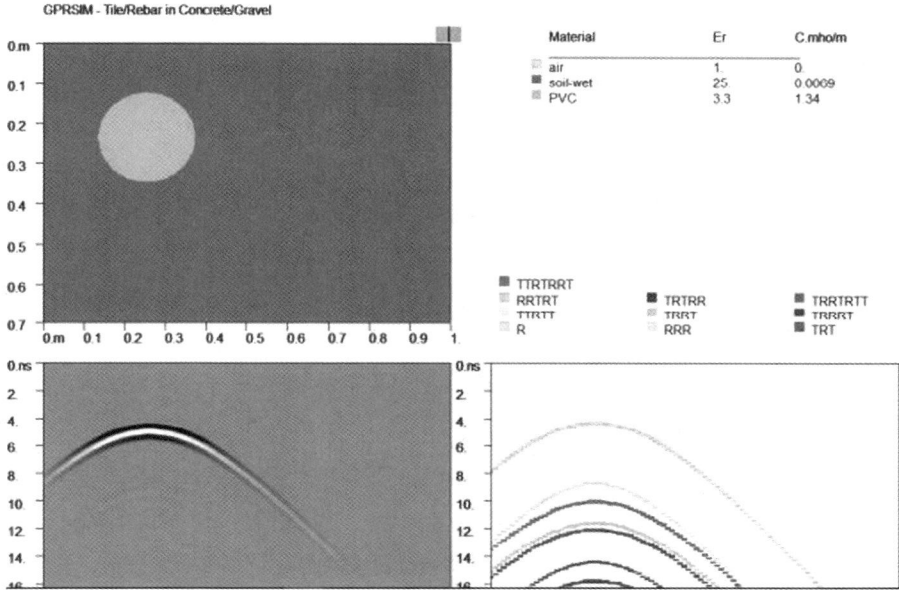

图 11.8　PVC 管线（12cm）相位特征

（7）水泥管线（6cm）的相位特征（见图 11.9）。

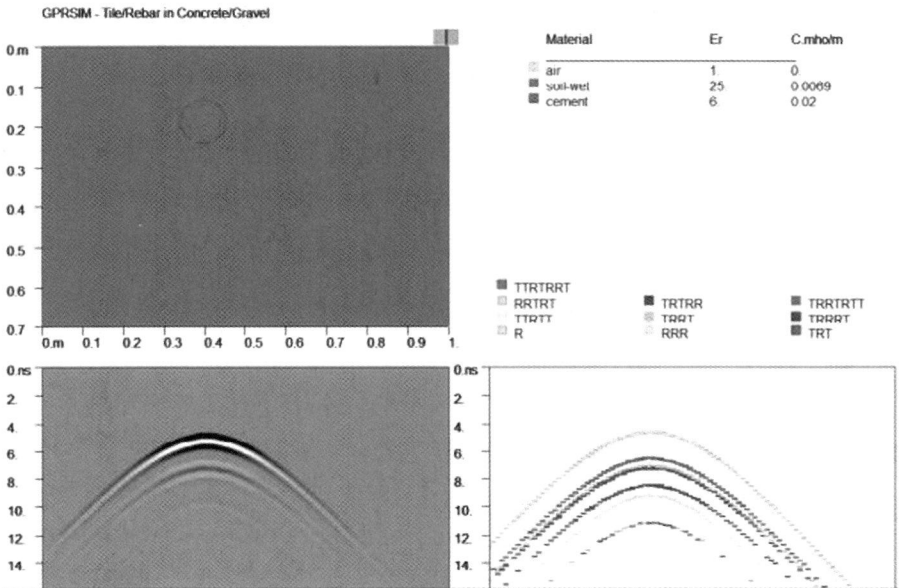

图 11.9　水泥管线（6cm）相位特征

①反射波与入射波相位相同;

②可看到管底的反射。

(8)管顶的相位特征(见图 11.10)确定。

(9)电缆——多次波能量强,上下宽度一致,弧度小,震荡到底(见图 11.11)。

(10)钢筋——从地面波或地面波下方起,弧形尖锐,拖尾较长,多次波弱,为金属钢筋(见图 11.12)。

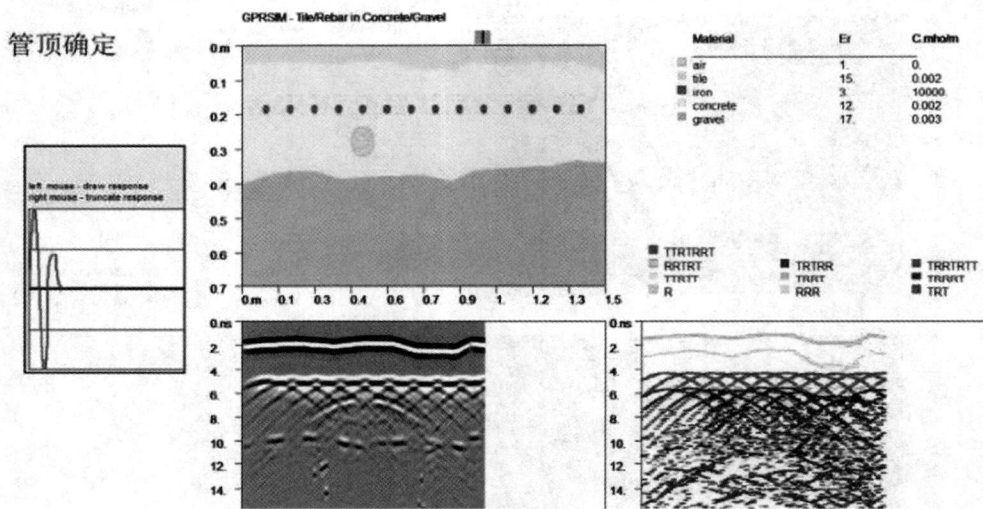

图 11.10 管顶相位特征确定

图 11.11 电缆多次波能量强上下宽度一致弧度小震荡到底

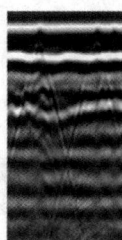

图 11.12 钢筋地面波或地面波下方起弧形尖锐拖尾较长多次波弱

◆◇ 11.4 本章小结

精准探测是地下管线探地雷达探测的终极目标。由于受复杂环境和条件的限制,这一目标的实现绝非易事,需要事先了解地下管线的种类和材质,地下地质条件和环境条件等。本章对这一问题进行了初步探索,首先给出了不同地下管线的方法,然后针对不同条件下的探测异常,给出了相应的解译诊断方法与精准影像。成果可为探测资料的解译提供参考。

第12章　电磁感应探地雷达在道路地下管线检测诊断

为了做好公路技术状况的评定工作，省市级交通主管部门和公路管理机构应加强对公路养护技术状况检测与评定工作的监督，结合地域特点制定具体的实施办法，出台相关的规定和政策。公路技术状况评定所需检测数据，除用于标准外，还应充分利用其数据资源和评定结果，通过路面管理系统（CPMS）科学编制公路养护规划和计划，实施预防性养护和全寿命周期费用管理，提高公路养护管理的技术能力和水平。CPMS 是交通部从 1984 年开始组织研究、开发，并于 1991 年开始推广应用的干线公路路面管理系统，主要用于公路技术状况评定、路面养护需求分析、养护投资效益分析、公路养护规划编制、年度养护计划制订。公路技术状况指数 MQI 含两层含义：对公路技术状况的客观描述和对公路养护质量和管理水平的科学评价。评定标准采用了优、良、中、次、差五个评定等级。在确定评定等级过程中，参考了交通部公路水泥、沥青混凝土路面养护技术规范等文献及国际上大多数国家的通用做法。优、良、中、次、差的标准值源于大规模公路检测数据的统计分析、道路实验、专家经验和国内外研究机构对优、良、中、次、差的定义。

◆◆ 12.1　公路损坏类型与评价指标

张家界市慈利县环城南路于 2017 年 7 月开工建设，2018 年 5 月通车，全长3.086km，起止桩号 K0+000~K3+085.153。环城南路西起零阳西路，东至万福路，道路全长 3084.439m，规划为城市次干路，路幅宽度 22m，一块板断面，最外侧车道机非混行，双向四车道，设计车速 40km/h。道路现状为沥青混凝土路面，整体路面外观质量良好，局部路段路面有纵横向裂缝、车辙、网裂、龟裂、坑槽、坑洞、沉陷、修补路段破裂等现象。检测主要内容：沥青路面破损损裂、井盖井圈井背沉陷调查与评价、沥青路面3m 直尺横向车澈调查与评价、沥青路面车载+BP 梁弯沉测试、沥青路面结构与路堤四车道多频率天线探地雷达测试与解译、交叉路口横向多频率天线探地雷达测试与解译、交叉路口横向多频率天线管线探测、典型病害区沥青路面结构钻探取芯验证、典型病害区非金属超声波沥青路面芯样损裂、松散程度测试和双向一车道沥青路面结构强度 FWD

检测(见图 12.1)。

(a)路面下有压力给水管线断裂渗漏引起多次修复

(b)路面下有压力给水管线断裂渗漏钻孔取芯基层土基唧泥水情况

(c)路面下钻孔取芯破损情况图

(d)路面修补与龟裂破损情况图

图 12.1 路面调查与修补破损情况图

路面采用了新的损坏计量方法，所有损坏均用面积或换算面积表示。路面(包含沥青路面)修补，按修补面积或修补影响面积计算，该指标用于反映路面的历史修复状况。MQI 的分项指标包括 PQI、SCI、BCI 和 TCI，路面部分的分项指标还包括 PCI、RQI、RDI、SRI 和 PSSI，共 4 大项 5 小项，各项指标的值域均为 0~100。

◆> 12.2　公路技术状况检测与调查

(1)主要行车道：通常指单车道全幅路面、双车道双向混合行驶的全幅路面、双车道双向分道行驶的上行或下行车道、四车道双向分道行驶的外侧车道、六车道双向分道行驶的中间车道、八车道以上双向分道行驶的中间两个或多个车道。

(2)快速检测设备：国内外常用的路面快速检测设备包括：多功能路况快速检测设备和路面抗滑性能检测设备。标准所要求的路面损坏、路面平整度、路面车辙和路面抗滑性能指标均能通过上述两种设备实现自动检测。为了提高公路检测技术水平及装备条件，交通部从 20 世纪 80 年代起，组织了多项国家重点科技攻关研究项目，形成了路面抗滑性能检测车(RiCS)和路况快速检测系统(CiCS)等多项重大科研成果，基本解决了路面技术状况快速检测的重大技术难题，提高了公路技术状况快速检测的装备水平。①路面抗滑性能检测车(RiCS)能以车流速度(0~80km/h)快速采集路面的横向力系数(SFC)数据，是路面安全性评价的重要设备。②路况快速检测系统(CiCS)是交通部西部交通建设科技项目和国家高技术研究发展计划(863 计划)研究成果，该设备能以车流速度(0~100km/h)，快速、准确地采集路面损坏、路面平整度、路面车辙、纹理深度和前方图像等指标，与之配套的路面损坏识别系统(CiAS)软件能自动识别 CiCS 检测图像，识别准确率满足《公路技术状况评定标准》(JTG H20—2007)的要求。

(3)自动识别：与图像检测、图像处理、模式识别和软件有关的路面损坏识别技术。根据国内外经验，计算机自动识别时，只有在识别软件的识别准确率达到一定程度如 90% 以上时，其识别结果才能被直接用于技术状况评定及路面养护分析。

(4)确定路面平整度人工评定标准的主要依据是世界银行国际平整度指数道路实验报告及我国县乡道或砂石路快速检测的需求、现状和技术能力。

(5)为了减少对公路正常交通运营的干扰，节省检测费用和资源，在检测路面车辙时，应考虑与可快速检测路面损坏、路面平整度等指标结合起来，用多功能快速检测设备统一检测。

(6)计算机存储技术的快速发展允许保存更详细、更多的原始数据。详细的原始数据可用于本标准以外的路面养护决策分析和养护设计。因此，所有基于快速检测设备的原始检测数据包括横向力系数、车辙、路面平整度、路面损坏(裂缝图像)都应尽可能以高密度(10~20m)长期保存。

（7）路面弯沉和路面平整度检测设备需要经常性标定，只有当标定的相关系数达到0.95 以上时，检测设备才有可信的数据关系。按照世界银行有关检测设备应用指南的规定，路面平整度应采用基于精密水准仪的国际平整度指数（IRI）标定方法。根据我国沥青路面的相关设计规范，沥青路面结构强度分析的主要依据是回弹弯沉，因此路面弯沉检测设备的基本标定工具应是能够采集路面回弹弯沉数据的贝克曼梁。

（8）路况数据采集仪：用于快速记录路基、路面、桥隧构造物和沿线设施损坏（类型、数量、位置）的便携式设备。具有快速记录、汇总、计算和 MQI 及分项指标评定的功能，检测数据可采用有线或无线方式直接传输给路面管理系统（CPMS）。

（9）检测与调查频率是根据国内外的研究文献、国外的评定标准、我国公路管理需求和快速检测设备的技术性能及检测成本确定的。标准规定的检测频率为最低检测与调查频率，有条件的省市或地区可根据实际情况，适当增加部分指标的检测与调查频率或按季度检测，确保公路技术状况的变化能被及时掌握。

◆◇ 12.3 公路技术状况评定

（1）MQI 的基本评定单元是长度为 1000m 的路段。在路面类型、交通量、路面宽度和养管单位变化处，评定单元不受此限制，但评定路段长度不应超过 2000m。MQI 评定路段长度的确定应与路面管理系统（CPMS）的管理路段划分结合起来。

（2）将路面使用性能（PQI）、路基状况（SCI）、桥隧构造物状况（BCI）和沿线设施状况（TCI）的权重分别设为 0.70、0.08、0.12 和 0.10 的决策依据是大量的检测数据分析结果和专家咨询意见。

（3）沥青路面、水泥混凝土路面和砂石路面评价模型（PCI）采用了相同的模型结构和变量（DR）。由于不同路面具有不同的损坏类型和权重，针对不同路面本标准给出了不同的模型参数。PCI 与 DR 关系见表 12.1。

表 12.1 PCI-DR 对应关系

PCI	90	80	70	60
DR 沥青路面	0.4	2.0	5.5	11.0
DR 水泥路面	0.8	4.0	9.5	18.0
DR 砂石路面	1.0	4.0	9.5	17.0

（4）道路用户对不同等级的公路（行驶速度）有不同的行驶质量要求或行驶舒适性期望。标准根据道路实验和大量的统计数据，分别为高速公路（包括一级公路）和一般公路确定了不同的 RQI 参数。行驶质量或行驶舒适性与路面平整度紧密相关，在《高速公路养护质量检评方法（试行）》中，IRI4.0 和 IRI6.0m/km 分别被定义为优（RQI 90）和良（RQI80）。根据我国公路养护技术的发展状况和公路养护的技术能力，标准将优

（RQI90）和良（RQI80）对应的路面平整度分别提高到 IRI2.3 和 3.5m/km（高速、一级公路）及 IRI3.0 和 4.5m/km（其他等级公路）。调整后的评价模型参数在一定程度上反映了我国路面铺筑技术的进步和道路用户对路面平整度的期望水平。RQI 与 IRI 对应关系见表 12.2。

表 12.2　RQI-IRI 对应关系

RQI	90	80	70	60
IRI 高速一级公路	2.3	3.5	4.3	5.0
IRI 其他等级公路	3.0	4.5	5.4	6.2

（5）随着重载交通的快速增长和渠化作用的加剧，车辙已经逐渐成为我国高速公路路面损坏的主要形式之一。根据对我国部分省市高速公路路面损坏类型的现状调查，裂缝占路面损坏的比例经常超过 60%，其次就是路面车辙损坏，车辙损坏有时会高达 30%。因此在制定标准时，对高速公路和一级公路，将路面车辙列为独立的检测评价指标，并用路面车辙深度指数（RDI）表示。与此同时，高速公路和一级公路技术状况评定时，表 12.3 的路面车辙损坏不再重复计算。车辙深度指数（RDI）与车辙深度（RD）的对应关系见表 12.4。

表 12.3　沥青路面损坏类型和权重

类型（i）	损坏名称	损坏程度	权重（w_i）	计量单位
1	龟裂	轻	0.6	面积/m²
2		中	0.8	
3		重	1.0	
4	块状裂缝	轻	0.6	面积/m²
5		重	0.8	
6	纵向裂缝	轻	0.6	长度/m
7		重	1.0	（影响宽度：/0.2m）
8	横向裂缝	轻	0.6	长度/m
9		重	1.0	（影响宽度：/0.2m）
10	坑槽	轻	0.8	面积/m²
11		重	1.0	
12	松散	轻	0.6	面积/m²
13		重	1.0	
14	沉陷	轻	0.6	面积/m²
15		重	1.0	
16	车辙	轻	0.6	长度/m
17		重	1.0	（影响宽度：/0.4m）

表12.3(续)

类型(i)	损坏名称	损坏程度	权重(w_i)	计量单位
18	波浪拥包	轻	0.6	面积/m²
19		重	1.0	
20	泛油		0.2	面积/m²
21	修补		0.1	面积/m²

表 12.4　RDI-RD 对应关系

RDI	90	80	70	60	0
RD/mm	5	10	15	20	35

(6)路面抗滑性能指数(SRI)与横向力系数(SFC)的对应关系见表12.5。

表 12.5　SRI-SFC 对应关系

SRI	90	80	70	60
SFC	48	40	33.5	27.5

(7)标准对路面结构强度采用了抽样检测与评定的方法,主要是考虑全面、系统、大规模路面结构强度检测的时限要求,不同省市的装备条件及技术能力(检测速度)。公路管理机构或经营企业应根据路面大中修养护需求、路基的地质条件(如,软土、高填方路段)等因素,确定路面结构强度检测范围,选择检测位置。

(8)在路基损坏中,不同的路基损坏类型会对路基损坏和公路运营产生不同的影响效果。为了反映不同类型损坏的影响程度,标准在路基(包括沿线设施)中引进了权重参数。SCI(包括 BCI 和 TCI)损坏扣分值的确定依据是抽样调查和专家经验。

(9)桥隧构造物技术状况评定内容包括桥梁、隧道和涵洞。桥隧构造物技术状况评定所需数据是依据《公路桥涵养护规范》(JTG 5120—2021)和《公路隧道养护技术规范》(JTG H12—2015)评定的技术等级。BCI 评定前提是桥梁、隧道和涵洞技术等级评定数据有效、准确。如果桥梁、隧道和涵洞技术等级评定结果与现状有明显差别,或定期检测数据(1~3 年)不能反映当前的技术现状,需要按上述规范规定的方法,更新检测数据和评定结果,然后再实施 BCI 评定。

(10)对非整公里的路段,为了使评定结果具有可比性,应将 SCI、BCI 和 TCI 三项指标的评价结果换算成整公里值。换算方法是将 SCI、BCI 和 TCI 的损坏数据除以路段长度(扣分×基本评定单元长度/实际检测路段长度),然后再计算 SCI、BCI 和 TCI。

(11)标准规定先按上、下行分别统计 MQI,然后将上下行结果的平均值作为评定路段或路线的 MQI。

◆◇ 12.4　工程概况及技术要求

12.4.1　环城南路路基路面改造工程

张家界慈利市政环城南路西起零阳西路，东至万福路，道路现状为沥青混凝土路面，整体路面外观质量良好，局部路段路面有纵横向裂缝、车辙、网裂、龟裂、坑槽、坑洞、沉陷、修补路段破裂等现象。慈利的日气温曲线见图 12.2。

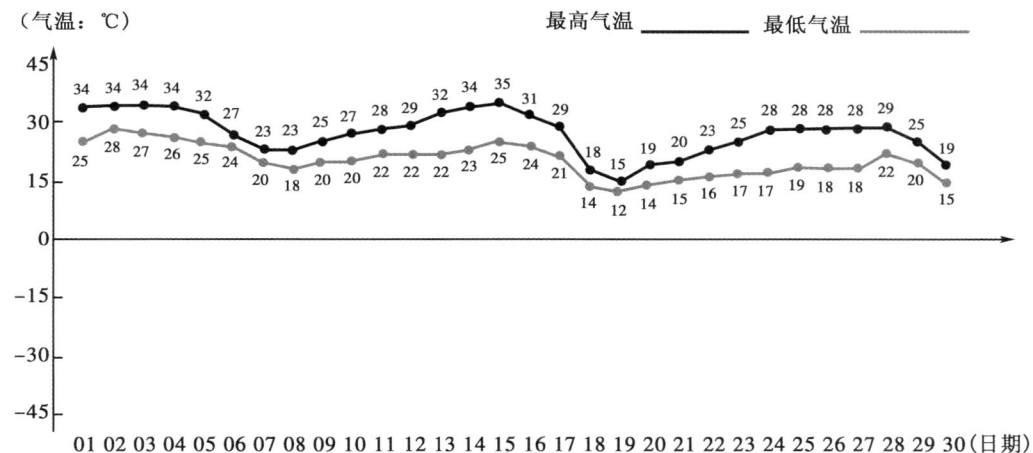

（a）夏季

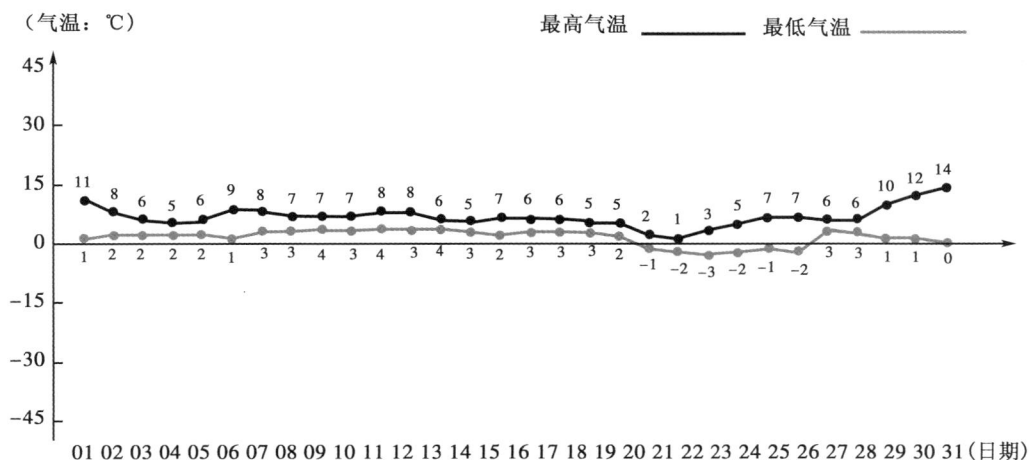

（b）冬季

图 12.2　慈利日气温曲线图

根据建设单位要求和 2017 年 5 月 18 日在县建设局会议室召开的初步设计评审会，环城南路设计速度采用 40km/h，道路全线修补病害后拼宽路面结构，再铺筑沥青路面，部分交叉口渠化展宽，公交车站全部采用港湾式停靠站。提质改造包括道路工程设计、排水工程设计、交通工程设计、绿化工程设计、照明工程设计、管线综合设计等（见图 12.3 和图 12.4）。

（1）道路宽度为 22m，断面形式为：

$$3.5m（人行道）+7.5m（行车道）×2+3.5m（人行道）=22m$$

（2）环城南路沥青路面结构层厚度为：

$$8cm（下面层）+5cm（中面层）+4cm（上面层）+20cm（上基层）$$
$$+20cm（下基层）+10cm（垫层）=67cm$$

环城南路通车后，承担了主要市政交通任务，期间零阳路 2020 年 11 月至 2022 年 3 月改造期间车流量分流，导致环城南路车流量非常大。

同时，环城南路改造施工在规定时间内完成通车，工期短，导致部分路段功耗沉降大。环城南路由于重型车辆和超载超限车辆未进行限制驶入，导致井座与井圈、井背沉陷，沥青路面出现纵横向裂缝、车辙、网裂、龟裂、坑槽、坑洞、沉陷、修补路段破裂等损坏。

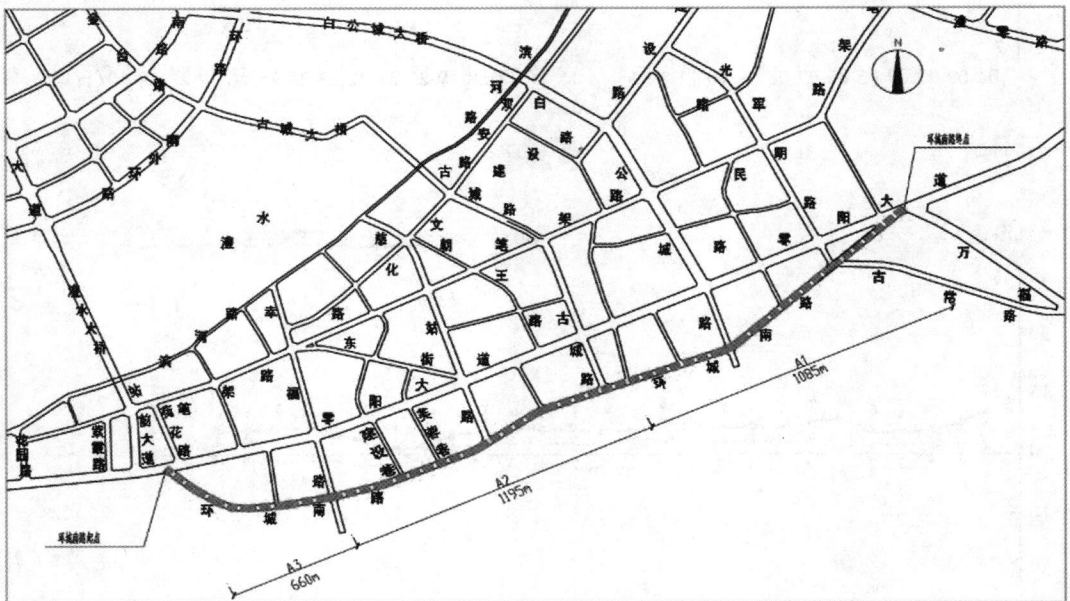

（a）环城南路项目地理位置图

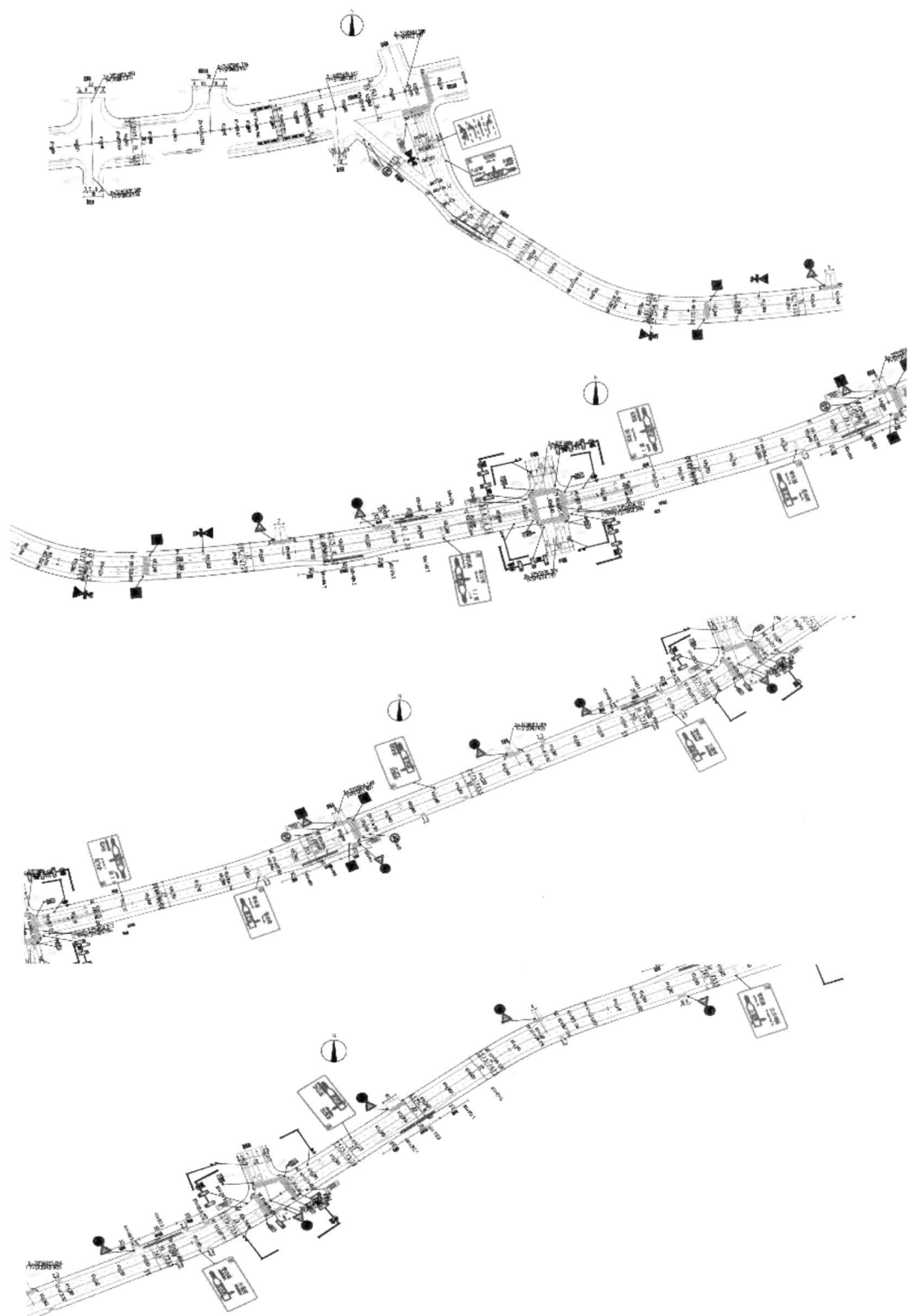

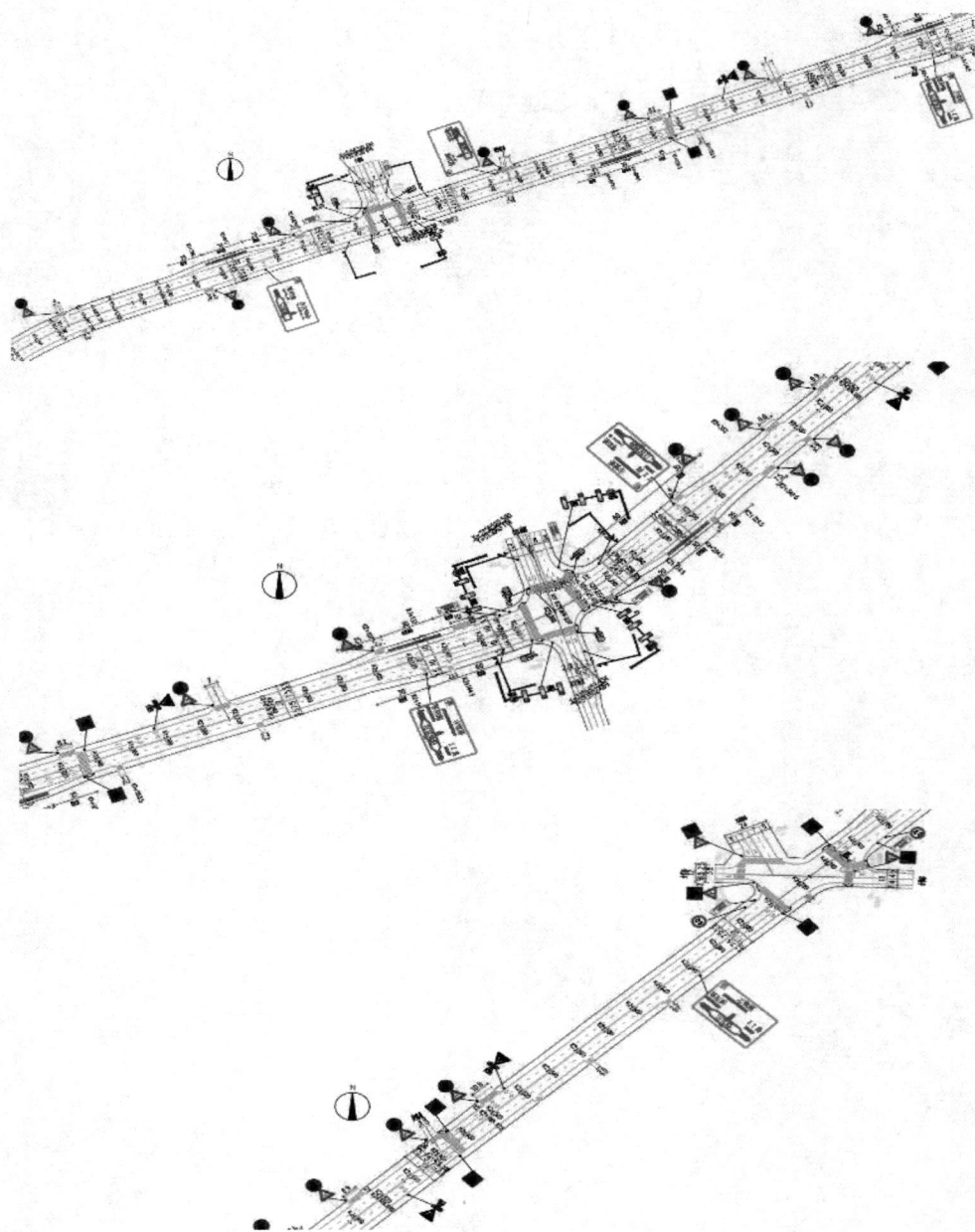

(b)环城南路平面布置

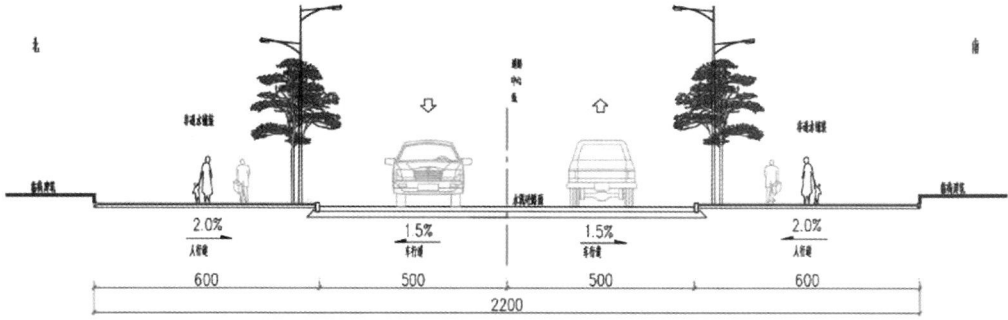

（c）环城南路标准横断面图（改造前）

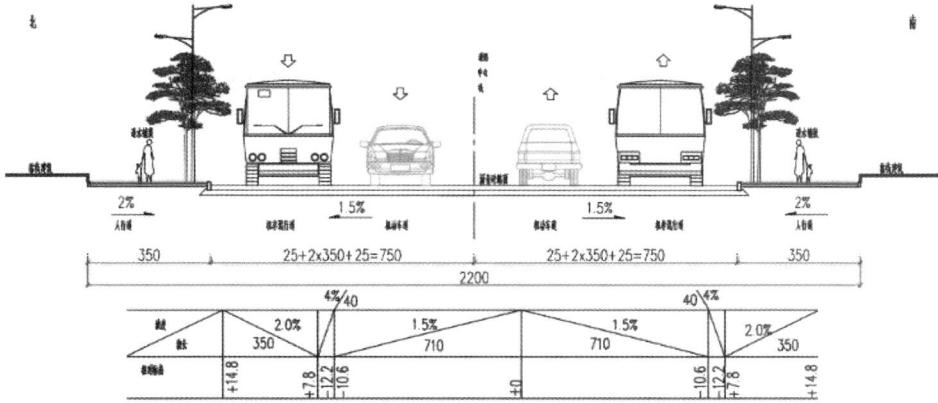

（d）环城南路标准横断面图（现状）

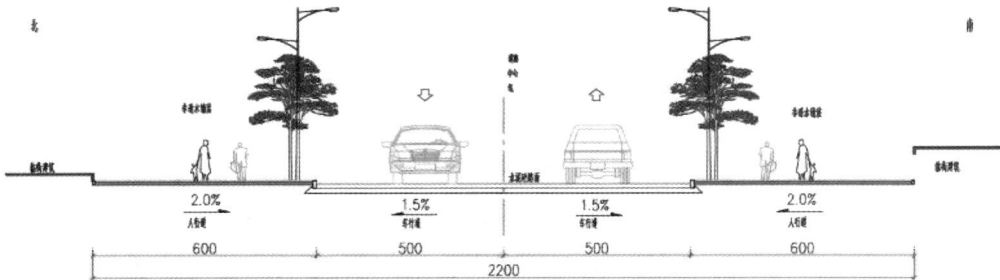

（e）环城南路超高横断面图（改造前）

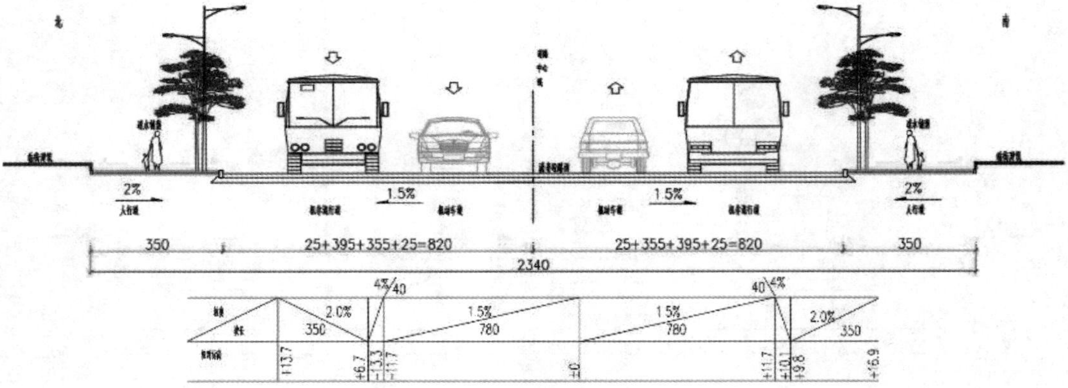

(f)环城南路超高横断面图(现状)

图12.3　环城南路路基路面改造工程图

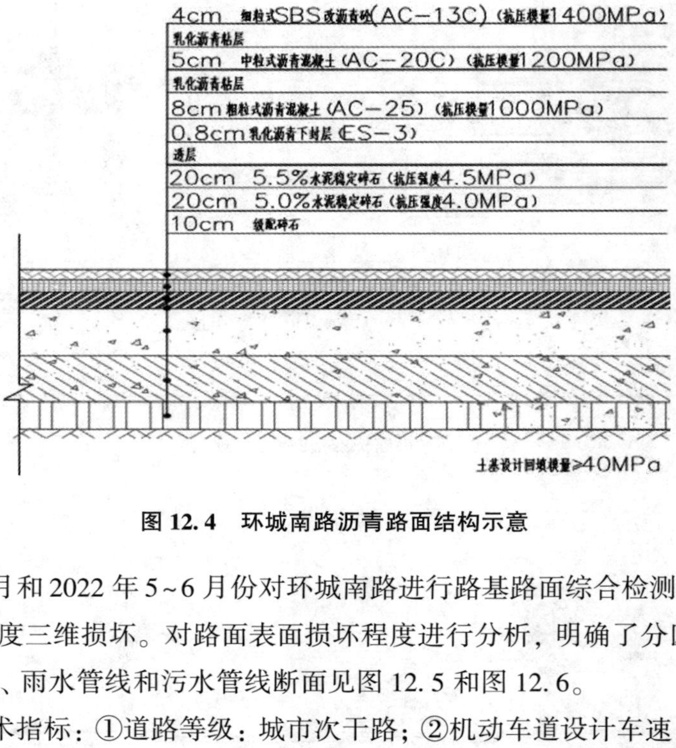

图12.4　环城南路沥青路面结构示意

2021年11月和2022年5~6月份对环城南路进行路基路面综合检测,环城南路部分路段出现不同程度三维损坏。对路面表面损坏程度进行分析,明确了分区域分病害。环城南路给水管线、雨水管线和污水管线断面见图12.5和图12.6。

(1)主要技术指标:①道路等级:城市次干路;②机动车道设计车速:40km/h;③沥青路面加铺设计的年限:10a;④路面标准轴载:BZZ—100;⑤结构设计荷载:城—A级。

(2)回填原料的选用:选用老路水泥混凝土路面板(废弃再利用)破碎粒料作为回填原材料,粒料塑性小,透水性良好,采用老路水泥混凝土路面板破碎粒料回填,强度高,水稳定性好。其中要控制好粒料含泥量及粒料含量。

(3)机械设备配备使用:机械设备需配套使用,防止因机械不配套导致的回填压实度质量波动。使用装载机按规定松铺厚度上料后,应先使用人工电夯机数遍,然后用机

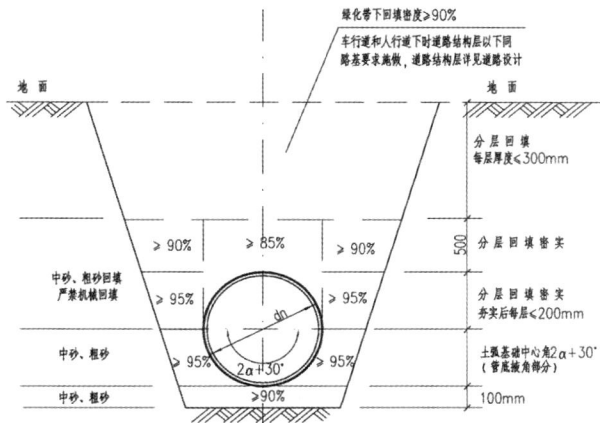

图 12.5 给水管线砂基础开挖断面图

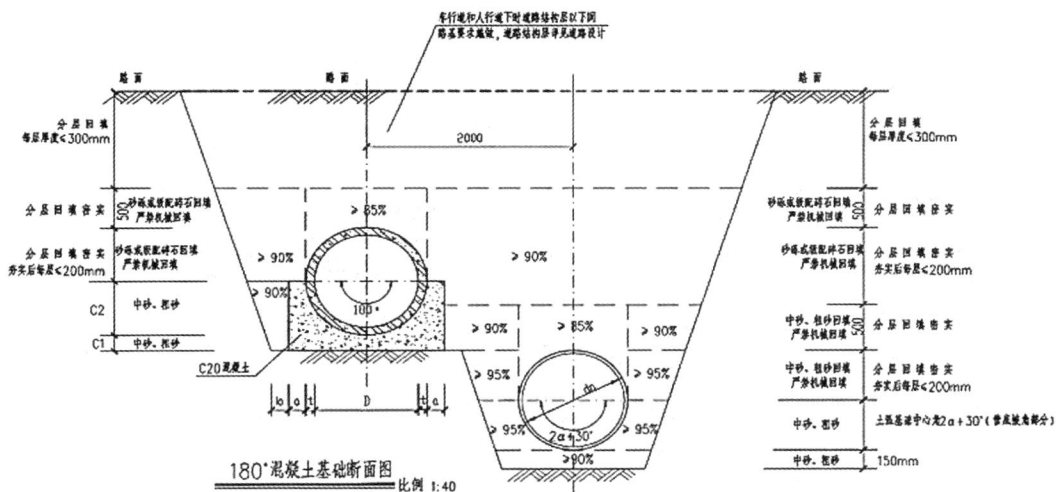

图 12.6 雨、污水管道开挖断面图

械振动碾压,最后静压收面,碾压遍数要保证压实度要求。对于边角等碾轮不到位的地方要使用人工电夯机夯实,保证没有漏震、漏夯部位。

12.4.2 施工过程工艺控制

在城市道路管道沟槽回填过程中,出现以下几种情况,易导致压实度不足,应予以避免。在此对几种不良情况作分析介绍并建议防治方法。

(1)松铺厚度过厚,难以将所铺层厚内的粒料全部达到要求的压实度,易造成路面结构沉降,主要原因是施工人员有意偷工,施工技术人员和操作工人对上述危害认识不足,技术交底不足,技术交底不清或质量控制措施不力。应加强技术培训,使施工技术人员和操作人员了解分层压实的意义,要向操作者做好技术交底,使回填虚铺厚度符合规范的要求。严格操作要求,严格质最管理。

(2)在填筑段内末将底层整平,即进行填筑,或在沟槽内填筑高度不一,使碾轮在带有纵坡的状态下碾压。使碾轮重不能发挥最大的压实功能,坡度越大损失的压实功就越大。再填筑段内,应采用水平分层方法填筑,填筑地面的横坡或纵坡陡于1:5时应做成台阶。沟槽回填时,应分层倒退留出台阶。

(3)在填料中带有大石块、大混凝土块等块状物,妨碍粒料颗粒间相互挤紧,达不到整体密实效果。另一方面块状物支垫碾轮,产生叠砌现象,使块状物周围留下空隙,日后易发生沉陷。造成这种现象的主要原因是施工技术人员和操作工人不了解大块状物掺入粒料对压实的不良影响,不愿多运弃土方和杂物,或控制不严格。

◆◇ 12.5 沥青路面综合检测内容与评定方法

沥青路面综合检测主要依据《公路路基路面现场测试规程》(JTG 3450—2019)、《公路技术状况评定标准》(JTG 5210—2018)、《公路工程质量检验评定标准》(JTG F80/1—2017)和《公路沥青路面设计规范》(JTG D50—2017)等以及项目施工设计图、变更文件。

主要检测项目为沥青路面破损损裂、井盖井圈井背沉陷调查与评价;沥青路面 3m 直尺横向车澈调查与评价;沥青路面车载+BP 梁弯沉测试;沥青路面结构与路堤四车道多频率天线探地雷达测试与解译;交叉路口横向多频率天线探地雷达测试与解译;交叉路口横向多频率天线管线探测;典型病害区沥青路面结构钻探取芯验证;典型病害区非金属超声波沥青路面芯样损裂、松散程度测试;双向一车道沥青路面结构强度 FWD 检测等。

12.5.1 沥青路面结构 FWD 检测方法

采用落锤式弯沉仪(FWD)对沥青混凝土路面进行弯沉检测。

(1)适用范围:适用于采用落锤式弯沉仪测定路表在冲击荷载作用下产生的瞬时变形,即动态弯沉,以便评价路面承载能力。

(2)仪具与材料技术要求,需要仪具与材料:落锤式弯沉仪(FWD)由荷载发生装置、弯沉检测装置、控制系统与牵引车等组成(见图 12.7)。

①荷载发生装置:重锤的质量及落高根据使用目的与道路等级选择,荷载由传感器测定。如无特殊需要,重锤的质量为(200±10)kg,可产生(50±2.5)kN 的冲击荷载。承载板呈十字对称分开成 4 部分,且底部固定有橡胶片,直径一般为 300mm,也可为 450mm。

②弯沉检测装置:由一个或多个位移传感器组成,位移分辨力不大于 0.001mm,如图所示。承载板中心应设有一个位移传感器,其他位移传感器与中心处传感器呈线性布

置，一般分布在距离承载板中心 2500mm 的范围内。用于反算路面结构层模量时，位移传感器总数应不少于 7 个，且应包括 0，300，600，900mm 处四个位置。

③控制系统：在冲击荷载作用的期间内，测量并记录冲击荷载及各个位移传感器所在位置的动态变形。

④牵引车：牵引 FWD 并安装控制装置的车辆。

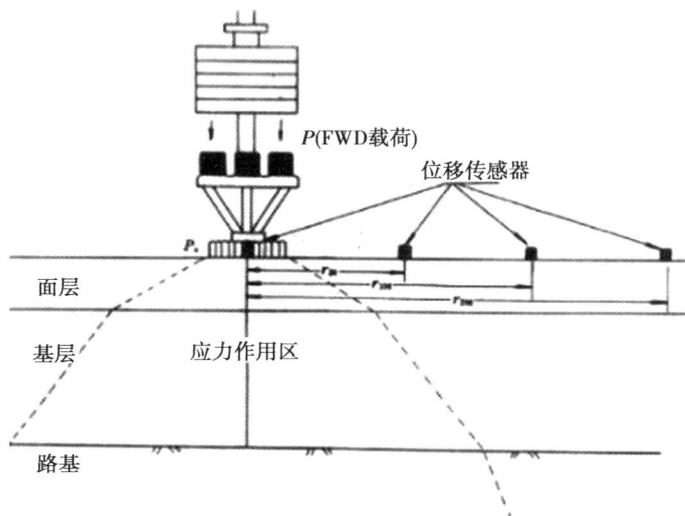

图 12.7　落锤式弯沉仪传感器布置与应力作用状态

（3）检测方法与步骤。准备工作：①调整重锤的质量及落高，使重锤的质量及产生的冲击荷载符合上述仪具要求。②检查 FWD 的车况及使用性能，确保功能正常。③将 FWD 牵引至测定地点，牵引 FWD 行驶的速度不宜超过 50km/h。④开启 FWD，对传感器进行标定。测试步骤：①将 FWD 牵引至测试路段起始位置，输入测试位置信息，且设定好状态参数。②将承载板中心位置对准测点，测点一般应布置在车道轮迹带处。落下承载板，放下弯沉检测装置的各传感器。③启动荷载发生装置，落锤瞬即自由落下，冲击力作用于承载板上，又立即自动提升至原来位置固定。同时，记录荷载数据，各个位移传感器测量并记录路表变形数据，变形峰值即为弯沉值。每个测点重复测试应不少于 3次。④提起传感器及承载板，牵引车向前移动至下一个测点，重复②→③步骤完成测试路段的测试。

（4）数据处理。①舍去承载板中心位移传感器的首次弯沉测试值，然后计算后几次弯沉测试值的平均值作为该测点的弯沉值。②按照《公路沥青路面设计规范》（JTG D50—2017）的规定，对弯沉值进行温度修正。③计算一个测试路段的弯沉平均值、标准差及代表值。

12.5.2 沥青路面结构 FWD 评定。

根据落锤弯沉检测结果,计算路面结构强度指数并对其进行评价:

(1)路面结构强度指数 PSSI 按以下公式计算:

$$PSSI = \frac{100}{1+a_0 e^{a_1 SSR}} ; SSR = \frac{l_0}{l} \tag{12.1}$$

式中:SSR 为路面结构强度系数,为路面弯沉标准值与路面实测代表弯沉之比;l_0 为路面弯沉标准值(0.01mm);l 为路面实测代表弯沉值(0.01mm);a_0 为模型参数,采用 15.71;a_1 为模型参数,采用 -5.19。

(2)路面结构强度评定标准

表 12.6　路面结构强度评定标准表

评价等级	优	良	中	次	差
PSSI	≥90	≥80,<90	≥70,<80	≥60,<70	<60

12.5.3 沥青路面损裂调查评价方法

根据沥青路面损坏类型共分为 10 种(见图 12.8),分别为:①龟裂;②块状裂缝;③纵向裂缝;④横向裂缝;⑤坑槽;⑥松散;⑦沉陷;⑧车辙;⑨波浪拥包;⑩泛油。经过现场调查得知,路面损坏主要类型(见图 12.9):①独立缝隙;②块状裂缝;③局部沉陷;④井位沉陷;⑤车辙等病害。

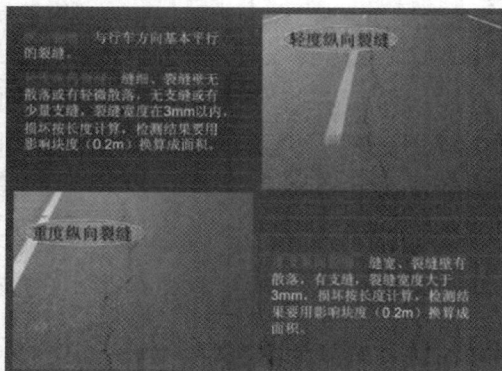
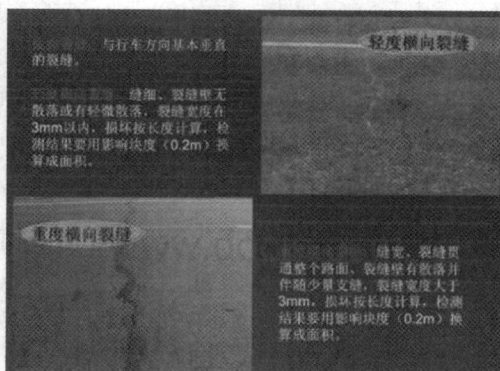

(a)　　　　　　　　　　　　　　(b)

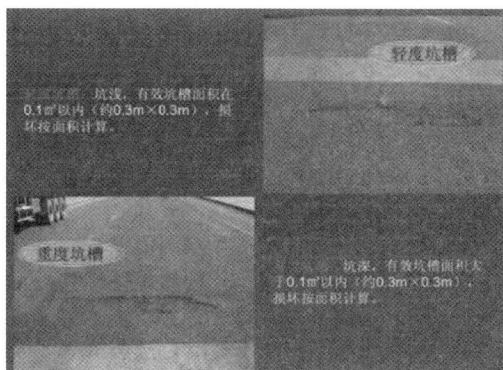

（c）

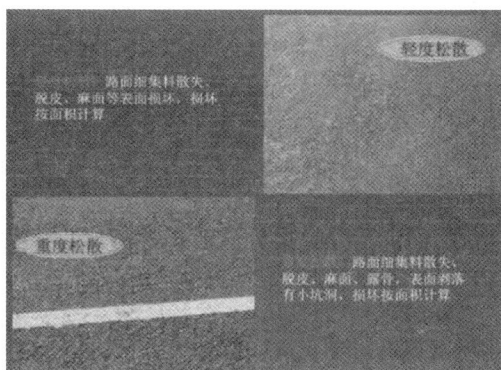

（d）

（e）

（f）

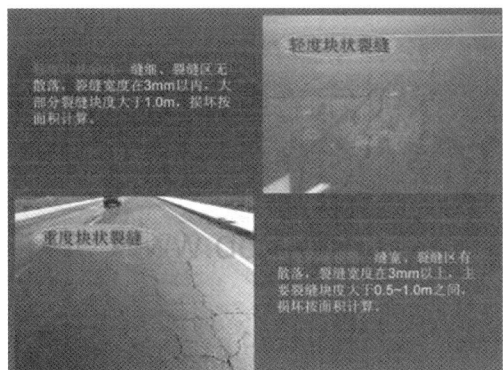

（g）

（h）

<table>
<tr><td>(i)</td><td>(j)</td></tr>
</table>

图 12.8　沥青路面主要 10 种损坏类型

| (a)独立缝隙 | (b)块状裂缝 | (c)局部沉陷 | (d)井位沉陷 |

图 12.9　现场调查路面损坏主要类型

◆◇ 12.6　沥青路面破损、损裂调查

（1）环城南路左幅西→东向沥青混凝土路面损坏调查（见表 12.7）。

表 12.7　环城南路左幅西→东向路面损坏调查

左幅车道：
（1）无横向裂缝
（2）无纵向裂缝
（3）1 车道轻微车辙
（4）路面完整

表12.7(续)

		左幅车道： (1)无横向裂缝 (2)无纵向裂缝 (3)1 车道轻微车辙 (4)混凝土井盖沉陷 (5)混凝土井盖外侧行车方向开裂严重
		左幅车道： (1)1 车道横向裂缝 (2)1 车道纵向多条裂缝 (3)1 车道车辙严重 (4)混凝土井盖沉陷 (5)混凝土井盖外侧行车方向开裂严重
		左幅车道： (1)1 车道横向多条裂缝 (2)1 车道纵向多条裂缝 (3)1 车道车辙严重 (4)混凝土井盖沉陷 (5)雨水支管面层沉陷
		左幅车道： (1)1、2 车道横向裂缝 (2)1 车道纵向裂缝 (3)1 车道车辙严重 (4)横向修补面层开裂严重
		左幅车道： (1)1 车道横向多条裂缝 (2)1 车道纵向 S 裂缝 (3)1、2 车道车辙严重 (4)横向修补面层开裂严重

表12.7(续)

		左幅车道: (1)1 车道横向裂缝 (2)1 车道纵向多条裂缝 (3)1 车道车辙严重 (4)混凝土井盖沉陷 (5)横向修补面层开裂严重
		左幅车道: (1)无横向裂缝 (2)1 车道纵向多条裂缝 (3)1 车道车辙严重 (4)混凝土井盖沉陷 (5)路面裂缝潮湿严重
		左幅车道: (1)1 车道 1 处网裂出现坑槽 (2)1 车道车辙严重 (3)混凝土井盖沉陷 (4)混凝土井盖外侧行车方向开裂严重
		左幅车道: (1)1 车道横向多条裂缝 (2)无纵向裂缝 (3)1 车道车辙严重 (4)混凝土井盖沉陷 (5)混凝土井盖外侧行车方向开裂严重
		左幅车道: (1)1 车道横向裂缝 (2)1 车道纵向裂缝 (3)1 车道车辙严重 (4)混凝土井盖沉陷 (5)混凝土井盖外侧行车方向开裂严重

表12.7(续)

		左幅车道： (1)无横向裂缝 (2)1 车道纵向多条裂缝 (3)1 车道车辙严重
		左幅车道： (1)1 车道横向多条裂缝 (2)1 车道纵向裂缝 (3)1 车道车辙严重 (4)混凝土井盖沉陷 (5)混凝土井盖外侧行车方向开裂严重
		左幅车道： (1)1 车道横向裂缝 (2)无纵向裂缝 (3)1 车道轻微车辙 (4)混凝土井盖沉陷 (5)混凝土井盖外侧行车方向开裂严重
		左幅车道： (1)无横向裂缝 (2)1 车道纵向裂缝 (3)1 车道车辙严重 (4)混凝土井盖沉陷 (5)混凝土井盖外侧行车方向开裂严重
		左幅车道： (1)1 车道横向多条裂缝 (2)1 车道纵向裂缝 (3)1 车道车辙严重

表12.7(续)

		左幅车道： (1)1车道横向多条裂缝 (2)1车道纵向裂缝 (3)1车道1处网裂 (4)1车道车辙严重 (5)混凝土井盖沉陷 (6)混凝土井盖外侧行车方向开裂严重
		左幅车道： (1)无横向裂缝 (2)1车道纵向裂缝 (3)1车道车辙严重 (4)混凝土井盖沉陷 (5)混凝土井盖外侧行车方向开裂严重
		左幅车道： (1)1车道横向多条裂缝 (2)1车道纵向裂缝 (3)1车道车辙严重
		左幅车道： (1)无横向裂缝 (2)1车道纵向裂缝 (3)1车道车辙严重 (4)混凝土井盖沉陷 (5)混凝土井盖外侧行车方向开裂严重
		左幅车道： (1)1车道横向裂缝 (2)1车道纵向裂缝 (3)1车道车辙严重 (4)混凝土井盖沉陷 (5)混凝土井盖外侧行车方向开裂严重

表12.7(续)

		左幅车道： (1)无横向裂缝 (2)2 车道纵向裂缝 (3)1 车道车辙严重 (4)混凝土井盖沉陷 (5)混凝土井盖外侧行车方向开裂严重
		左幅车道： (1)无横向裂缝 (2)无纵向裂缝 (3)1 车道轻微车辙 (4)混凝土井盖沉陷 (5)混凝土井盖外侧行车方向开裂严重
		左幅车道： (1)无横向裂缝 (2)无纵向裂缝 (3)2 车道车辙严重 (4)混凝土井盖沉陷 (5)混凝土井盖外侧行车方向开裂严重
		左幅车道： (1)无横向裂缝 (2)无纵向裂缝 (3)1 车道轻微车辙 (4)混凝土井盖沉陷 (5)混凝土井盖外侧行车方向开裂严重
		左幅车道： (1)无横向裂缝 (2)无纵向裂缝 (3)1 车道轻微车辙 (4)混凝土井盖沉陷 (5)混凝土井盖外侧行车方向开裂严重

（2）环城南路右幅东→西向沥青混凝土路面损坏调查（见表 12.8）。

表 12.8　环城南路右幅东→西向路面损坏调查

		右幅车道： （1）1 车道横向多条裂缝 （2）1 车道纵向裂缝 （3）1 车道车辙严重 （4）1 车道 2 处龟裂 （5）路面拼接处开裂严重
		右幅车道： （1）1 车道横向多条裂缝 （2）1 车道纵向裂缝 （3）1 车道车辙严重 （4）路面拼接处开裂严重
		右幅车道： （1）1 车道横向裂缝 （2）无纵向裂缝 （3）1 车道轻微车辙 （4）1 车道坑槽 （5）1 车道 3 处网裂沉陷
		右幅车道： （1）1 车道横向多条裂缝 （2）无纵向裂缝 （3）1 车道轻微车辙 （4）1 车道 2 处网裂沉陷
		右幅车道： （1）1、2 车道横向裂缝 （2）无纵向裂缝 （3）1 车道车辙严重 （4）路面接缝处开裂严重

表12.8(续)

		右幅车道: (1)1、2 车道车辙严重 (2)1 车道路面渗水 (3)1 车道 1 处网裂沉陷 (4)混凝土井盖沉陷 (5)混凝土井盖外侧行车方向开裂严重
		右幅车道: (1)无横向裂缝 (2)无纵向裂缝 (3)2 车道车辙严重 (4)2 车道 2 处网裂沉陷
		右幅车道: (1)无横向裂缝 (2)1、2 车道纵向裂缝 (3)1、2 车道车辙严重 (4)1 车道 1 处网裂沉陷
		右幅车道: (1)1、2 车道横向多条裂缝 (2)1、2 车道纵向裂缝 (3)1 车道车辙严重 (4)1 车道 2 处网裂沉陷
		右幅车道: (1)1 车道多条横向裂缝 (2)1 车道多条纵向裂缝 (3)1 车道 1 处龟裂 (4)1 车道车辙严重 (5)1 车道 2 处网裂沉陷

表12.8（续）

		右幅车道： （1）1车道多条横向裂缝 （2）1车道多条纵向裂缝 （3）1车道龟裂 （4）1车道车辙严重 （5）1车道网裂沉陷出现坑槽
		右幅车道： （1）1车道多条横向裂缝 （2）1车道纵向裂缝 （3）1车道车辙严重
		右幅车道： （1）1车道横向裂缝 （2）1车道纵向多条裂缝 （3）1车道车辙严重
		右幅车道： （1）2车道横向裂缝 （2）1、2车道纵向裂缝 （3）1、2车道车辙严重 （4）路面拼接开裂
		右幅车道： （1）1车道横向裂缝 （2）1车道纵向多条裂缝 （3）1车道车辙严重

表12.8(续)

		右幅车道： (1)1 车道横向多条裂缝 (2)1 车道纵向多条裂缝 (3)1 车道 3 处龟裂沉陷 (4)1、2 车道车辙严重
		右幅车道： (1)1 车道横向裂缝 (2)1 车道纵向裂缝 (3)1 车道 2 处网裂沉陷出现坑槽 (4)1 车道车辙严重
		右幅车道： (1)1 车道横向多条裂缝 (2)1 车道纵向多条裂缝 (3)1 车道车辙严重
		右幅车道： (1)1 车道横向裂缝 (2)1 车道纵向裂缝 (3)1 车道车辙严重
		右幅车道： (1)1 车道横向裂缝 (2)1 车道纵向裂缝 (3)1 车道 1 处网裂沉陷出现坑槽 (4)1、2 车道车辙严重

表12.8(续)

		右幅车道： (1)1 车道横向裂缝 (2)1 车道纵向多条裂缝 (3)1 车道 1 处网裂沉陷 (4)1、2 车道车辙严重 (5)混凝土井盖沉陷 (6)混凝土井盖外侧行车方向开裂严重
		右幅车道： (1)1 车道横向裂缝 (2)1 车道纵向裂缝 (3)1 车道 1 处网裂沉陷 (4)车辙 (5)横向修补面层附近开裂严重 (6)横向修补面层沉陷严重
		右幅车道： (1)1 车道横向多条裂缝 (2)1 车道纵向裂缝 (3)1 车道车辙严重 (4)横向修补面层开裂严重
		右幅车道： (1)1 车道横向裂缝 (2)1 车道纵向裂缝 (3)1 车道车辙严重 (4)修补面层反射裂缝严重，局部沉陷
		右幅车道： (1)1 车道横向裂缝 (2)1 车道纵向裂缝 (3)1 车道车辙严重 (4)修补面层反射裂缝严重，局部沉陷

表12.8(续)

		右幅车道： (1)1 车道横向裂缝 (2)1 车道纵向裂缝 (3)1 车道车辙严重
		右幅车道： (1)1 车道横向多条裂缝 (2)1 车道纵向多条裂缝 (3)1 车道车辙严重 (4) 修补面层反射裂缝严重，局部沉陷
		右幅车道： (1) 无横向裂缝 (2)1 车道纵向多条裂缝 (3)1 车道车辙严重
		右幅车道： (1) 无横向裂缝 (2)1、2 车道纵向裂缝 (3)1 车道车辙严重
		右幅车道： (1) 无横向裂缝 (2)1 车道纵向裂缝 (3)1 车道车辙严重 (4) 车辆轮迹水渍

表12.8（续）

		右幅车道： （1）无横向裂缝 （2）无纵向裂缝 （3）1车道车辙严重 （4）1车道行车溅起车辙沉陷积水痕迹、车辆轮迹水渍
		右幅车道： （1）无横向裂缝 （2）无纵向裂缝 （3）1车道车辙严重 （4）1车道出现坑槽 （5）1车道路面坑槽渗水 （6）1车道车辙沉陷积水
		右幅车道： （1）无横向裂缝 （2）无纵向裂缝 （3）1车道车辙严重 （4）1车道4处坑槽 （5）1车道路面坑槽修补边缘出现新坑槽积水 （6）1车道坑槽渗水（估计地下自来水管漏水）
		右幅车道： （1）1车道车辙严重 （2）1车道混凝土井盖严重沉陷、圆形钢板覆盖便于通行 （3）混凝土井盖沉陷 （4）混凝土井盖外侧行车方向开裂严重 （5）1车道网裂沉陷出现渗水（估计地下自来水管漏水）

◆◇ 12.7　沥青路面结构 LTD2100 探地雷达检测结果

LTD2100-MHz400 路面管线右幅 1 车道西→东纵向探测成果如图 12.10 所示。

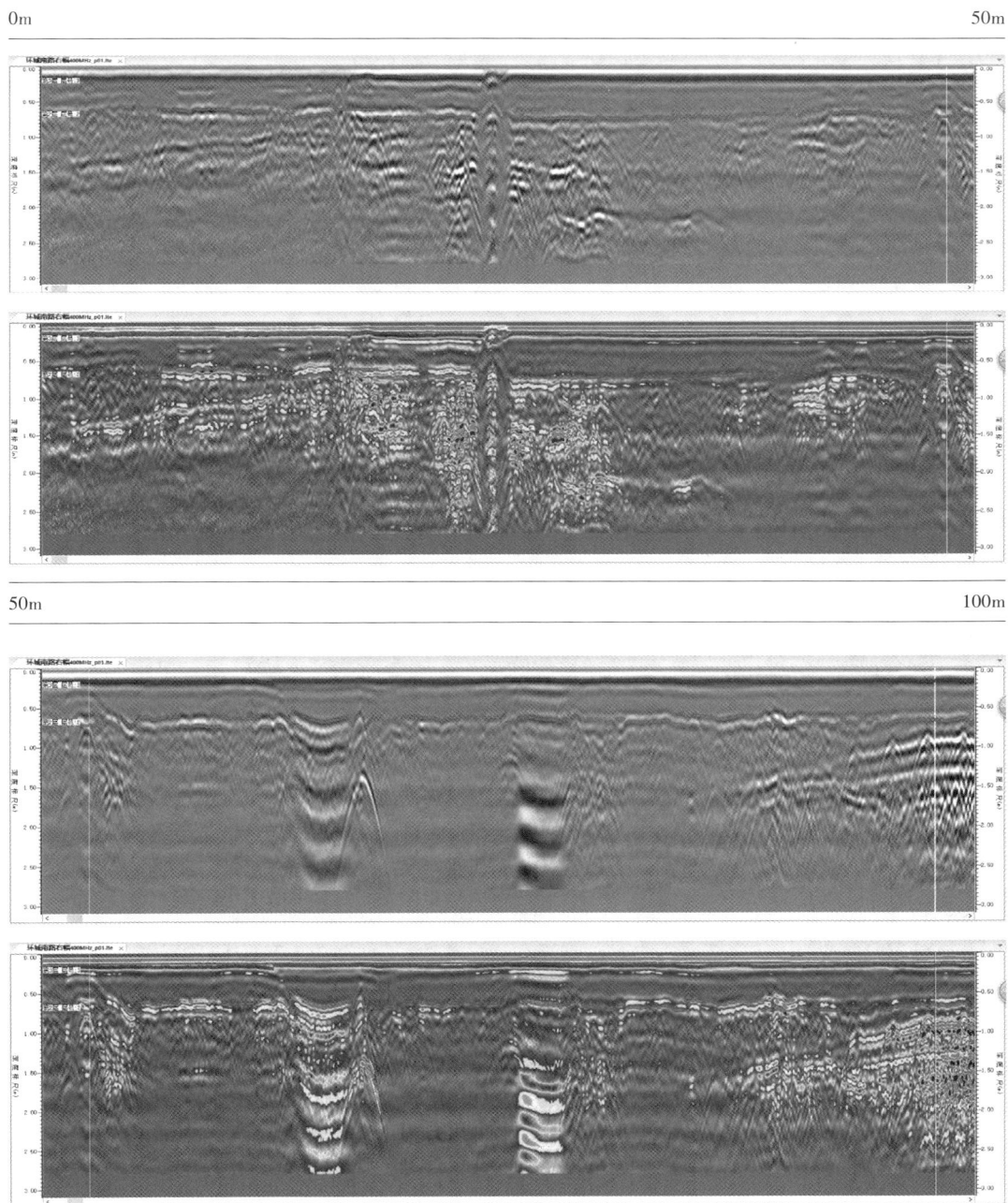

0m   50m

50m   100m

100m   150m

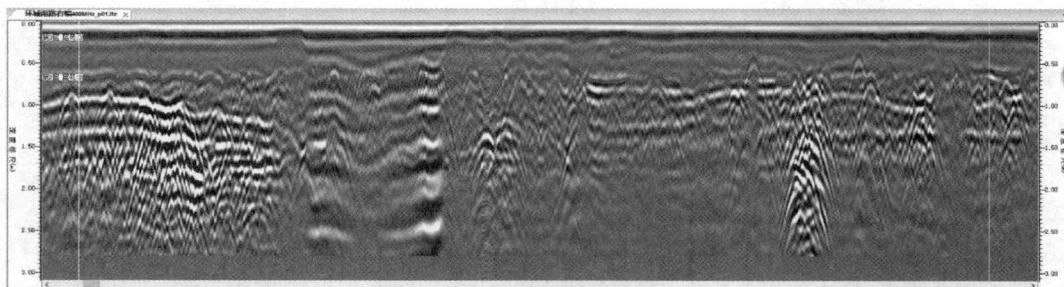

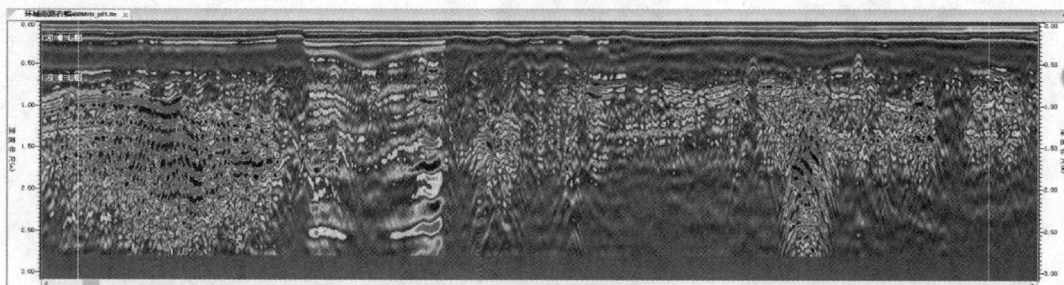

150m   200m

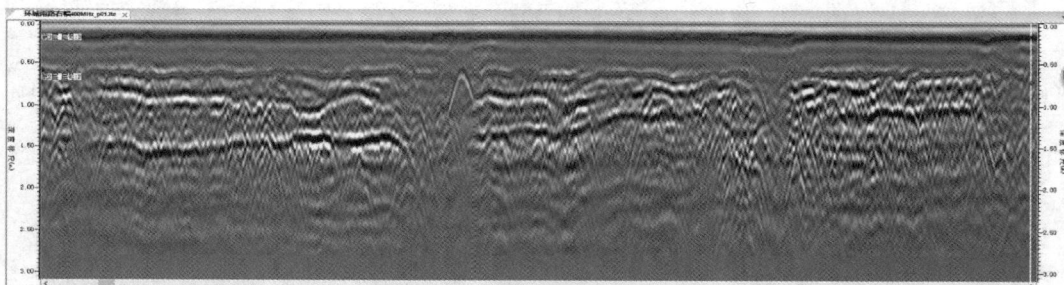

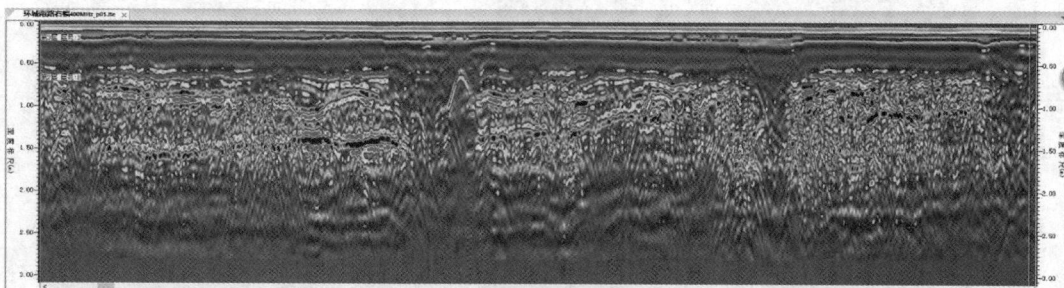

200m 250m

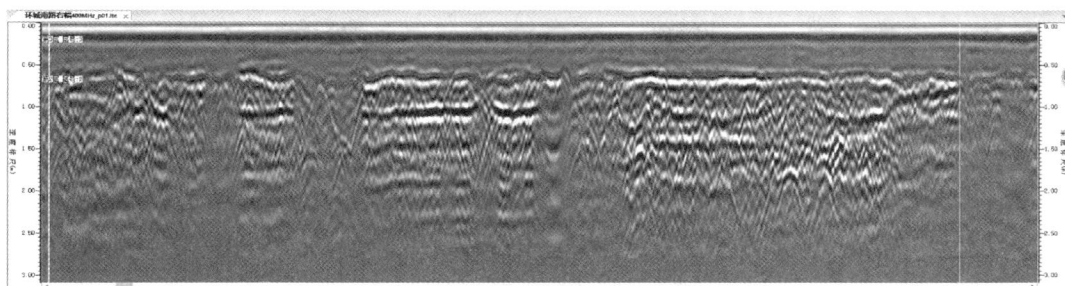

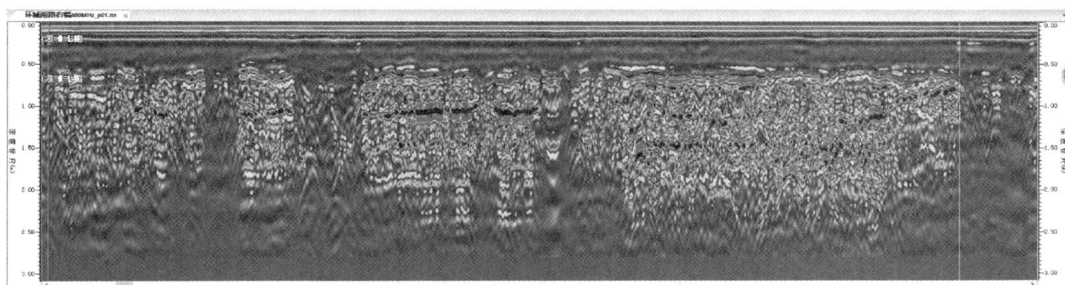

250m 300m

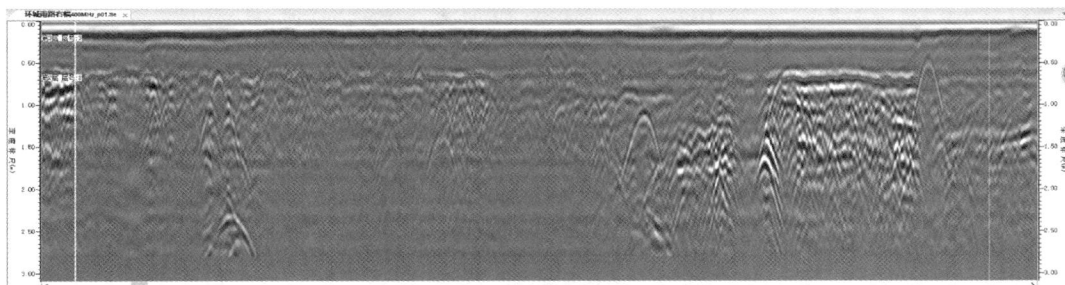

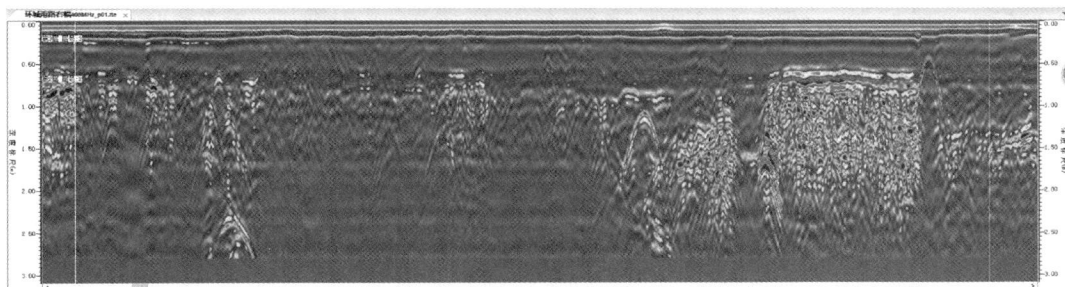

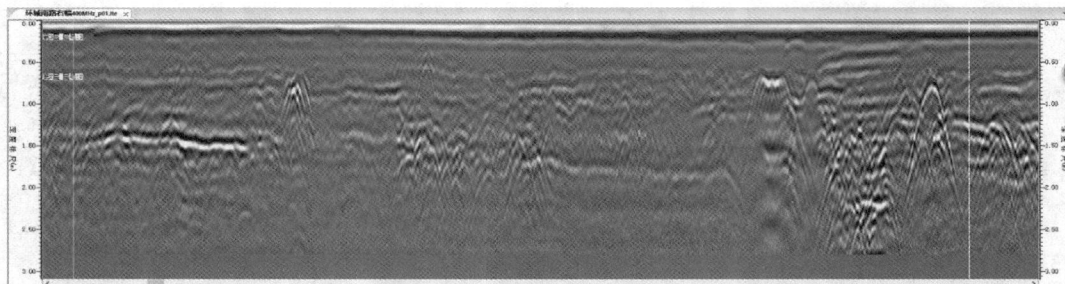

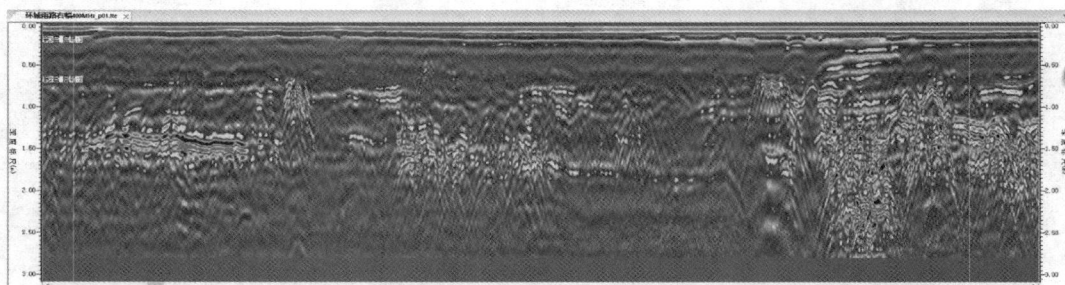

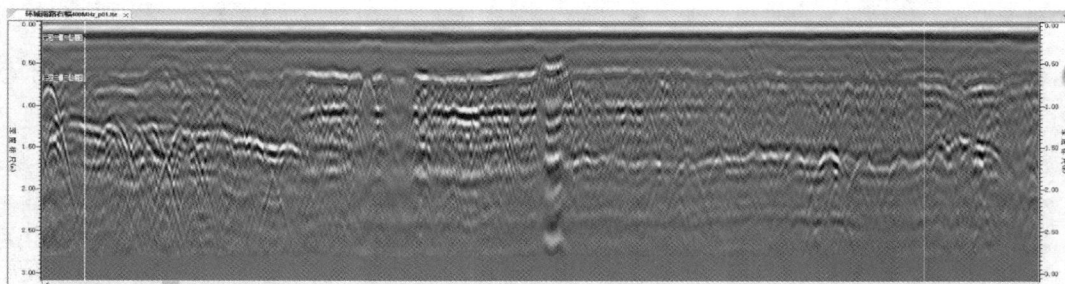

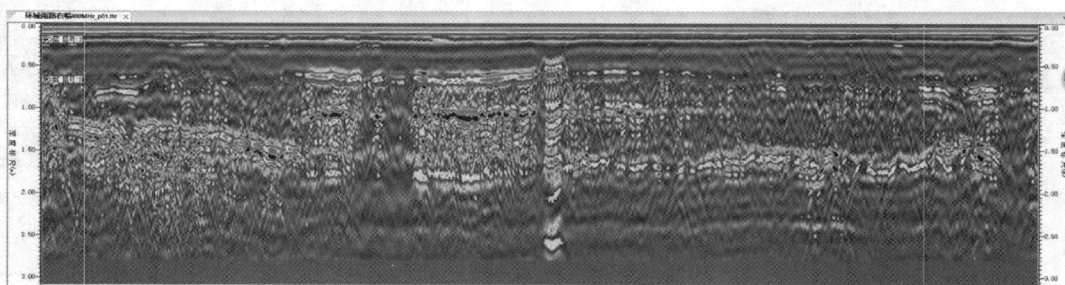

400m   450m

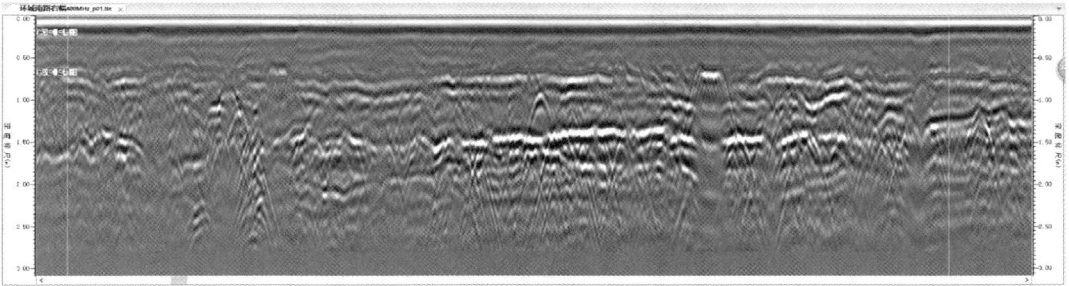

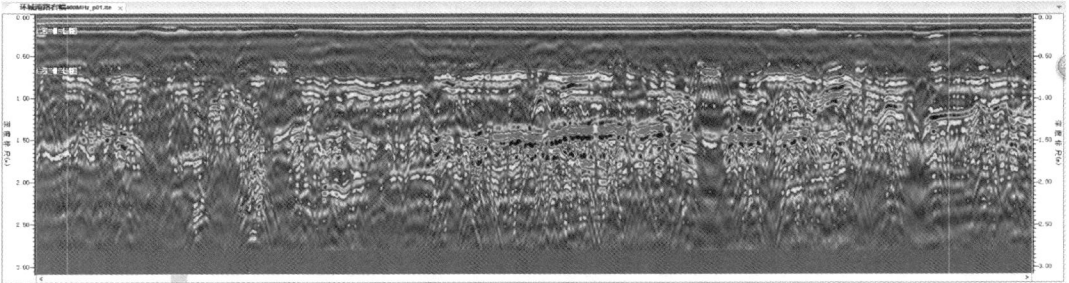

450m   500m

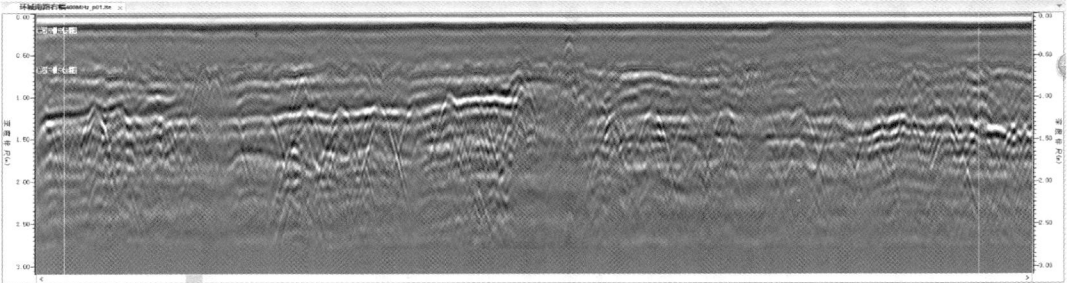

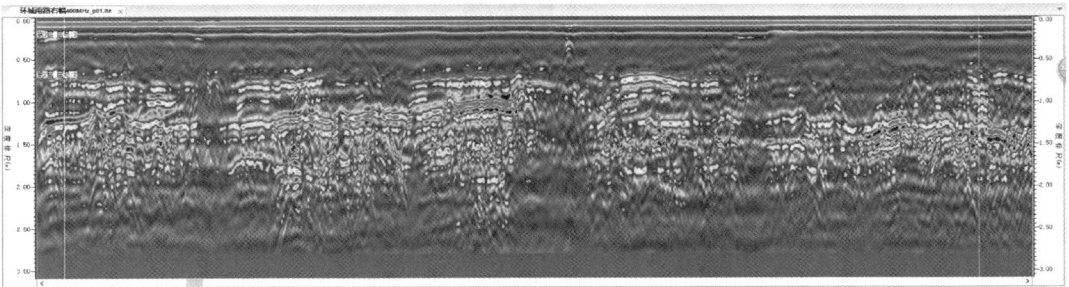

500m　　　　　　　　　　　　　　　　　　　　　　　　　　　　　　　　　550m

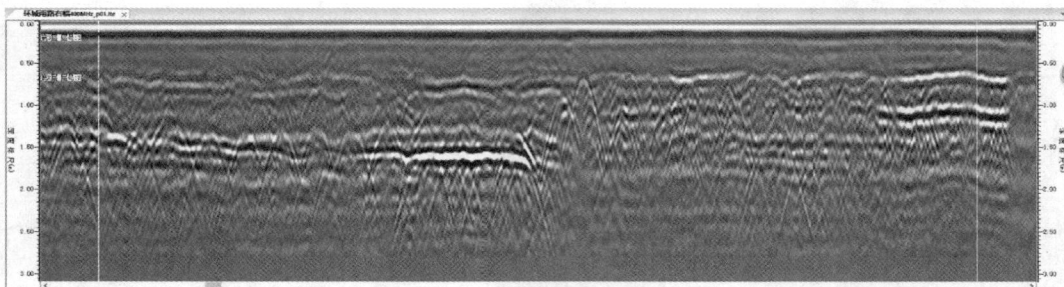

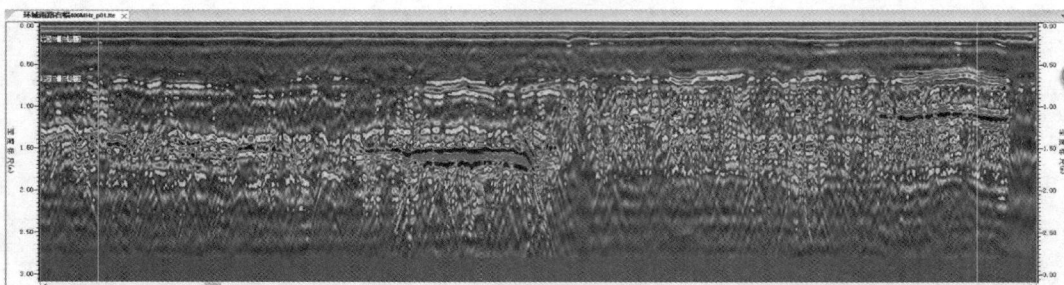

550m　　　　　　　　　　　　　　　　　　　　　　　　　　　　　　　　　600m

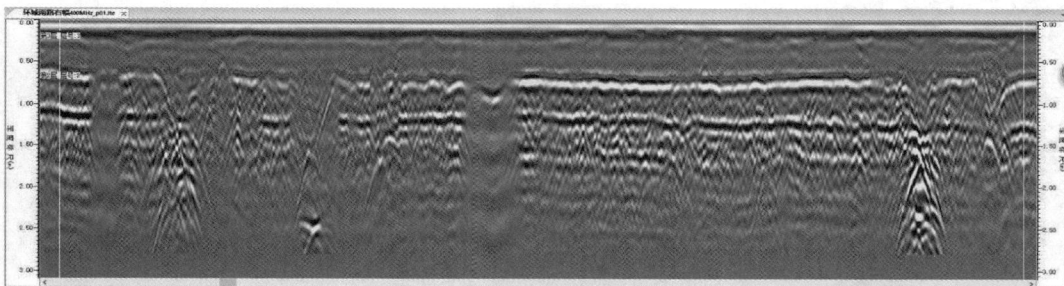

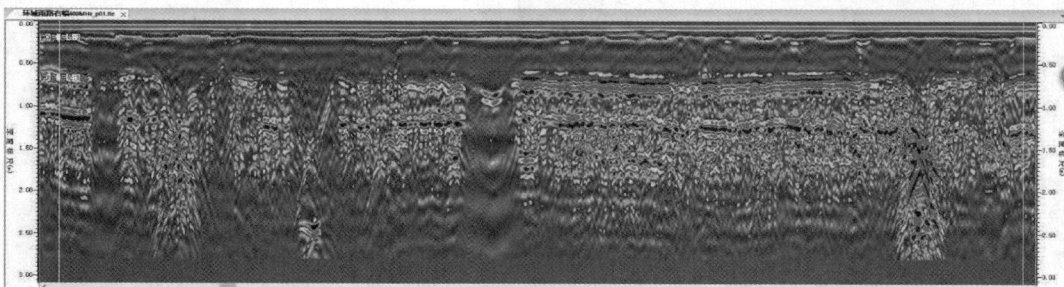

600m
650m

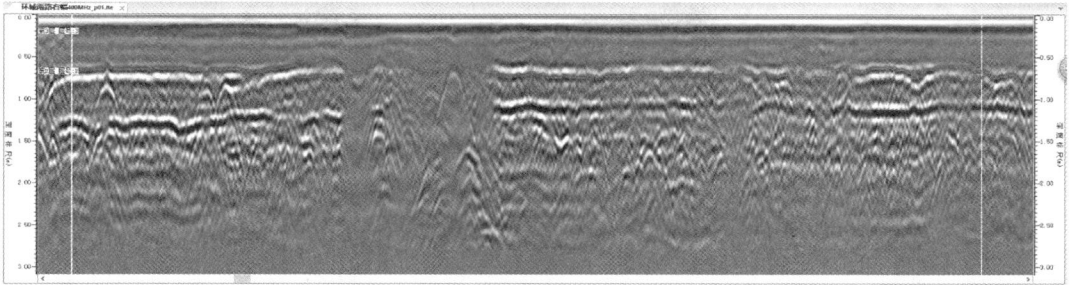

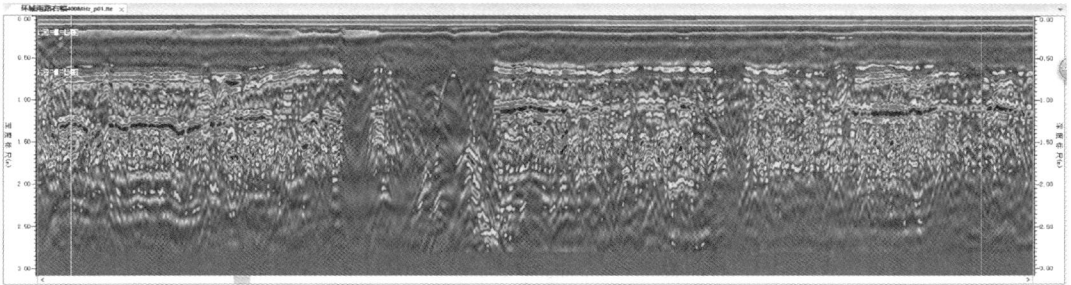

650m
700m

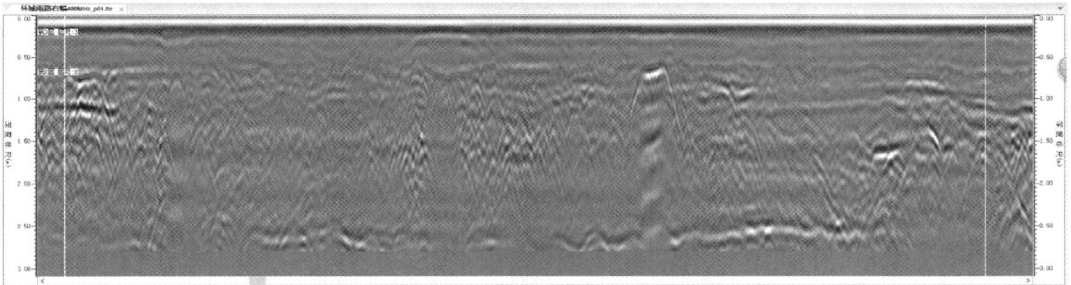

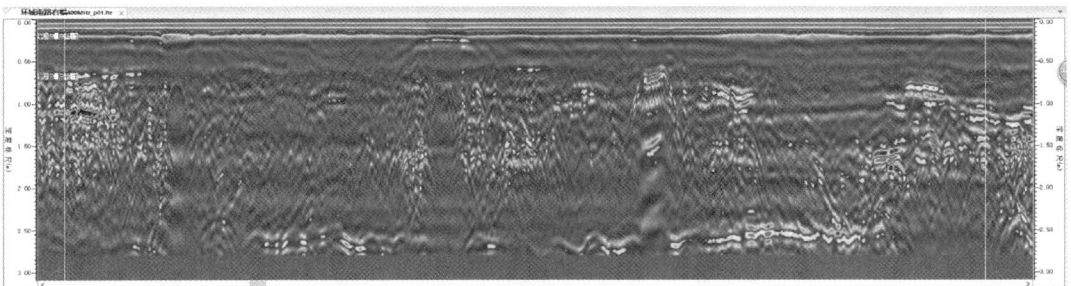

700m   750m

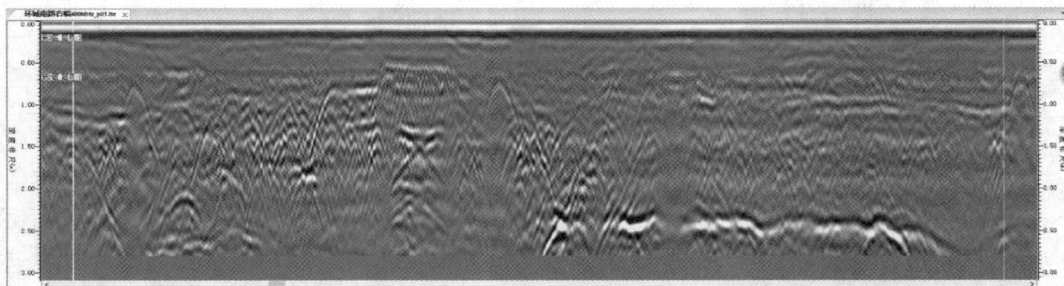

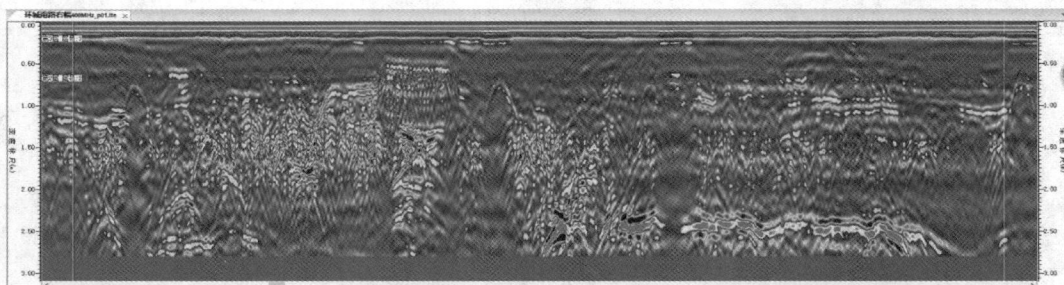

750m   800m

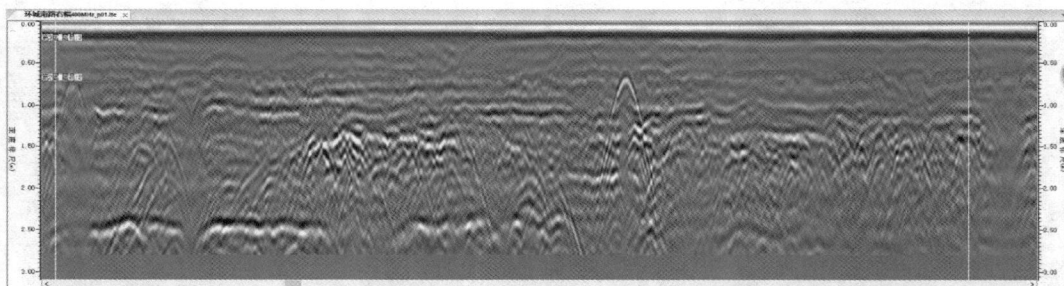

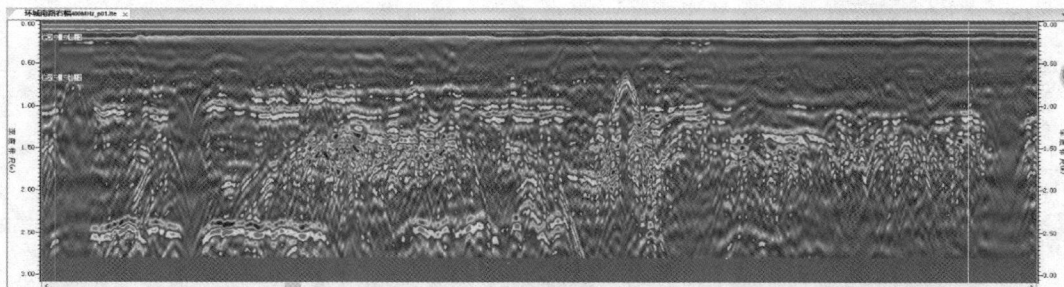

800m 850m

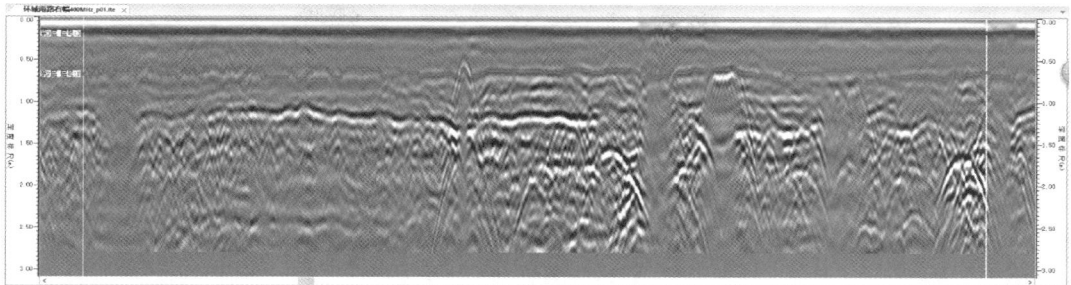

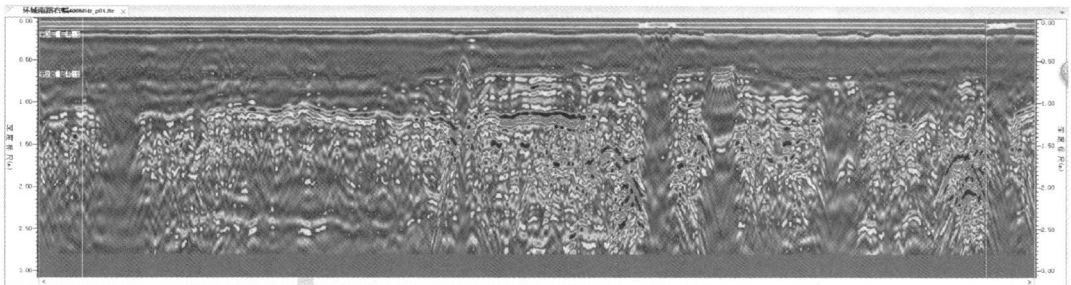

850m 900m

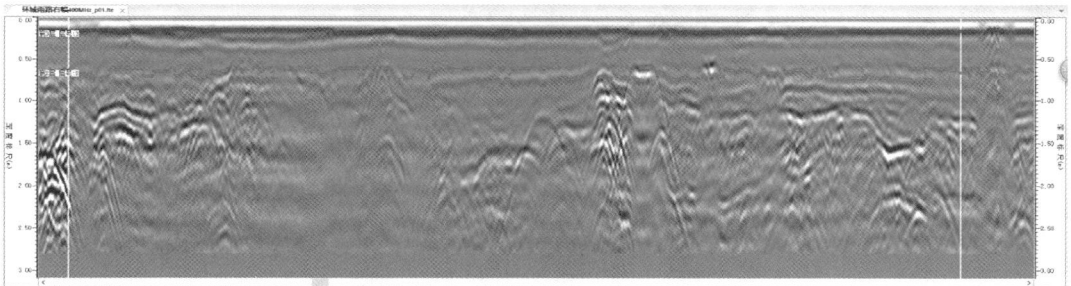

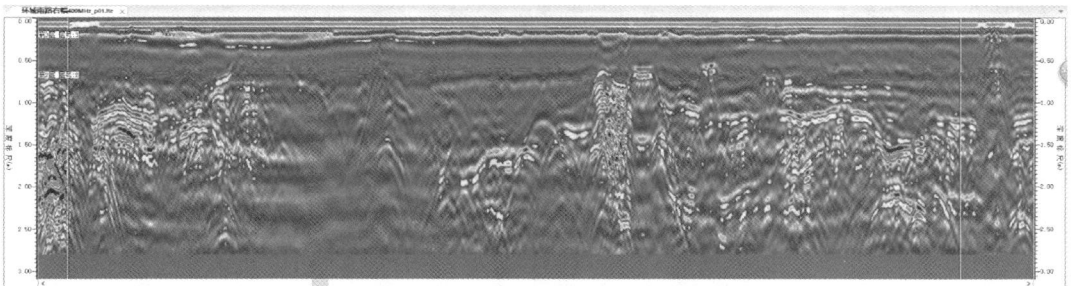

900m   950m

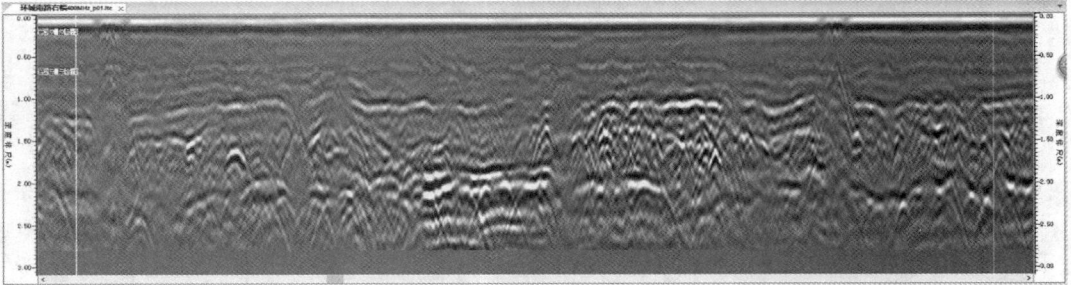

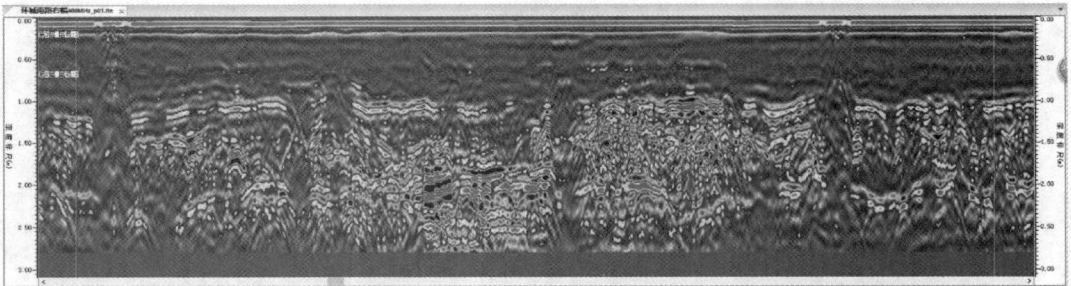

950m   1000m

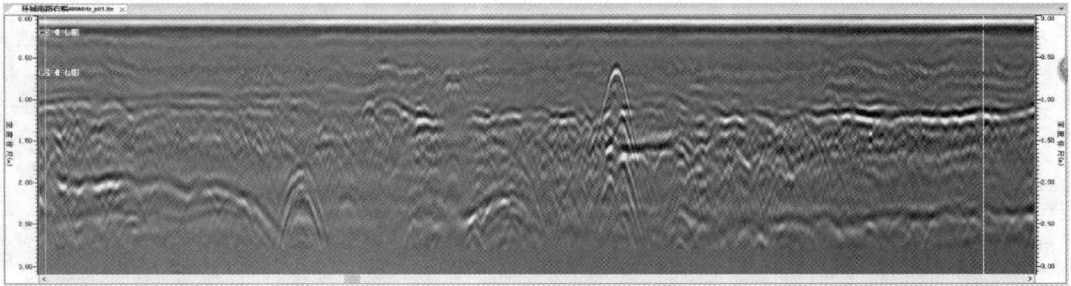

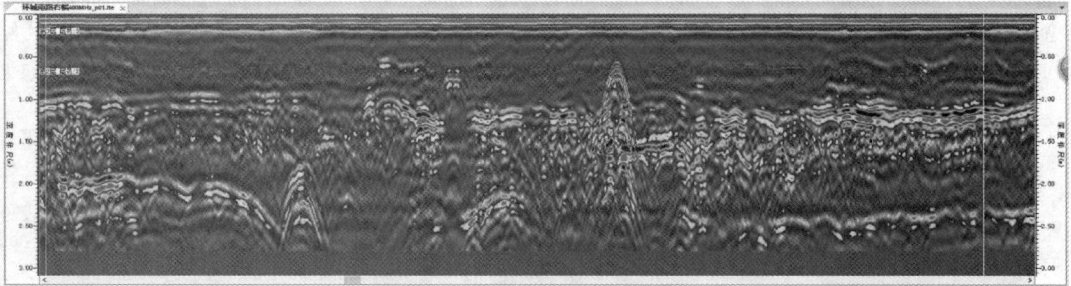

1000m   1050m

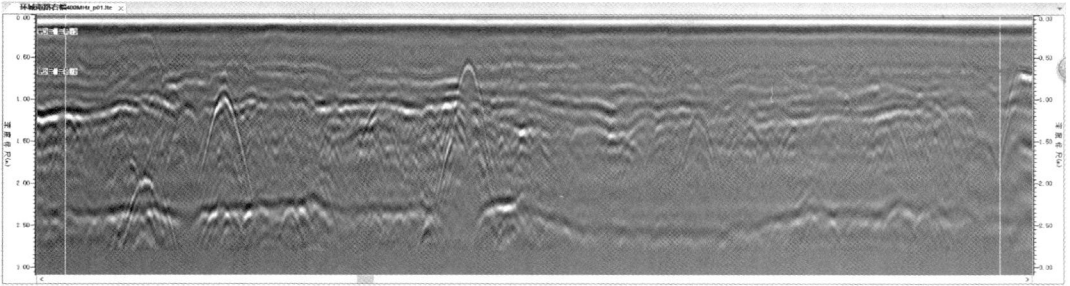

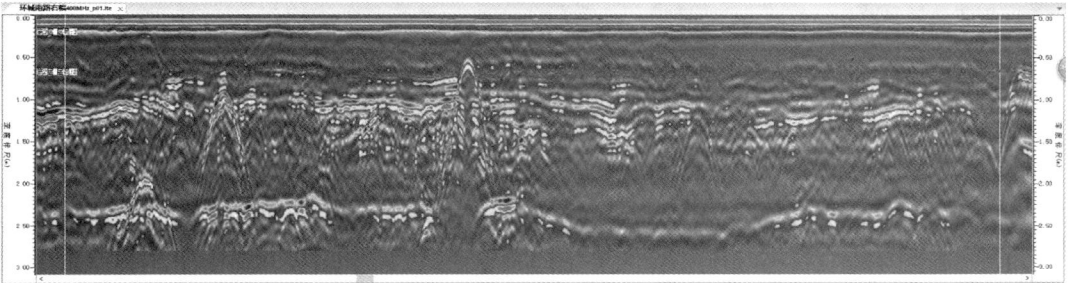

1050m   1100m

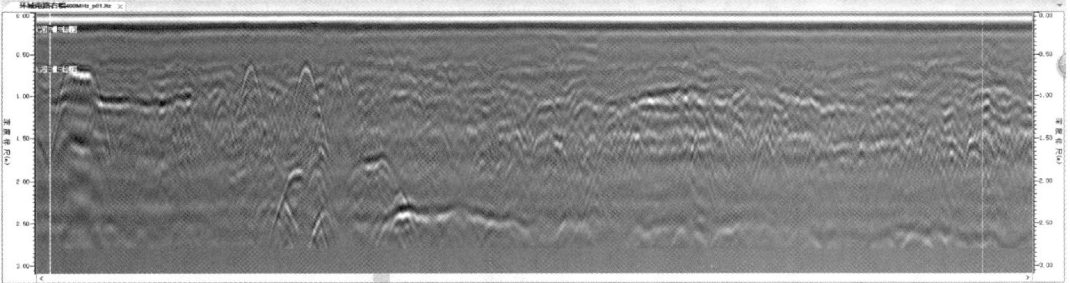

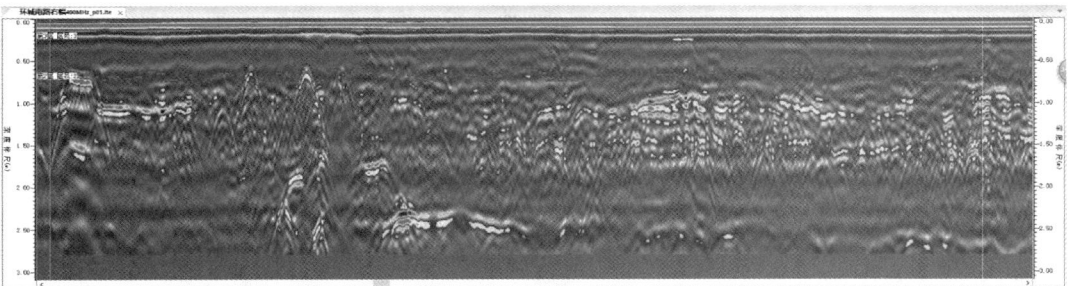

1100m   1150m

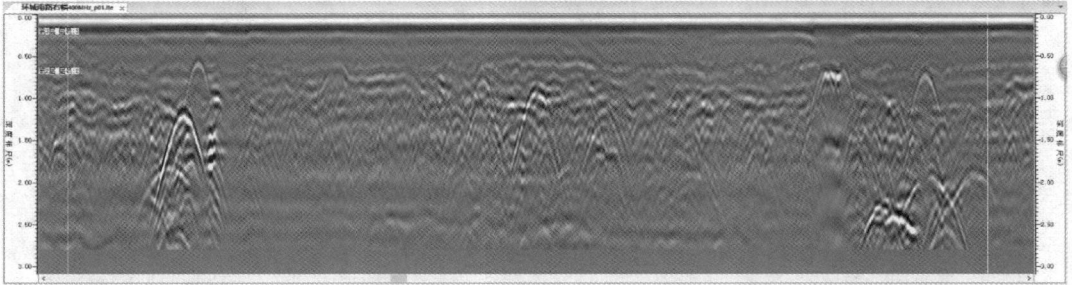

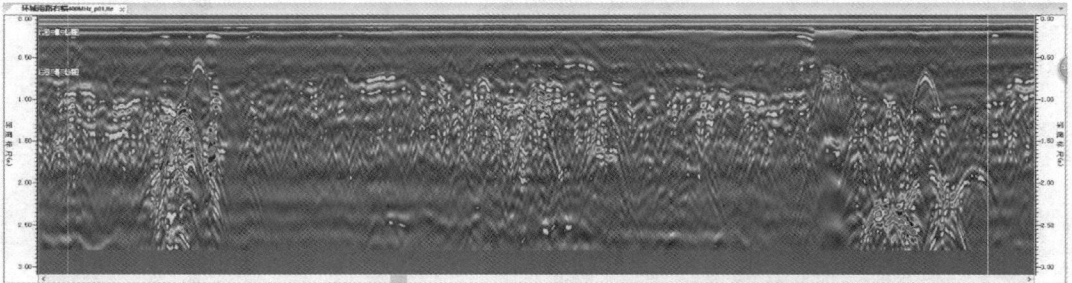

1150m   1200m

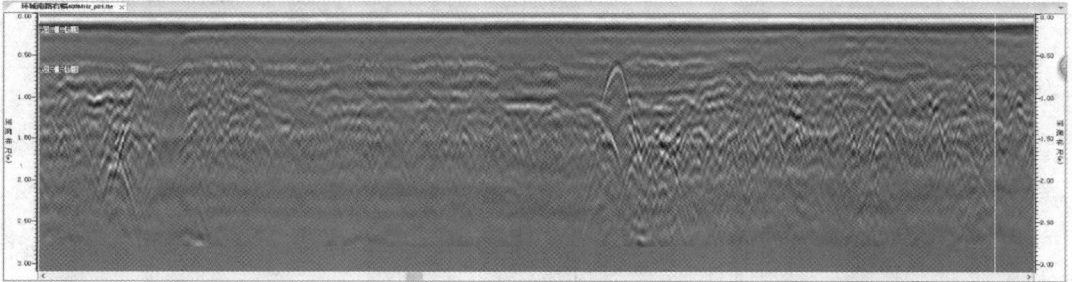

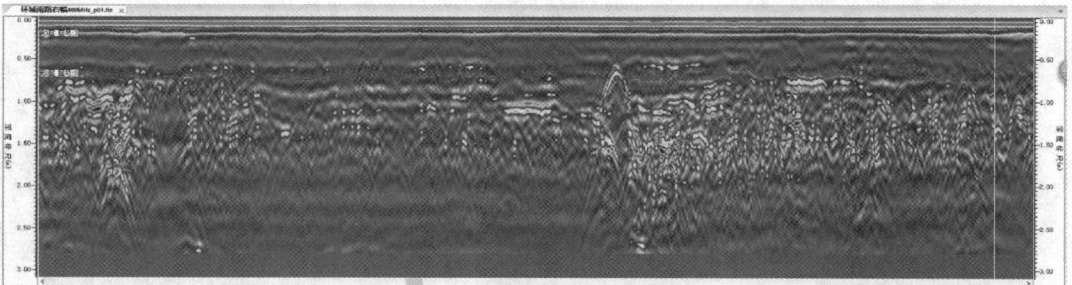

1200m
1250m

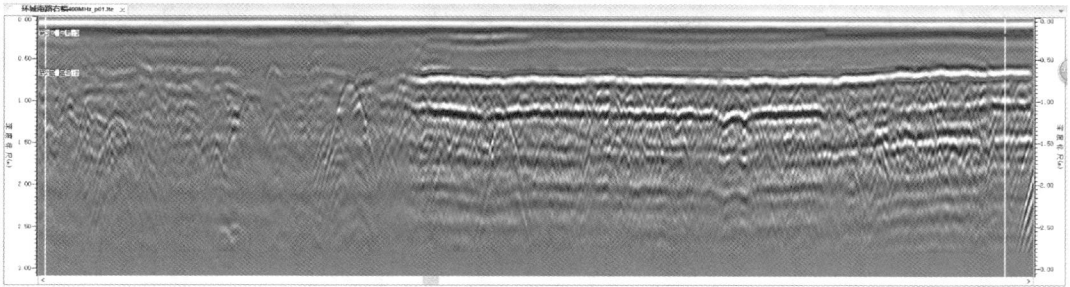

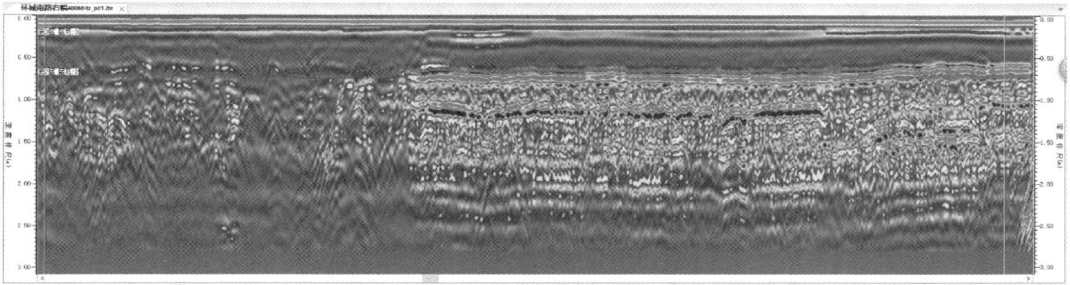

1250m
1300m

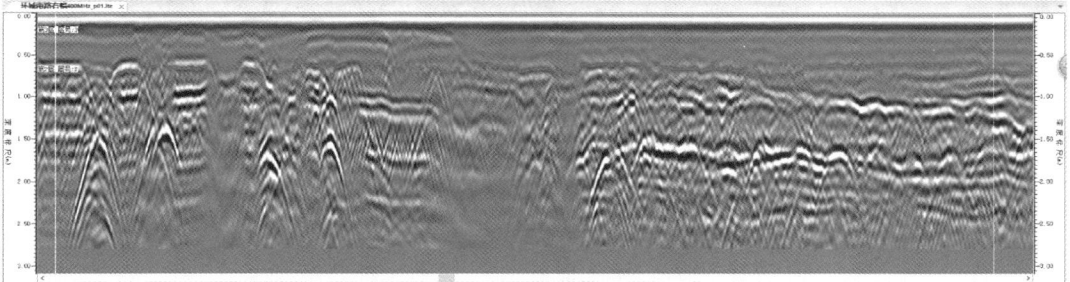

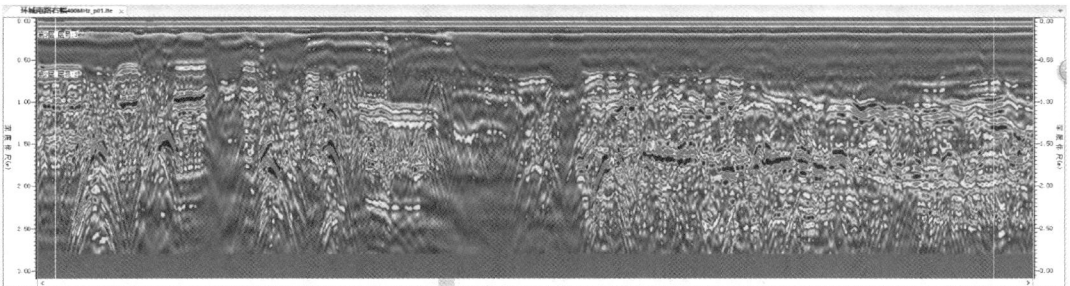

1300m   1350m

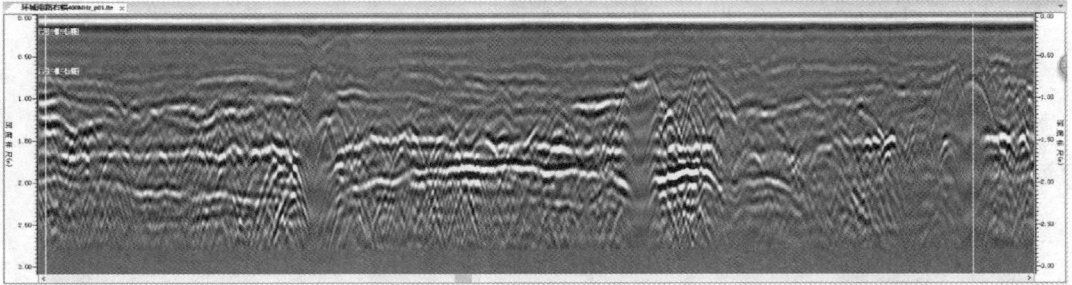

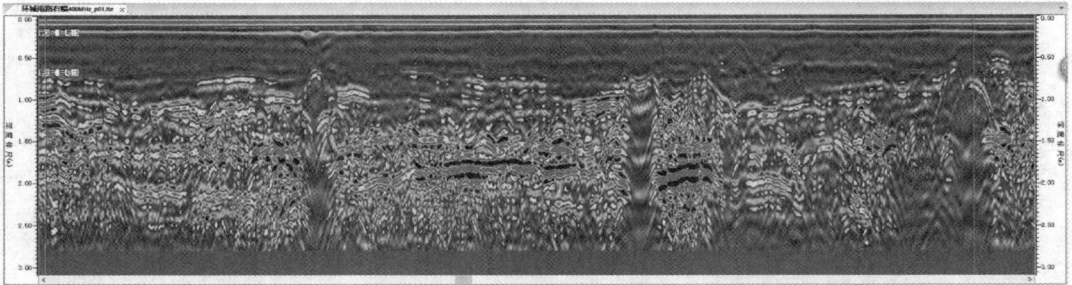

1350m   1400m

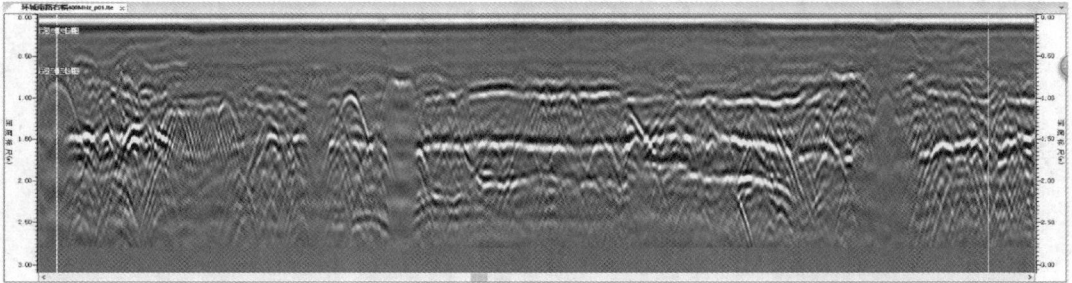

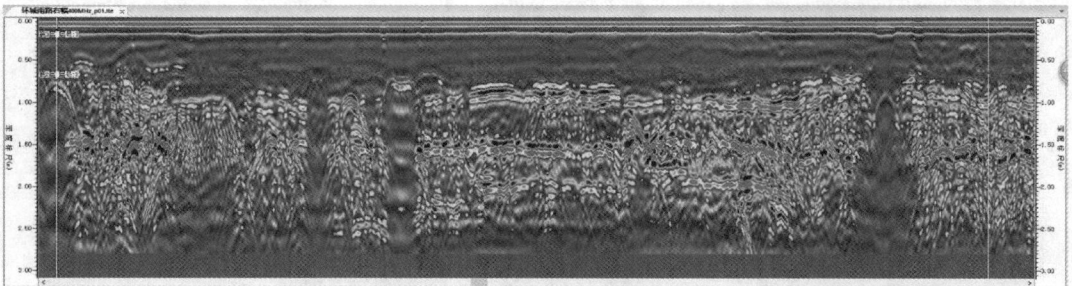

1400m   1450m

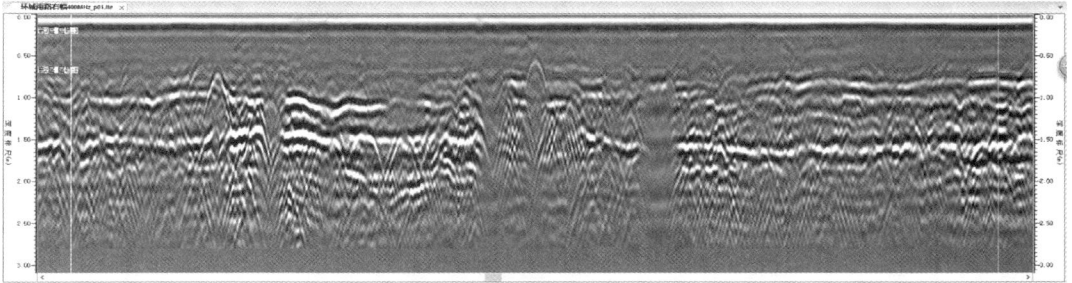

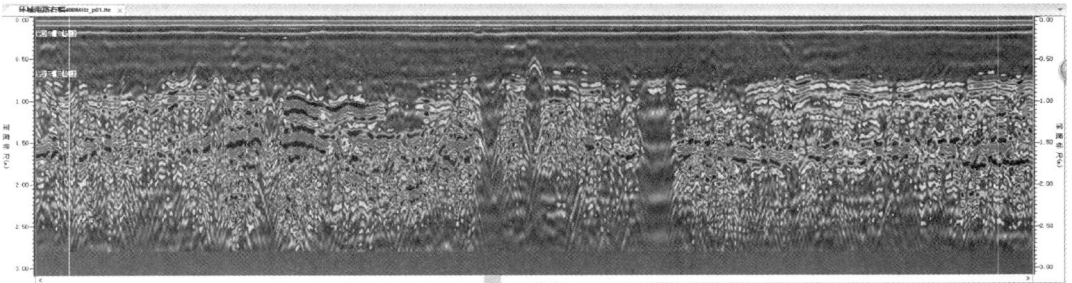

1450m   1500m

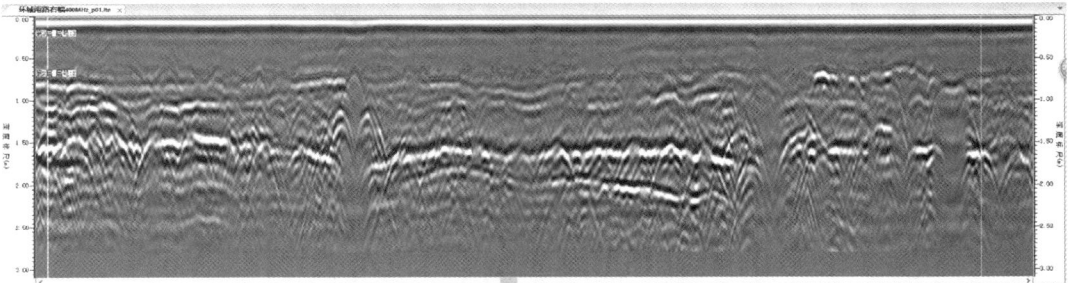

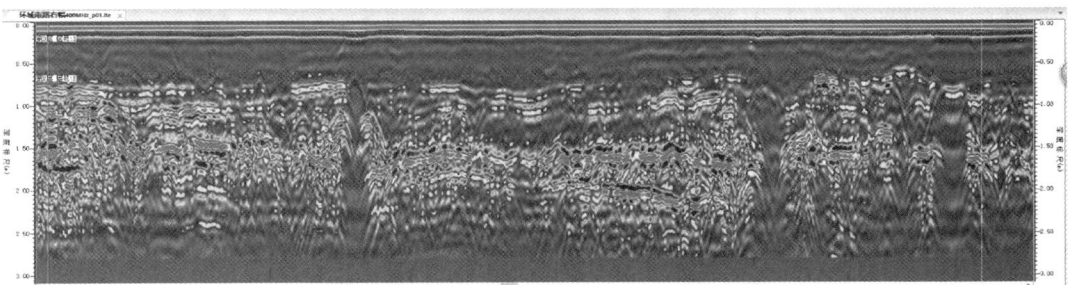

1500m

1550m

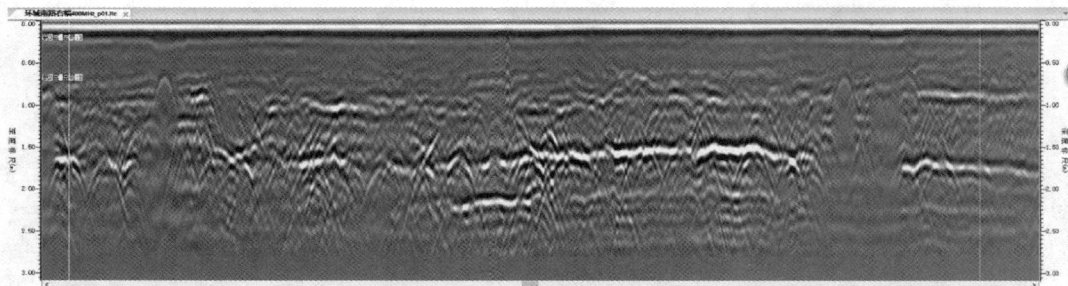

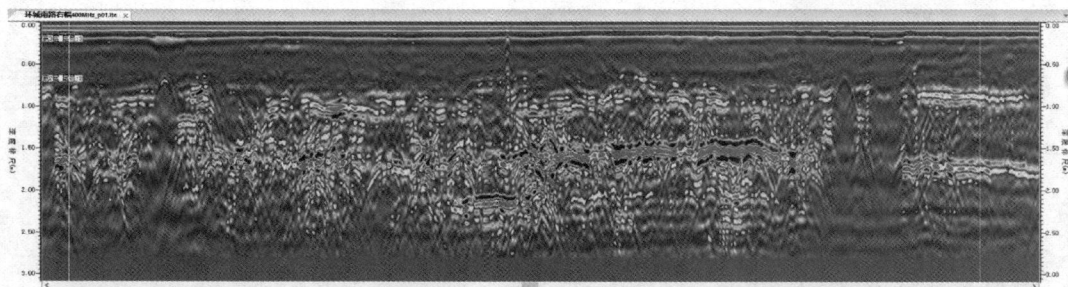

1550m

1600m

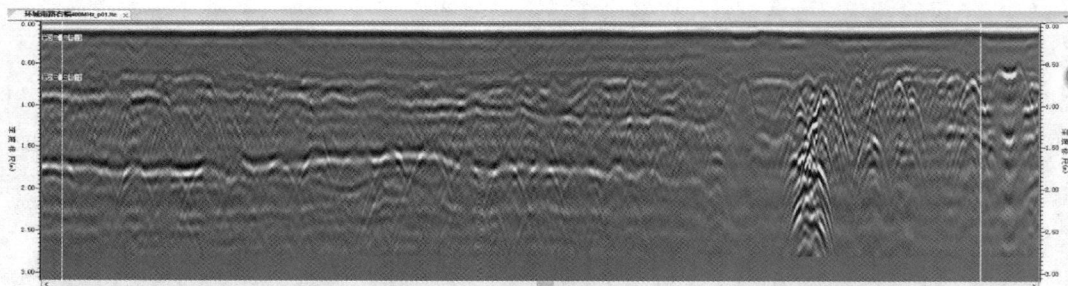

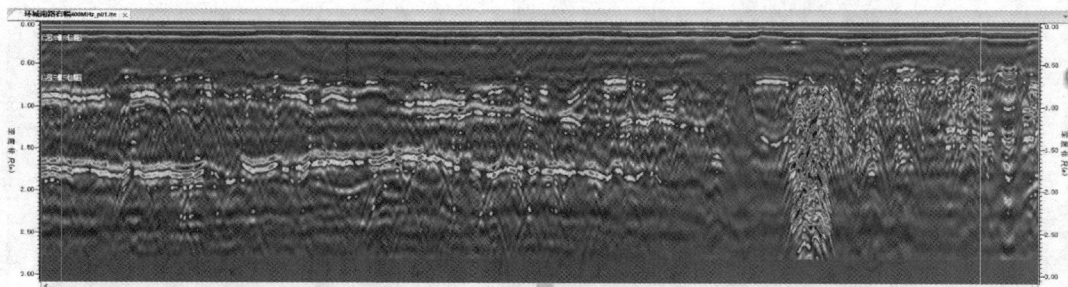

1600m　　　　　　　　　　　　　　　　　　　　　　　　　　　　1650m

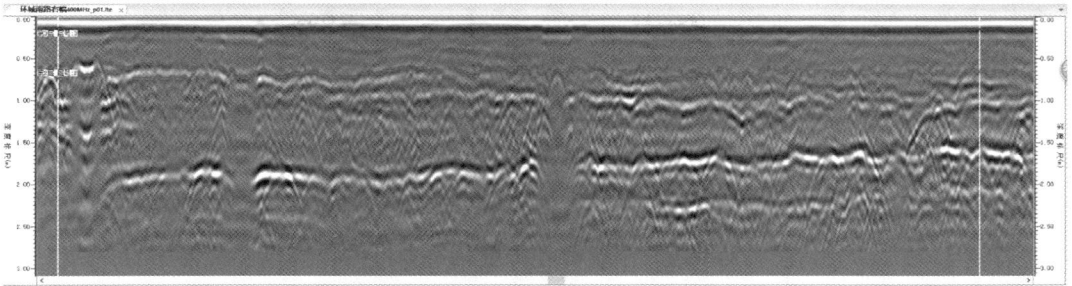

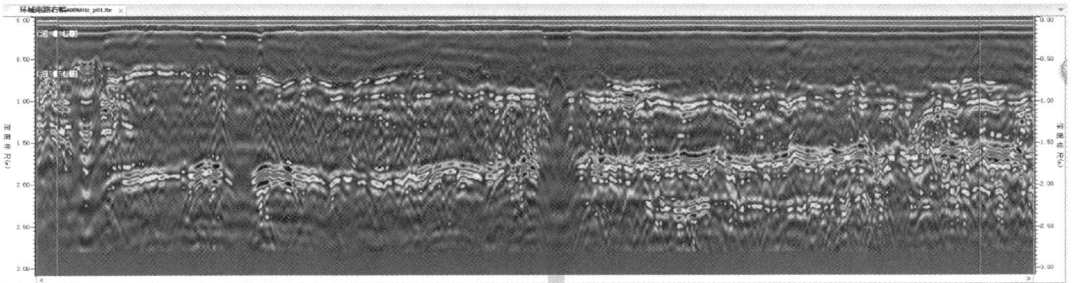

1650m　　　　　　　　　　　　　　　　　　　　　　　　　　　　1700m

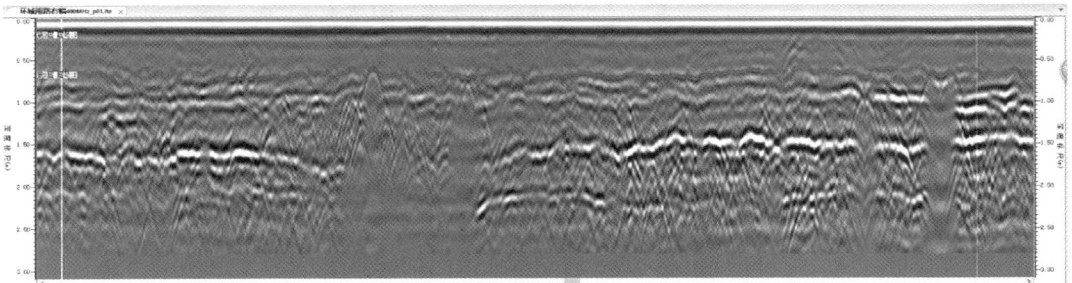

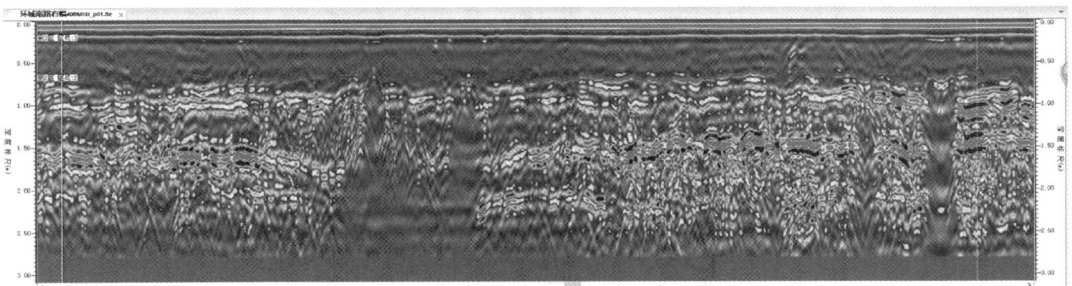

1700m   1750m

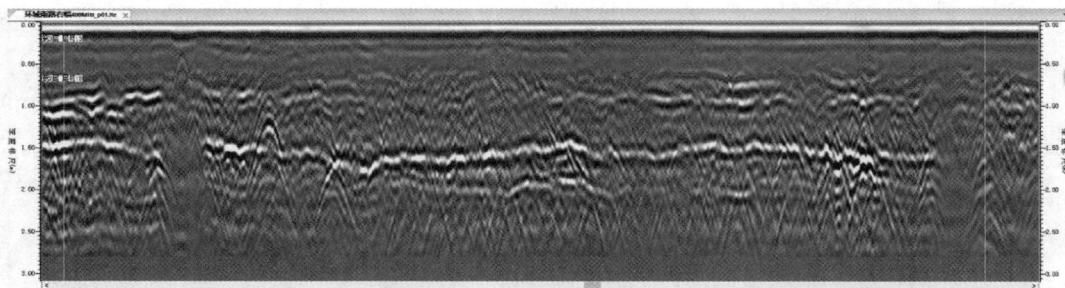

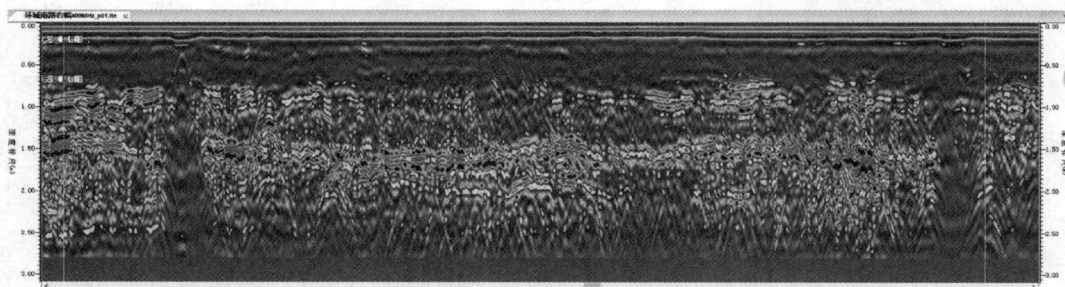

1750m   1800m

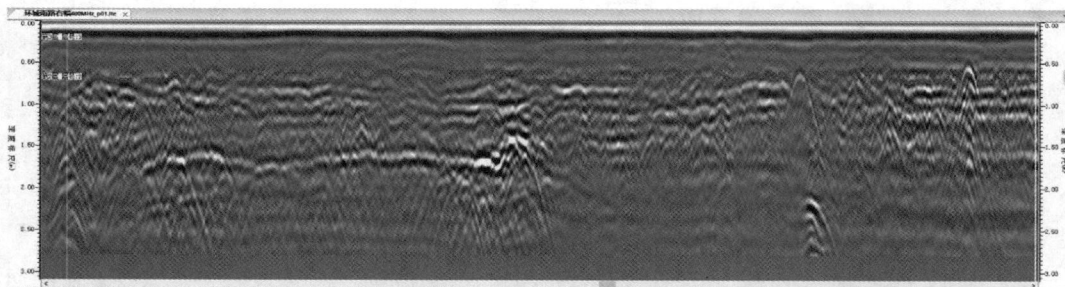

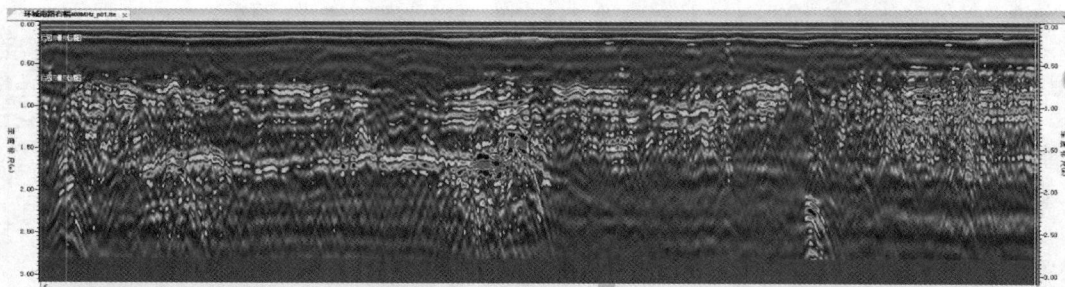

1800m   1850m

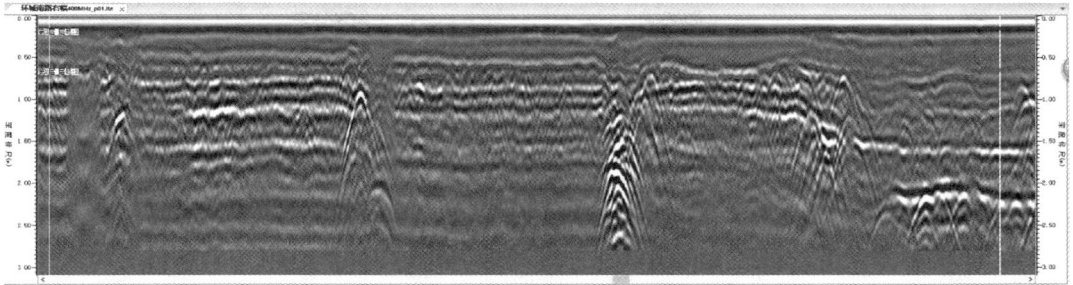

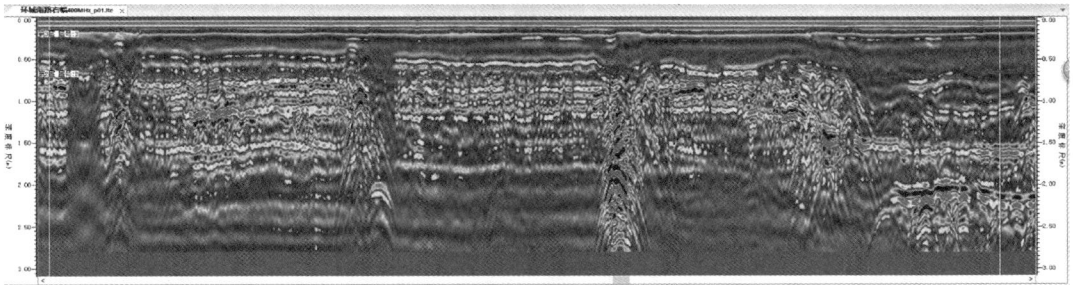

1850m   1900m

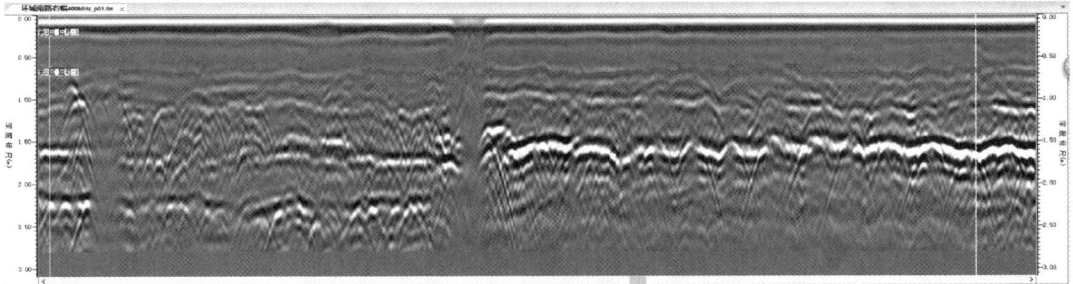

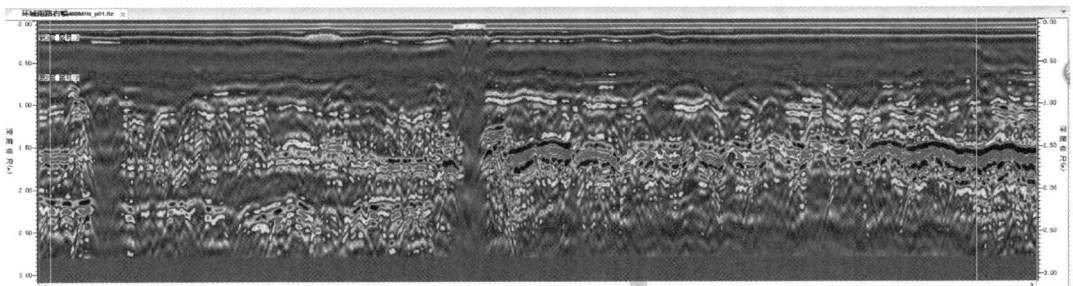

1900m   1950m

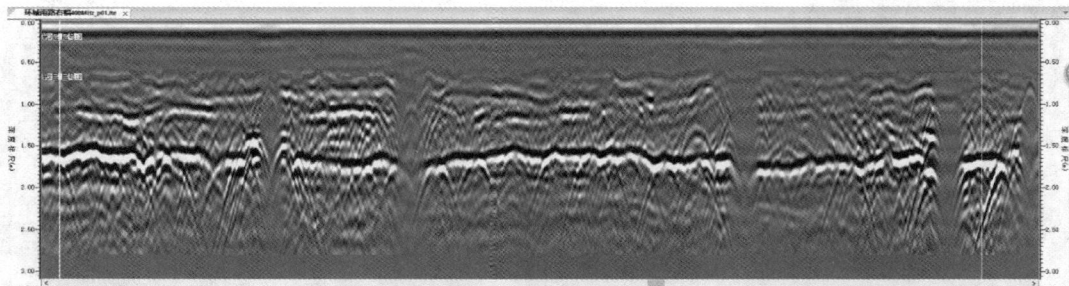

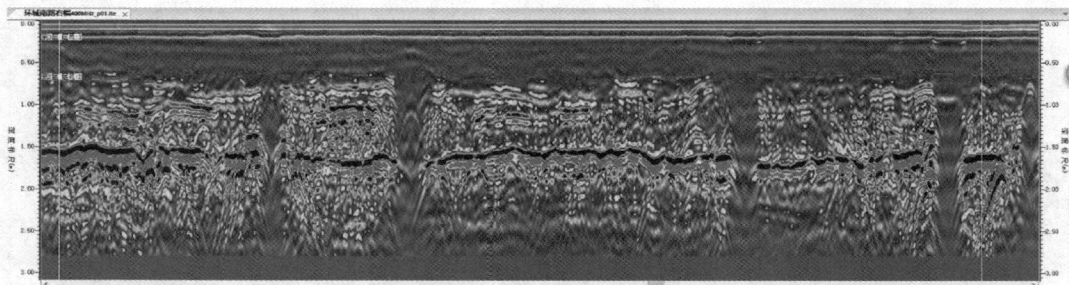

1950m   2000m

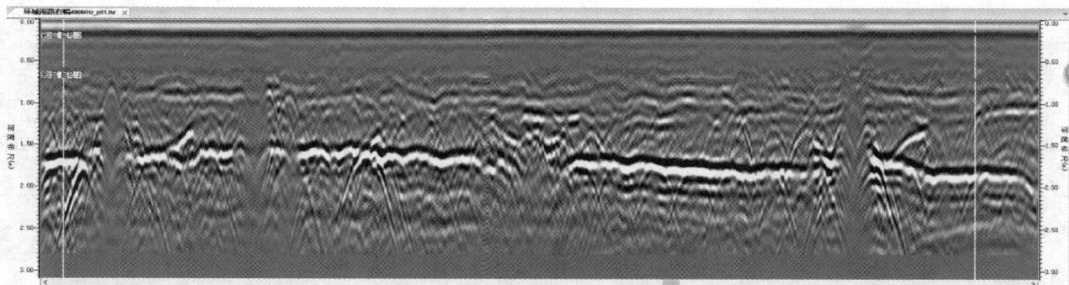

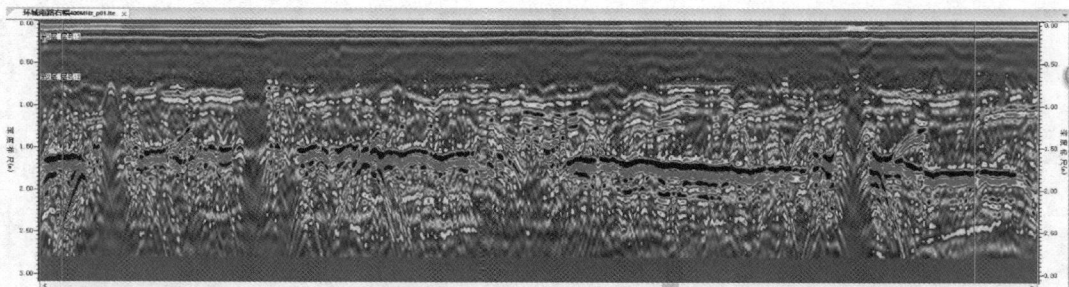

2000m   2050m

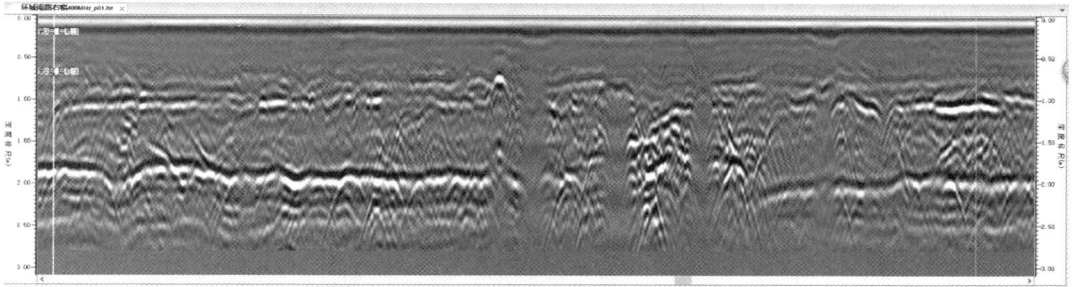

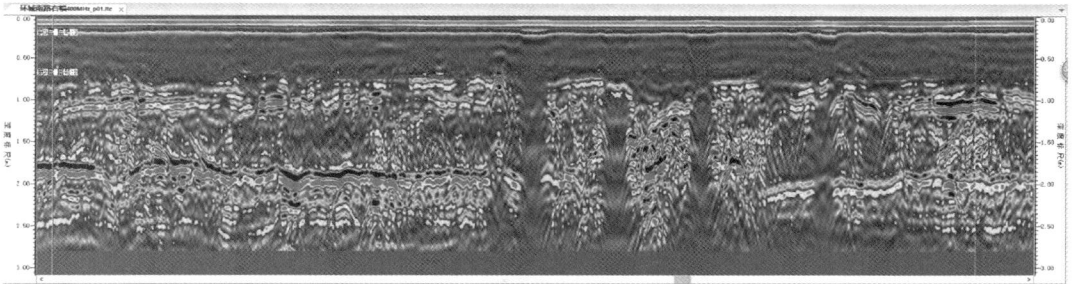

2050m   2100m

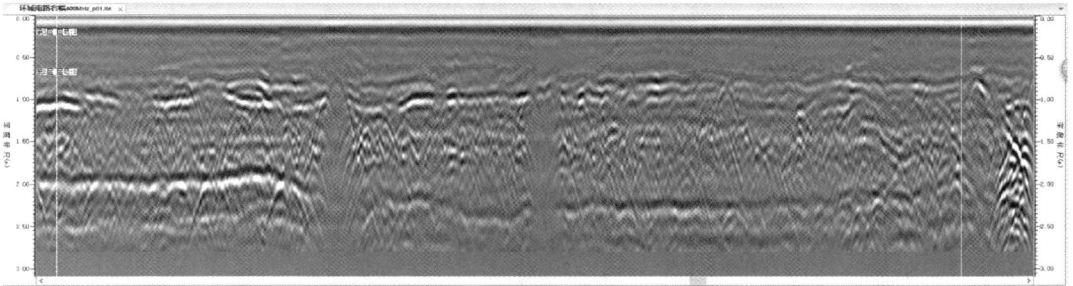

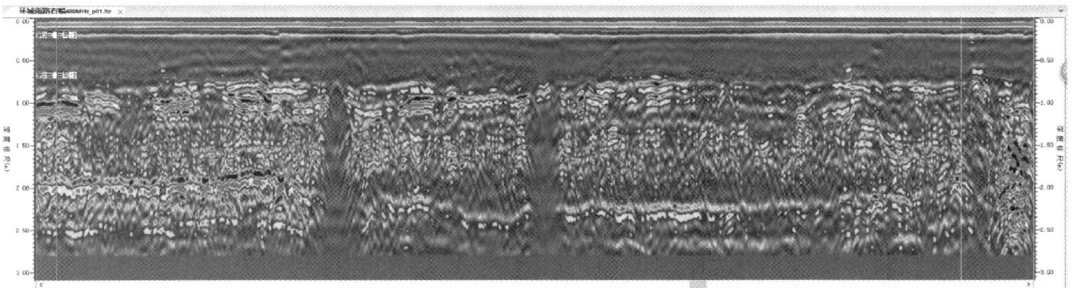

2100m   2150m

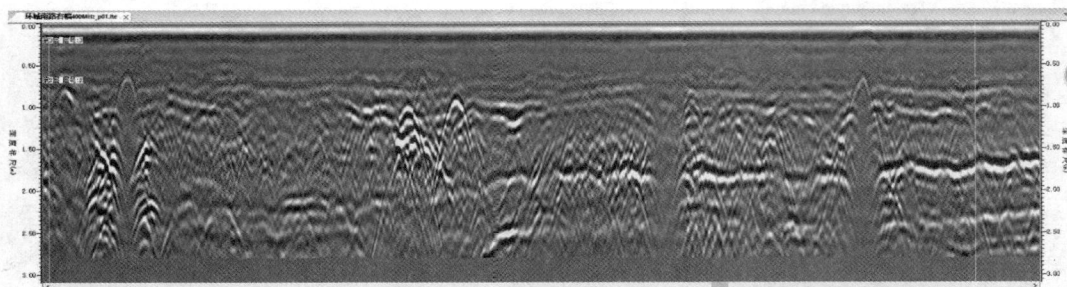

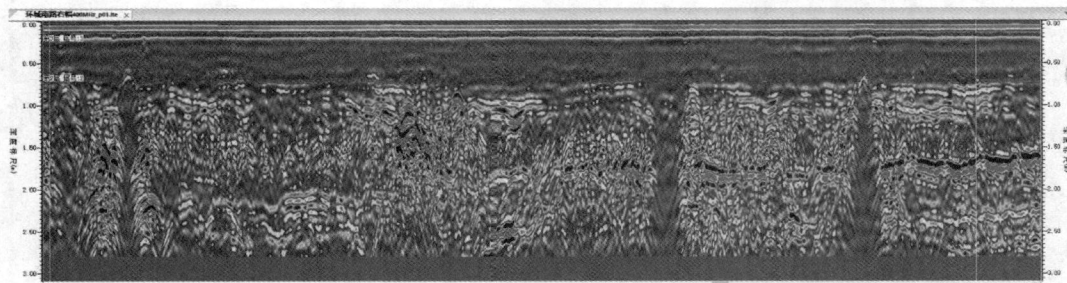

2150m   2200m

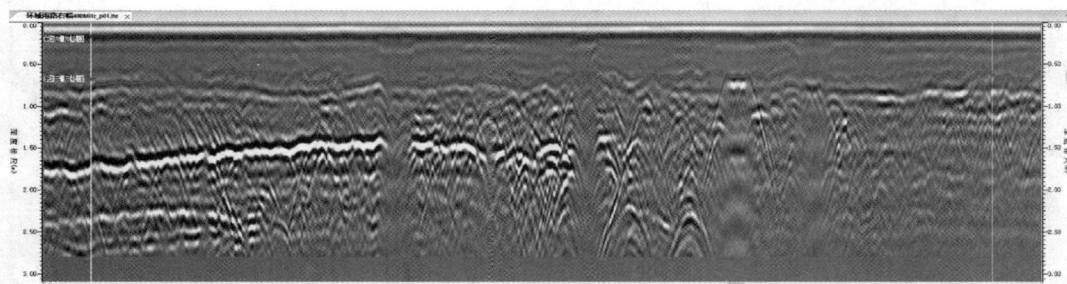

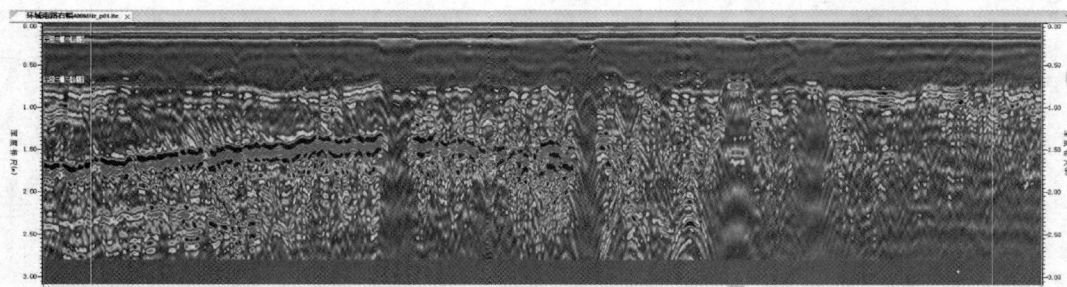

2200m 2250m

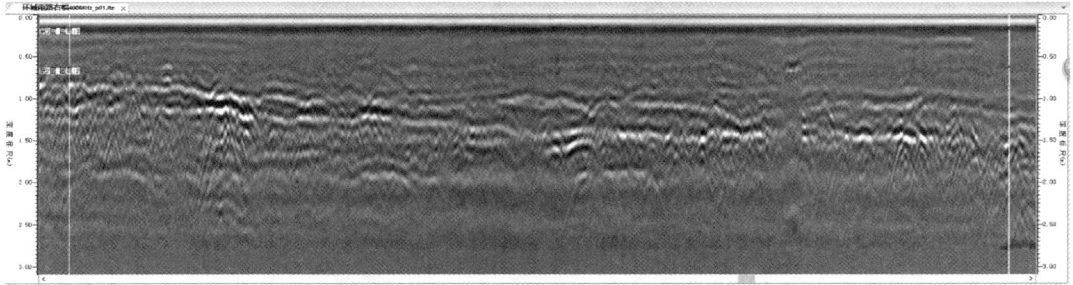

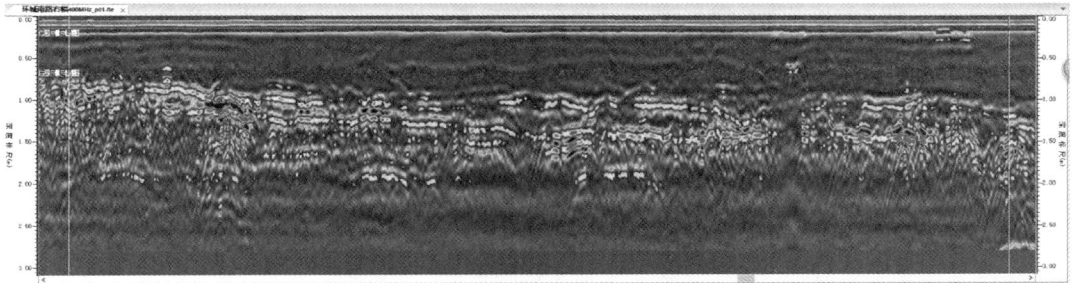

2250m 2300m

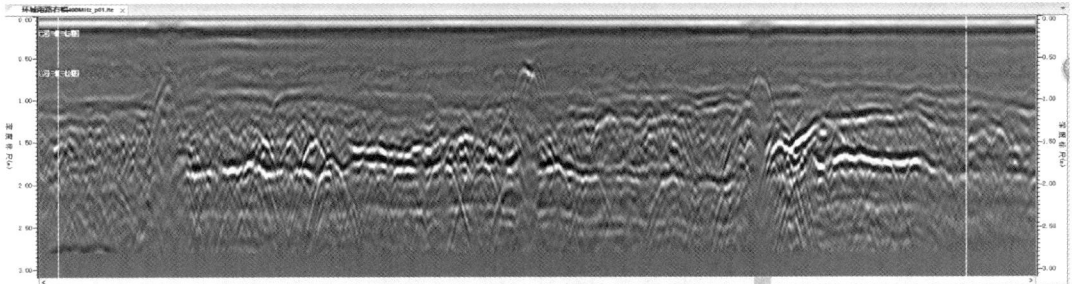

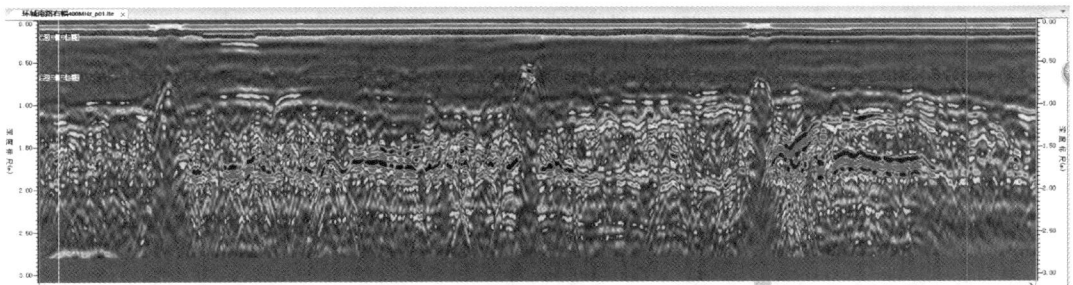

2300m   2350m

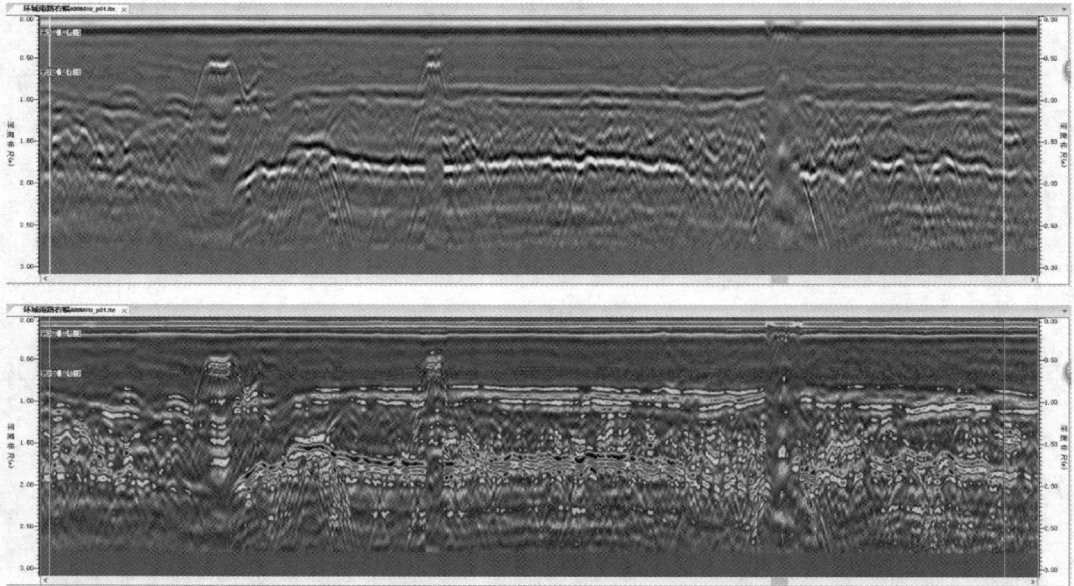

2350m   2400m

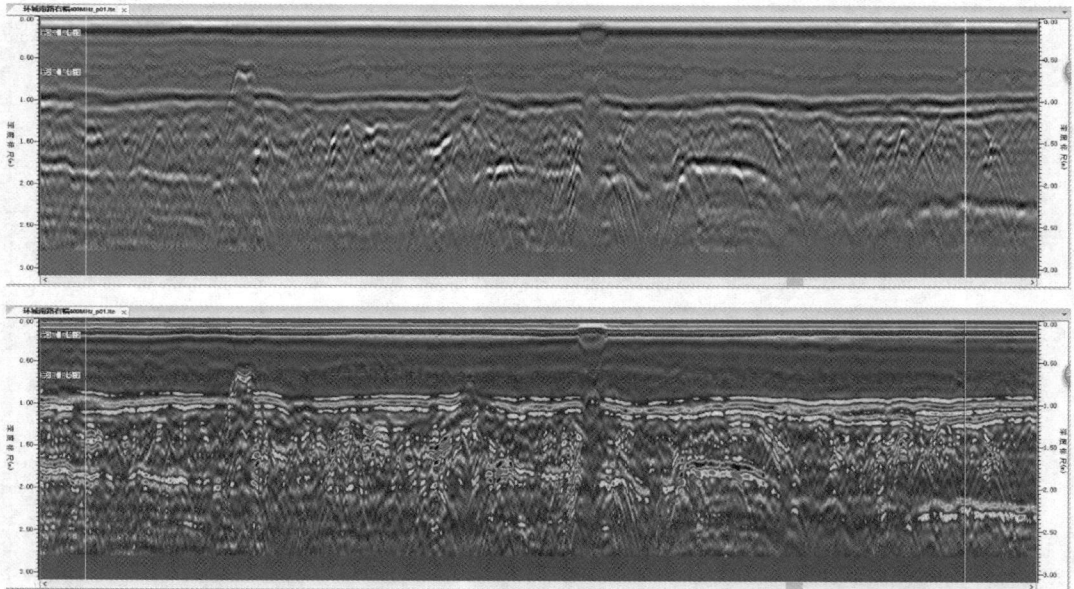

2400m

2450m

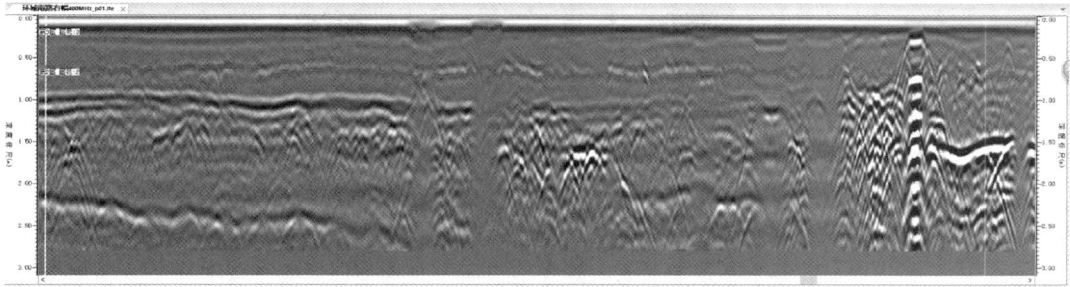

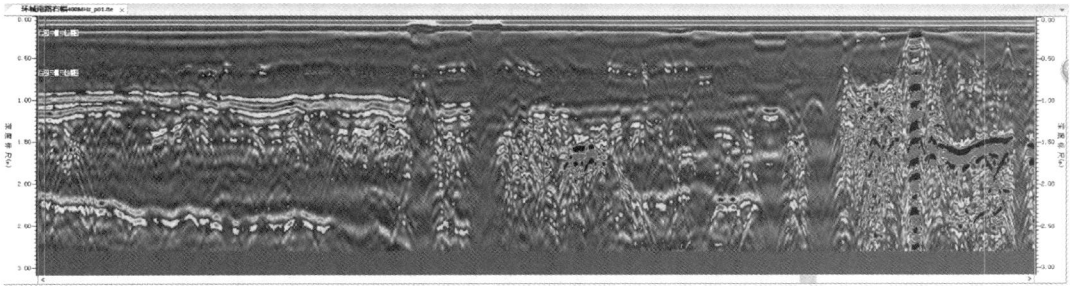

2450m

2500m

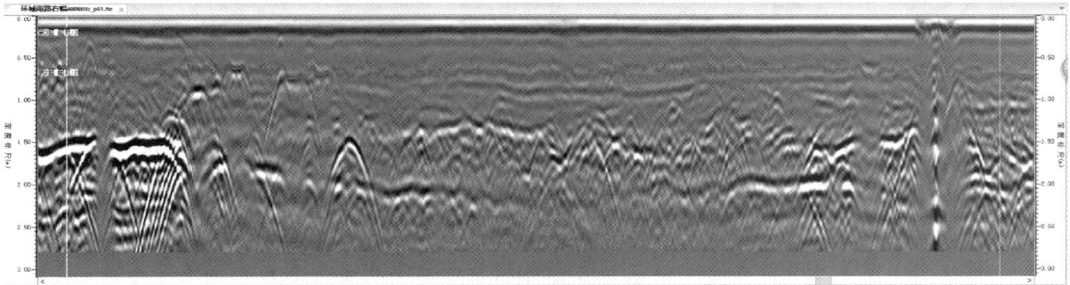

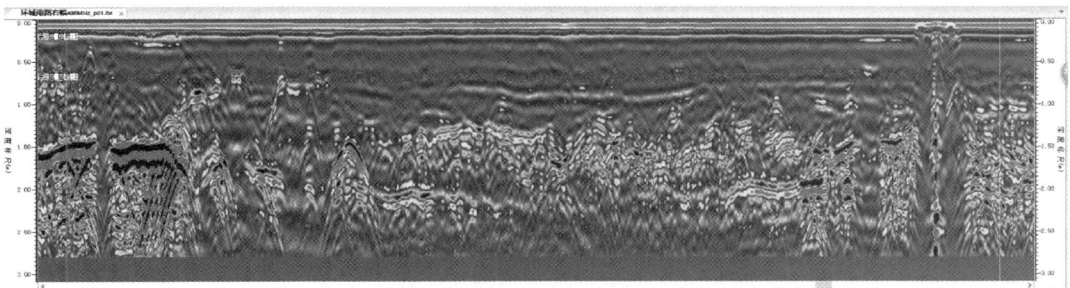

2500m   2550m

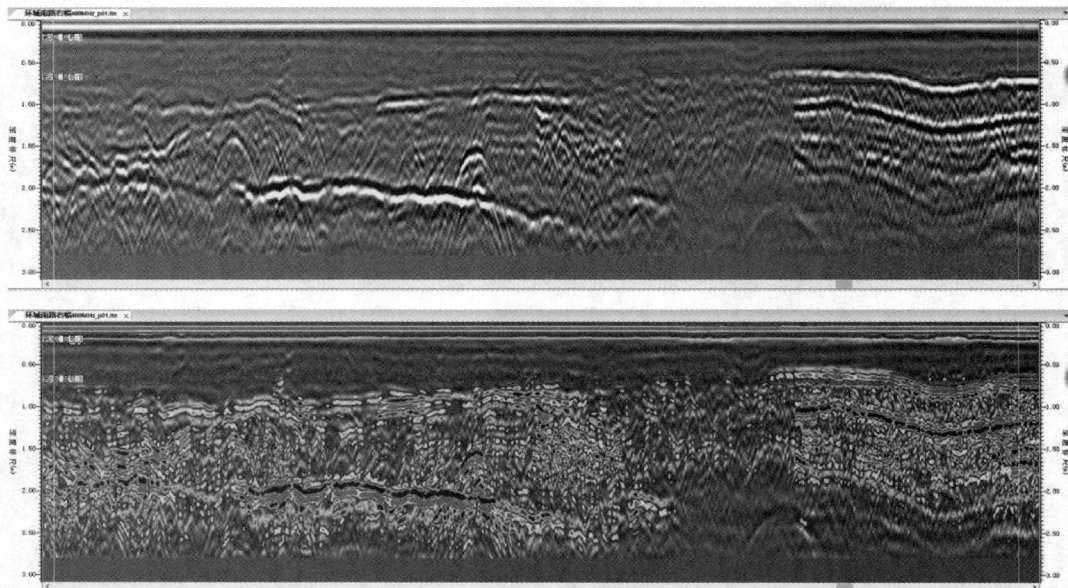

2550m   2600m

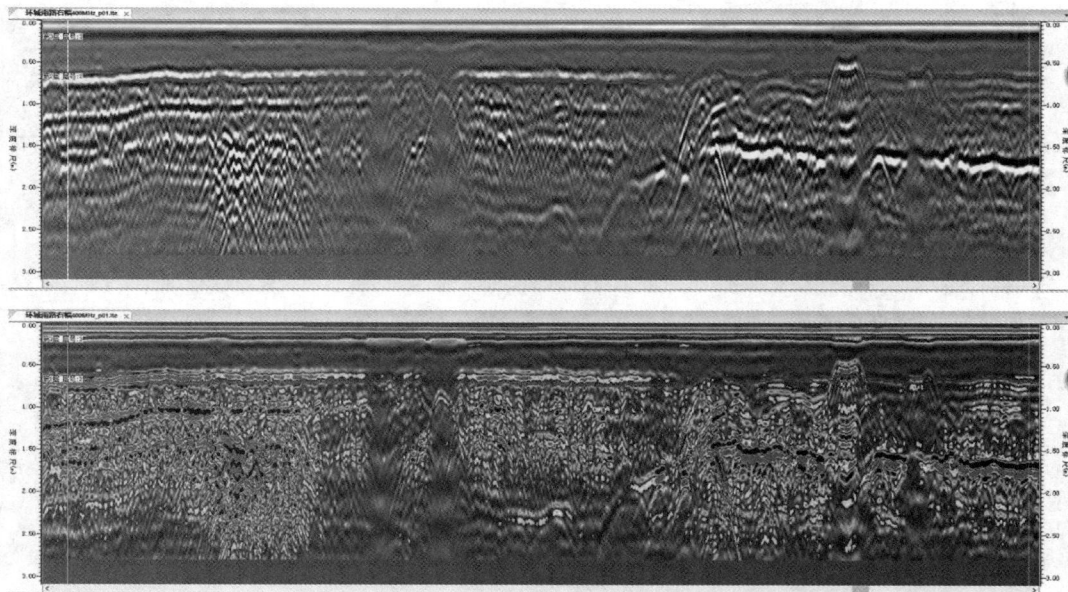

2600m   2650m

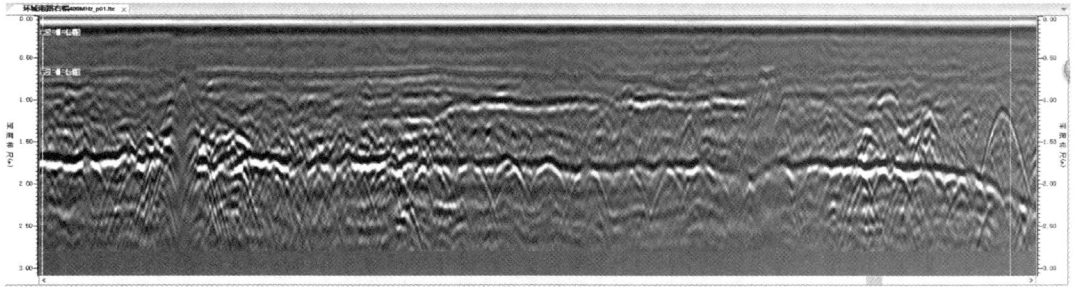

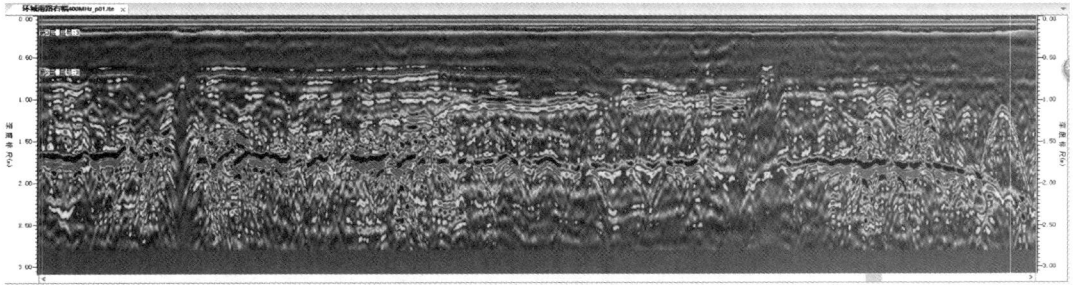

2650m   2700m

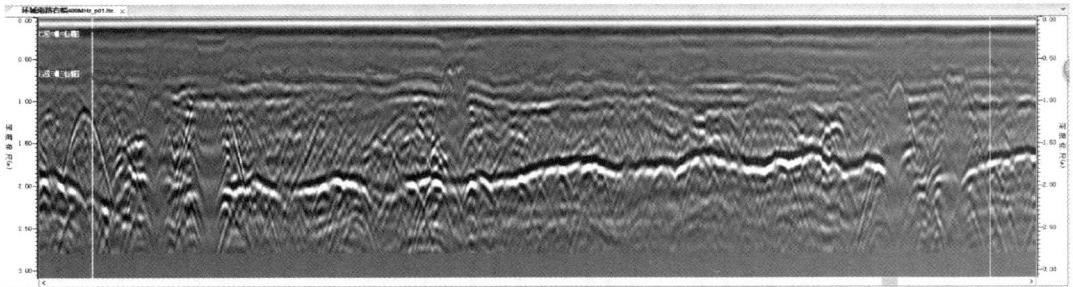

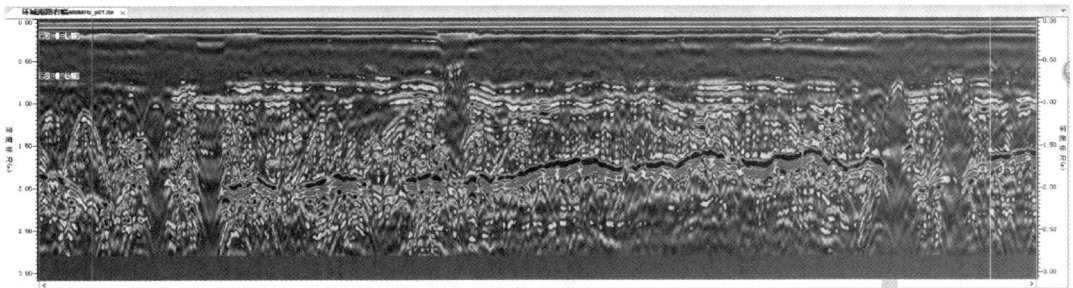

2700m   2750m

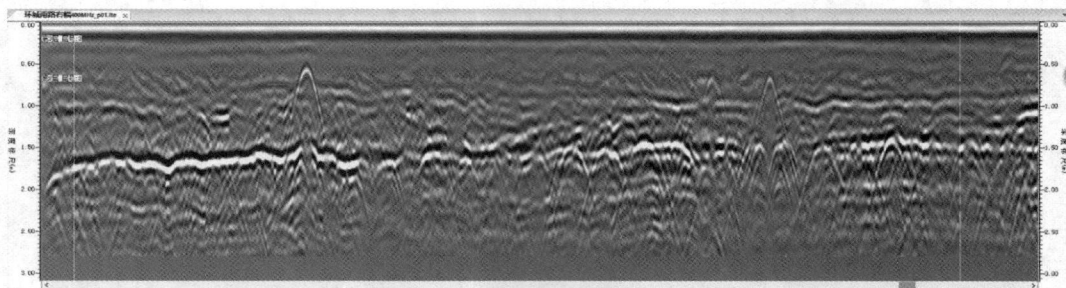

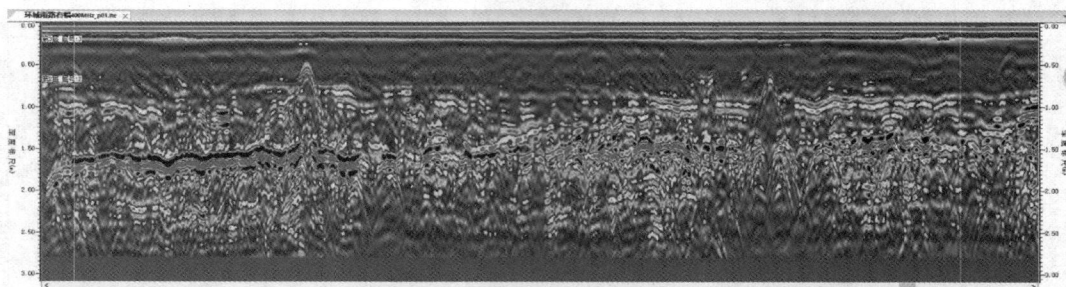

2750m   2800m

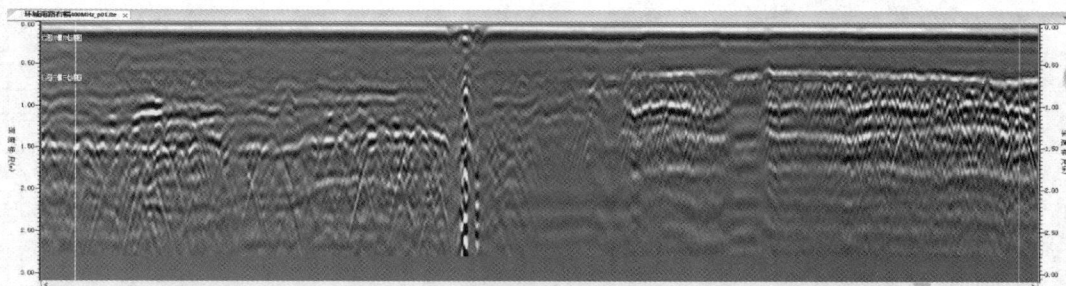

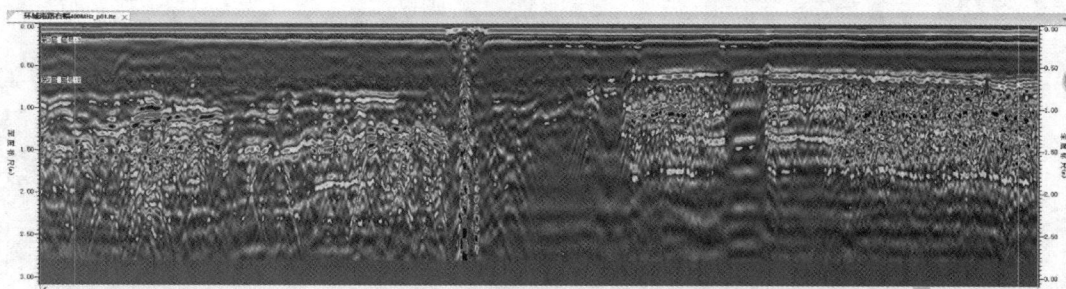

2800m   2850m

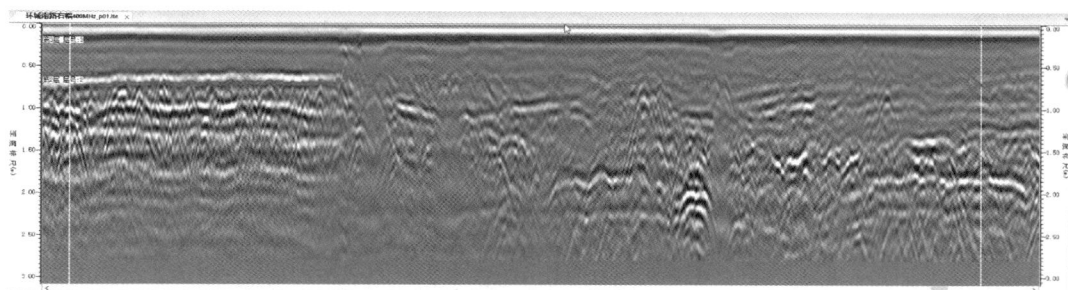

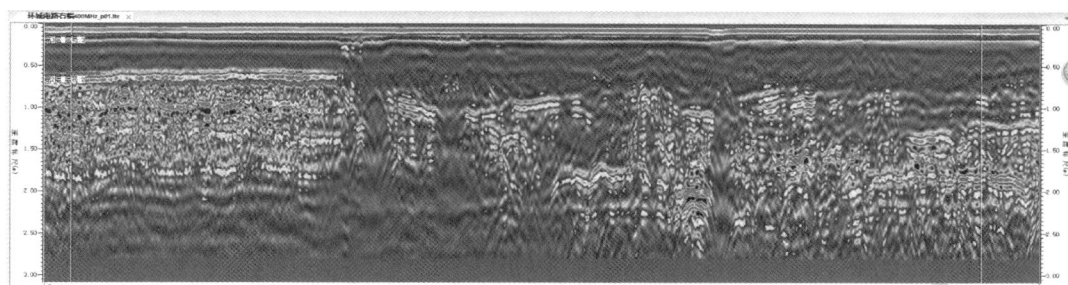

2850m   2900m

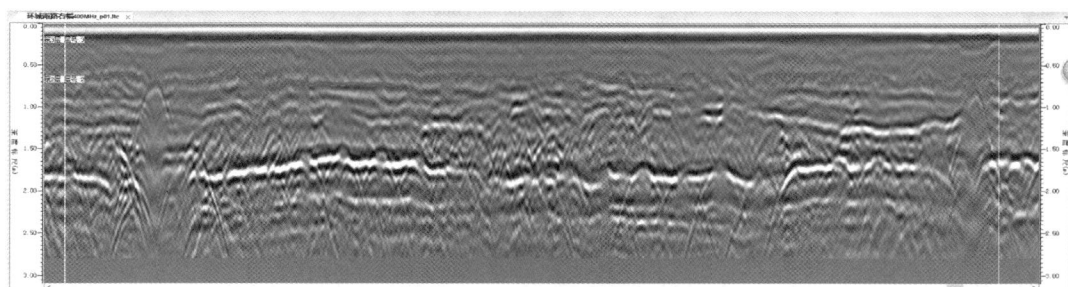

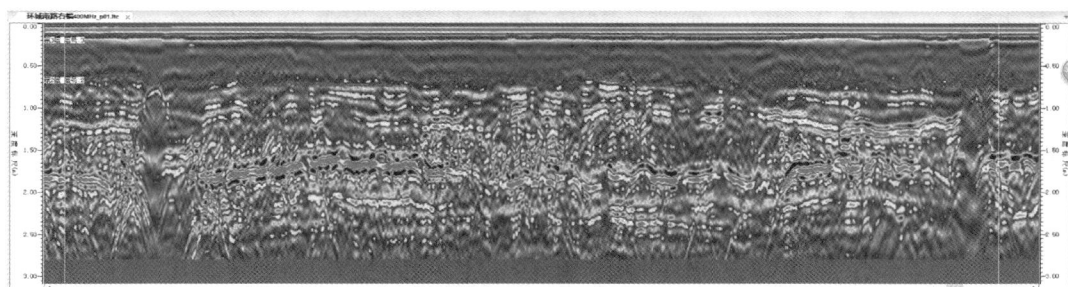

2900m   2950m

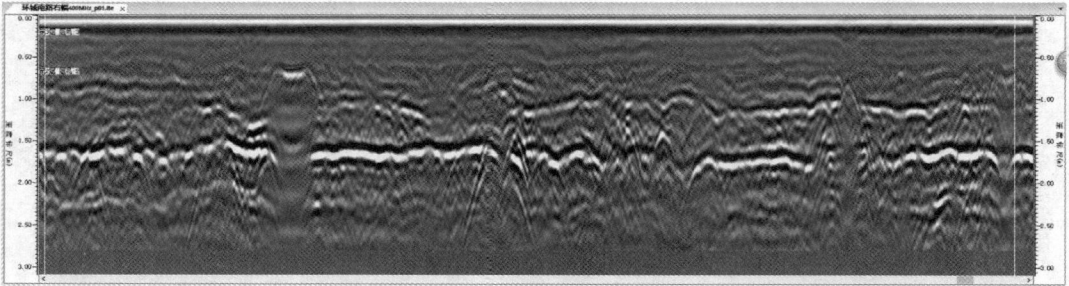

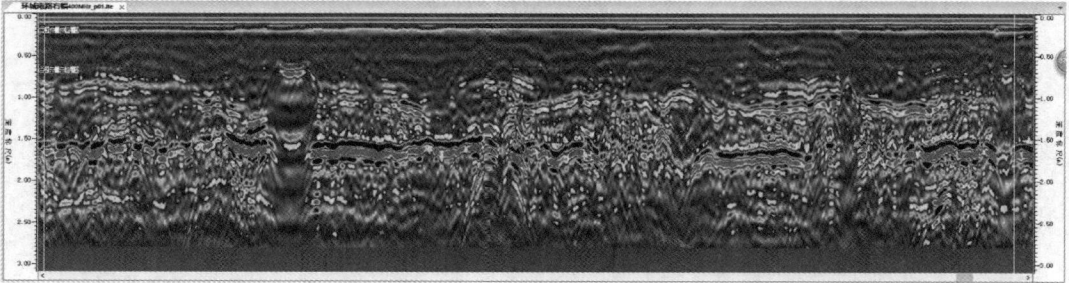

2950m   3000m

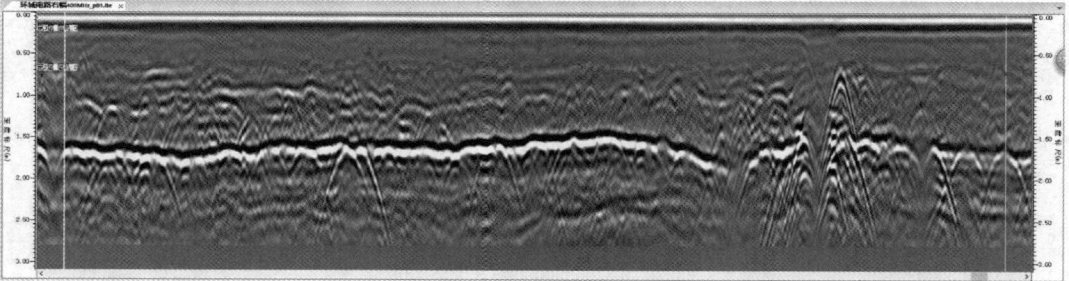

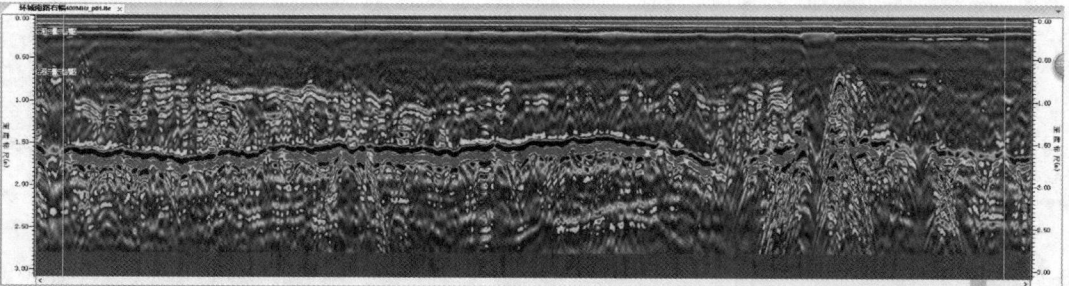

3000m　　　　　　　　　　　　　　　　　　　　　　　　　　　　　　　3050m

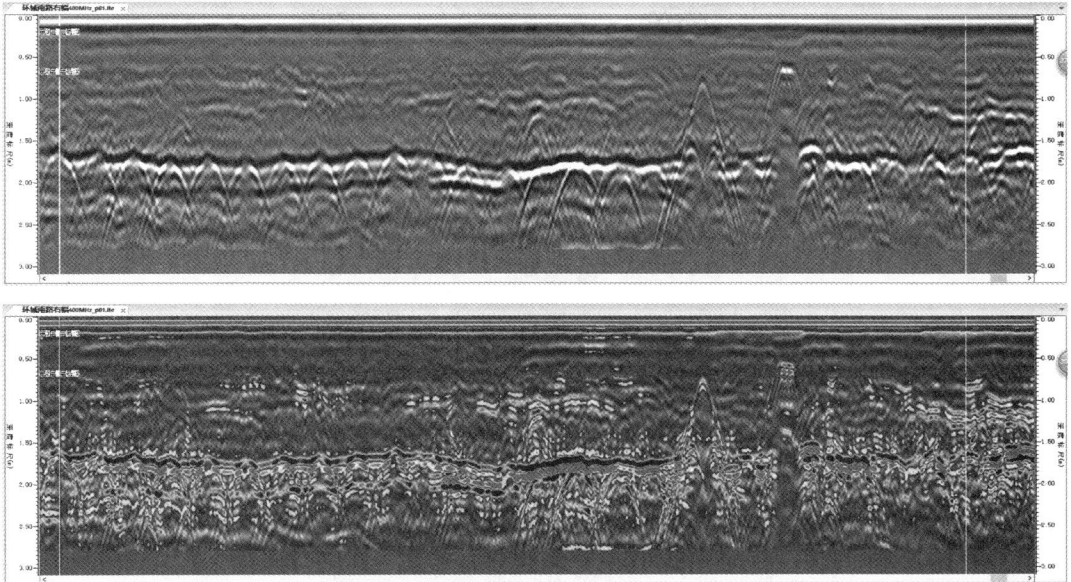

3050m　　　　　　　　　　　　　　　　　　　　　　　　　　　　　　　3100m

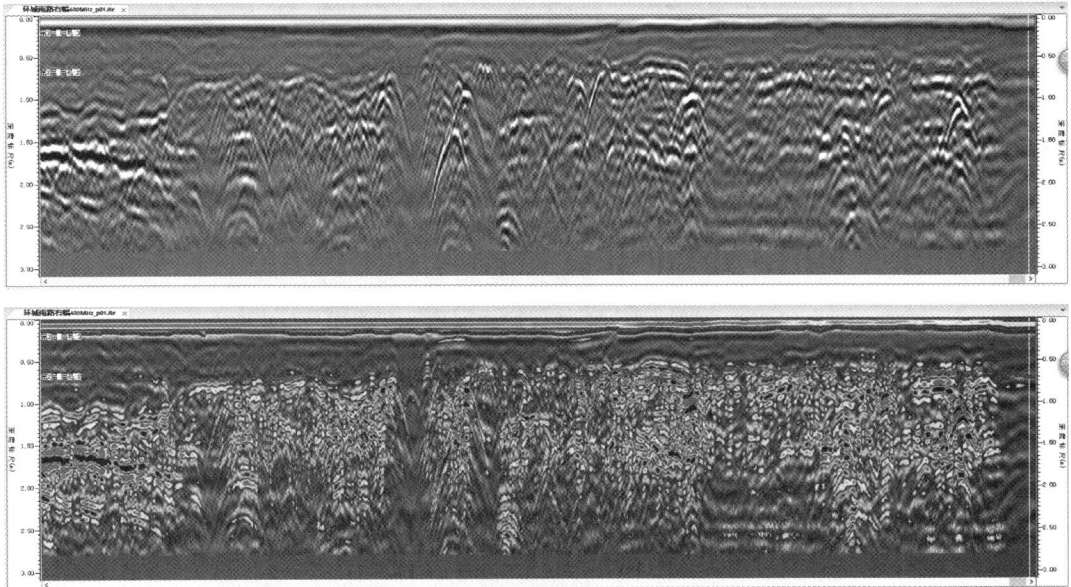

图 12.10　LTD2100-MHz 400 路面管线右幅 1 车道西→东纵向探测成果

◆◇ 12.8 道路地下管线检测典型实例

（1）零阳中路道路地下管线检测实例如图 12.11 至图 12.14 所示。

（a）地下电缆、污水和雨水管线

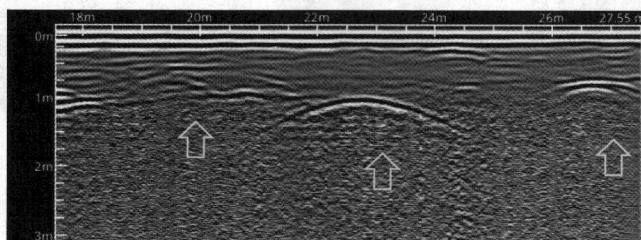

（b）RD1100 检测管线灰度图（箭头指向管线位置）

图 12.11　零阳中路东端左幅左侧 3 车道地下各类管线探测

（a）路面基层施工与地下电缆、污水和雨水管线

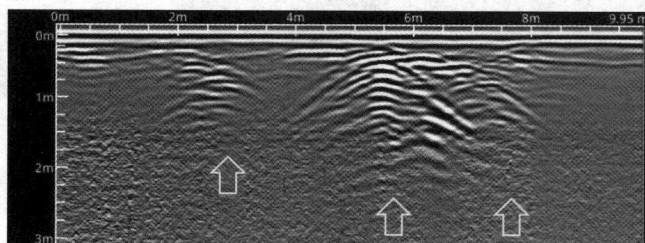

（b）RD1100 检测管线灰度图（箭头指向管线位置）

图 12.12　零阳中路东端右幅右侧 3 车道地下各类管线探测

（a）地下电缆、污水和雨水管线

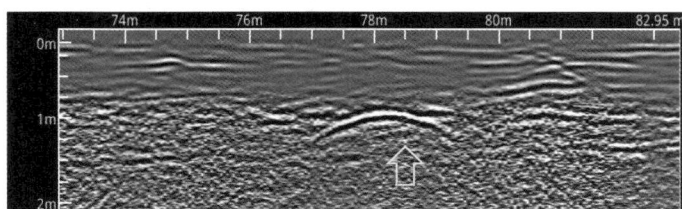

（b）RD1100 检测管线灰度图（箭头指向管线位置）

图 12.13　零阳中路西端左幅左侧 3 车道地下各类管线探测

（a）路面基层施工与地下电缆、污水和雨水管线

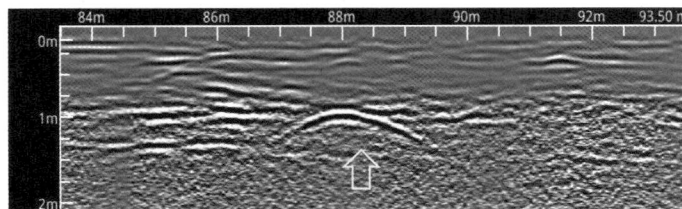

（b）RD1100 检测管线灰度图（箭头指向管线位置）

图 12.14　零阳中路西端右幅右侧 3 车道地下各类管线探测

（2）零阳西路道路地下管线检测实例如图 12.15 至图 12.17 所示。

图 12.15　零阳西路右幅 3 车道加油站出入口地下各类管线管沟位置

图 12.16　零阳西路右幅 3 车道加油站出入口地下管线管沟展布

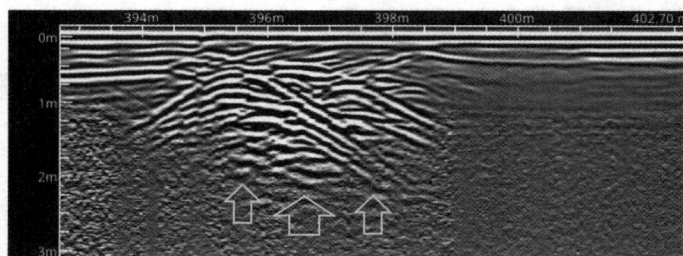

（a）出口 RD1100 检测管线灰度图（箭头指向管线位置）

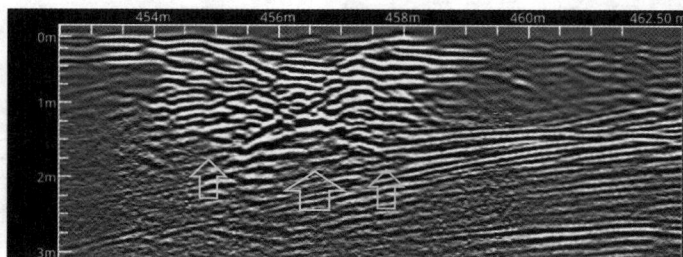

（b）入口 RD1100 检测管线灰度图（箭头指向管线位置）

图 12.17　零阳西路右幅加油站出入口地下管线管沟探测

（3）环城南路沥青路面坑槽、地下管线检测实例如图 12.18 和图 12.19 所示。

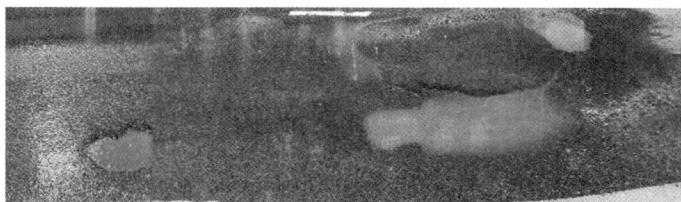

（a）右幅南侧 1 车道路面突积水与坑槽

（b）右幅南侧 1 车道路面突积水坑槽修补

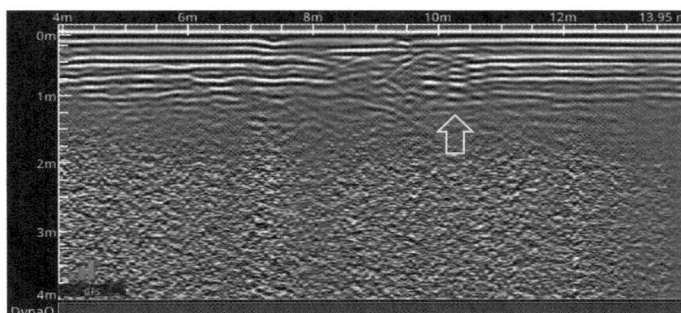

（c）纵向 1 车道 W→E 向 RD1100 测线

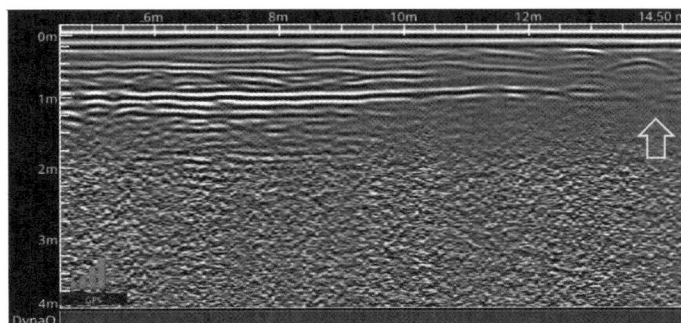

（d）纵向 2 车道 W→E 向 RD1100 测线

图 12.18　环城南路南侧路面地下给水管线破裂探测

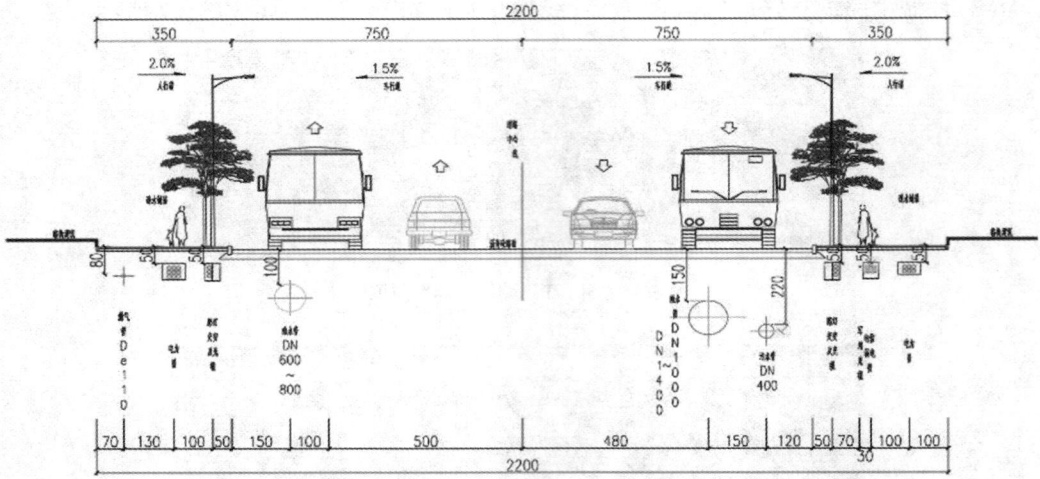

(e)横向车道与地下管线位置设计图

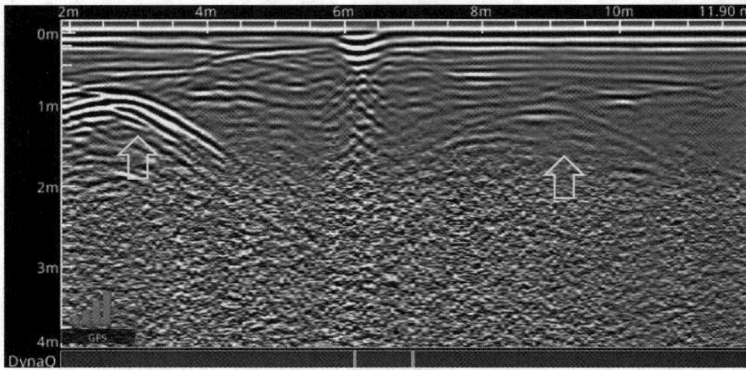

(f)横向车道 S→N 向 RD1100 测线

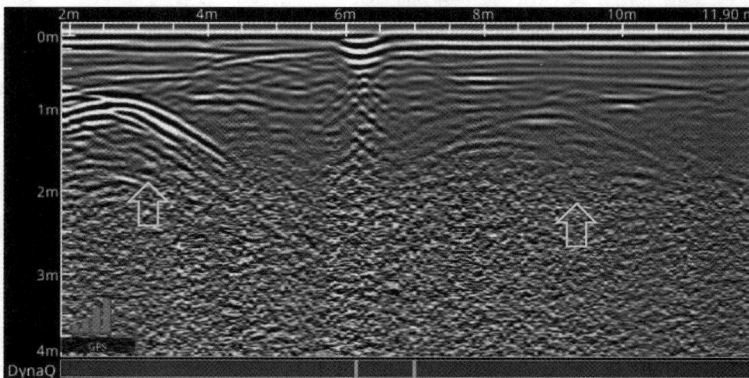

(g)横向车道与地下管线合成图

图 12.19 环城南路沥青路面坑槽、地下管线检测

（4）零阳西路左幅水泥混凝土道路地下管线开挖探槽与检测诊断成果如下。

①1 号开挖探槽与检测（见图 12.20 和图 12.21）。

图 12.20　1 号（K1+690）开挖探槽与地下管线涵通

（a）西侧路面结构地层厚度分布

（b）东侧路面结构地层厚度分布

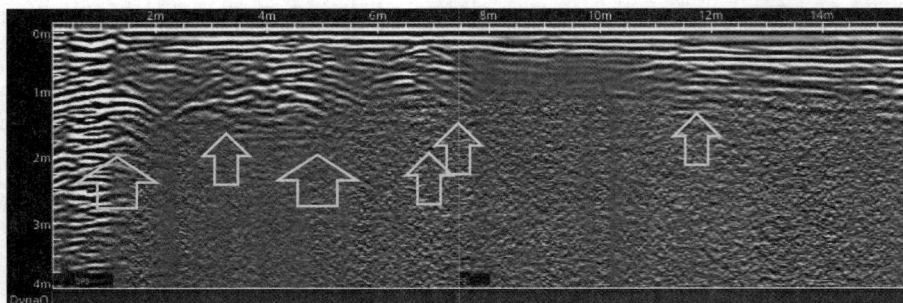

（c）东侧路面结构地层地下管线 RD1100 探测

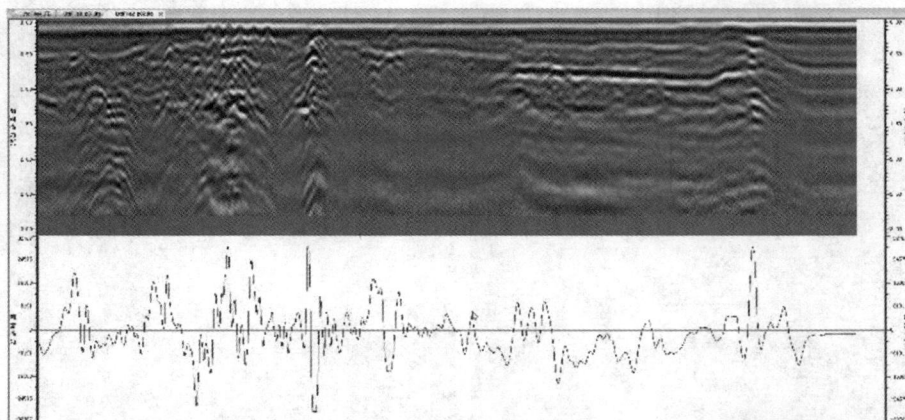

（d）东侧路面结构地层地下管线 LTD2100-400MHz 探测灰度图

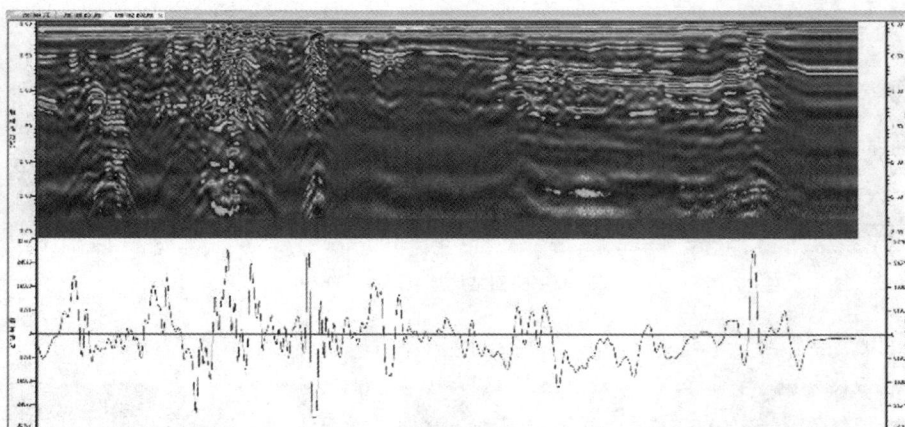

（e）东侧路面结构地层地下管线 LTD2100-400MHz 探测伪彩色图

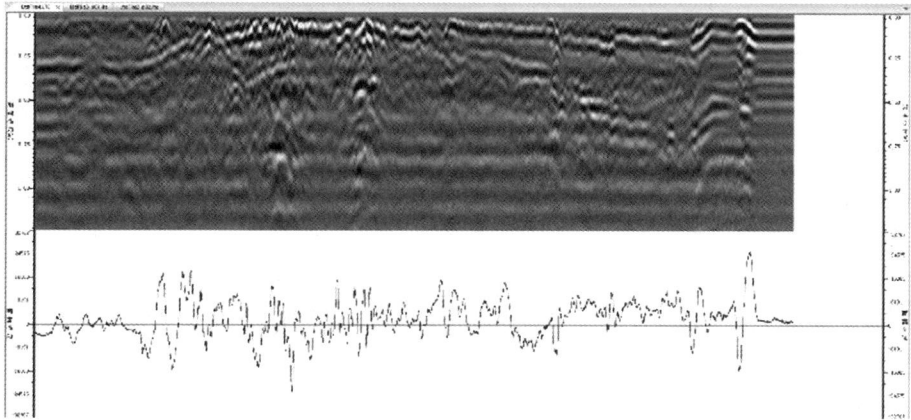

（f）东侧路面结构地层地下管线 LTD2100-900MHz 探测灰度图

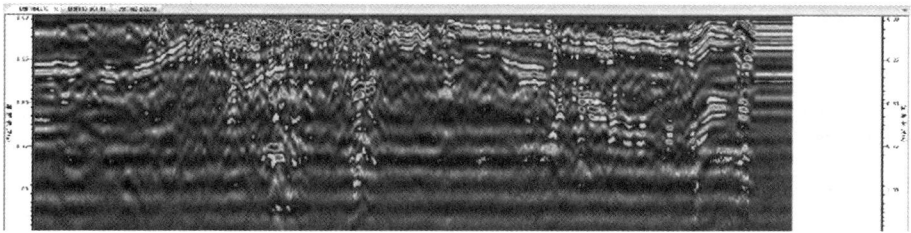

（g）东侧路面结构地层地下管线 LTD2100-900MHz 探测伪彩色图

（h）南侧路面结构地层地下管线

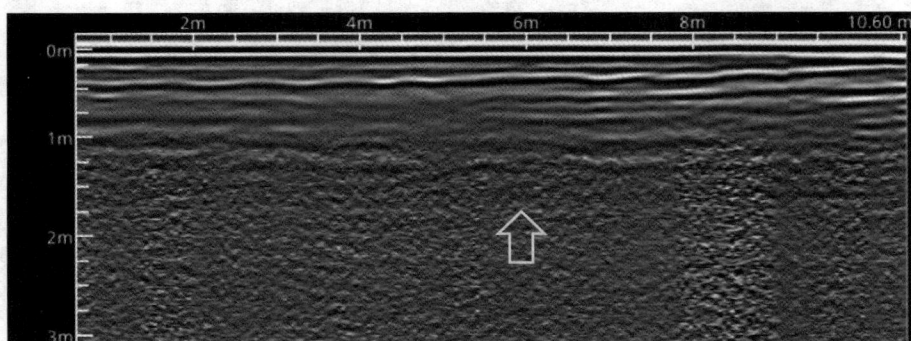

(i)南侧路面结构地层地下管线 RD1100 探测

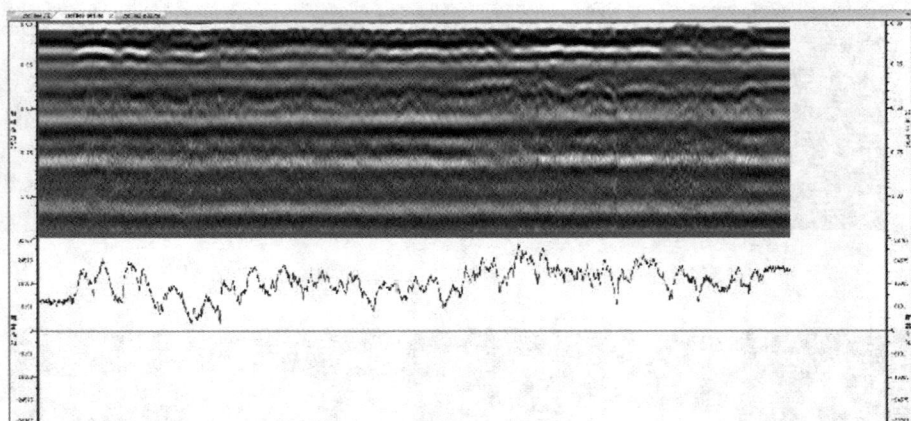

(j)南侧路面结构地层地下管线 LTD2100-900MHz 探测灰度图

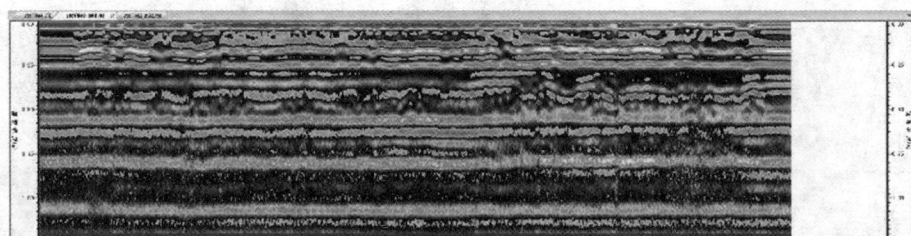

(k)南侧路面结构地层地下管线 LTD2100-900MHz 探测伪彩色图

图 12.21 1 号(K1+690)开挖探槽路面地层地下管线探测

② 2 号开挖探槽与检测诊断(见图 12.22 和图 12.23)

图 12.22　2 号(K1+760) 开挖探槽与地下管线涵通

(a) 西侧路面结构地层厚度分布

(b) 东侧路面结构地层厚度分布

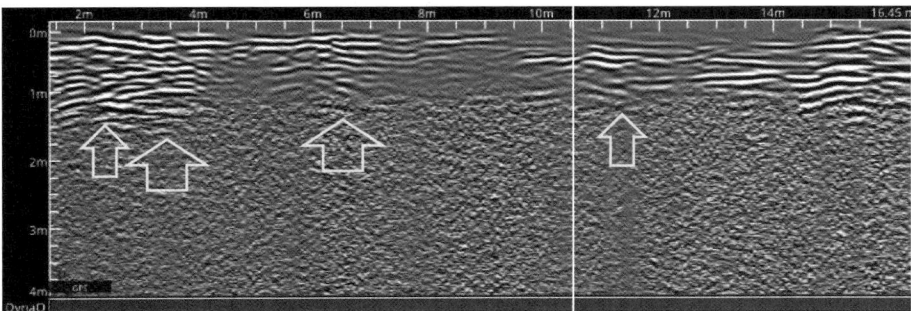

(c) 东侧路面结构地层地下管线 RD1100 探测

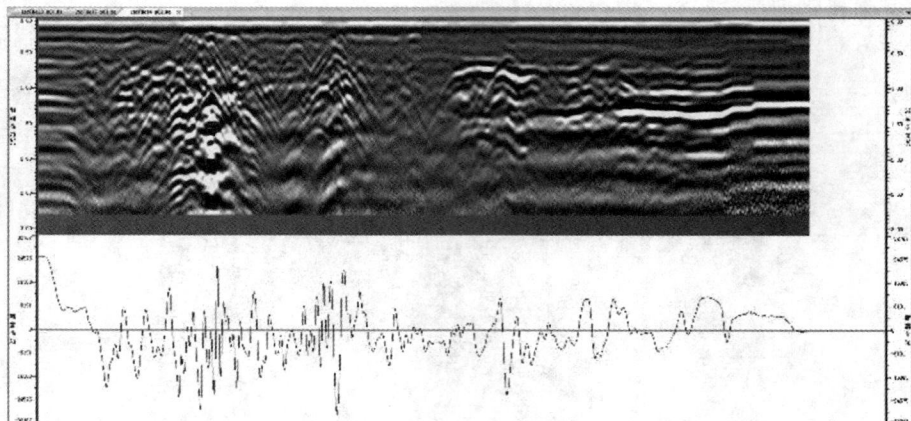

（d）东侧路面结构地层地下管线 LTD2100-400MHz 探测灰度图

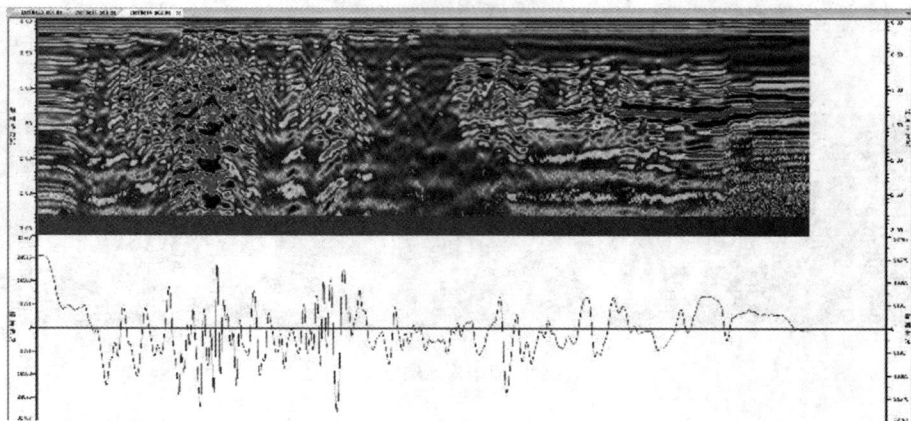

（e）东侧路面结构地层地下管线 LTD2100-400MHz 探测伪彩色图

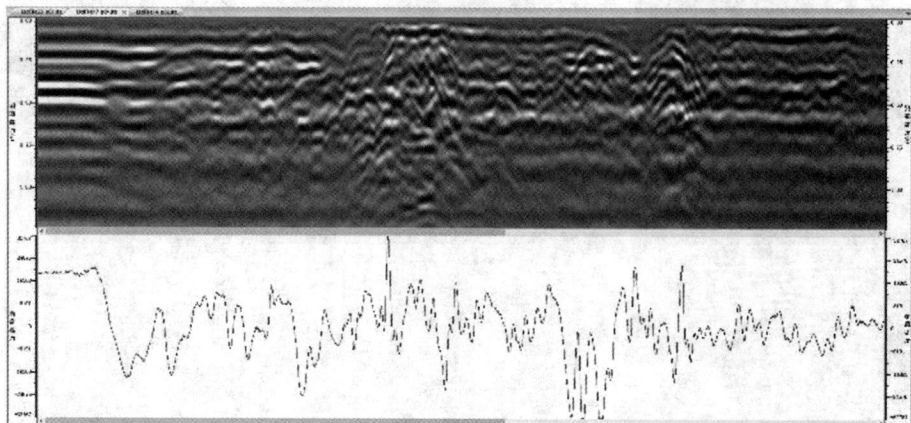

（f）东侧路面结构地层地下管线 LTD2100-900MHz 探测灰度图

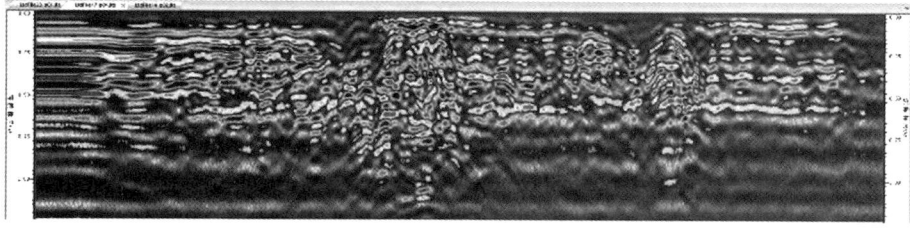

（g）东侧路面结构地层地下管线 LTD2100~900MHz 探测伪彩色图

（h）南侧路面结构地层地下管线

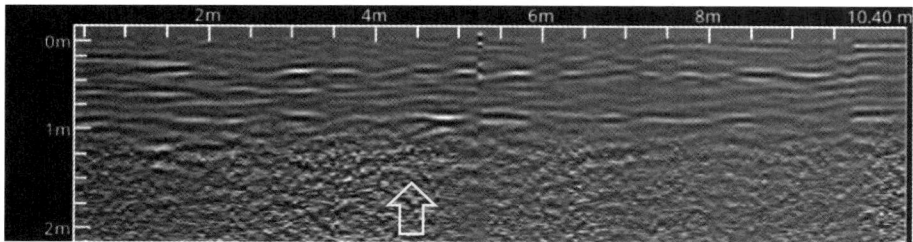

（i）南侧路面结构地层地下管线 RD1100 探测

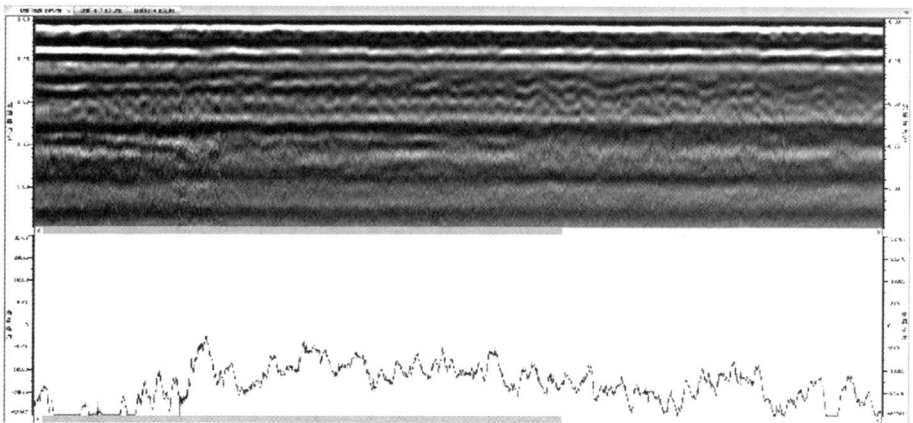

（j）南侧面结构地层地下管线 LTD2100~900MHz 探测灰度图

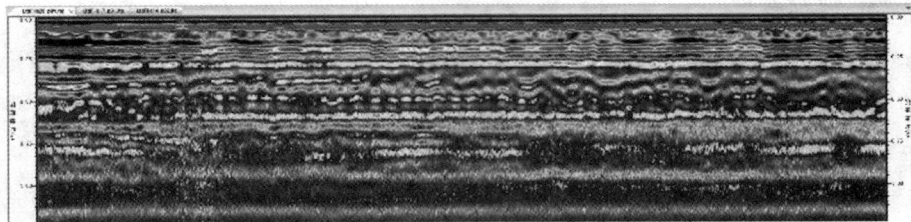

（k）南侧路面结构地层地下管线 LTD2100-900MHz 探测伪彩色图

图 12.23　2 号（K1+760）开挖探槽路面地层地下管线探测

③3 号开挖探槽与检测诊断（见图 12.24 和图 12.25）

图 12.24　3 号（K1+840）开挖探槽与地下管线涵通

（a）西侧路面结构地层厚度分布

（b）东侧路面结构地层厚度分布

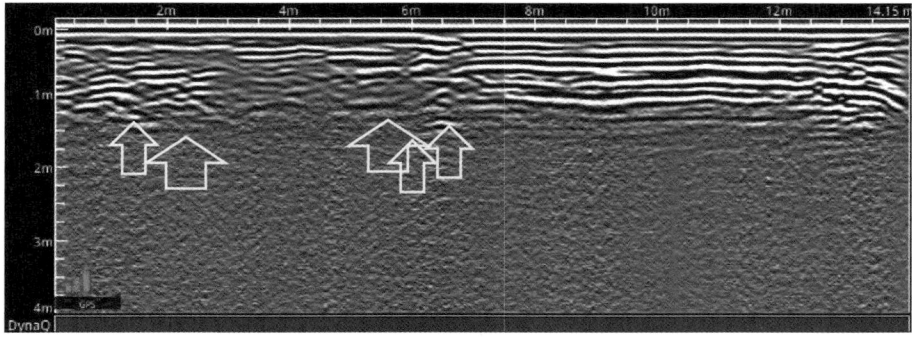

（c）东侧路面结构地层地下管线 RD1100 探测

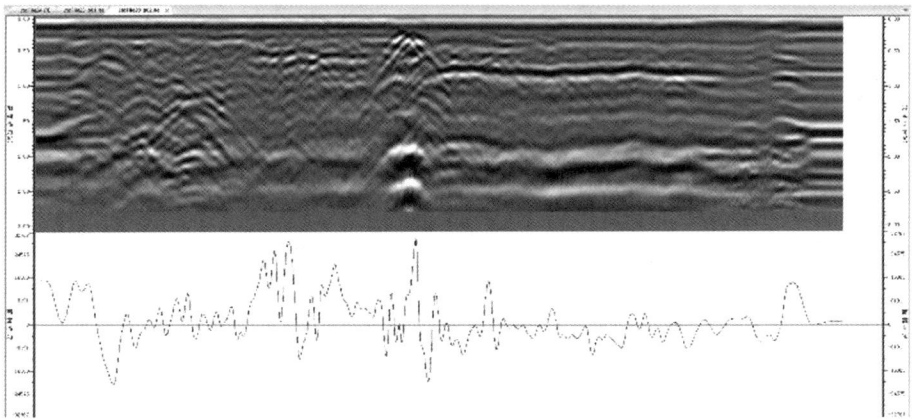

（d）东侧路面结构地层地下管线 LTD2100-400MHz 探测灰度图

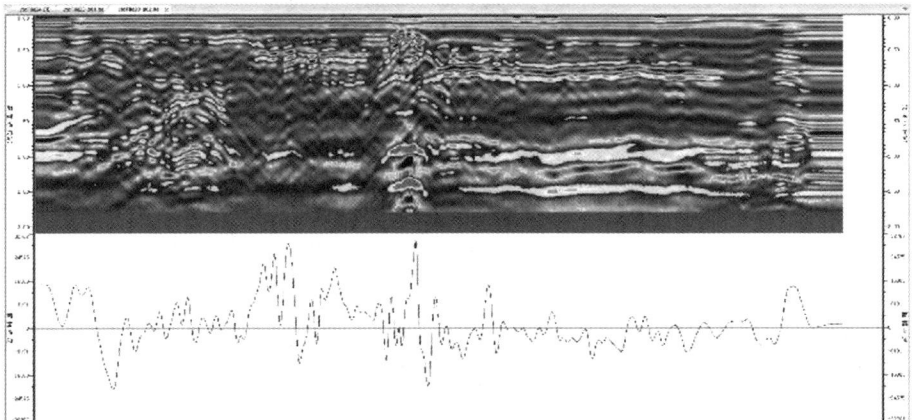

（e）东侧路面结构地层地下管线 LTD2100-400MHz 探测伪彩色图

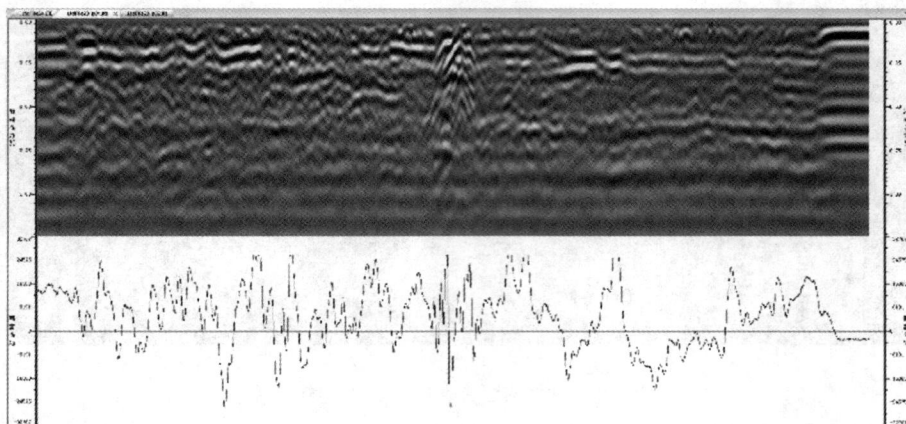

(f) 东侧路面结构地层地下管线 LTD2100-900MHz 探测灰度图

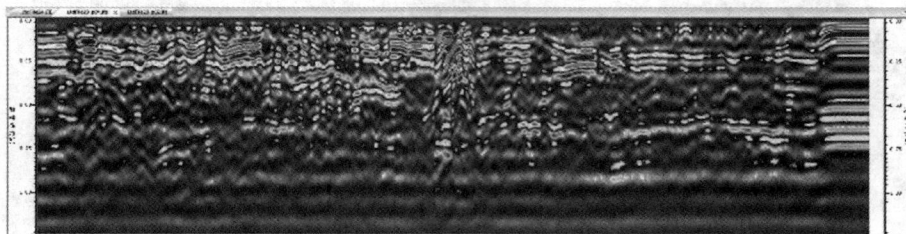

(g) 东侧路面结构地层地下管线 LTD2100-900MHz 探测伪彩色图

(h) 南侧路面结构地层地下管线

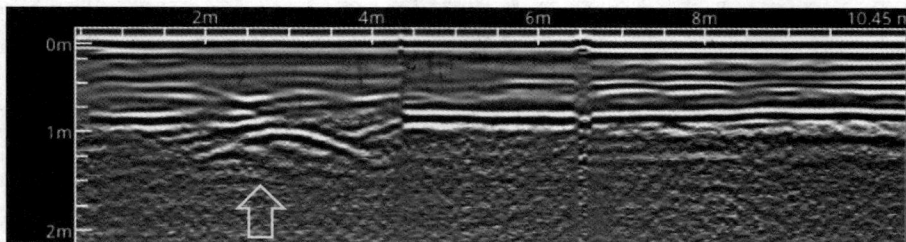

(i) 南侧路面结构地层地下管线 RD1100 探测

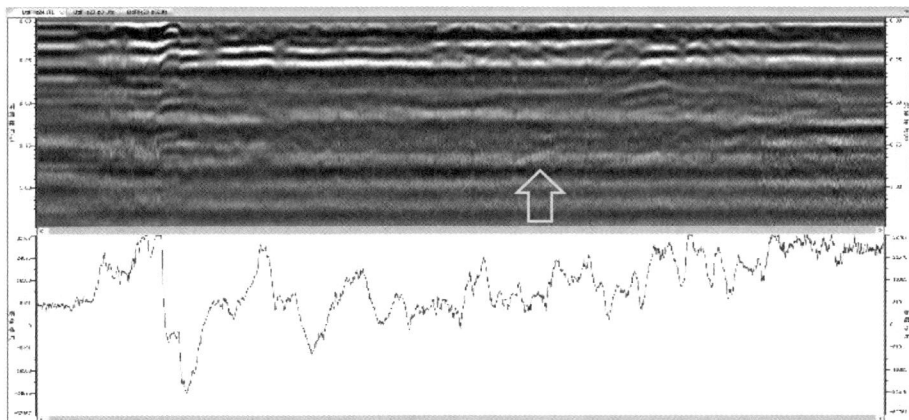

（j）南侧路面结构地层地下管线 LTD2100-900MHz 探测灰度图

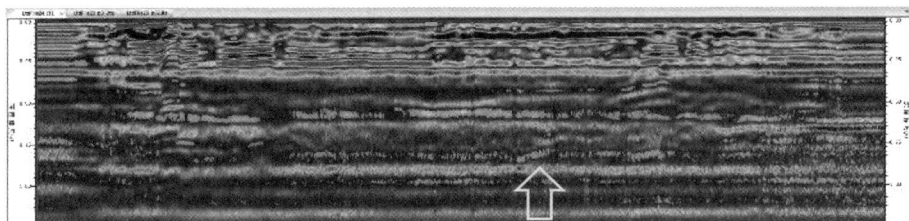

（k）南侧路面结构地层地下管线 LTD2100-900MHz 探测伪彩色图

图 12.25　3 号（K1+840）开挖探槽路面地层地下管线探测

◆◇ 12.9　路基地下管线开挖与检测

零阳西路右幅路基地下管线开挖与检测诊断。

（1）典型路基地下管线纵向 LTD2100 检测（见图 12.26）。

（a）南侧路基地下管线 LTD2100-400MHz 探测照片

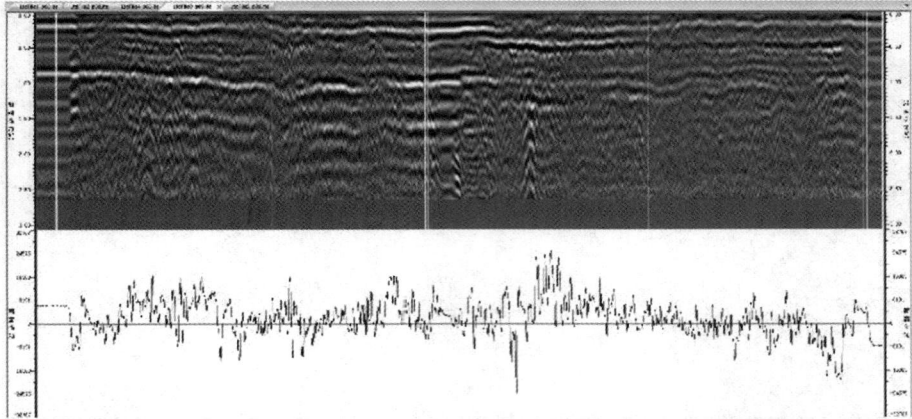

（b）横穿南侧路基地下管线 LTD2100−400MHz 探测灰度图（回测）

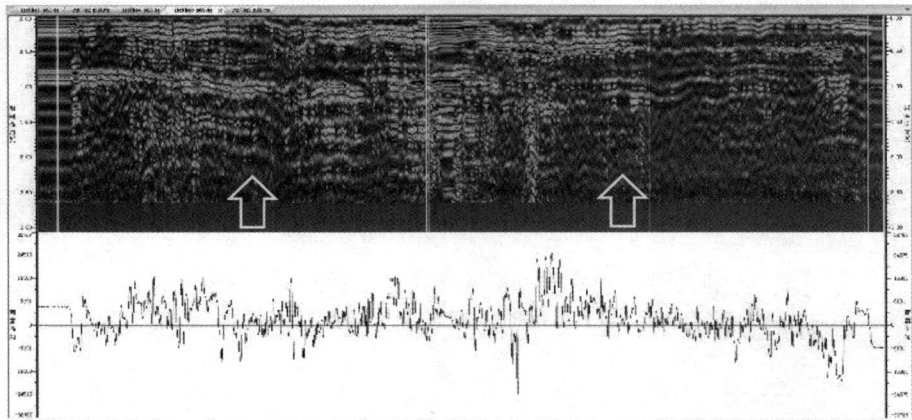

（c）横穿南侧路基地下管线 LTD2100−400MHz 探测伪彩色图（回测）

图 12.26　横穿南侧跨基地下管线 LTD2100−400MHz 探测

（2）典型路基地下管线横向 LTD2100 检测（见图 12.27）。

（a）南侧路基地下管线 LTD2100−400MHz 探测照片

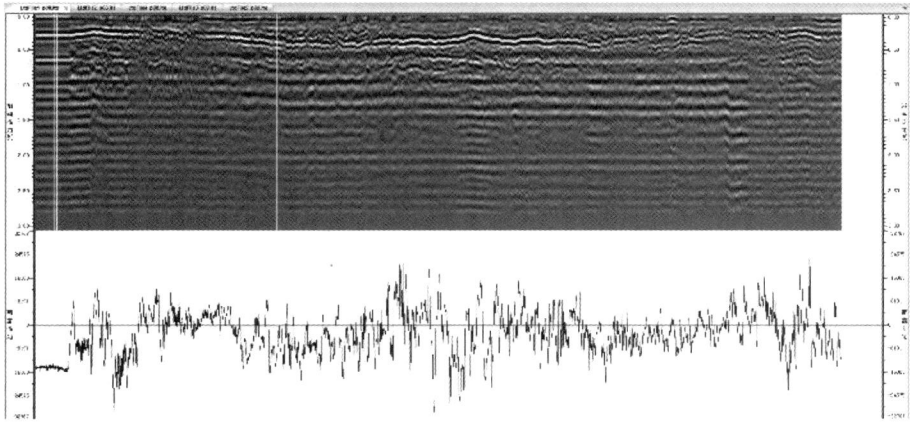

(b)横穿南侧路基地下管线 LTD2100-400MHz 探测灰度图(回测)

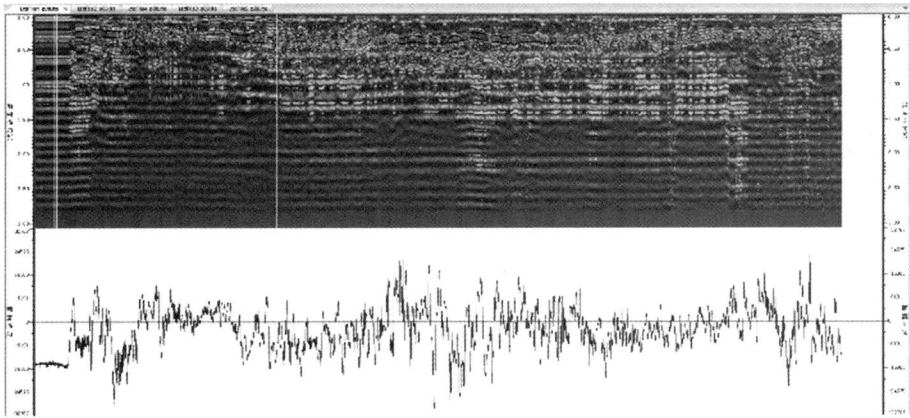

(c)横穿南侧路基地下管线 LTD2100-400MHz 探测伪彩色图(回测)

图 12.27　横穿南侧路基地下管线 LTD2100-400MHz 探测

(3)典型路基地下管线横向 LTD2100 检测(见图 12.28)。

(a)南侧路基地下管线 LTD2100-400MHz 探测照片

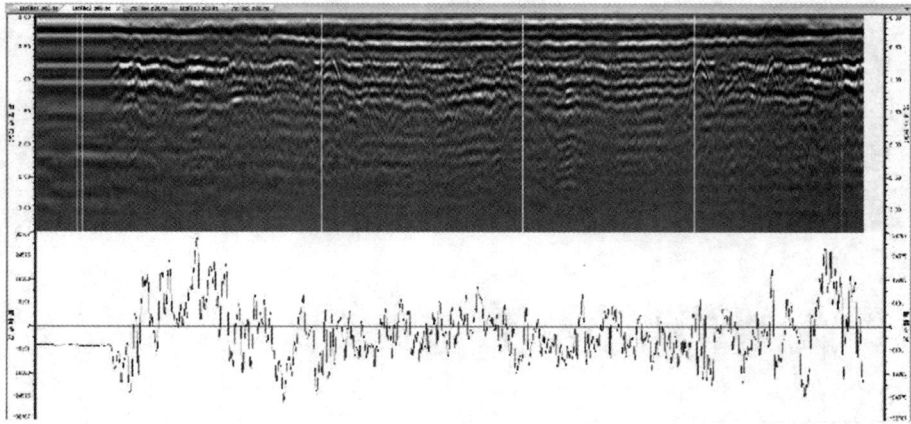

（b）横穿南侧路基地下管线 LTD2100-400MHz 探测灰度图（回测）

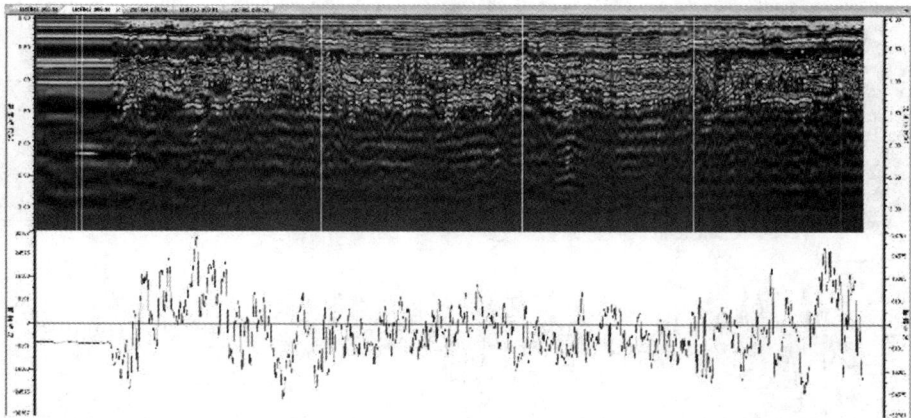

（c）横穿南侧路基地下管线 LTD2100-400MHz 探测伪彩色图（回测）

图 12.28　横穿南侧路基地下管线 LTD2100-400MHz 探测

（4）典型路基地下管线横向 LTD2100 检测（见图 12.29）。

（a）南侧路基地下管线 LTD2100-400MHz 探测照片

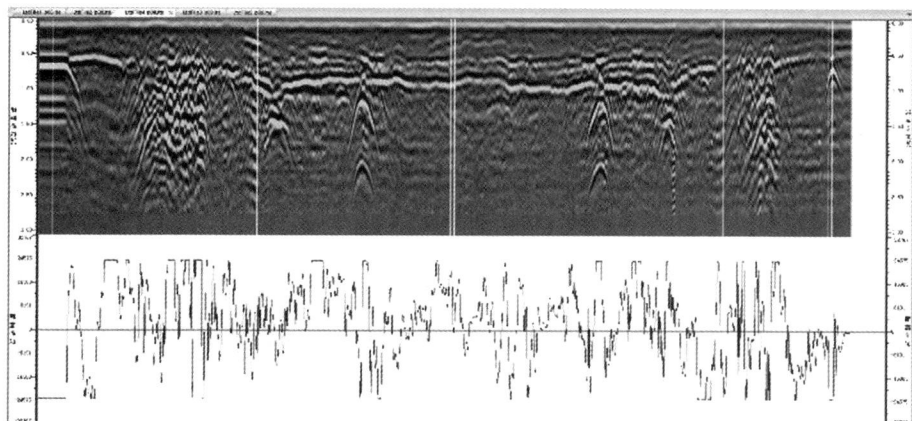

（b）横穿南侧路基地下管线 LTD2100-400MHz 探测灰度图（回测）

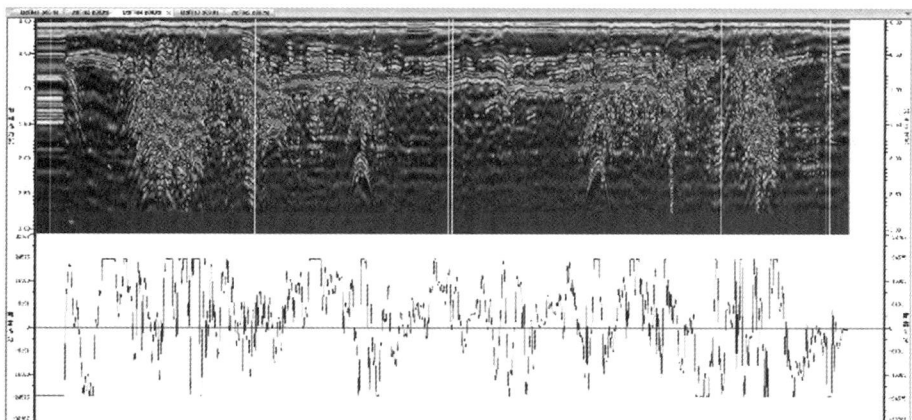

（c）横穿南侧路基地下管线 LTD2100-400MHz 探测伪彩色图（回测）

图 12.29　横穿南侧路基地下管线 LTD2100-400MHz 探测

（5）典型路基地下管线横向 LTD2100 检测（见图 12.30）。

（a）南侧路基地下管线 LTD2100-900MHz 探测照片

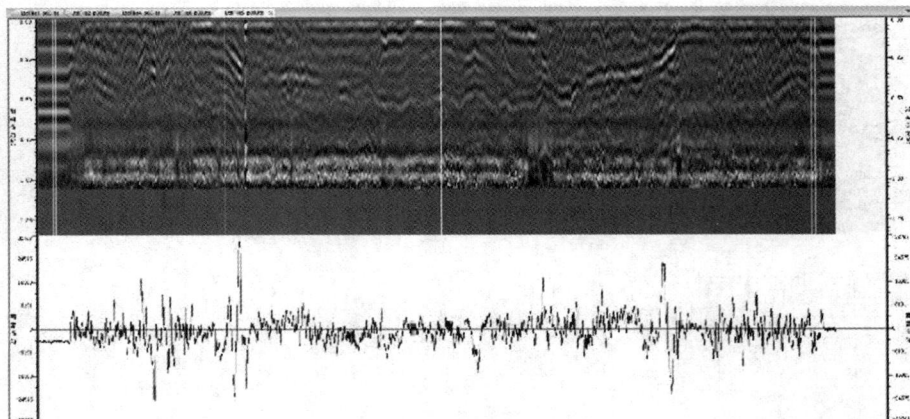

（b）横穿南侧路基地下管线 LTD2100-900MHz 探测灰度图（回测）

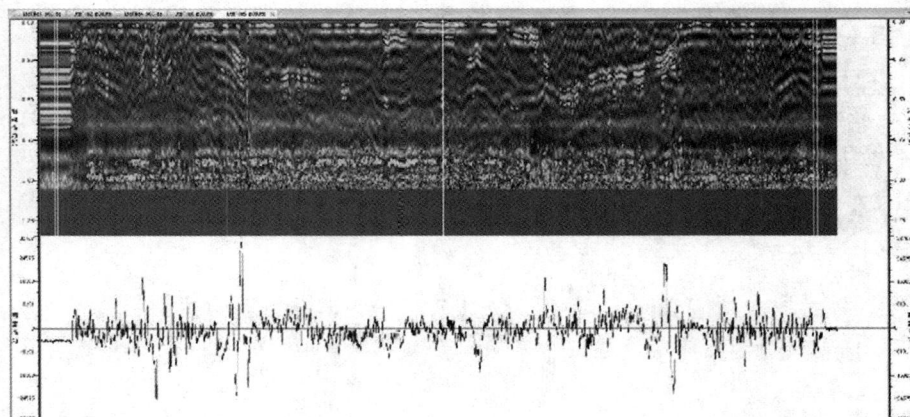

（c）横穿南侧路基地下管线 LTD2100-900MHz 探测伪彩色图（回测）

图 12.30　横穿南侧路基地下管线 LTD2100-900MHz 探测

（6）典型路基地下管线 LTD2100 检测（见图 12.31）。

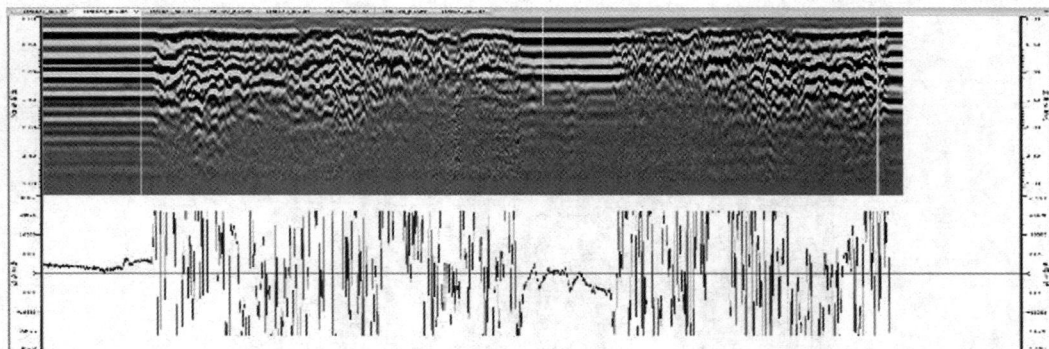

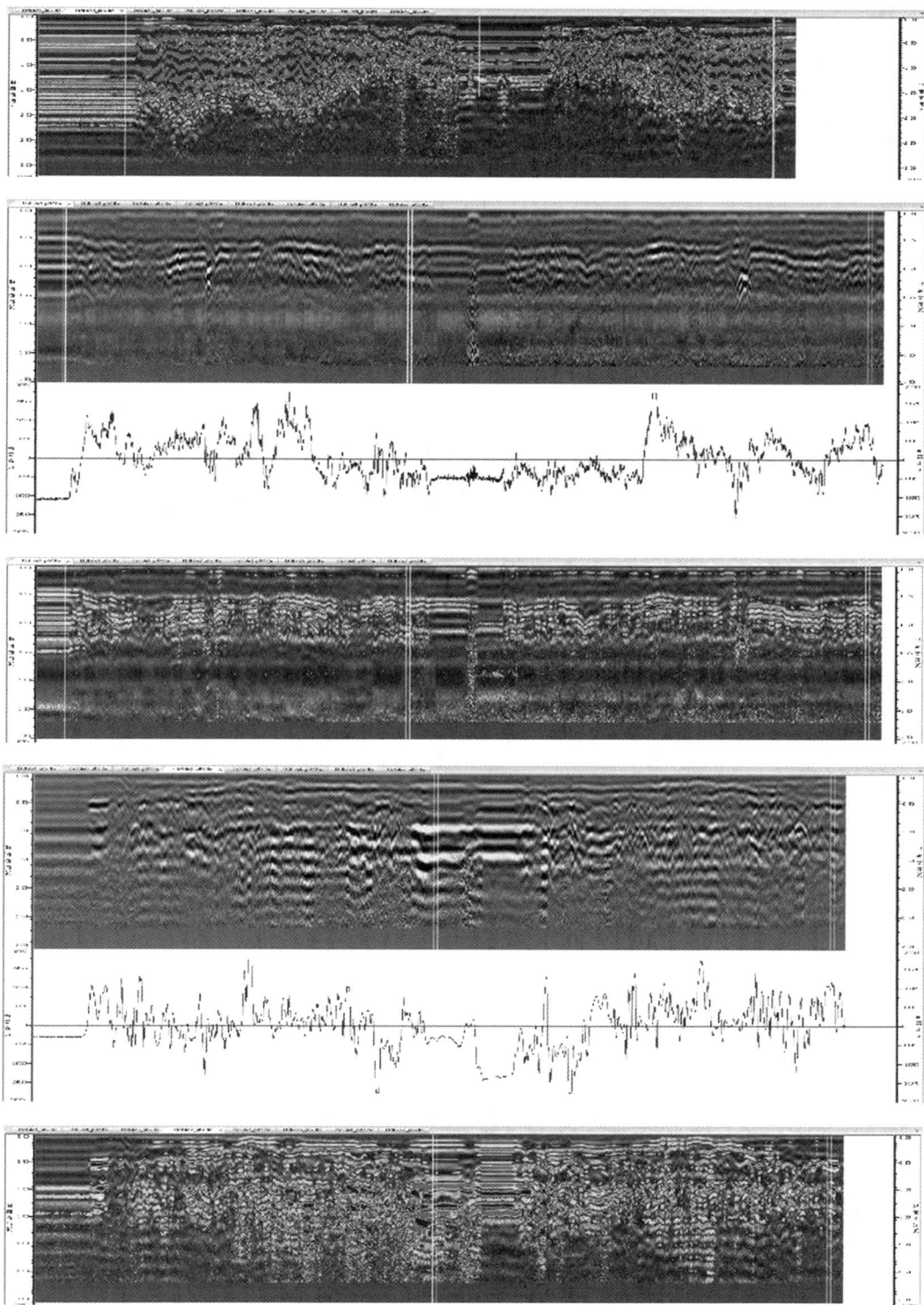

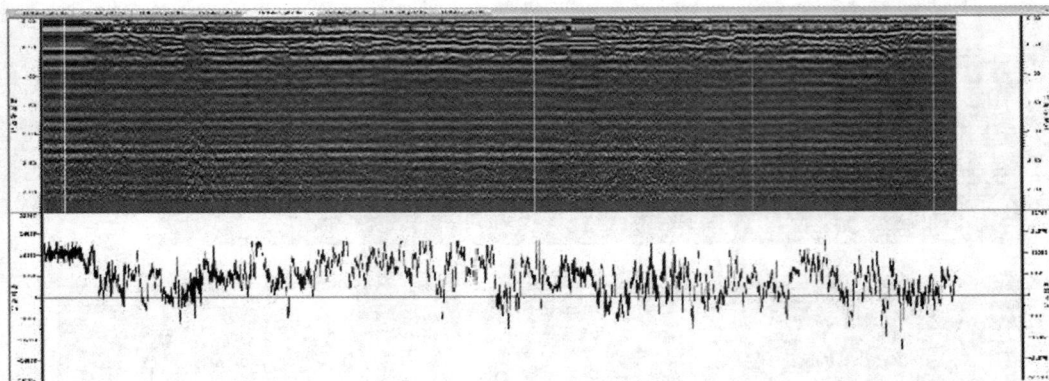

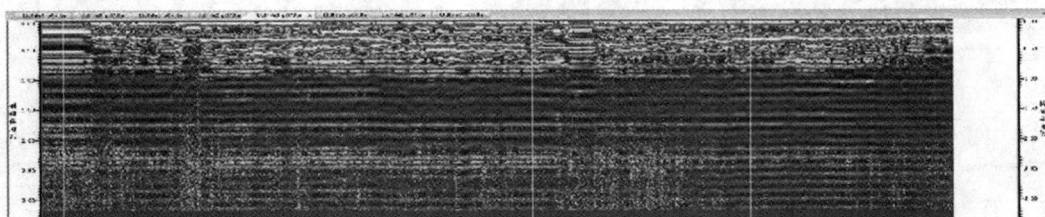

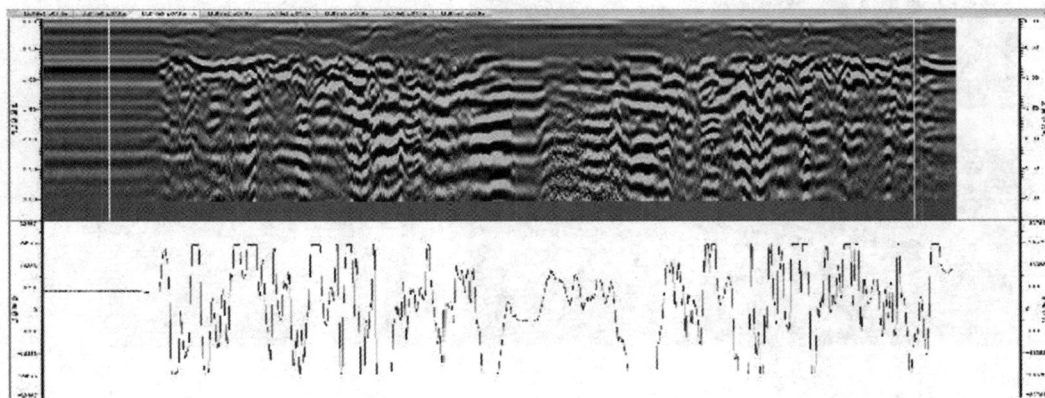

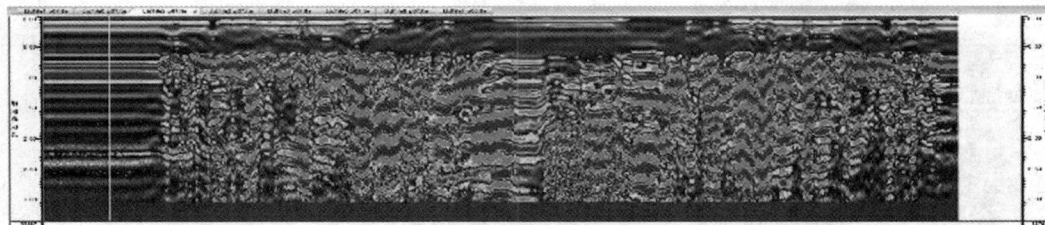

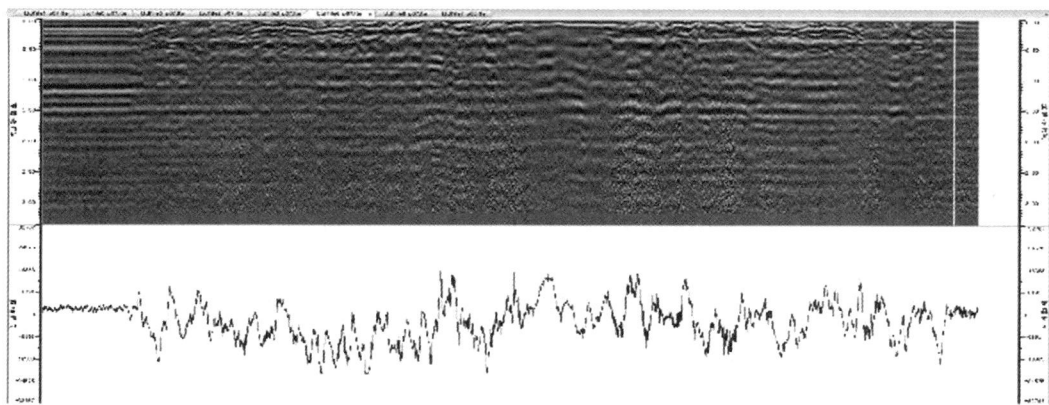

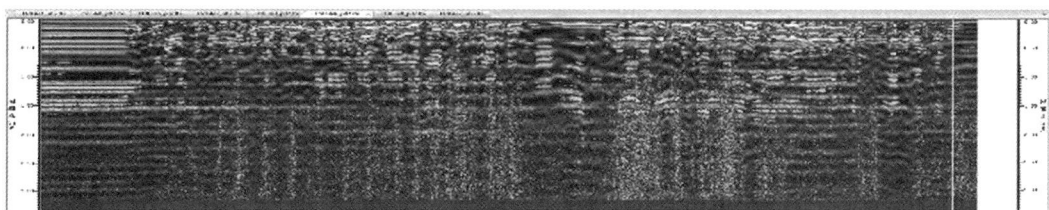

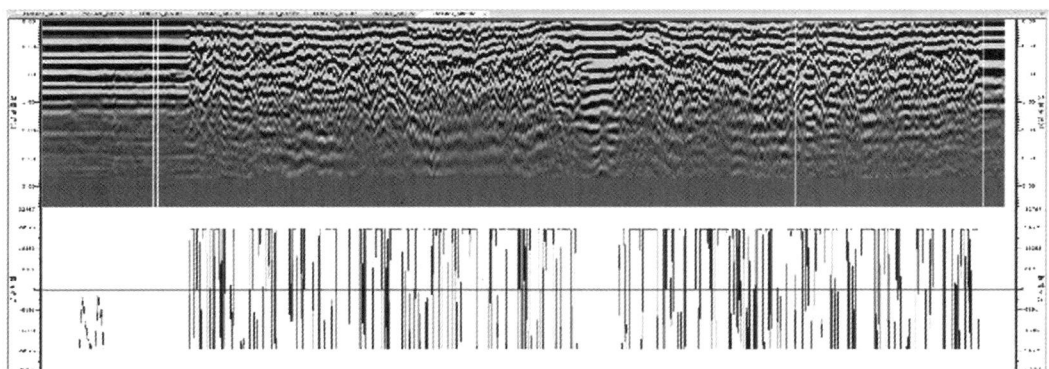

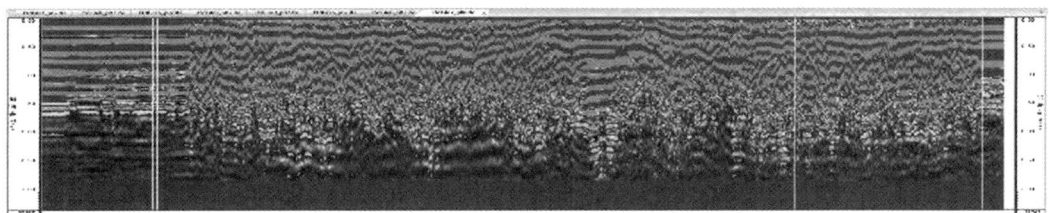

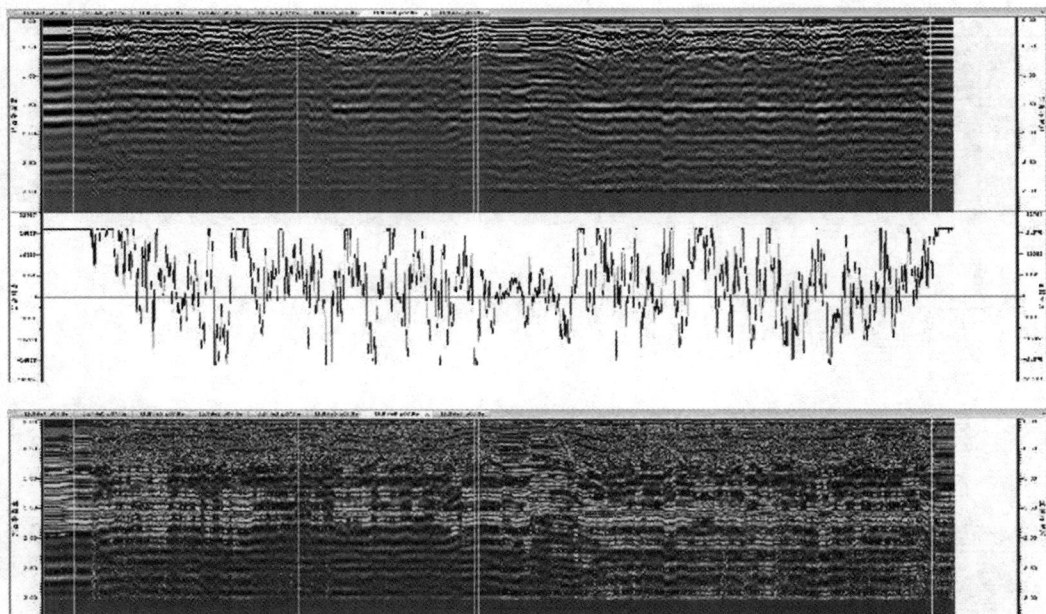

图 12.31　路基地下管线 LTD2100 探测

（7）典型路基地下金属管线 RD1100 检测（见表 12.9）。

表 12.9　路基地下金属管线 RD100 检测

现场路况	横向地下金属管线里程桩号	备注
	K1+862	零阳西路东端
	K1+877	
	K1+925	
	K2+097	
	K2+121	
	K2+122	
	K2+125	
	K2+138	
	K2+186	
	K2+216	
	K2+264	
	K2+286	
	K2+303	
	K2+315	
	K2+341	
	K2+357	
	K2+364	
	K2+388	
	K2+421	

◆◇ 12.10　交叉口沥青路面结构管线 LTD2100/RD1100 检测

环城南路路面结构地下管线右幅→左幅向探测(见表 12.10)

表 12.10　环城南路路面结构地下管线右幅→左幅向探测

里程桩号	RD1100 和 LTD2100 路面结构地下管线灰度图	备注
K0+000 探测长度 35.5m	 RD1100 路面结构地下管线灰度图 LTD2100 路面结构地下管线灰度图 LTD2100 路面结构地下管线伪彩色图	No.1-19 6、34

表 12.10(续)

里程桩号	RD1100 和 LTD2100 路面结构地下管线灰度图	备注
K0+000 探测长度 25.0m	环城南路管线综合标准横断面图 RD1100 路面结构地下管线灰度图 LTD2100 路面结构地下管线灰度图 LTD2100 路面结构地下管线伪彩色图	No.2-19 7、35

表 12.10(续)

里程桩号	RD1100 和 LTD2100 路面结构地下管线灰度图	备注
K0+000 探测长度 25.3m	 环城南路管线综合标准横断面图 RD1100 路面结构地下管线灰度图 LTD2100 路面结构地下管线灰度图 LTD2100 路面结构地下管线伪彩色图	No.3-19 8、36

表 12. 10(续)

里程桩号	RD1100 和 LTD2100 路面结构地下管线灰度图	备注
K0+000 探测长度 27.2m	环城南路管线综合标准横断面图 RD1100 路面结构地下管线灰度图 LTD2100 路面结构地下管线灰度图 LTD2100 路面结构地下管线伪彩色图	No.4-19 9、37

表 12.10(续)

里程桩号	RD1100 和 LTD2100 路面结构地下管线灰度图	备注
K0+000 探测长度 27.5m	 环城南路管线综合标准横断面图 RD1100 路面结构地下管线灰度图 LTD2100 路面结构地下管线灰度图 LTD2100 路面结构地下管线伪彩色图	No.5-20 1、38

表 12.10(续)

里程桩号	RD1100 和 LTD2100 路面结构地下管线灰度图	备注
K0+000 探测长度 24.9m	 环城南路管线综合标准横断面图 RD1100 路面结构地下管线灰度图 LTD2100 路面结构地下管线灰度图 LTD2100 路面结构地下管线伪彩色图	No.6-20 2、39

表 12.10(续)

里程桩号	RD1100 和 LTD2100 路面结构地下管线灰度图	备注
K0+000 探测长度 28.9m	环城南路管线综合标准横断面图　　RD1100 路面结构地下管线灰度图　　LTD2100 路面结构地下管线灰度图　　LTD2100 路面结构地下管线伪彩色图	No.7−20 3、40

表 12.10(续)

里程桩号	RD1100 和 LTD2100 路面结构地下管线灰度图	备注
K0+000 探测长度 15.1m	环城南路管线综合标准横断面图 RD1100 跨面结构地下管线灰度图 LTD2100 路面结构地下管线灰度图 LTD2100 路面结构地下管线伪彩色图	No.8-20 4、42

表 12.10(续)

里程桩号	RD1100 和 LTD2100 路面结构地下管线灰度图	备注

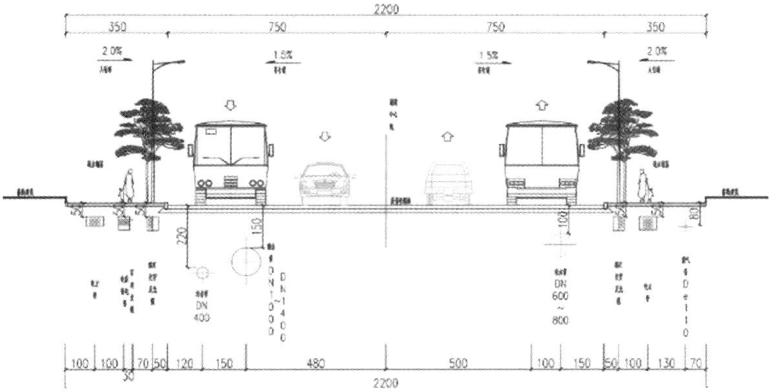

环城南路管线综合标准横断面图

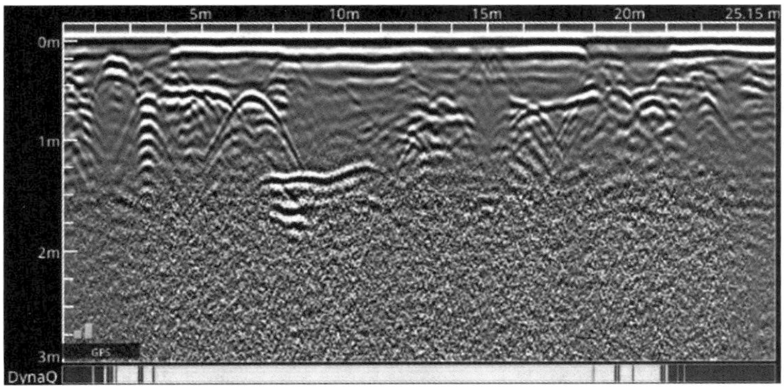

RD1100 路面结构地下管线灰度图

LTD2100 路面结构地下管线灰度图

LTD2100 路面结构地下管线伪彩色图

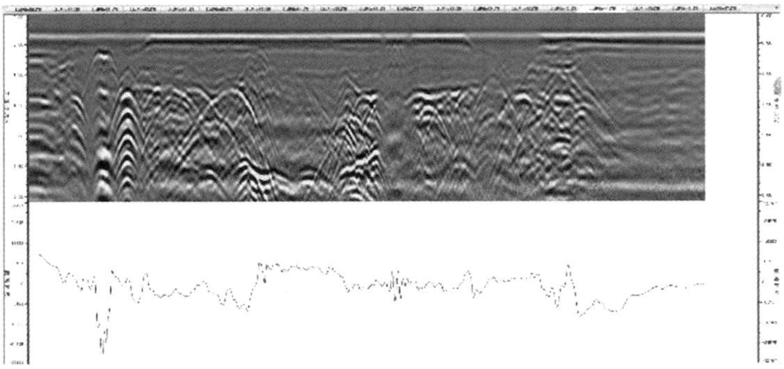

里程桩号栏：K0+000　探测长度　25.1m

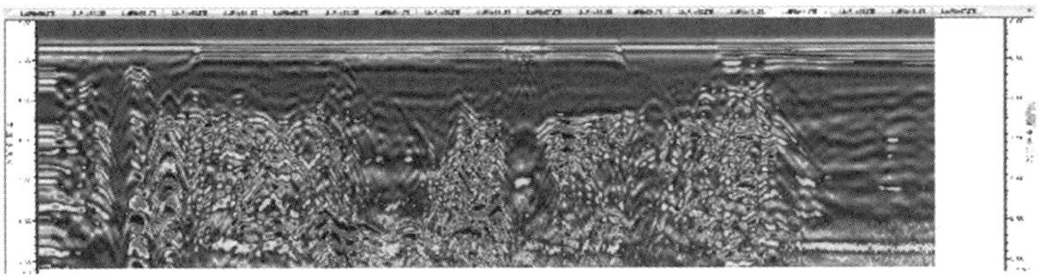

备注栏：No.9-20　6、44

表 12.10(续)

里程桩号	RD1100 和 LTD2100 路面结构地下管线灰度图	备注
K0+000 探测长度 27.8m	环城南路管线综合标准横断面图 RD1100 路面结构地下管线灰度图 LTD2100 路面结构地下管线灰度图 LTD2100 路面结构地下管线伪彩色图	No.10-20 7、45

表 12.10(续)

里程桩号	RD1100 和 LTD2100 路面结构地下管线灰度图	备注
K0+000 探测长度 26.4m	环城南路管线综合标准横断面图 RD1100 路面结构地下管线灰度图 LTD2100 路面结构地下管线灰度图 LTD2100 路面结构地下管线伪彩色图	No.11−20 8、46

表 12. 10(续)

里程桩号	RD1100 和 LTD2100 路面结构地下管线灰度图	备注
K0+000 探测长度 24.8m	 环城南路管线综合标准横断面图 RD1100 路面结构地下管线灰度图 LTD2100 路面结构地下管线灰度图 LTD2100 路面结构地下管线伪彩色图	No.12-21 0、47

表 12.10(续)

里程桩号	RD1100 和 LTD2100 路面结构地下管线灰度图	备注
K0+000 探测长度 25.0m	环城南路管线综合标准横断面图 RD1100 路面结构地下管线灰度图 LTD2100 路面结构地下管线灰度图 LTD2100 路面结构地下管线伪彩色图	No.13-21 1、48

表 12.10(续)

里程桩号	RD1100 和 LTD2100 路面结构地下管线灰度图	备注
K0+000 探测长度 25.9m	 环城南路管线综合标准横断面图 RD1100 路面结构地下管线灰度图 LTD2100 路面结构地下管线灰度图 LTD2100 路面结构地下管线伪彩色图	No.14−21 3、49

表 12.10(续)

里程桩号	RD1100 和 LTD2100 路面结构地下管线灰度图	备注
K0+000 探测长度 30.6m	 环城南路管线综合标准横断面图 RD1100 路面结构地下管线灰度图 LTD2100 路面结构地下管线灰度图 LTD2100 路面结构地下管线伪彩色图	No.15-21 4、50

表 12.10(续)

里程桩号	RD1100 和 LTD2100 路面结构地下管线灰度图	备注
K0+000 探测长度 33m	 环城南路管线综合标准横断面图 RD1100 路面结构地下管线灰度图 LTD2100 路面结构地下管线灰度图 LTD2100 路面结构地下管线伪彩色图	No.16-21 5、51

表 12.10(续)

里程桩号	RD1100 和 LTD2100 路面结构地下管线灰度图	备注
K0+000 探测长度 25.4m	 环城南路管线综合标准横断面图 RD1100 路面结构地下管线灰度图 LTD2100 路面结构地下管线灰度图 LTD2100 路面结构地下管线伪彩色图	No.17−21 6、53

表 12.10(续)

里程桩号	RD1100 和 LTD2100 路面结构地下管线灰度图	备注
K0+000 探测长度 21.7m	环城南路管线综合标准横断面图 RD1100 路面结构地下管线灰度图 LTD2100 路面结构地下管线灰度图 LTD2100 路面结构地下管线伪彩色图	No.18–21 7、54

表 12.10(续)

里程桩号	RD1100 和 LTD2100 路面结构地下管线灰度图	备注
K0+000 探测长度 31m	环城南路管线综合标准横断面图 RD1100 路面结构地下管线灰度图 LTD2100 路面结构地下管线灰度图 LTD2100 路面结构地下管线伪彩色图	No.19-21 8、56

表 12.10（续）

里程桩号	RD1100 和 LTD2100 路面结构地下管线灰度图	备注
K0+000 探测长度 63m	 环城南路管线综合标准横断面图 RD1100 路面结构地下管线灰度图 LTD2100 路面结构地下管线灰度图 LTD2100 路面结构地下管线伪彩色图	No.20-21 9、220、 59

表 12.10(续)

里程桩号	RD1100 和 LTD2100 路面结构地下管线灰度图	备注
K0+000 探测长度 50.1m	 环城南路管线综合标准横断面图 RD1100 路面结构地下管线灰度图 LTD2100 路面结构地下管线灰度图 LTD2100 路面结构地下管线伪彩色图	No.21-21 1、222、60

表 12. 10(续)

里程桩号	RD1100 和 LTD2100 路面结构地下管线灰度图	备注
K0+000 探测长度 53m	环城南路管线综合标准横断面图 RD1100 路面结构地下管线灰度图 LTD2100 路面结构地下管线灰度图 LTD2100 路面结构地下管线伪彩色图	No.22-22 3、224、61

表 12.10(续)

里程桩号	RD1100 和 LTD2100 路面结构地下管线灰度图	备注
K0+000 探测长度 33.0m	 环城南路管线综合标准横断面图 RD1100 路面结构地下管线灰度图 LTD2100 路面结构地下管线灰度图 LTD2100 路面结构地下管线伪彩色图	No.23-22 5、226、63

◆◇ 12.11　左幅沥青路面损坏类型与 3m 直尺车辙调查诊断

表 12.11

序号	里程桩号 偏距/m	沥青路面损坏照片（左幅）	损坏类型与分级	3m 直尺测量 沉降值/mm	处理建议
1	K0+465.80 右 1.56		（1）路面基本完整 （2）中度龟裂 （3）轻度沉陷 （4）轻度车辙	25	（1）铣刨重铺 （2）单层沥青表处
2	K1+287.07 左 8.14		（1）路面损坏 （2）重度坑槽	85	修补（宜两层及以上修补）
3	K1+289.24 左 2.20		（1）路面基本完整 （2）轻度车辙	3	单层沥青表处

◆◇ 12.12　右幅沥青路面损坏类型与 3m 直尺车辙调查诊断

表 12.12　右幅沥青路面损坏类型与 3m 直尺车撤调查

序号	里程桩号 偏距/m	沥青路面损坏照片（右幅）	损坏类型与分级	3m 直尺测量 沉降值/mm	处理建议
1	K0+101.28 右 10.77		（1）路面基本完整 （2）重度纵向裂缝 （3）轻度龟裂 （4）轻度车辙	15	（1）灌缝 （2）单层沥青表处

表12.12(续)

序号	里程桩号 偏距/m	沥青路面损坏照片(右幅)	损坏类型与分级	3m 直尺测量 沉降值/mm	处理建议
+					
2	K0+274.92 右 2.31		(1)路面基本完整 (2)轻度车辙	3	(1)单层沥青表处
+					
+					
3	K0+304.75 右 3.12		(1)路面基本完整 (2)轻度纵向裂缝 (3)轻度车辙	20	(1)灌缝 (2)单层沥青表处

表12.12(续)

序号	里程桩号 偏距/m	沥青路面损坏照片(右幅)	损坏类型与分级	3m 直尺测量 沉降值/mm	处理建议
+					
4	K0+353.31 右 3.09		(1)路面基本完整 (2)重度纵向裂缝 (3)轻度沉陷 (4)轻度车辙	20	(1)灌缝 (2)铣刨重铺 (3)单层沥青表处
+					
+					

表12.12(续)

序号	里程桩号 偏距/m	沥青路面损坏照片(右幅)	损坏类型与分级	3m 直尺测量 沉降值/mm	处理建议
+					
5	K0+529. 11 右 2. 22		(1)路面基本完整 (2)轻度横向裂缝 (3)轻度龟裂	9	(1)灌缝 (2)乳化沥青稀浆封层
+					
6	K0+620. 21 右 2. 63		(1)路面基本完整 (2)重度松散 (3)轻度车辙	10	(1)铣刨重铺 (2)单层沥青表处
+					

表12.12（续）

序号	里程桩号 偏距/m	沥青路面损坏照片（右幅）	损坏类型与分级	3m 直尺测量 沉降值/mm	处理建议
7	K0+633.07 右 4.22		（1）路面基本完整 （2）重度松散 （3）重度车辙	14	铣刨重铺
+					
8	K0+657.67 右 4.38		（1）路面基本完整 （2）重度纵向裂缝 （3）中度龟裂 （4）重度车辙	45	（1）灌缝 （2）铣刨重铺
+					

表12.12(续)

序号	里程桩号 偏距/m	沥青路面损坏照片(右幅)	损坏类型与分级	3m 直尺测量 沉降值/mm	处理建议
9	K0+666.85 右 4.46		(1)路面基本完整 (2)轻度纵向裂缝 (3)中度龟裂 (4)轻度车辙	50	(1)灌缝 (2)铣刨重铺 (3)单层沥青表处
+					
10	K0+805.30 右 0.23		(1)路面基本完整 (2)轻度车辙	12	单层沥青表处
+					

表12.12(续)

序号	里程桩号 偏距/m	沥青路面损坏照片(右幅)	损坏类型与分级	3m 直尺测量 沉降值/mm	处理建议
11	K0+842.96 右2.25		(1)路面损坏 (2)重度纵向裂缝 (3)重度坑槽 (4)重度龟裂 (5)修补	110	(1)修补(宜两层及以上修补) (2)铣刨重铺
+					
12	K0+844.21 右0.71		(1)路面损坏 (2)重度纵向裂缝 (3)重度龟裂 (4)重度坑槽	55	(1)修补(宜两层及以上修补) (2)铣刨重铺
+					
13	K0+846.61 右2.74		(1)路面损坏 (2)中度龟裂 (3)重度坑槽	70	(1)修补(宜两层及以上修补) (2)铣刨重铺

表12.12(续)

序号	里程桩号 偏距/m	沥青路面损坏照片(右幅)	损坏类型与分级	3m 直尺测量 沉降值/mm	处理建议
+					
14	K0+852.83 右 1.12		(1)路面损坏 (2)重度坑槽	50	(1)修补(宜两层 及以上修补) (2)铣刨重铺
+					
15	K0+923.50 右 0.50		(1)路面基本完整 (2)轻度车辙	12	单层沥青表处
16	K0+959.97 右 0.78		(1)路面基本完整 (2)轻度横向裂缝 (3)轻度车辙	13	(1)灌缝 (2)单层沥青表处

表12. 12（续）

序号	里程桩号 偏距/m	沥青路面损坏照片（右幅）	损坏类型与分级	3m 直尺测量 沉降值/mm	处理建议
+					
17	K1+019. 05 右 2. 23		（1）路面基本完整 （2）轻度车辙	12	单层沥青表处
18	K1+070. 18 右 2. 82		（1）路面基本完整 （2）中度龟裂 （3）轻度车辙	45	（1）铣刨重铺 （2）单层沥青表处

表12. 12(续)

序号	里程桩号 偏距/m	沥青路面损坏照片(右幅)	损坏类型与分级	3m 直尺测量 沉降值/mm	处理建议
+					
19	K1+123. 58 右 2. 39		(1)路面基本完整 (2)轻度纵向裂缝 (3)轻度车辙	9	(1)灌缝 (2)单层沥青表处
+					

表12. 12(续)

序号	里程桩号 偏距/m	沥青路面损坏照片(右幅)	损坏类型与分级	3m 直尺测量 沉降值/mm	处理建议
20	K1+178. 86 右 0.29		(1)路面基本完整 (2)中度纵向裂缝 (3)轻度车辙	20	(1)灌缝 (2)单层沥青表处
+					
21	K1+202. 88 右 2.08		(1)路面基本完整 (2)中度纵向裂缝 (3)轻度车辙	9	(1)灌缝 (2)单层沥青表处
+					

表12.12(续)

序号	里程桩号 偏距/m	沥青路面损坏照片(右幅)	损坏类型与分级	3m 直尺测量 沉降值/mm	处理建议
22	K1+222.38 右 2.27		(1)路面基本完整 (2)中度纵向裂缝 (3)重度龟裂 (4)重度车辙	55	(1)灌缝 (2)铣刨重铺
+					
23	K1+236.73 右 1.952		(1)路面基本完整 (2)重度纵向裂缝 (3)重度车辙	25	(4)灌缝 (5)铣刨重铺
+					

表12.12(续)

序号	里程桩号 偏距/m	沥青路面损坏照片(右幅)	损坏类型与分级	3m直尺测量 沉降值/mm	处理建议
24	K1+317.89 右1.59		(1)路面基本完整 (2)轻度纵向裂缝 (3)轻度横向裂缝 (4)重度车辙	20	(1)灌缝 (2)铣刨重铺
+					
+					
25	K1+395.40 左0.57		(1)路面基本完整 (2)轻度横向裂缝 (3)轻度车辙	8	(1)灌缝 (2)单层沥青表处

表12.12(续)

序号	里程桩号 偏距/m	沥青路面损坏照片(右幅)	损坏类型与分级	3m 直尺测量 沉降值/mm	处理建议
+					
26	K1+492.38 左 0.34		(1)路面基本完整 (2)轻度车辙	7	单层沥青表处
27	K1+565.04 右 0.32		(1)路面基本完整 (2)轻度车辙	9	单层沥青表处
28	K1+601.76 右 1.19		(1)路面基本完整 (2)轻度纵向裂缝 (3)轻度车辙	10	(1)灌缝 (2)单层沥青表处

表12.12(续)

序号	里程桩号 偏距/m	沥青路面损坏照片(右幅)	损坏类型与分级	3m直尺测量 沉降值/mm	处理建议
+					
29	K1+644.77 右1.53		(1)路面基本完整 (2)重度纵向裂缝 (3)轻度车辙	13	(1)灌缝 (2)单层沥青表处
+					
30	K1+667.45 右2.31		(1)路面基本整 (2)重度纵向裂缝 (3)轻度车辙	11	(1)灌缝 (2)单层沥青表处

表12.12(续)

序号	里程桩号 偏距/m	沥青路面损坏照片(右幅)	损坏类型与分级	3m 直尺测量 沉降值/mm	处理建议
+					
31	K1+685.96 右 0.62		(1)路面基本完整 (2)重度纵向裂缝 (3)重度龟裂 (4)重度车辙	22	(1)灌缝 (2)铣刨重铺
+					
32	K1+708.26 右 2.01		(1)路面基本完整 (2)重度纵向裂缝 (3)重度龟裂 (4)轻度车辙	20	(1)灌缝 (2)铣刨重铺 (3)单层沥青表处

表12.12(续)

序号	里程桩号 偏距/m	沥青路面损坏照片(右幅)	损坏类型与分级	3m 直尺测量 沉降值/mm	处理建议
+					
33	K1+729.86 右 1.67		(1)路面基本完整 (2)中度龟裂 (3)轻度车辙	14	(1)铣刨重铺 (2)单层沥青表处
+					
34	K1+746.77 右 0.65		(1)路面基本完整 (2)轻度龟裂 (3)轻度车辙	20	单层沥青表处

表12.12(续)

序号	里程桩号 偏距/m	沥青路面损坏照片(右幅)	损坏类型与分级	3m 直尺测量 沉降值/mm	处理建议
+					
35	K1+759.58 右 0.50		(1)路面基本完整 (2)重度纵向裂缝 (3)重度龟裂 (4)重度车辙	54	(1)灌缝 (2)铣刨重铺
+					
36	K1+832.91 右 0.46		(1)路面基本完整 (2)重度横向裂缝 (3)重度车辙	13	(1)灌缝 (2)铣刨重铺

表12. 12(续)

序号	里程桩号 偏距/m	沥青路面损坏照片(右幅)	损坏类型与分级	3m 直尺测量 沉降值/mm	处理建议
+					
+					
37	K1+847. 61 右 2. 31		(1)路面基本完整 (2)重度纵向裂缝 (3)重度车辙	22	(1)灌缝 (2)铣刨重铺

表12.12(续)

序号	里程桩号 偏距/m	沥青路面损坏照片(右幅)	损坏类型与分级	3m 直尺测量 沉降值/mm	处理建议
+					
38	K1+874.82 右 2.20		(1)路面基本完整 (2)重度纵向裂缝 (3)重度车辙	40	(1)灌缝 (2)铣刨重铺
+					
39	K1+947.43 右 2.35		(1)路面基本完整 (2)重度龟裂 (3)重度车辙	40	铣刨重铺

表12.12(续)

序号	里程桩号 偏距/m	沥青路面损坏照片(右幅)	损坏类型与分级	3m 直尺测量 沉降值/mm	处理建议
+					
40	K1+952.15 右2.46		(1)路面基本完整 (2)重度龟裂 (3)重度车辙	70	铣刨重铺
+					
41	K1+966.06 右2.38		(1)路面基本完整 (2)重度龟裂 (3)重度车辙	47	铣刨重铺

表12.12(续)

序号	里程桩号 偏距/m	沥青路面损坏照片(右幅)	损坏类型与分级	3m 直尺测量 沉降值/mm	处理建议
+					
42	K2+0. 14. 21 右 2. 40		(1)路面基本完整 (2)重度纵向裂缝 (3)重度车辙	11	(1)灌缝 (2)铣刨重铺
+					
43	K2+039.18 右 2. 24		(1)路面基本完整 (2)重度龟裂 (3)重度车辙	80	铣刨重铺

表12.12(续)

序号	里程桩号 偏距/m	沥青路面损坏照片(右幅)	损坏类型与分级	3m直尺测量 沉降值/mm	处理建议
+					
44	K2+088.36 右2.53		(1)路面基本完整 (2)重度龟裂 (3)重度车辙	23	铣刨重铺
+					
45	K2+114.82 右2.80		(1)路面基本完整 (2)重度龟裂 (3)重度车辙	20	铣刨重铺

表12.12(续)

序号	里程桩号 偏距/m	沥青路面损坏照片(右幅)	损坏类型与分级	3m 直尺测量 沉降值/mm	处理建议
+					
46	K2+179.21 右 2.07		(1)路面基本完整 (2)重度龟裂 (3)重度车辙	30	铣刨重铺
+					
47	K2+191.85 右 1.89		(1)路面基本完整 (2)重度纵向裂缝 (3)重度龟裂 (4)重度车辙	60	(1)灌缝 (2)铣刨重铺

表12.12(续)

序号	里程桩号 偏距/m	沥青路面损坏照片(右幅)	损坏类型与分级	3m 直尺测量 沉降值/mm	处理建议
+					
48	K2+203.72 右 3.67		(1)路面基本完整 (2)重度龟裂 (3)重度车辙 (4)重度松散 (5)修补	60	(1)铣刨重铺
+					
49	K2+208.58 右 3.83		(2)路面基本完整 (3)重度纵向裂缝 (4)重度龟裂 (5)重度车辙	45	铣刨重铺

表12.12(续)

序号	里程桩号 偏距/m	沥青路面损坏照片(右幅)	损坏类型与分级	3m 直尺测量 沉降值/mm	处理建议
+					
50	K2+327.78 右 1.97		(1)路面基本完整 (2)轻度纵向裂缝 (3)重度车辙	20	(1)灌缝 (2)铣刨重铺
+					
51	K2+423.20 右 0.19		(1)路面基本完整 (2)轻度车辙	8	单层沥青表处

表12.12(续)

序号	里程桩号 偏距/m	沥青路面损坏照片(右幅)	损坏类型与分级	3m直尺测量 沉降值/mm	处理建议
52	K0+061.23 左2297.44		(1)路面基本完整 (2)轻度横向裂缝 (3)重度车辙	20	(1)灌缝 (2)铣刨重铺
53	K0+022.91 左2379.79		(1)路面基本完整 (2)中度龟裂 (3)重度车辙	28	铣刨重铺
54	K2+649.47 右2.60		(1)路面基本完整 (2)中度龟裂 (3)重度车辙	38	铣刨重铺
55	K2+775.28 右1.79		(1)路面基本完整 (2)轻度车辙	9	单层沥青表处
+					

表12.12(续)

序号	里程桩号 偏距/m	沥青路面损坏照片(右幅)	损坏类型与分级	3m 直尺测量 沉降值/mm	处理建议
56	K2+906.01 右 2.59		(1)路面基本完整 (2)轻度车辙	5	单层沥青表处
57	K2+963.20 右 1.37		(1)路面基本完整 (2)中度龟裂 (3)轻度车辙	20	(1)乳化沥青稀浆封层 (2)单层沥青表处
+					

◆◇ 12.13　沥青路面结构强度与弯沉 FWD 检测

(1)沥青路面 BP 梁弯沉检测结果。

①回弹弯沉试验汇总表(2021-11-06,见表 12.13)

表 12.13　回弹弯沉试验汇总表

序号	桩号	车道	回弹弯沉值/0.01mm		
			左轮	右轮	平均值
1	K0+070	1	10	24	17
2	K0+100	1	22	52	37
3	K0+130	1	6	10	8
4	K0+150	1	18	16	17

表12.13(续)

序号	桩号	车道	回弹弯沉值/0.01mm		
			左轮	右轮	平均值
5	K0+176	1	8	80	44
6	K0+205	1	16	24	20
7	K0+216	1	6	16	11
8	K0+236	1	14	18	16
9	K0+257	1	40	60	50
10	K0+280	1	34	60	47
11	K0+296	1	32	48	40
12	K0+312	1	26	30	28
13	K0+332	1	20	18	19
14	K0+350	1	24	72	48
15	K0+372	1	38	54	46
16	K0+402	1	86	80	83
17	K0+451	1	60	58	59
18	K0+505	1	12	18	15
19	K0+527	1	100	114	107
20	K0+554	1	6	16	11
21	K0+633	1	4	14	9
22	K0+654	1	80	474(井)	80
23	K0+664	1	100	98	99
24	K0+691	1	38	12	25
25	K0+718	1	18	32	25
26	K0+741	1	76	26	51
27	K0+804	1	52	30	41
28	K0+843	1	100	6	53
29	K0+808	1	16	14	15
30	K0+901	1	22	20	21
31	K0+931	1	24	10	17
32	K0+962	1	44	28	36
33	K0+994	1	14	8	11
34	K1+030	1	6	10	8
35	K1+070	1	76	72	74
36	K1+122	1	10	30	20
37	K1+145	1	28	34	31

表12.13(续)

序号	桩号	车道	回弹弯沉值/0.01mm		
			左轮	右轮	平均值
38	K1+161	1	70	42	56
39	K1+178	1	48	30	39
40	K1+198	1	14	20	17
41	K1+221	1	52	80	66
42	K1+250	1	14	30	22
43	K1+286	1	40	84	62
44	K1+296	1	36	58	47
45	K1+316	1	42	38	40
46	K1+355	1	40	20	30
47	K1+395	1	26	18	22
48	K1+409	1	16	10	13
49	K1+448	1	36	16	26
50	K1+491	1	8	14	11
51	K1+600	1	20	40	30
52	K1+610	1	100	46	73
53	K1+633	1	22	32	27
54	K1+666	1	20	74	47
55	K1+712	1	40	84	62
56	K1+745	1	56	70	63
57	K1+833	1	60	50	55
58	K1+847	1	26	54	40
59	K1+945	1	58	86	72
60	K2+045	1	98	104	101
61	K2+087	1	86	132	109
62	K2+115	1	70	74	72
63	K2+197	1	120	108	114
64	K2+315	1	72	74	73
65	ZK2+253	1	50	74	62
66	ZK2+145	1	20	34	27
67	ZK2+063	1	18	16	17
68	ZK1+942	1	44	20	32
69	ZK1+750	1	4	10	7
70	ZK1+639	1	24	16	20
71	ZK1+590	1	34	6	20
72	ZK1+490	1	8	20	14
73	ZK0+962	1	24	36	30

表12.13(续)

序号	桩号	车道	回弹弯沉值/0.01mm		
			左轮	右轮	平均值
74	ZK0+910	1	64	4	34
75	ZK0+657	1	34	70	52

②右幅1车道回弹弯沉试验汇总表(2022-05-11,见表12.14)。

表12.14　右幅1车道回弹弯沉试验汇总表

序号	桩号	车道	回弹弯沉值/0.01mm		
			左轮	右轮	平均值
1	ZK2+830	1	20	24	22
2	ZK2+810	1	10	4	7
3	ZK2+760	1	20	12	16
4	ZK2+740	1	80	4	42
5	ZK2+710	1	4	4	4
6	ZK2+680	1	20	4	12
7	ZK2+660	1	30	16	23
8	ZK2+640	1	20	4	12
9	ZK2+610	1	20	12	16
10	ZK2+540	1	40	10	25
11	ZK2+470	1	16	8	12
12	ZK2+390	1	16	4	10
13	ZK2+380	1	8	4	6
14	ZK2+260	1	10	20	15
15	ZK2+240	1	80	100	90
16	ZK2+160	1	10	4	7
17	ZK2+110	1	30	20	25
18	ZK2+095	1	10	10	10
19	ZK2+060	1	4	70	37
20	ZK2+040	1	20	4	12
21	ZK1+980	1	20	6	13
22	ZK1+960	1	30	8	19
23	ZK1+940	1	20	6	13
24	ZK1+920	1	80	4	42
25	ZK1+900	1	12	6	9
26	ZK1+880	1	40	2	21
27	ZK1+860	1	36	24	30
28	ZK1+840	1	30	10	20

表12. 14（续）

序号	桩号	车道	回弹弯沉值/0.01mm		
			左轮	右轮	平均值
29	ZK1+830	1	20	30	25
30	ZK1+740	1	16	8	12
31	ZK1+700	1	30	2	16
32	ZK1+690	1	48	2	25
33	ZK1+680	1	2	32	17
34	ZK1+650	1	20	4	12
35	ZK1+630	1	20	2	11
36	ZK1+610	1	14	4	9
37	ZK1+590	1	120	4	62
38	ZK1+570	1	40	2	21
39	ZK1+550	1	4	8	6
40	ZK1+540	1	22	30	26
41	ZK1+530	1	20	6	13
42	ZK1+495	1	4	8	6
43	ZK1+475	1	2	32	17
44	ZK1+440	1	4	6	5
45	ZK1+420	1	2	4	3
46	ZK1+400	1	12	2	7
47	ZK1+360	1	18	4	11
48	ZK1+350	1	30	4	17
49	ZK1+330	1	4	4	4
50	ZK1+300	1	8	56	32
51	ZK1+210	1	10	4	7
52	ZK1+180	1	10	2	6
53	ZK1+140	1	4	4	4
54	ZK1+110	1	8	4	6
55	ZK1+080	1	14	2	8
56	ZK0+940	1	4	10	7
57	ZK0+920	1	40	4	22
58	ZK0+910	1	30	4	17
59	ZK0+900	1	20	16	18
60	ZK0+890	1	40	8	24
61	ZK0+770	1	4	4	4

表12.14(续)

序号	桩号	车道	回弹弯沉值/0.01mm		
			左轮	右轮	平均值
62	ZK0+740	1	12	2	7
63	ZK0+680	1	12	4	8

③左幅 1 车道回弹弯沉试验汇总表(2022-05-11,见表 12.15)。

表 12.15 左幅 1 车道回弹弯沉试验汇总表

序号	桩号	车道	回弹弯沉值/0.01mm		
			左轮	右轮	平均值
1	K0+060	1	12	40	26
2	K0+080	1	20	70	45
3	K0+100	1	56	56	56
4	K0+120	1	24	40	32
5	K0+140	1	46	90	68
6	K0+160	1	18	34	26
7	K0+180	1	16	20	18
8	K0+220	1	40	100	70
9	K0+240	1	26	50	38
10	K0+260	1	22	90	56
11	K0+280	1	36	80	58
12	K0+300	1	30	60	45
13	K0+320	1	24	80	52
14	K0+340	1	48	30	39
15	K0+360	1	120	130	125
16	K0+380	1	12	10	11
17	K0+440	1	80	80	80
18	K0+460	1	4	36	20
19	K0+520	1	100	110	105
20	K0+540	1	6	10	8
21	K0+570	1	4	46	25
22	K0+610	1	8	30	19
23	K0+660	1	26	46	36
24	K0+690	1	68	56	62
25	K0+720	1	52	34	43
26	K0+740	1	90	2	46
27	K0+910	1	40	10	25

表12. 15(续)

序号	桩号	车道	回弹弯沉值/0.01mm		
			左轮	右轮	平均值
28	K0+930	1	40	70	55
29	K0+980	1	96	50	73
30	K1+000	1	18	32	25
31	K1+050	1	100	90	95
32	K1+080	1	14	26	20
33	K1+100	1	40	36	38
34	K1+140	1	52	30	41
35	K1+170	1	18	30	24
36	K1+190	1	40	146	93
37	K1+240	1	24	60	42
38	K1+260	1	104	114	109
39	K1+280	1	30	20	25
40	K1+300	1	26	10	18
41	K1+380	1	28	14	21
42	K1+410	1	20	16	18
43	K1+460	1	14	6	10
44	K1+510	1	40	26	33
45	K1+540	1	16	46	31
46	K1+580	1	28	26	27
47	K1+600	1	32	44	38
48	K1+650	1	42	100	71
49	K1+660	1	74	74	74
50	K1+670	1	106	86	96
51	K1+690	1	72	96	84
52	K1+720	1	58	76	67
53	K1+740	1	110	66	88
54	K1+750	1	140	114	127
55	K1+770	1	34	36	35
56	K1+810	1	54	60	57
57	K1+830	1	26	60	43
58	K1+850	1	36	44	40
59	K1+870	1	60	80	70
60	K1+900	1	40	26	33

表12.15(续)

序号	桩号	车道	回弹弯沉值/0.01mm		
			左轮	右轮	平均值
61	K1+930	1	90	106	98
62	K1+950	1	260	112	186
63	K1+980	1	32	30	31
64	K2+010	1	40	32	36
65	K2+030	1	120	80	100
66	K2+050	1	48	36	42
67	K2+070	1	84	140	112
68	K2+100	1	70	96	83
69	K2+140	1	40	60	50
70	K2+160	1	18	32	25
71	K2+180	1	90	120	105
72	K2+300	1	76	80	78
73	K2+350	1	6	4	5
74	K2+480	1	60	80	70
75	K2+580	1	100	90	95
76	K2+620	1	120	140	130
77	K2+670	1	48	70	59
78	K2+780	1	16	16	16
79	K2+820	1	70	72	71

（2）沥青路面结构强度 FWD 检测结果。

①右幅 1 车道路面结构强度 FWD 检测成果（见表 12.16）。

表 12.16 右幅 1 车道路面结构强度 FWD 检测成果

序号	桩号	车向	车道	测量力/kN	测量位移/0.01mm	等效位移/0.01mm	顶面当量回弹模量/MPa
1	k0+020	上行	右1	49.3	13.12	13.15	140.33
2	k0+040	上行	右1	49.28	26.64	26.71	69.09
3	k0+060	上行	右1	49.23	26.58	26.67	69.19
4	k0+080	上行	右2	49.07	17.81	17.93	102.92
5	k0+100	上行	右2	49.56	28.69	28.6	64.52
6	k0+120	上行	右2	49.06	20.64	20.78	88.80
7	k0+140	上行	右2	49.21	20.96	21.04	87.71
8	k0+160	上行	右2	48.99	16.69	16.83	109.65

表12.16(续)

序号	桩号	车向	车道	测量力 /kN	测量位移 /0.01mm	等效位移 /0.01mm	顶面当量回弹模量 /MPa
9	k0+180	上行	右1	49.45	20.91	20.89	88.34
10	k0+200	上行	右1	49.22	14.55	14.6	126.39
11	k0+220	上行	右1	49.44	25.08	25.06	73.64
12	k0+240	上行	右1	49.35	21.5	21.52	85.75
13	k0+260	上行	右1	49.2	37.15	37.3	49.47
14	k0+280	上行	右1	49.29	11.61	11.64	158.54
15	k0+300	上行	右1	49.23	24.55	24.63	74.92
16	k0+320	上行	右1	49.46	31.06	31.02	59.49
17	k0+340	上行	右1	49.25	12.48	12.52	147.39
18	k0+360	上行	右1	49.14	29.43	29.59	62.36
19	k0+380	上行	右1	48.91	16.51	16.67	110.70
20	k0+400	上行	右1	49.18	23.87	23.98	76.95
21	k0+420	上行	右1	49.19	10.27	10.31	178.99
22	k0+440	上行	右1	49.23	13.76	13.81	133.62
23	k0+460	上行	右1	49.21	65.46	65.71	28.08
24	k0+480	上行	右1	48.99	21.78	21.96	84.03
25	k0+500	上行	右1	49.08	13.88	13.97	132.09
26	k0+520	上行	右1	49.27	14.52	14.56	126.74
27	k0+540	上行	右1	49.05	15.95	16.06	114.90
28	k0+560	上行	右1	48.96	12.79	12.9	143.05
29	k0+580	上行	右1	49.3	12.7	12.73	144.96
30	k0+600	上行	右1	49.27	20.83	20.89	88.34
31	k0+620	上行	右1	48.95	14.23	14.36	128.51
32	k0+680	上行	右1	49.22	33.28	33.4	55.25
33	k0+700	上行	右1	49.19	20.94	21.03	87.75
34	k0+720	上行	右1	49.89	19.79	19.59	94.20
35	k0+740	上行	右1	49.18	30.04	30.18	61.15
36	k0+760	上行	右1	49.33	17.87	17.9	103.09
37	k0+780	上行	右1	49.05	20.97	21.12	87.38
38	k0+800	上行	右1	49.13	15.61	15.69	117.61
39	k0+820	上行	右1	49.32	11.14	11.16	165.35
40	k0+840	上行	右1	49.16	24.84	24.96	73.93

表12.16(续)

序号	桩号	车向	车道	测量力/kN	测量位移/0.01mm	等效位移/0.01mm	顶面当量回弹模量/MPa
41	k0+860	上行	右1	49.17	20.9	21	87.87
42	k0+880	上行	右1	49.23	11.25	11.29	163.45
43	k0+900	上行	右1	49.09	14.51	14.6	126.39
44	k0+920	上行	右1	49.15	13.08	13.15	140.33
45	k0+940	上行	右1	49.52	13.56	13.53	136.39
46	k0+960	上行	右1	49.29	15.27	15.3	120.61
47	k0+980	上行	右1	49.1	11.04	11.11	166.10
48	k1+000	上行	右1	49.37	12.09	12.1	152.51
49	k1+020	上行	右1	49.11	14.86	14.95	123.44
50	k1+040	上行	右1	49.4	20.9	20.9	88.29
51	k1+060	上行	右1	49.34	20.66	20.69	89.19
52	k1+080	上行	右1	49.22	26.59	26.69	69.14
53	k1+100	上行	右1	49.3	18.11	18.15	101.67
54	k1+120	上行	右1	49.22	17.01	17.07	108.11
55	k1+140	上行	右1	49.46	11.44	11.43	161.45
56	k1+160	上行	右1	48.98	32.94	33.22	55.55
57	k1+180	上行	右1	49.42	26.75	26.74	69.01
58	k1+200	上行	右1	49.27	16.91	16.95	108.87
59	k1+220	上行	右1	49.25	27.85	27.93	66.07
60	k1+240	上行	右1	49.03	29.11	29.33	62.92
61	k1+260	上行	右1	49.24	18.47	18.53	99.59
62	k1+280	上行	右1	49.59	20.92	20.84	88.55
63	k1+300	上行	右1	49.37	35.59	35.61	51.82
64	k1+320	上行	右1	49.18	17.06	17.14	107.66
65	k1+340	上行	右1	49.35	10.34	10.35	178.30
66	k1+360	上行	右1	49.54	16.92	16.87	109.39
67	k1+380	上行	右1	49.21	16.48	16.54	111.57
68	k1+400	上行	右1	49.24	18.07	18.13	101.78
69	k1+420	上行	右1	49.19	17.31	17.38	106.18
70	k1+440	上行	右1	49.24	13.68	13.72	134.50
71	k1+460	上行	右1	49.29	17	17.04	108.30
72	k1+480	上行	右1	49.33	11.28	11.3	163.31

表12.16(续)

序号	桩号	车向	车道	测量力 /kN	测量位移 /0.01mm	等效位移 /0.01mm	顶面当量 回弹模量 /MPa
73	k1+500	上行	右1	49.37	14.88	14.89	123.93
74	k1+520	上行	右1	49.23	11.77	11.81	156.25
75	k1+540	上行	右1	49.01	21.12	21.29	86.68
76	k1+560	上行	右1	48.94	20.27	20.46	90.19
77	k1+580	上行	右1	49.04	20.11	20.26	91.08
78	k1+600	上行	右1	49.38	27.35	27.36	67.45
79	k1+620	上行	右1	49.39	21.5	21.5	85.83
80	k1+640	上行	右1	49.29	22.28	22.33	82.64
81	k1+660	上行	右1	49.37	16.81	16.82	109.71
82	k1+680	上行	右1	49.24	30.84	30.94	59.64
83	k1+700	上行	右1	49.3	32.07	32.14	57.42
84	k1+720	上行	右1	48.93	34.48	34.81	53.01
85	k1+740	上行	右1	49.39	17.03	17.03	108.36
86	k1+760	上行	右1	49.53	42.25	42.14	43.79
87	k1+780	上行	右1	49.02	25.41	25.61	72.06
88	k1+800	上行	右1	49.25	19.87	19.93	92.59
89	k1+820	上行	右1	49.08	9.33	9.39	196.52
90	k1+840	上行	右1	49.45	25.29	25.27	73.03
91	k1+860	上行	右1	49.01	14.74	14.86	124.18
92	k1+880	上行	右1	49.24	31.01	31.11	59.32
93	k1+900	上行	右1	49.4	27.68	27.68	66.67
94	k1+920	上行	右1	49.21	13.47	13.52	136.49
95	k1+940	上行	右1	49.25	29.67	29.76	62.01
96	k1+960	上行	右1	49.41	25.3	25.3	72.94
97	k1+980	上行	右1	49.6	23.29	23.19	79.58
98	k2+000	上行	右1	49.08	23.36	23.51	78.49
99	k2+020	上行	右1	49.26	18.75	18.8	98.16
100	k2+040	上行	右1	49.35	26.91	26.94	68.50
101	k2+060	上行	右1	49.34	13.71	13.73	134.40
102	k2+080	上行	右1	49.16	15.11	15.18	121.57
103	k2+100	上行	右1	49.49	20.25	20.21	91.31
104	k2+120	上行	右1	49.43	48.27	48.24	38.25

表12.16(续)

序号	桩号	车向	车道	测量力 /kN	测量位移 /0.01mm	等效位移 /0.01mm	顶面当量 回弹模量 /MPa
105	k2+140	上行	右1	49.54	32.22	32.13	57.43
106	k2+160	上行	右1	49.08	26.23	26.4	69.90
107	k2+180	上行	右1	49.7	67.59	67.19	27.46
108	k2+200	上行	右1	49.32	39.47	39.54	46.67
109	k2+260	上行	右1	49.61	18.01	17.93	102.92
110	k2+280	上行	右1	49.23	24.41	24.49	75.35
111	k2+300	上行	右1	49.15	15.22	15.3	120.61
112	k2+320	上行	右1	49.26	20.26	20.32	90.81
113	k2+340	上行	右1	49.16	18.43	18.52	99.64
114	k2+360	上行	右1	49.11	11.64	11.71	157.59
115	k2+380	上行	右1	48.98	12.25	12.35	149.42
116	k2+400	上行	右1	49.1	41.34	41.59	44.37
117	k2+420	上行	右1	49.27	21.07	21.12	87.38
118	k2+440	上行	右1	49.23	11.8	11.84	155.86
119	k2+460	上行	右1	48.97	10.02	10.11	182.53
120	k2+480	上行	右1	49.45	13.42	13.41	137.61
121	k2+500	上行	右1	49.44	11.33	11.32	163.02
122	k2+520	上行	右1	49.07	9.62	9.68	190.64
123	k2+540	上行	右1	49	14.35	14.47	127.53
124	k2+560	上行	右1	49.32	13.92	13.94	132.38
125	k2+580	上行	右1	49.39	16.74	16.74	110.24
126	k2+600	上行	右1	48.89	17.2	17.38	106.18
127	k2+620	上行	右1	49.31	33.77	33.83	54.55
128	k2+640	上行	右1	49.43	64.39	64.35	28.68
129	k2+660	上行	右1	49.74	30.86	30.65	60.21
130	k2+680	上行	右1	49.26	26.11	26.19	70.46
131	k2+700	上行	右1	48.86	25.59	25.87	71.33
132	k2+720	上行	右1	49.32	10.01	10.03	183.98
133	k2+740	上行	右1	49.21	38.87	39.02	47.29
134	k2+760	上行	右1	49.35	19.46	19.48	94.73
135	k2+780	上行	右1	49.14	20.35	20.46	90.19
136	k2+800	上行	右1	49.08	13.38	13.47	137.00

表12.16(续)

序号	桩号	车向	车道	测量力 /kN	测量位移 /0.01mm	等效位移 /0.01mm	顶面当量 回弹模量 /MPa
137	k2+820	上行	右1	49.07	26.08	26.25	70.30
138	k2+840	上行	右1	49.23	24.82	24.91	74.08
139	k2+860	上行	右1	49.1	25.4	25.56	72.20
140	k2+880	上行	右1	49.48	19.72	19.69	93.72
141	k2+900	上行	右1	49.32	23.97	24.01	76.86
142	k2+920	上行	右1	49.18	20.45	20.54	89.84
143	k2+940	上行	右1	49.22	16.79	16.85	109.52
144	k2+960	上行	右1	49.35	21.26	21.28	86.72

②左幅 1 车道路面结构强度 FWD 检测成果(见表 12.17)。

表 12.17　左幅 1 车道路面结构强度 FWP 检测成果

序号	桩号	车向	车道	测量力 /kN	测量位移 /0.01mm	等效位移 /0.01mm	顶面当量 回弹模量 /MPa
1	k3+060	下行	左1	49.56	23.5	23.42	78.79
2	k3+038.1	下行	左1	49.38	22.9	22.91	80.55
3	k3+017.9	下行	左1	49.43	17.63	17.62	104.73
4	k2+999.3	下行	左1	48.83	17.44	17.64	104.61
5	k2+979.2	下行	左1	49.51	19.18	19.14	96.41
6	k2+860	下行	左1	49.55	19.46	19.4	95.12
7	k2+840.7	下行	左1	49.46	19.62	19.6	94.15
8	k2+821.0	下行	左1	48.9	17.05	17.22	107.16
9	k2+801.9	下行	左1	49.47	19.14	19.11	96.57
10	k2+782.5	下行	左1	49.62	14.72	14.65	125.96
11	k2+762.6	下行	左1	49.4	13.04	13.04	141.52
12	k2+743.7	下行	左1	49.31	24.48	24.52	75.26
13	k2+724.4	下行	左1	49.17	19.56	19.65	93.91
14	k2+704.9	下行	左1	49.11	14.14	14.22	129.77
15	k2+686.2	下行	左1	49.55	15.42	15.37	120.06
16	k2+670.2	下行	左1	49.11	15.7	15.79	116.87
17	k2+650.7	下行	左1	49.12	15.83	15.92	115.91
18	k2+620	下行	左1	49.37	13.06	13.07	141.19
19	k2+599.9	下行	左1	49.34	12.22	12.24	150.76

表12.17(续)

序号	桩号	车向	车道	测量力 /kN	测量位移 /0.01mm	等效位移 /0.01mm	顶面当量 回弹模量 /MPa
20	k2+580.4	下行	左1	49.34	13.53	13.55	136.19
21	k2+560.5	下行	左1	49.21	24.24	24.33	75.85
22	k2+543.0	下行	左1	49.01	30.35	30.59	60.33
23	k2+522.8	下行	左1	49.51	15.74	15.71	117.46
24	k2+503.7	下行	左1	48.95	16.17	16.32	113.07
25	k2+489.7	下行	左1	49.6	11.98	11.93	154.68
26	k2+460	下行	左1	49.01	12.28	12.38	149.06
27	k2+440	下行	左1	49.3	17.74	17.78	103.79
28	k2+420	下行	左1	49.41	19.31	19.31	95.56
29	k2+400	下行	左1	49.43	7.85	7.84	235.38
30	k2+380	下行	左1	49.09	18.11	18.22	101.28
31	k2+360	下行	左1	49.27	17.87	17.92	102.98
32	k2+340	下行	左1	49.28	10.81	10.84	170.24
33	k2+320	下行	左1	49.28	12.54	12.57	146.81
34	k2+300	下行	左1	49.07	9.9	9.97	185.09
35	k2+280	下行	左1	49.27	8.96	8.98	205.50
36	k2+260	下行	左1	49.27	20.69	20.74	88.98
37	k2+200	下行	左1	49.14	8.72	8.77	210.42
38	k2+180	下行	左1	49.3	8.65	8.67	212.84
39	k2+160	下行	左1	49.55	9.33	9.3	198.43
40	k2+140	下行	左1	49.29	11.36	11.38	162.16
41	k2+120	下行	左1	49.04	11.63	11.71	157.59
42	k2+100	下行	左1	49.3	13.28	13.31	138.64
43	k2+080	下行	左1	49.38	12.88	12.88	143.27
44	k2+060	下行	左1	49.18	13.67	13.73	134.40
45	k2+040	下行	左1	49.06	18.6	18.73	98.52
46	k2+020	下行	左1	49.63	17.36	17.28	106.79
47	k2+000	下行	左1	49.42	12.49	12.49	147.75
48	k1+980	下行	左1	48.73	16.96	17.19	107.35
49	k1+960	下行	左1	49.45	10.18	10.17	181.45
50	k1+940	下行	左1	49.47	33.79	33.75	54.68
51	k1+920	下行	左1	49.45	12.03	12.02	153.52

表12.17（续）

序号	桩号	车向	车道	测量力 /kN	测量位移 /0.01mm	等效位移 /0.01mm	顶面当量 回弹模量 /MPa
52	k1+900	下行	左1	49.18	16.34	16.41	112.45
53	k1+880	下行	左1	49.16	14.67	14.74	125.19
54	k1+860	下行	左1	49.44	12.47	12.46	148.10
55	k1+840	下行	左1	49.02	21.21	21.37	86.35
56	k1+820	下行	左1	49.05	19.05	19.19	96.16
57	k1+800	下行	左1	49.05	10.18	10.25	180.04
58	k1+780	下行	左1	49.24	11.09	11.13	165.80
59	k1+760	下行	左1	49.18	9.81	9.85	187.35
60	k1+740	下行	左1	49.16	9.57	9.62	191.83
61	k1+720	下行	左1	48.97	14.84	14.97	123.27
62	k1+700	下行	左1	49.39	28.87	28.87	63.92
63	k1+680	下行	左1	49.13	10.43	10.49	175.92
64	k1+660	下行	左1	49.01	15.82	15.95	115.70
65	k1+640	下行	左1	49.05	11.51	11.59	159.22
66	k1+620	下行	左1	49.37	11.72	11.73	157.32
67	k1+600	下行	左1	49.38	10.94	10.94	168.68
68	k1+580	下行	左1	49.41	10.2	10.2	180.92
69	k1+560	下行	左1	49.45	16.83	16.81	109.78
70	k1+540	下行	左1	48.88	11.33	11.45	161.17
71	k1+520	下行	左1	49.57	10.47	10.43	176.93
72	k1+500	下行	左1	48.96	12.86	12.98	142.17
73	k1+480	下行	左1	48.91	17.26	17.43	105.87
74	k1+460	下行	左1	49.49	8.77	8.75	210.90
75	k1+440	下行	左1	49.23	10.47	10.51	175.58
76	k1+420	下行	左1	49.22	13.42	13.47	137.00
77	k1+400	下行	左1	49.42	23.69	23.68	77.93
78	k1+380	下行	左1	49.18	16.39	16.46	112.11
79	k1+360	下行	左1	49.35	20.97	20.99	87.92
80	k1+340	下行	左1	49.05	13.64	13.74	134.31
81	k1+320	下行	左1	49.14	16.93	17.02	108.42
82	k1+300	下行	左1	49.11	30.33	30.51	60.48
83	k1+280	下行	左1	49.4	20.03	20.03	92.13

表12.17(续)

序号	桩号	车向	车道	测量力 /kN	测量位移 /0.01mm	等效位移 /0.01mm	顶面当量 回弹模量 /MPa
84	k1+260	下行	左1	49.27	13.02	13.05	141.41
85	k1+240	下行	左1	48.92	9.71	9.81	188.11
86	k1+220	下行	左1	49.2	11.26	11.31	163.16
87	k1+200	下行	左1	49.4	10.41	10.41	177.27
88	k1+180	下行	左1	48.74	11.56	11.72	157.45
89	k1+160	下行	左1	49.15	18.66	18.76	98.37
90	k1+140	下行	左1	49.28	9.68	9.7	190.24
91	k1+120	下行	左1	49.24	9.89	9.92	186.02
92	k1+100	下行	左1	49.31	9.2	9.22	200.15
93	k1+080	下行	左1	48.98	13.1	13.21	139.69
94	k1+060	下行	左1	48.79	12.85	13.01	141.84
95	k1+020	下行	左1	49.11	11.75	11.82	156.12
96	k1+000	下行	左1	49.24	11.67	11.71	157.59
97	k0+980	下行	左1	49.57	10.19	10.15	181.81
98	k0+960	下行	左1	48.96	19.53	19.71	93.63
99	k0+940	下行	左1	49.06	30.81	31.02	59.49
100	k0+920	下行	左1	49.14	16.18	16.26	113.49
101	k0+900	下行	左1	49.5	71.53	71.38	25.85
102	k0+880	下行	左1	49.53	8.69	8.67	212.84
103	k0+860	下行	左1	48.94	8.02	8.1	227.82
104	k0+840	下行	左1	49.2	8.75	8.79	209.94
105	k0+820	下行	左1	49.25	9.33	9.36	197.15
106	k0+800	下行	左1	49.51	7.15	7.13	258.82
107	k0+780	下行	左1	49.09	13.12	13.2	139.80
108	k0+760	下行	左1	49.16	18.63	18.72	98.58
109	k0+740	下行	左1	49.18	8.31	8.35	221.00
110	k0+720	下行	左1	49.01	8.45	8.52	216.59
111	k0+700	下行	左1	48.96	6.45	6.51	283.47
112	k0+680	下行	左1	48.96	6.57	6.63	278.33
113	k0+640	下行	左1	49.33	8.04	8.05	229.24
114	k0+620	下行	左1	49.37	7.75	7.76	237.80
115	k0+600	下行	左1	48.99	11.15	11.24	164.18

表12.17(续)

序号	桩号	车向	车道	测量力/kN	测量位移/0.01mm	等效位移/0.01mm	顶面当量回弹模量/MPa
116	k0+580	下行	左1	49.07	17.79	17.91	103.04
117	k0+560	下行	左1	49.36	21.37	21.39	86.27
118	k0+540	下行	左1	49.27	16.98	17.02	108.42
119	k0+520	下行	左1	49.18	11.98	12.03	153.40
120	k0+500	下行	左1	49.33	10.06	10.07	183.25
121	k0+480	下行	左1	49.26	12.09	12.12	152.26
122	k0+460	下行	左1	49.12	12.63	12.7	145.30
123	k0+440	下行	左1	49.22	9.06	9.09	203.01
124	k0+420	下行	左1	49.2	10.67	10.71	172.30
125	k0+400	下行	左1	49.02	12.57	12.67	145.65
126	k0+380	下行	左1	49.54	9.52	9.49	194.45
127	k0+360	下行	左1	49.27	12.48	12.51	147.51
128	k0+340	下行	左1	49.41	27.68	27.67	66.69
129	k0+320	下行	左1	49.1	47.21	47.49	38.86
130	k0+300	下行	左1	49.15	10.17	10.22	180.56
131	k0+280	下行	左1	48.87	15.17	15.33	120.38
132	k0+260	下行	左1	49.48	9.83	9.81	188.11
133	k0+240	下行	左1	49.43	11.33	11.32	163.02
134	k0+220	下行	左1	48.87	7.91	8	230.67
135	k0+200	下行	左1	49.17	14.46	14.53	127.00
136	k0+180	下行	左1	49.24	10.09	10.12	182.35
137	k0+160	下行	左1	49.17	10.09	10.14	181.99
138	k0+140	下行	左1	49.19	7.48	7.51	245.72
139	k0+120	下行	左1	49.1	7.76	7.81	236.28
140	k0+100	下行	左1	49.09	8.26	8.31	222.06
141	k0+080	下行	左1	49.2	10.48	10.52	175.41
142	k0+060	下行	左1	49.04	11.15	11.23	164.32
143	k0+040	下行	左1	49.2	11.89	11.94	154.55

（3）沥青路面钻孔取芯验证结果。

表 12.18　沥青路面钻孔取芯验证结果

位置	结构层次（设计厚度）	状态	厚度/cm	波速/（m·s⁻¹）	损伤值	回弹仪强度/MPa
K0+302（右幅第一车道）	上面层（4cm）	完整	3	—	0.00	—
	中面层（5cm）	完整	4	25.7	0.99	10
	下面层（8cm）	不完整	6	25.7	0.99	10
	上基层（20cm）	完整	13	2332	0.31	15
	下基层（20cm）	不完整	11	2885	0.00	18
	垫层（10cm）	松散	3	—	1.00	—
	土基	松散	2	—	1.00	—
K0+806（右幅第一车道）	上面层（4cm）	松散碎裂	3.4	—	1.00	—
	中面层（5cm）	松散碎裂	5.5	—	1.00	—
	下面层（8cm）	松散碎裂	9.5	—	1.00	—
	上基层（20cm）	松散碎裂	16	—	1.00	—
	下基层（20cm）	松散碎裂	12	—	1.00	—
	垫层（10cm）	松散	5	—	1.00	—
	土基	松散		—	1.00	—
K0+840（右幅第一车道）	上面层（4cm）	破损	3	—	1.00	—
	中面层（5cm）	破损	6	—	1.00	—
	下面层（8cm）	松散碎裂	9	—	1.00	—
	上基层（20cm）	松散碎裂	12	—	1.00	—
	下基层（20cm）	松散碎裂	12	—	1.00	—
	垫层（10cm）	松散	3	—	1.00	—
	土基	松散		—	1.00	—
K1+180（右幅一二车道中间位置）	上面层（4cm）	破损	2	—	1.00	—
	中面层（5cm）	破损	6	26.88	0.98	10
	下面层（8cm）	破损	7	723	0.71	10
	上基层（20cm）	较完整	15.5	3378	0.01	16
	下基层（20cm）	破损	10.5	22.7	0.99	10
	垫层（10cm）	松散	2	—	1.00	—
	土基	松散	8	—	1.00	—

表12.18(续)

位置	结构层次 (设计厚度)	状态	厚度 /cm	波速 (/m·s⁻¹)	损伤值	回弹仪强度 /MPa
K1+300 (右幅第一车道)	上面层(4cm)	破损	3.5	—	1.00	—
	中面层(5cm)	破损	6.5	—	1.00	—
	下面层(8cm)	松散碎裂	8	—	1.00	—
	上基层20cm)	松散碎裂	16	—	1.00	—
	下基层20cm)	松散碎裂	12	—	1.00	—
	垫层(10cm)	松散	—	—	1.00	—
	土基	松散	—	—	1.00	—
K1+650 (左幅第一车道)	上面层(4cm)	破损	3	—	1.00	—
	中面层(5cm)	破损	6	—	1.00	—
	下面层(8cm)	松散碎裂	8	—	1.00	—
	上基层20cm)	松散碎裂	16	—	1.00	—
	下基层20cm)	松散碎裂	10	—	1.00	—
	垫层(10cm)	松散	6	—	1.00	—
	土基	松散	4	—	1.00	—
K1+850 (右幅一二车道中间位置)	上面层(4cm)	破损	3.2	—	1.00	—
	中面层(5cm)	破损	9	—	1.00	—
	下面层(8cm)	松散碎裂	4	—	1.00	—
	上基层20cm)	松散碎裂	12	—	1.00	—
	下基层20cm)	松散碎裂	10	—	1.00	—
	垫层(10cm)	松散	—	—	1.00	—
	土基	松散	—	—	1.00	—
K1+930 (左幅第一车道)	上面层(4cm)	破损	3	—	1.00	—
	中面层(5cm)	破损	7	—	1.00	—
	下面层(8cm)	松散碎裂	5	—	1.00	—
	上基层20cm)	松散碎裂	12	—	1.00	—
	下基层20cm)	松散碎裂	8	—	1.00	—
	垫层(10cm)	松散	4	—	1.00	—
	土基	松散	2	—	1.00	—

表12.18(续)

位置	结构层次 (设计厚度)	状态	厚度 /cm	波速 (/m·s⁻¹)	损伤值	回弹仪强度 /MPa
K2+020 (右幅一二车道中间位置)	上面层(4cm)	破损	2		1.00	
	中面层(5cm)	破损	11	2800	0.08	10
	下面层(8cm)	松散碎裂	8	—	1.00	—
	上基层20cm)	完整	13.5	2976	0.12	18
	下基层20cm)	不完整	15.5	2930	0.03	14
	垫层(10cm)	松散	6	—	1.00	—
	土基	松散	2	—	1.00	—
K2+630 (右幅第一车道)	上面层(4cm)	完整	3		0.00	
	中面层(5cm)	完整	6	2432	0.02	10
	下面层(8cm)	破损	4	—	1.00	—
	上基层20cm)	松散碎裂	7		1.00	—
	下基层20cm)	松散碎裂	9	2942	0.03	16
	垫层(10cm)	松散	8		1.00	—
	土基	松散	3		1.00	
K1+530 (右幅第一车道)	上面层(4cm)	完整	3		0.00	
	中面层(5cm)	完整	5	2500	0.00	14.7
	下面层(8cm)	完整	6	2577	0.00	15
	上基层20cm)	完整	18	3412	0.00	21.63
	下基层20cm)	基本完整	8.5	2841	0.00	17
	垫层(10cm)	松散	16		1.00	—
	土基	松散	—		1.00	

注：①K1+530对比完整路面芯样。②芯样状态：完整，基本完整，不完整，破损，松散破裂。

综上所述，在环城南路路基路面病害综合检测的基础上，慈利县城排水防涝综合建设项目环城南路路基路面病害综合检测与处置施工设计方案制定提供了详实的技术数据与资料。

①环城南路路基路面病害综合检测方法可行正确，数据详实可靠。环城南路路基路面主要病害判断准确，为病害合理、有效地处置奠定了基础。

②环城南路沥青路面主要病害原因：砌筑井筒沉降诱发井圈下沉；台背不密实、地表地下水入渗台背承载降低诱发不均匀沉降；动重车辆荷载冲击导致部分井盖强度不够出现破损；路面结构层实际厚度对比施工设计图要求普遍不足，导致路面结构强度损伤降低严重(与近2年零阳路改造，密集、动重车辆通过环城南路导致过早使用寿命降低有

关）；由于给水管线(埋深距路面 1.0~1.5m，0.3~0.5MPa 水压力)过浅，导致部分焊接处渗漏水，出现路面冒水、溶蚀、塌陷问题(证明压力注浆可行)，例如给水管线沟槽填筑料的工后沉降过大、位于给水管线上部的路面损坏最严重，也是此次修复的重点控制部位；由于给水管线、雨水管线焊接开裂渗漏水，污水管线沟槽填筑区域与旧混凝土老路面的拓宽拼接处理不当——小台阶拓宽拼接降沉、铺筑防开裂土工格栅、未布设与旧混凝土老路面减沉搭接混凝土板等措施，路面工后沉降过大而出现诸多病害叠加的类型出现。

③环城南路沥青路面主要病害类型。

• 井盖、井圈、台背破损、损裂(统计修补见图 12.32)；

• 沥青路面纵横向裂缝、车辙、网裂、龟裂修补路段破裂等损坏(统计需要表处，见附图)；

• 沥青路面坑槽、坑洞、沉陷、修补路段破裂等损坏(统计需要修补见附图 12.33)；

• 基层破损、松散等损坏(钻孔取芯和探地雷达检测)；

• 垫层、土基过湿、松散、泥化现象。(钻孔取芯和探地雷达检测)

(4)环城南路沥青路面主要病害处理措施建议。

• 井盖、井圈、台背破损、损裂更换修补，预制备井盖、井圈，现场装配，上浇筑 0.8cm 的 ES-3+SBS 改性沥青混凝土上面层 4cm 的 AC-13C。

• 针对下基层松散，垫层松散，以及土基过湿、松散、泥化区域进行注浆补强、密实、硬化处理，注浆压力 0.3~0.5MPa，采用水泥或水泥水玻璃或发泡剂。

• 基层破损、松散、沥青路面坑槽、坑洞、沉陷、修补路段破裂等损坏区域，进行"强基层薄面层处理原则"，即上基层：20cm 厚混凝土板+单层钢筋，或者上基层+部分下基层：35cm 厚混凝土板+双层钢筋，预制备混凝土板现场装配为好。混凝土板上浇筑 0.8cm 的 ES-3+沥青混凝土中面层 6cm 的 AC-16/20C+SBS 改性沥青混凝土上面层 4cm 的 AC-13C。

• 沥青路面纵横向裂缝、车辙、网裂、龟裂修补路段破裂等损坏进行玻纤格栅铺筑+表处。

◆◇ 12.14　本章小结

在前述电磁感应探地雷达方法与技术的基础上，本章结合慈利市政环城南路改造工程实践，对公路损坏类型进行了分析，给出公路技术状况评定标准，以及沥青路面检测与评定方法(见图 12.32 和图 12.33)。在此基础上开展了全路段路面破损状况调查及探地雷达检测。然后，对道路地下管线进行检测，并进行现场开挖验证。接着，分别采用 LTD2100 和 RD1100 探地雷达，对交叉路口沥青路面分别进行检测。最后，开展了左、右两幅沥青路面损坏类型分析和 3m 直尺车辙调查，并给出了结构强度与弯沉检测成果。检测成果为慈利县环城南路路基路面改造工程实践提供了依据。

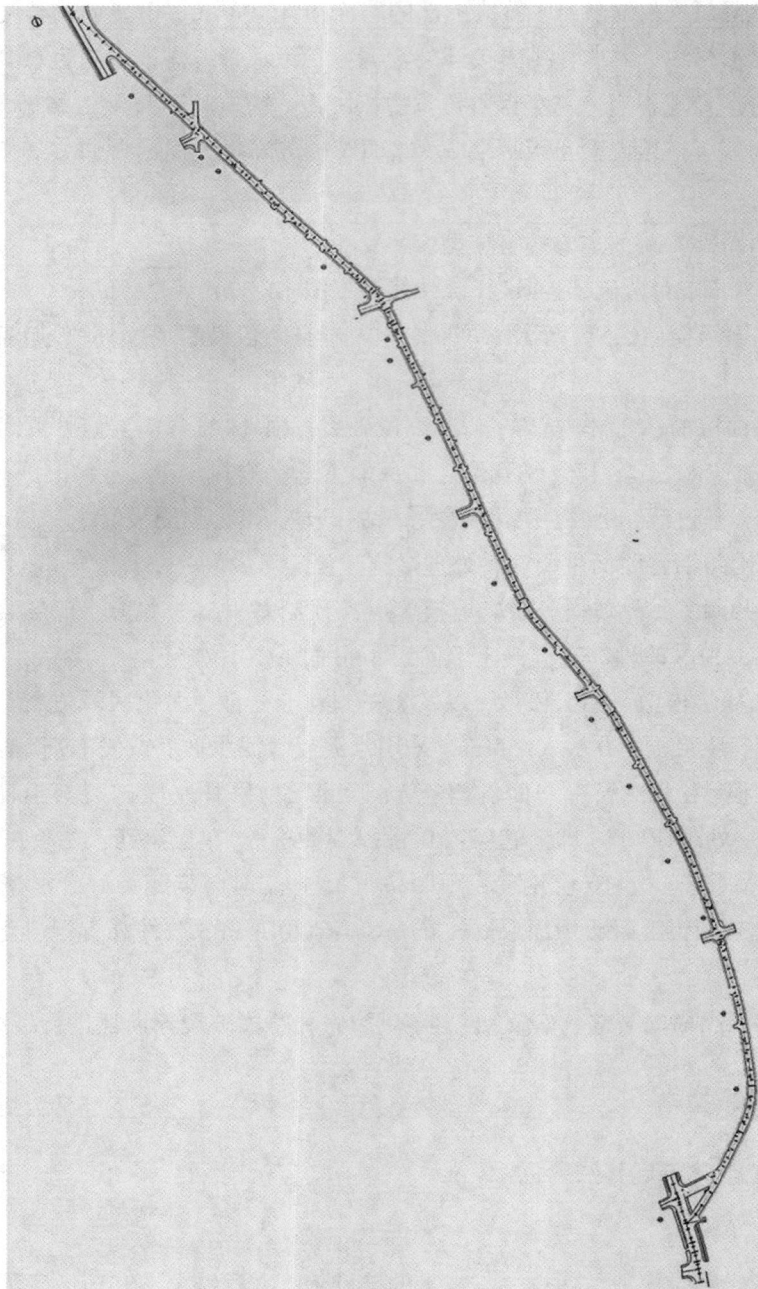

图 12.32　环城南路井盖破损处置位置分布图

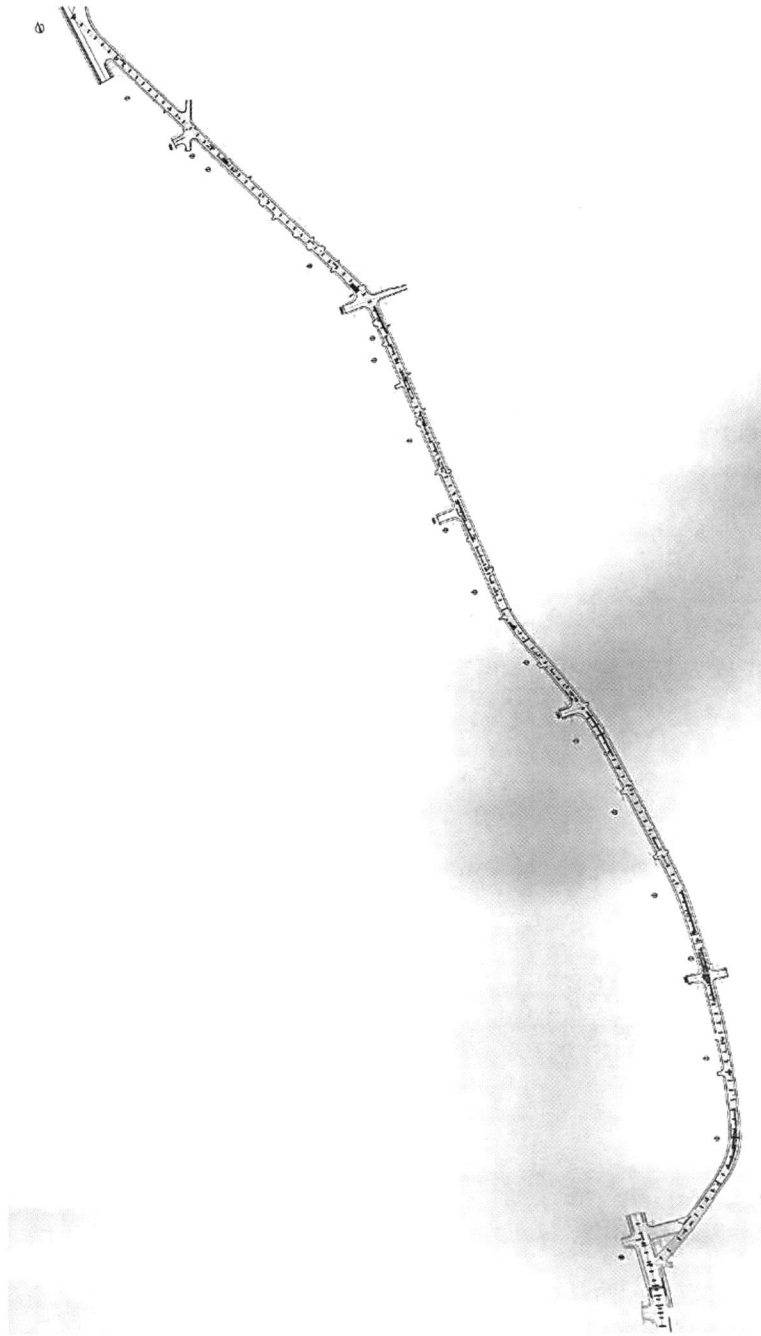

图 12.33 环城南路路面破损修复位置分布图

第 13 章 沥青路面主要病害与处置

路基路面是公路最重要的组成部分,是公路养护的重点内容和部位。由于其病害的发生,直接影响公路的使用功能,倍受公路界的重视。公路路基路面病害的处置约占养护费用的 80% 以上,处置效果除施工质量等因素外,往往因处置方案失当而效果甚微,得不偿失。所以,公路界多年来从未间断对其研究,不断地丰富和积累研究资料与技术。公路养管部门因施工环境、作业习惯、资源配置的不同,往往采用不同的病害处置方案,这是客观存在的事实。

◆◇ 13.1 公路路基路面处置的基本原则

(1)准确分析病害成因(见图 13.1)。

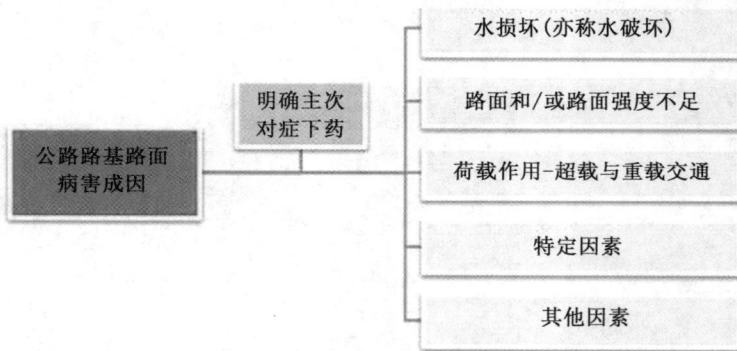

图 13.1 病害成因

(2)基于病害成因的路基路面处置方案的确定。路基路面的病害处置,必须从病害成因入手,遵循有的放矢的原则。

路基路面病害处置是一个系列工程,往往具有综合治理的特点。在分析路面病害成因、制订处置方案时,要考虑有无路基因素;要考虑路面各层次的影响。对于水损坏引起的病害,往往具有综合性病害的特点,必须采取彻底的防治水根治措施。

另外,确定病害处置方案时还应与病害处置者的资源配置相协调。

◆▷ 13.2　公路路基路面的基本要求

公路路基要满足强度、稳定性和耐久性等要求，上述任何一种要求无法满足，就可能产生路基病害。

公路路面的基本要求：强度、平整度、抗滑和耐久性，路面不满足前述两项基本要求，则可能产生病害。对于路面平整度和抗滑性能，应采取相应措施加以改善和提高，以提供安全、通畅、舒适的行车条件。

公路路面按结构型式，分为沥青路面与水泥混凝土路面两大类。

（1）沥青路面又称黑色路面，行车舒适性好。沥青路面病害（损坏）分为裂缝类、变形类、松散类、其他类四种。

（2）水泥混凝土路面亦称白色路面，行车舒适性不及沥青路面。其力学性能好、抗水破坏能力强，具有造价低、刚度大、强度高、使用耐久和养护工作量小的优点。水泥混凝土路面主要病害包括断板、脱空唧泥、表面裂缝、起皮、坑洞和平整度差等。

◆▷ 13.3　路基翻浆病害与处置对策

季节性冰冻地区，春融时路基或路面基层含水率过大，强度急剧降低，在行车作用下造成路基湿软弹簧、路面破裂、冒出泥浆等的现象。

路基土质不良、公路经过湿地，或路基坡脚存有积水的路段容易出现翻浆病害，盐渍土和沼泽地是翻浆病害的重灾区。路基翻浆的过程大致如下：秋季（聚水）——冬季（冻结）——春融（含水量增加）——强度降低、因行车荷载翻浆。非春融的雨季，如果路面密水性差，导致降水浸入路基，造成路基或路面基层含水率过大，也可能造成翻浆。翻浆时沉降与隆起并存，路基路面倒置，结构混淆。

（1）路基翻浆的成因分析：水损坏（水破坏）是翻浆的根本成因。根据导致翻浆的水类来源的不同，可将翻浆分为五个类型，即地下水类、地面水类、土体水类、气体水类和混合水类。

（2）路基翻浆产生因素：①地下水、地表水和汽化水是影响路基翻浆的内在因素。②公路施工和交通量等是影响路基翻浆的外在因素。③土质：细粒土中的粉性土是最容易翻浆的土；粗粒土（砂砾类土）基本上不产生翻浆病害；巨粒土（片石、漂石类）不翻浆。④温度：一定的冻结深度和一定的冷量（冬季各月负气温的总和）是形成翻浆重要条件。⑤人为因素：设计不当、施工质量有问题和养护不当都会成为翻浆因素。

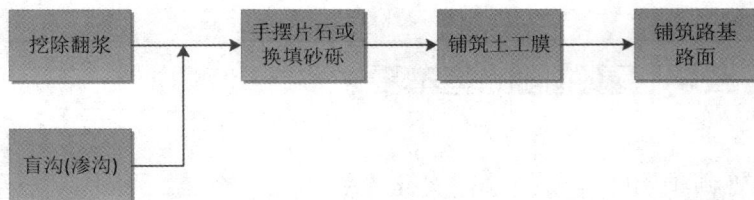

图 13.2 翻浆处置

(3)路基翻浆的处置对策。

①春融时的翻浆处置。这种翻浆基本上都存在补给水,宜采用如图 13.3 所示的处置对策。

图 13.3 春融翻浆处置

采用这样的处置方案,效果明显,处置彻底,常为二级及以下等级公路所采用。高速公路和一级公路在不影响车辆通行的情况下,也可以采用这种方法处置翻浆。对于高速公路和一级公路,一般可采用如图 13.4 所示的处置方案。

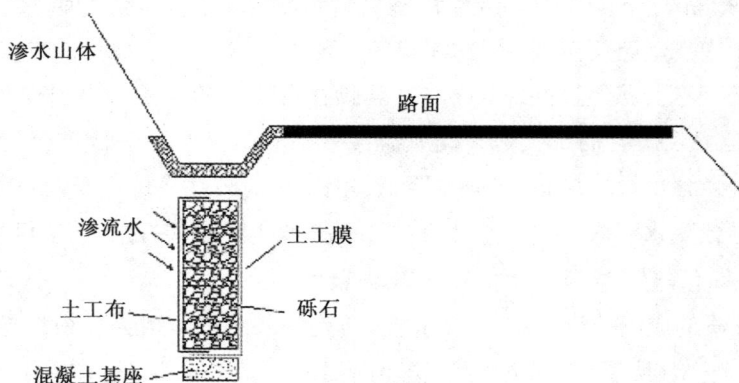

图 13.4 高等级公路翻浆处置方案

②由于地表水的渗入产生的翻浆病害(见图 13.5),若处置妥善后基本上无补给水,可选用以下两种方法(见图 13.6)。

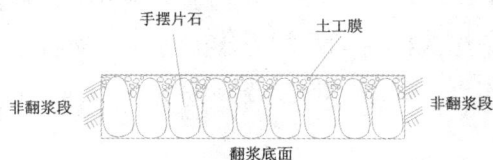

图 13.5 翻浆病害处理图

图 13.6　地表渗水翻浆处置

③土工合成材料隔离处置法：采用土工布或土工膜隔离(沼泽地等需要先采用透水性材料换填)，造价经济、施工方便，但需要一定的处置高度，对含水率高的地段还需要一定的沉降固结时间。这种方法对过湿地段的处置很有成效。对此类地段处理时，应以不应扰动原状土为宜。

④直填骨架材料、沉降固结处置法：这样的处置方法需要一定的沉降固结期。路基填筑时应预留沉降高度，在沉降期加载预压，待路基稳定后再清除预压材料。预压材料一般采用筑路材料，如路基填料、路面材料等等，预压完成后可以继续使用。

(4)路基路面翻浆处置的有关要求与注意事项。①翻浆防治的基本途径是防止地面水、地下水或其他水分在冻结前或冻结过程中进入路基上部，可将聚冰层中的水分及时排除或暂时蓄积在透水性好的路面结构层中；改善土基及路面结构；采用综合措施防治。

②正确的分析翻浆成因是处置翻浆的前提。翻浆是因水而生，要准确分析水损坏类型，分清地表水与地下水、临时性浸水(如水管爆裂)还是长期补给水，由此决定处置方案。

③和修补坑槽一样，翻浆的处置亦宜采用矩形修补，且各边分别垂直或平行于路线中线，用以增强界面结合。

④处置方案选择应充分考虑经济性、可行性及技术资源配置等方面的因素。

◆◇ 13.4　路基沉陷病害与处置对策

路基(涉及和连同路面)近似于垂直状态的下沉，称作路基沉陷。

(1)路基沉陷的主要原因(见图 13.7)。

(2)路基沉陷的处置对策(见图 13.8)

(3)桥涵台背和挡土墙墙背(俗称"三背")的沉陷处理。桥涵台背产生沉陷是不可避免的。预防桥头跳车的根本就是要提高台背填料的强度和刚度，减少工后沉降，控制桥头跳车。

①对于桥涵台背的沉陷的处理：挖除不合格与压实度不足的填料重新填筑合格填料，并从选择合格填料、填筑厚度、填筑范围、压实度等方面进行控制。

②挡土墙背沉陷处理：挡土墙背因填料不适宜、压实不足等原因，也可能产生沉陷、

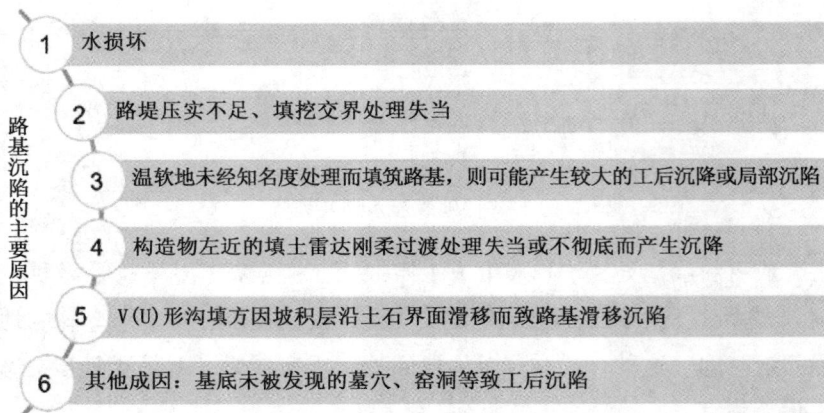

图 13.7　路基沉陷主要原因

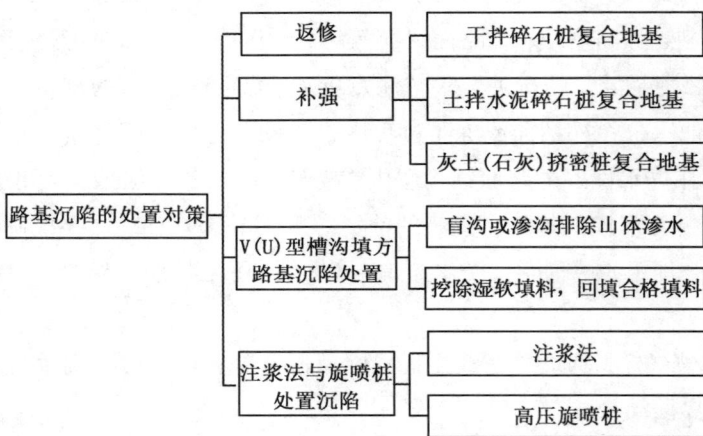

图 13.8　路基沉陷的处置对策

填料与原状土体间形成裂缝等病害。对挡土墙墙背的沉陷，除"填筑范围"要求有所不同外，其他处理措施与桥涵台背相同。需要强调以下两个方面。靠墙背 50cm 范围回填应颗粒材料，预防墙背片石类材料压实困难产生盲区。必须将填挖界修整成直线，修整小折线和弯月线，避免压实盲区；修整时应尽可能不扰动原状土，且挖方界面成微仰，使填料竖直压实，避免"挤压"。

◆◇ 13.5　沥青路面病害与处置对策

（1）沥青路面裂缝。沥青路面在荷载和温度应力作用影响下产生线性开裂，被称作路面裂缝。路面基层开裂反射（影响）到沥青路面开裂，也叫做裂缝或反射裂缝。

沥青路面裂缝有纵向裂缝、横向裂缝、块状裂缝和不规则裂缝。纵向裂缝是与行车方向基本平行的裂缝。横向裂缝是与行车方向基本垂直的裂缝。块状裂缝是裂缝分别为纵向与横向，将沥青路面分割成近似方块状。不规则裂缝是排列无序的裂缝，其严重时近似于龟裂病害(见图 13.9)。

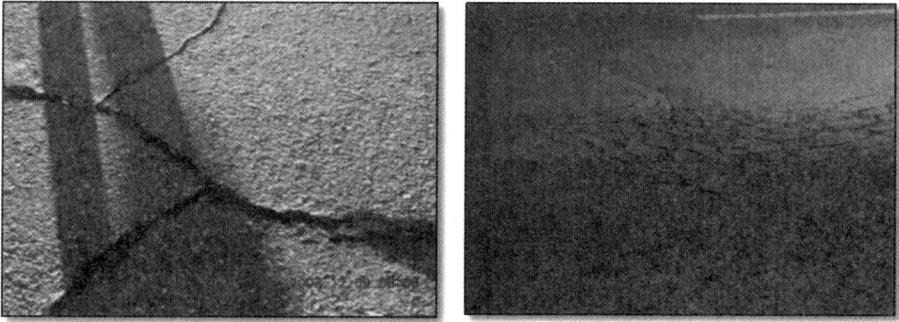

图 13.9　路面不规则裂缝与龟裂病害

①裂缝的成因分析。沥青路面开裂的主要原因可分为两大类：一种是由于行车荷载的作用而产生的结构性破坏裂缝，一般称为荷载型裂缝。另一种主要是由于沥青面层温度变化而产生的温度裂缝，包括低温收缩裂缝和疲劳裂缝，一般称为非荷载型裂缝。包括半刚性基层的温缩裂缝或/和干缩裂缝引起沥青面层产生反射裂缝或对应裂缝(见图13.10)。

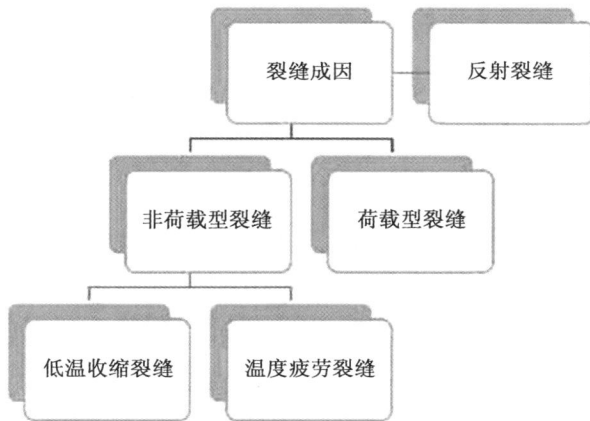

图 13.10　裂缝成因及分类

②沥青路面裂缝的处置对策。沥青路面在使用过程中，因荷载与环境因素而逐渐损坏，而沥青路面裂缝是沥青路面损坏最早和最常见的病害，应重视对其处置。

目前，对沥青路面裂缝的处置主要采用灌缝、贴缝和封缝等几项处置措施，灌缝是最常使用的技术措施。

灌缝处置后，为改善路面状况指数，往往辅以罩面措施。裂缝维修的最佳时期为秋末深冬季节。

贴缝适用于原路面基层和横断面良好，仅表面出现纵、横向裂缝，伴随裂缝处有较多细微的扩展裂缝；封缝适用于原路面仅仅表面出现沥青老化而引起开裂、透水严重等病害路段。这两种处置措施的使用周期一般为2~3年，费用较高，施工较为困难。

③路面裂缝处置的有关问题。

• 注重沥青路面的裂缝预防：路面设计应满足沥青路面强度和承载能力要求，基本解决荷载型裂缝产生的问题；从设计与施工质量控制上减少温度裂缝与反射裂缝的发生。

• 施工环境选择：处置沥青路面裂缝应选择裂缝开裂程度最大的季节进行。秋末至来年春初间裂缝开裂程度最大，最适宜灌缝施工。不可在夏季高温季节施工。

• 注重施工的环境保护：施工时，宜在施工路段采用隔离措施，如在路面上铺彩条布、撒大白粉等隔离物，施工结束后予以清理，避免沥青污染路面。

（2）龟裂与不规则裂缝。沥青路面出现象乌龟壳一样交织成网状的裂缝。它是沥青路面的主要病害之一。

①成因分析。

• 龟裂和不规则裂缝产生的首要原因是由于路面材料、施工等原因造成沥青路面空隙率大，空隙中的自由水冲刷沥青，导致沥青剥落；或因沥青材料粘附性差而沥青剥落，产生裂缝且成网状交织。路面尘埃等杂物混入裂缝，加剧了裂缝的发展，在荷载作用下，形成路面龟裂和不规则裂缝病害（见图13.11）。

图13.11　路面龟裂和不规则裂缝病害

• 路基或路面基层强度不足是龟裂和不规则裂缝产生的又一原因。路基翻浆、路面基层强度不足或半刚性路面基层反射裂缝都可能造成路面龟裂和不规则裂缝。

②路面龟裂与不规则裂缝的处置对策。路面龟裂和不规则裂缝的处置应视其成因而定。处置前应对路面取芯，分析成因与制订处置方案。由路基或路面基层破损造成的龟裂和不规则裂缝，应挖除路面。重做路基或基层补强后重做沥青面层。

• 大面积龟裂和不规则裂缝的处置：裂缝较为发育路段，采用挖除（铣刨）龟裂部分后，重铺沥青混凝土面层。裂缝不甚发育的路段，采用同步沥青碎石封层、沥青微表处、乳化沥青稀浆封层或超薄罩面（罩面厚度 < 25mm）等维修方法进行处置

• 土工合成材料处置：对于非路基与路面基层引起的龟裂和不规则裂缝的处置，可选用土工布或玻纤格栅，铺筑于原路面之上，再铺筑沥青混凝土。

• 小面积龟裂和不规则裂缝的处置。可采用单层沥青表处、同步碎石封层或微表处、稀浆封层等维修方法处置。

③龟裂与不规则裂缝处置的相关问题。处置龟裂与不规则裂缝需重铺罩面时，重铺不应铺在逐年加厚的软沥青层上，也不应铺在和原沥青路面结合不好、即将脱皮的沥青罩面薄层上。如存在上述情况，应将其铲除、整平后再进行铺筑。

（3）路面坑槽。坑槽是指在行车作用下，路面骨料局部脱落而产生的坑洼。

①沥青路面出现坑槽的主要原因。沥青路面出现坑槽的主要原因有几个方面：沥青路面透水；路基强度不足或因轻微病害没有得到及时处理；车辆滴油漏油（柴油是沥青的溶剂）侵蚀沥青路面；沥青混凝土层与基层之间局部出现隔离（干扰）层。

②路面坑槽的处置对策——修补。

• 坑槽修补的基本要求：坑槽修补必须"圆洞方补、斜洞正补"。即坑槽应修补成矩形。修补面积必须大于病害实际面积，修补范围应在病害面积范围以外各边至少多出5cm。修补范围的轮廓线应与路面中心线平行或垂直（见图 13.12）。

图 13.12　坑槽修补施工图

• 坑槽修补的方法：按照材料和修补环境温度的要求不同，现代的坑槽修补的方法大体可分为三种，即冷料冷补、热料热补和热料冷补。每种方法都有各自的特点，适应的情况也不同，施工人员要根据实际情况选择相应适当方法。

● 施工工艺流程见图 13.13。

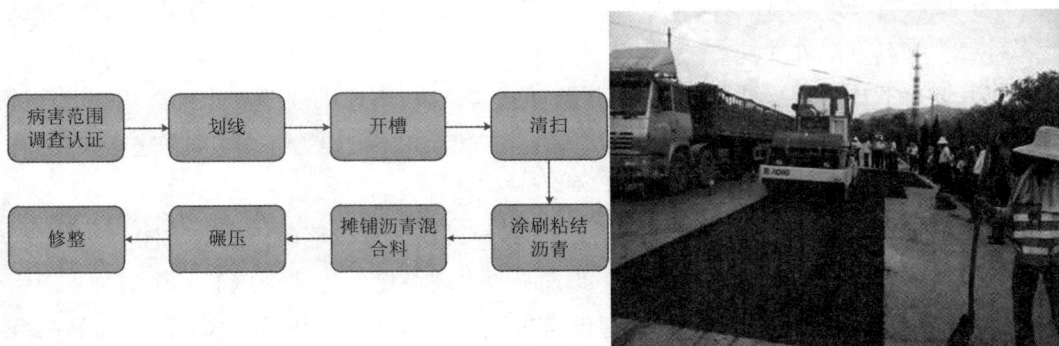

图 13.13　坑槽修补施工工艺流程图

③桥面沥青铺装层脱落的处置。桥面沥青铺装层脱落属于坑槽的特殊情况。桥面铺装层等构造物产生坑槽是由于水泥混凝土与沥青铺装层的材料差异较大，层间粘结处的变形不一致，局部粘附性较差，并出现分层，使得沥青铺装层在车辆荷载和水的共同作用下形成剥落和脱皮，最终产生坑槽(见图 13.14)。

图 13.14　桥面沥青铺装层脱落处置图

④路面坑槽处置的有关问题。

● 如果坑槽较深，深度>6cm 时，宜采用两层或两层以上分层修补。采用两层修补时，上层应采用细粒式(AC—13)沥青混凝土。下层厚度超过 6cm 时，可采用沥青稳定碎石(ATB)结构。分两层以上修补坑槽时，宜上一层比下一层多出 15~20cm 的搭接宽度，避免上下层接缝通缝。

● 摊铺沥青混合料时，松铺系数可取 1.25~1.3。

● 在涂刷粘结沥青前，应采用喷灯等对槽壁进行加热。

● 若因基层结构组成不良，如含泥多、含水率过大或基层局部强度不足等使基层破坏而形成坑槽，应先处治基层，再修复面层。可参照上述有关作法进行修补。

(4)路面车辙。车辙是指渠化交通的道路上在行车荷载的作用下,路面发生不可恢复的永久变形。

①车辙的分类。车辙的主要类型包括失稳型车辙、结构型车辙、压密型与磨耗型车辙。一般研究认为,车辙主要表现为前两种车辙类型。也有研究人员认为,压密型车辙在国内多为呈现。

②车辙产生的成因分析。主要成因包括外部因素与内部因素。车辙产生的外部因素包括高温、车辆荷载两大因素。内部因素主要有原材料(沥青混合料、集料)性能、沥青混合料级配和施工因素等(见图 13.15)。

图 13.15　高温、车辆荷载产生的车辙

③车辙形成过程的三个阶段。

● 初始阶段的压密过程:沥青路面建成通车后,沥青路面和路面各结构层材料中存在一些空隙,在汽车荷载的作用下,仍会进一步压实。

● 沥青混合料的流动过程:高温下沥青混合料处于以黏性为主的粘弹性状态,在车轮荷载的作用下,沥青和沥青胶浆便产生流动,使混合料的网络骨架结构失稳而向两侧隆起。

● 矿质集料的重新排列与矿质骨架的破坏:高温下处于半固体状态的沥青混合料,由于沥青和沥青胶浆在荷载作用下的流动,矿质集料会产生错动,促使沥青及沥青胶浆向其富集区流动。

④路面车辙的处置对策。在了解车辙形成机理的基础上,可根据车辙的病害严重程度决定不同的、行之有效的车辙处置对策。根据车辙的严重程度,可采用以下处置措施。

● 微车辙处置。对于深度 1cm 左右的微车辙,可采用以下两种方法进行处置:热再生;铣刨拉毛后采用稀浆封层或薄层罩面处置微车辙路段。

● 严重车辙路段的处置。对于深度大的严重车辙路段,宜采用铣刨重铺的方法进行处置。处置时先铣刨旧路的上面层或上面层与下面层,然后重新铺筑结构层。

⑤路面车辙处置的有关问题。

● 车辙处置宜在夏季高温季节进行。此时易于车辙调查,处理比较彻底,而且夏季沥青混凝土施工的环境温度良好，易于控制。

• 应重视车辙的预防。自打沥青路面问世以来，防止水损坏与抗车辙的矛盾就始终存在。随着新材料的不断开发，特别是沥青质量的提高，公路界就一直围绕这对矛盾进行着不断地协调，力求达到完美统一。建设者应该重视协调这一矛盾的两方面，不可顾此失彼。在采购优良材料的同时，应该注重配合比的控制。现行规范关于沥青混凝土的设计空隙率为3%~5%的要求，是完全可以防止降水浸入的。在这样的空隙率条件下，即使降水浸入沥青路面表层，因为水的张力仅能在沥青混凝土形成水膜，阻止水的继续下渗，因而没必要加大油石比而给车辙的产生创造条件。

• 应注重旧路沥青混合料的再生利用。旧路沥青混合料是品质优良的可用材料，要注重回收铣刨混合料，在铺筑新的沥青混合料时予以利用。

◆◆ 13.6 环城南路沥青路面主要病害与处理措施建议

（1）环城南路沥青路面主要病害原因。

①砌筑井筒沉降诱发井圈下沉。

②台背不密实、地表地下水入渗台背承载降低诱发不均匀沉降。

③动重车辆荷载冲击导致部分井盖强度不够出现破损。

④路面结构层实际厚度对比施工设计图要求普遍不足，导致路面结构强度损伤降低严重（与近2年零阳路改造，密集、动重车辆通过环城南路导致过早使用寿命降低有关）。

⑤由于给水管线（埋深距路面1.0~1.5m，0.3~0.5MPa水压力）过浅，导致部分焊接处渗漏水，出现路面冒水、溶蚀、塌陷问题（证明压力注浆可行），例如给水管线沟槽填筑料的工后沉降过大、位于给水管线上部的路面损坏最严重，也是此次修复的重点控制部位。

⑥由于给水管线、雨水管线焊接开裂渗漏水，污水管线沟槽填筑区域与旧混凝土老路面的拓宽拼接处理不当——小台阶拓宽拼接降沉、铺筑防开裂土工格栅、未布设与旧混凝土老路面减沉搭接混凝土板等措施，路面工后沉降过大而出现诸多病害叠加的类型出现。

（2）环城南路沥青路面主要病害类型。

①井盖、井圈、台背破损、损裂（统计个修补）。

②沥青路面纵横向裂缝、车辙、网裂、龟裂修补路段破裂等损坏（统计需要表处）。

③沥青路面坑槽、坑洞、沉陷、修补路段破裂等损坏（统计需要修补）。

④基层破损、松散等损坏（见钻孔取芯和探地雷达检测）。

⑤垫层、土基过湿、松散、泥化现象（见钻孔取芯和探地雷达检测）。

（3）环城南路沥青路面主要病害处理措施建议。

①井盖、井圈、台背破损、损裂更换修补，预制备井盖、井圈，现场装配，上浇筑0.8cm 的 ES—3+SBS 改性沥青混凝土上面层 4cm 的 AC—13C。

②针对下基层松散，垫层松散，以及土基过湿、松散、泥化区域进行注浆补强、密实、硬化处理，注浆压力 0.3~0.5MPa，采用水泥或水泥水玻璃或发泡剂。

③基层破损、松散、沥青路面坑槽、坑洞、沉陷、修补路段破裂等损坏区域，进行"强基层薄面层处理原则"，即上基层：20cm 厚混凝土板+单层钢筋，或者上基层+部分下基层：35cm 厚混凝土板+双层钢筋，预制备混凝土板现场装配为好。混凝土板上浇筑0.8cm 的 ES—3+沥青混凝土中面层 6cm 的 AC—16/20C+SBS 改性沥青混凝土上面层4cm 的 AC—13C。

④沥青路面纵横向裂缝、车辙、网裂、龟裂修补路段破裂等损坏进行玻纤格栅铺筑+表处。

13.7　环城南路沥青路面病害修复设计方案

慈利县环城南路西起零阳西路，东至万福路，道路全长 3084.439m，规划为城市次干路，路幅宽 K22m，一块板断面，最外侧车道机非混行，双向四车道，设计车速 40km/h。道路改造竣工后运行约 3 年，道路局部路段路面有破损，存在网裂、沉陷、裂缝、剥落和车辙等现象。

主要技术指标：道路等级：城市次干路；机动车道设计车速；40km/h；沥青路面加铺设计年限：10a；路面标准轴载；BZZ—100；结构设计荷载：城—A 级。

13.7.1　沥青路面病害修复工程设计

（1）原道路平纵面设计。设计不改变原有道路平面线形。只对本道路的交叉口，单位出入口进行局部的优化。全线共设置 9 个圆曲线，其中最大圆曲线半径 8000m，最小圆曲线长度 160m，满足设超高的最小半径，缓和曲线长度均为 35m。

纵断面设计，原则上是在拟合现状沥青路面标高的基础上.在尽量满足最小纵坡长度.同时满足防止反射裂缝以及确保路面强度的最小加罩厚度条件下.现状路面铣刨 1cm后加铺 l0cm 沥青混凝土面层来控制道路的标高.道路纵坡基本维持原有坡度。并与相交道路衔接及与两侧单位的出入口衔接以满足行车和排水要求。拼宽路面新建后标高与现状路面加铺后的标高保持一致。

（2）原横断面设计。①旧路标准横断面为：6.0m(人行道)+10m(车行道)+6.0m(人行道)= 22m。

②改造后标准横断面分为：3.5m(人行道)+0.25m(路缘带)+3.5m(机非混行车道)

+3.5m(机动车道)+0.5m(双黄线)+3.5m(机动车道)+3.5m(机非混行车道)+0.25m(路缘带)+3.5m(人行道)=22m。

（3）原路面结构设计。根据现场踏勘及建设单位提供信息，本道路现状路面结构如下表所示。在旧路上加铺方案为：对原有沥青路面铣刨 1cm 后进行病害处理，然后再加铺两层沥青面层；拼宽路面方案为：开挖至路面结构层底后铺设级配碎石垫层，再铺设 3 层 15cm 水泥稳定碎石。其中最上层水稳与现状路基层搭接 50cm 宽，然后再加铺三层沥青面层，路面顶标高与现状路面加铺后一致。

（4）路面结构设计。路面结构设计见图 13.16。

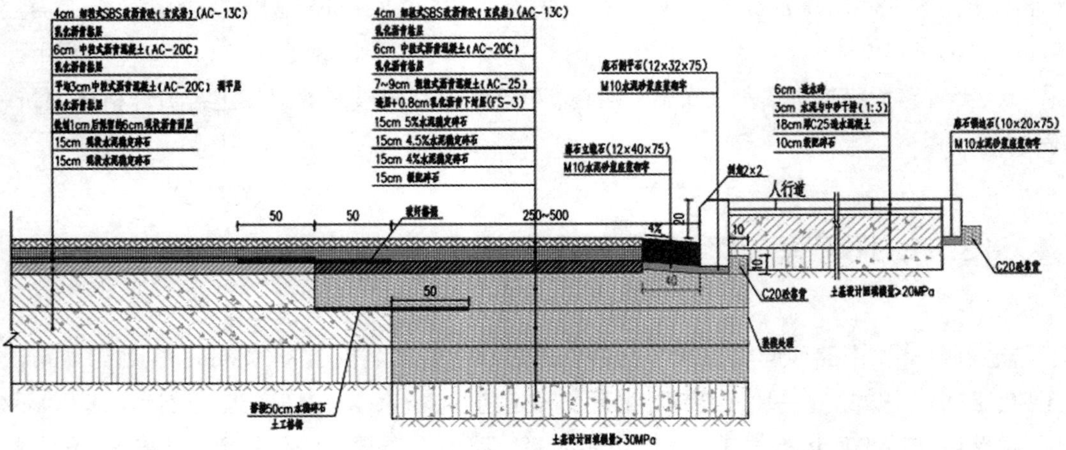

图 13.16　一般路面结构设计图

①为现状沥青路面加铺及路面拼宽结构设计，拼宽标准宽度为 2.5m，局部有偏差；沥青混凝土路面沥青采用 A 级 70 号道路石油沥青，并符合我国现行技术规范要求。

②基层表面设置透层，透层应具有自好的渗透性能，可采用液体沥青、乳化沥青。透层沥青直符合行业技术标准的有关规定。洒布数量宜通过现场实验确定，对无机结合料稳定集料基层的透入深度不宜小于 5mm，液体沥青宜 $(0.6\sim1.5)L/m^2$，乳化透层沥青宜 $(0.7\sim1.5)L/m^2$。

③在半刚性基层上应设稀浆封层，下封层厚度不宜小于 6mm。层铺法沥青表处铺筑下封层的石料 $(0.5\sim1.0cm)$ 用量宜 $(6\sim8)m^3/1000m^2$，沥青用量建议为 $(0.8\sim1.1)L/m^2$。封层材料的规格与要求均应符合相关行业标准规定，路基回弹模量应不小于 30MPa。

④如果采用不连续施工（或已经铺沥青层被污染），在沥青层之间，应设置粘层，粘层沥青宜采用快裂或中裂乳化粘层沥青、改性乳化沥青，也可采用快或中裂石油沥青，洒布数量宜为 $(0.3\sim0.5)L/m^2$。

⑤人行道铺装板，抗折强度应部小于 4.0MPa，防滑等级 R3，防滑性能指标 MPN 部小于 65，人行道内盲道砖宽度为 60cm。

⑥道路平面石及立缘石石料要求在 50~100cm 长度规格范围内选用，同一路段相邻

石料长度容许偏差为±2cm，曲线应采用与平面线形同半径圆弧形石科。人行道基层每5m 锯切一道缩缝，30m 设一道膨胀缝，缝宽 1.5～2.0cm，缝内填充沥青橡胶板。

⑦路面施工前，路基顶须做精加工处理，道路放置雨、污水管一测需破除现状道路路面 2.5m 左右，路面结构按拼宽路面结构设计。

⑧人行道标高在两厢用地标高允许的情况下，应当抬高至路面以上 20cm，保证人行道横坡不小于 0.5%，如有临时停车需求时可适当降低，但不应低于 5cm，如不允许停车则设置止车石，立缘石，平缘石按新建设考虑。

⑨路面结构层的施工质量检测技术指标及原材料性能技术要求，按照《沥青路面施工及验收规范》(GB 50092—96) 和《城镇道路工程施工及质量验收规范》(CJJ 1—2008) 执行。

⑩拼宽路面各结构层验收弯沉值见图 13.16 和表 13.1。

表 13.1　拼宽路面各结构层验收弯沉值

名称	沥青混凝土面层	水泥稳定碎石面层	路基面
容许弯沉(0.01mm)	25	32	323

拼宽路面结构设计方案如下。

①车行道路面结构。原旧路面结构层见表 13.2。

表 13.2　原旧路面结构参数

序号	路面结构	车行道
1	面层	3cm 细粒式沥青混凝土
		4cm 中粒式沥青混凝土
2	基层	30cm 水泥稳定碎石基层

②现状路面加铺路面结构见表 13.3。

表 13.3　现状路面加铺路面结构参数

序号	路面结构	车行道
1	土面层	4cm 细粒或 SBS 改沥青混凝土(玄武岩)AC-13C
2	粘层	乳化沥青粘层
3	下面层	6cm 中粒式沥青混凝土(AC-20C)
4	粘层	乳化沥青粘层
5	调平层	平均 3cm 中粒式沥青混凝土(AC-20C)调平层
6	粘层	乳化沥青粘层
7		病害处治
8		铣侧 1cm 后保留的 6cm 现状沥青面层

③拼宽部分路面结构见表 13.4。

表 13.4 拼宽部分路面结构参数

序号	路面结构	车行道
1	上面层	4cm 细粒式 SBS 改沥青混凝土（玄武岩）AC-13C
2	粘层	乳化沥青粘层
3	中面层	6cm 中粒式沥青混凝土（AC-20C）
4	粘层	乳化沥青粘层
5	下面层	7~9cm 粗粒式沥青混凝土（AC-25）（含调平层）
6	透层+封层	透层+0.8cm 乳化沥青下封层（FS-3）
7	上基层	15cm 5%水泥稳定碎石
8	下基层	15cm 4.5%水泥稳定碎石
9	底基层	15cm 4%水泥稳定碎石
10	垫层	15cm 级配碎石

如路面基层已遭破坏，或者埋设过路横管，则需挖除已破坏部分基层，路面结构见表 13.5。

表 13.5 破坏部分基层，路面结构

序号	路面结构	车行道
1	沥青面层	沥青混凝土面层（4cm+6cm+6cm）
2	下封层	0.8cm 乳化沥青下封层
3	基层	20cm 新建 C30 混凝土面板（与现状基层顶持平）
4	底基层	10cm 新建 C20 混凝土
5	垫层	新建级配碎石垫层

如果路基损坏或者埋设管线挖除路基.则需要换填路基填料后再铺筑路面结构层。路面结构相关材料均需满足《城镇道跬路面设计规程》（CJJ 169—2012）和《公路沥青路面设计规范》（JTGD 50—2017）的要求。

13.7.2 病害处理

（1）裂缝病害处治，对个别裂缝病害建议采取如下的处治方案。

①对于缝宽在 3mm 以内的裂缝，可暂不处理，施工前，统一喷洒粘层油后，贴附 100cm 宽的土工格栅，然后进行路面加铺方案施工。

②对于局部路段缝宽大于 3mm 且小于 10mm 的裂缝.应采用专用灌封（封缝）材料或者热沥青灌封缝内潮湿时候应采用乳化沥青灌封。

③对于局部路段缝宽大于 1cm 的裂缝，采用开槽回填处治。具体工艺为：以裂缝中心 150cm 范围内开槽，开槽深度为沥青面层厚度，开槽后应采用专用灌封（封缝）材料或者热沥青灌封，然后在基层顶面裂缝位置粘附 100cm 宽的玻纤格栅后回填与原路面一致

的混合料，回填材料厚度要求经压实后，之后可进行路面整治。

④对于铣刨至基层后，裂缝宽度仍大于1cm时，应先清除缝内杂物，并在上口适当扩展成倒梯形，顶宽15～20cm，底宽5～15cm，深度为10cm左右，直接灌入C25混凝土，回填材料满足压实度.之后可进行路面补强方案加铺施工。

⑤对于采用结构补强方案路段的裂缝，采用直接灌入水稳碎石，回填材料厚度满足压实度后，之后可进行路面补强加铺施工。

（2）坑槽病害处治，对坑槽的修复可以采取以下方法。

①严格按照"圆洞方补，斜洞正补"的原则，划出所需修补坑槽的轮廓线，处理范围，其范围应根据坑槽适当扩大处理。

②沿所划轮廓线开凿至坑底稳定部分，其深度不得小于原坑槽的最大深度；若基层已经松散破坏，将破坏的基层一并清除。

③清除槽底，槽壁的松动部分及粉尘，杂物，并涂刷粘层沥青。

④填入沥青混合料并整平。

⑤用小型压实机具将填补好的部分压实，应将沥青混合料分多次进行摊铺和压实，压实时应注意边部压实和对周边部分造成振动松散。

⑥采用封缝胶进行封边处理。

（3）网裂病害处治。对于局部的小面积网裂，可参照坑槽的处治方案进行，重点是处理彻底，避免多次重复维修。

对于大面积、有松散迹象的网裂，建议面层铣刨处理，现场考察基层状况对薄弱部位的基层进行处理后重铺，回填材料采用AC—20C沥青混合料。

（4）沉陷病害处治。沉陷范围较小时，一般由基层引起，沉陷范围较大一般由路基引起。

对路面的沉陷可根据不同的情况和病害程度，采取不同的处理方式：因路基不均匀沉降而引起的局部路面沉陷，若路基和基层已经稳定，不再继续下沉，可只修补面层。并根据路面的破损状况分别采取下列处治措施。

①路面略有下沉，沉陷深度≤20mm，无破损或仅有少量轻微裂缝，可不作处理，仅在沉陷处直接路面方案施工。

②沉陷深度>20mm，破损较轻或仅有少量轻微裂缝，可在沉陷处喷洒涂刷粘层沥青，再用沥青混合料将沉陷部分填补，并压实平整。

③因路基或基层结构遭到破坏而引起路面沉陷，应将面层和已破坏的基层完全铲除后重铺基层。

（5）基层处治。路段根据面层铣刨后基层顶面的病害状况及严重程度可选择不同的处治方案。

①当基层顶面无大面积松散，唧浆等病害，而只有单条裂缝时可采取土工格栅进行贴缝处理，再进行沥青面层回填，以减缓裂缝的反射；

②基层顶面出现大面积松散、唧浆等病害，则需根据病害的数量，如数量较少可按照"圆洞方补，斜洞正补"的原则挖除病害位置基层后回填 C35 钢筋混凝土。

（6）底基层处治。路段采用结构补强方案，根据面层挖除后底基层顶面的病害状况及严重程度可选择不同的处治方案：

①当底基层顶面无大面积松散、唧浆等病害，而只有单条裂缝时可采取灌入水稳碎石，再进行基层回填.以减缓裂缝的反射；

②基层顶面出现大面积松散，唧浆等病害，则需根据病害的数量，如数量较少可按照"圆洞方补，斜洞正补"的原则挖除病害位置底基层后回填素混凝土+C35 钢筋混凝土。

路面裂缝开挖处理见图 13.17。

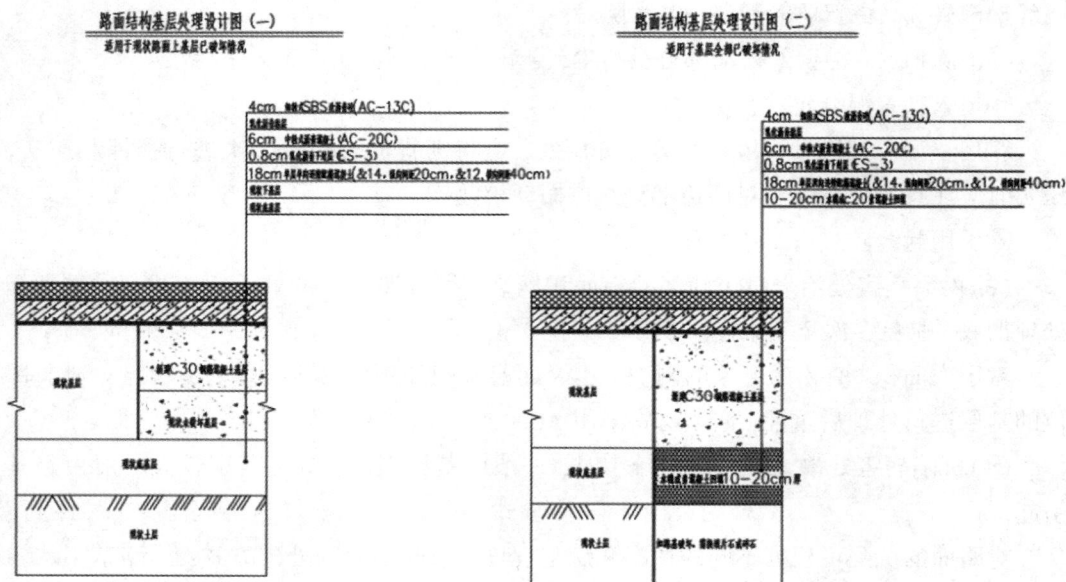

图 13.17　路面结构基层处理图

①开挖处理裂缝示意图适合于铣刨一层加铺两层方案：对于缝宽在 3mm 以内的裂缝，可暂不处理，施工前，统一喷洒粘层油后，贴附 100cm 宽的土工格栅，然后进行路面加铺方案施工。对于局部路段缝宽大于 3mm 且小于 10mm 的裂缝，应采用专用灌封（封缝）材料或者热沥青灌封，缝内潮湿时候应采用乳化沥青灌封。

②对于局部路段缝宽大于 1cm 的裂缝，采用开槽回填处治。具体工艺为：以裂缝为中心 150cm 范围内开槽，开槽深度为沥青面层厚度，开槽后应采用专用灌封（封缝）材料或者热沥青灌封，然后在基层顶面裂缝位置粘附 100cm 宽的玻纤格栅后回填与原路面一致的混合料，回填材料厚度要求经压实后，之后可进行路面整治。

③粘层油采用液体沥青，用量为 0.3～0.5L/m。

路面病害处理范围见图 13.18。

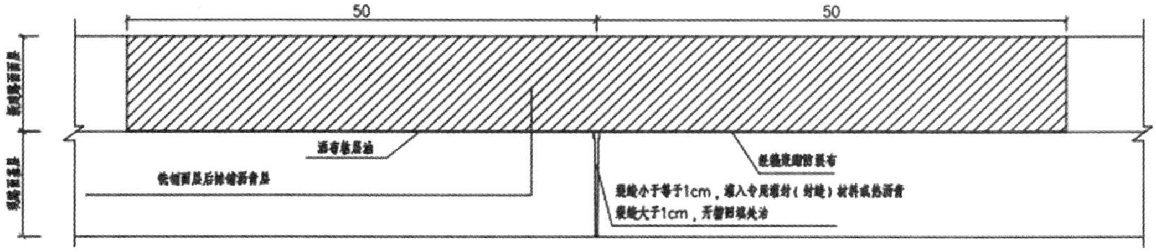

图 13.18　路面裂缝开挖处理图

路面结构基层处理设计见图 13.19 至图 13.22：

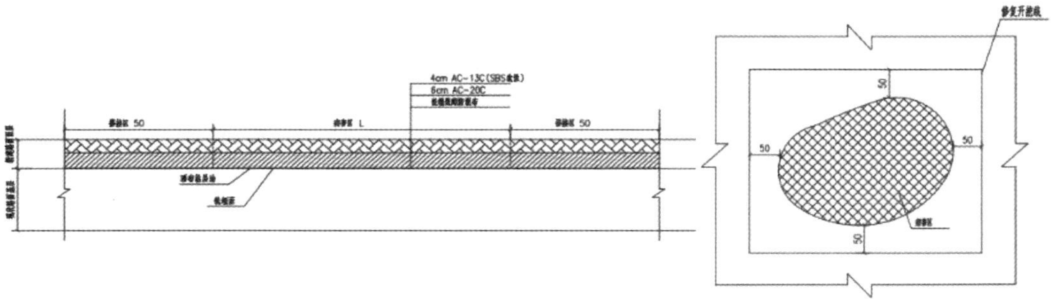

图 13.19　路面病害处理范围图

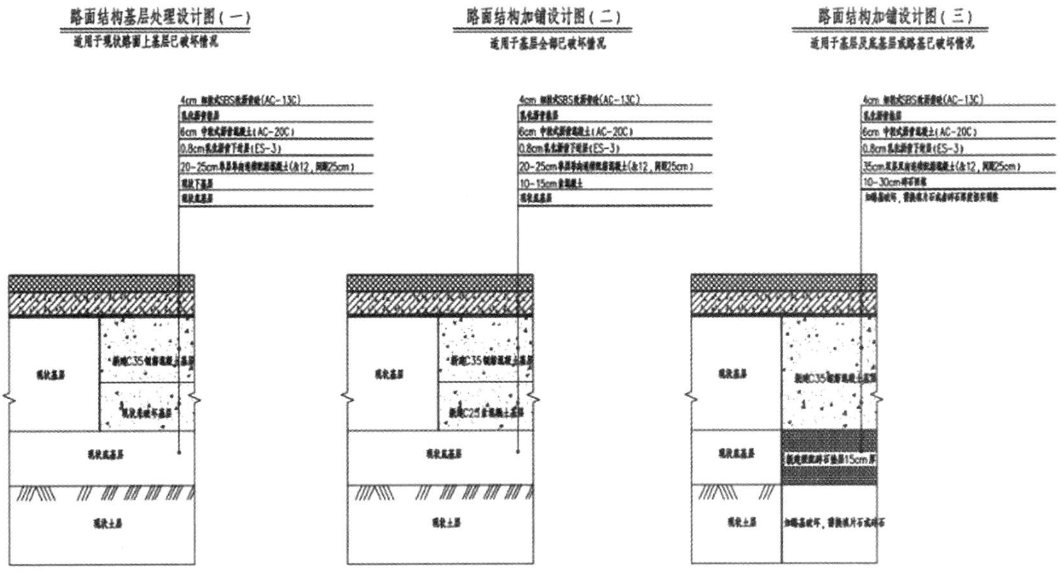

图 13.20　路面结构基层处理设计图

①为处理基层病害和埋设过路横管处加铺路面结构设计图。

②沥青混凝土路面沥青采用 A 级 70 号道路石油沥青，面层沥青采用改性沥青.并符合我国现行技术规范要求。

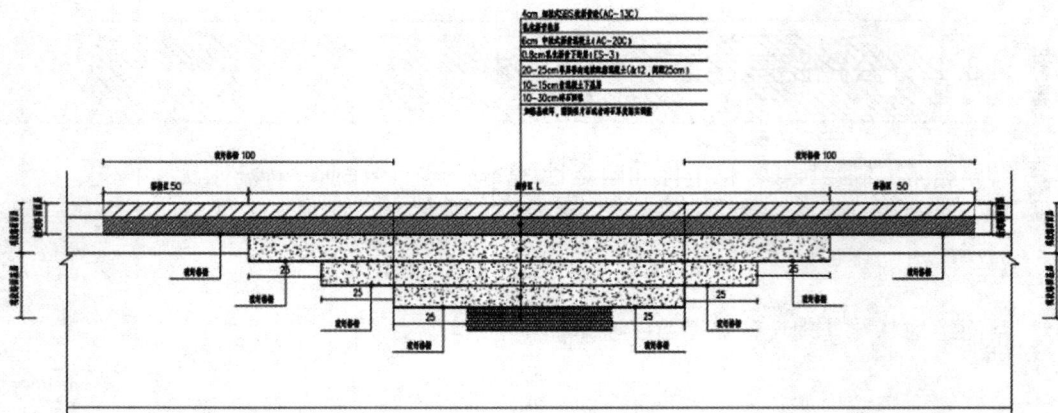

图 13.21　车行道路面病害严重段翻挖搭接处理图

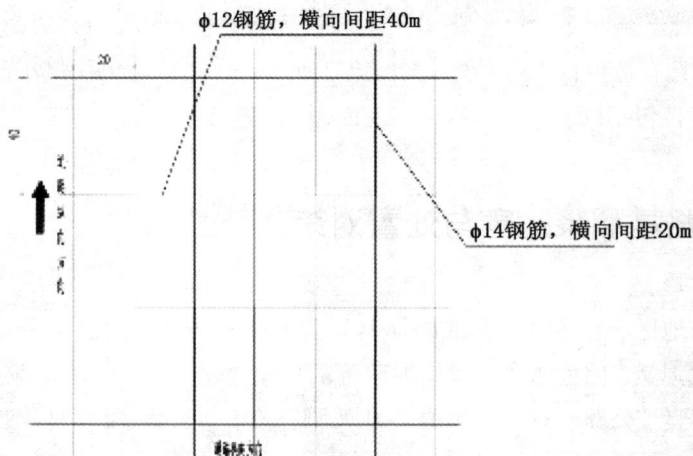

图 13.22　车行道路面病害严重段配筋图

③现浇混凝土采用 C35 钢筋混凝土，28d 龄期弯拉强度不小 5.0MPa，处理病害新建基层顶预留沥青面层交界处搭接一层 50cm 水泥稳定碎石，且在沥青下面层顶部铺设玻纤格栅。

13.7.3　弯沉较大路段处理

对于弯沉大于原设计弯沉 25 的路段，主要原因为路基沉降，垫层松散或基层松散等。如果面层病害较严重，采用开挖处理；如面层未明显损害，可采用注浆补强处理。注浆压力暂定 0.3~0.5MPa，采用水泥或水泥水玻璃或发泡剂等，注浆深度可根据雷达探测成果初步确定，注浆压力和注浆半径根据现场试验段确定。

13.7.4　参考注浆工艺

整个压浆工艺包括：钻孔定位、钻孔、制浆、压浆、压浆孔封堵、交通控制、弯沉检测七道工序(见图 13.23)。

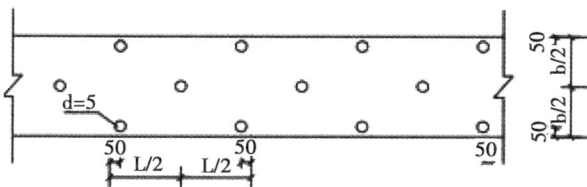

图 13.23　压浆孔布置图

①钻孔：灌浆孔根据路面加强宽度的尺寸，下层量确定，设计钻孔孔径为 50mm，孔与处理边界间距不小于 0.5m。

②制浆：按配合比将材料在灰浆孔压入混凝土板底，压力控制在 0.3~0.5MPa，直至邻孔或接缝中溢浆或无溢浆路面略有上升为止。压浆过程中溢浆的孔应及时用圆状木塞封堵.防止压力过度散失。注浆孔在压浆头拔除后也应及时用木塞封堵，防止灰浆反流。所有木塞应保持 8~10min 方可拔除。

③压浆封堵：木塞拔除后，用灰浆或取出的沥青路面芯样将压浆孔封严。

④交通控制：压浆完成后的板块禁止车辆碾压通行，待注浆强度达到 3MPa 以上时方可通行。

⑤弯沉检测：压浆完成 3d 后，用贝克曼梁复测压浆板四角的回弹弯沉值，当路面弯沉值超过 25 时，应重新钻孔补压。

路面结构基层处理方式如下：

①为处理基层病害和埋设过磁横管处加铺路面结构设计；

②沥青混凝土路面沥青用 A 级 70 号道路石油沥青，面层沥青采用改性沥青，并符合我国现行技术规范要求；

③现浇混凝土采用 C30 钢筋混凝土 28d 龄期弯拉强度不小于 5.0MPa，处理病害新建基层顶预留沥青面层厚度，在基层交界处搭接，并且，在沥青下面层顶部铺设玻纤格栅；

④开挖深度及处理方式按现场基层被破坏的情况而定，连续配筋混凝土厚度及素混凝土和 C20 水稳厚度可根据开挖深度进行适当调整。

◆◇ 13.8　本章小结

　　本章首先给出了公路路基路面病害处置原则，然后分别对路基翻浆、沉陷病害和沥青路面病害，以及相应的处置对策进行了分析，最后，结合环城南路沥青路面病害现状，给出了病害处置建议与修复设计方案。经过多年的工程实践检验，这一处置方案效果良好。

第 14 章　沥青路面病害动力固结数值模拟分析

沥青路面病害动力固结流固耦合响应力学特性研究表明，沥青路面结构工程相关岩土必须要有足够的强度、承载力和稳定性，保证沥青路面长期安全使用。可见，研究沥青路面动力固结非饱和渗流特性与本构关系至关重要，为沥青路面病害动力固结数值模拟分析奠定基础。

◆ 14.1　固结非饱和渗流特性理论分析方法

14.1.1　稳态流的基本方程

多孔介质中的渗流可以用达西定律来描述。考虑在竖向 $x-y$ 平面内的渗流：

$$q_x = -k_x \frac{\partial \varphi}{\partial x}; \ q_y = -k_y \frac{\partial \varphi}{\partial y} \tag{14.1}$$

式中：q 为比流量，由渗透系数 k 和地下水头梯度计算得到。水头 φ 小定义为：

$$\varphi = y - \frac{p}{\gamma_w} \tag{14.2}$$

式中：y 为竖直位置；p 为孔隙水压力（压力为负）；γ_w 为水的重度。

对于稳态流而言，其应用的连续条件：

$$\frac{\partial q_x}{\partial x} + \frac{\partial q_y}{\partial y} = 0 \tag{14.3}$$

式（14.3）表示单位时间内流入单元体总水量等于流出总水量，如图 14.1 所示。

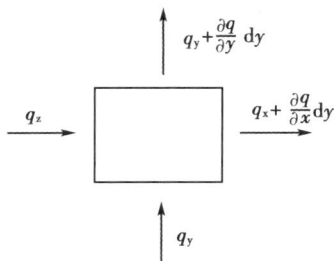

图 14.1　连续性条件示意图

14.1.2 界面单元中的渗流

在地下水渗流计算中界面单元需要特殊处理，可以被冻结或者激活。当单元被冻结时，所有的孔压自由度是完全耦合的；当界面单元激活时，它是不透水(隔水帷幕)的。

14.1.3 固结的基本方程

固结基本方程采用比奥(Biot)理论，渗流问题采用达西(Darcy)定理，假设土层骨架弹性变形，而且基于小应变理论。根据太沙基(Terzaghi)原理，土层中的应力分为有效应力和孔隙压力：

$$\boldsymbol{\sigma} = \boldsymbol{\sigma}' + \boldsymbol{m}(p_{\text{steady}} + p_{\text{excesa}}) \tag{14.4}$$

其中：

$$\boldsymbol{\sigma} = (\sigma_{xx} \quad \sigma_{yy} \quad \sigma_{zz} \quad \sigma_{xy} \quad \sigma_{yz} \quad \sigma_{zx})^{\text{T}}; \quad \boldsymbol{m} = (1 \quad 1 \quad 1 \quad 0 \quad 0 \quad 0)^{\text{T}} \tag{14.5}$$

式中：$\boldsymbol{\sigma}$ 为总应力矢量；σ' 为有效应力；p_{excess} 为超孔隙水压力；$\boldsymbol{m}$ 为包含单位正应力分量和零剪应力分量的矢量。

固结过程最终的稳态解表示为 p_{steady}，p_{steady} 定义为：

$$p_{\text{steady}} = \sum \boldsymbol{M} \cdot p_{\text{input}} \tag{14.6}$$

式中：P_{input} 为孔隙压力，在输入程序里基于浸润线或者地下水流计算得到；$\boldsymbol{M}$—材料刚度矩阵。

14.1.4 弹塑性固结

一般说来，在使用非线性材料模型时，需要多次迭代以求得正确的结果。由于材料的塑性或刚度与应力相关，应用中平衡方程不一定都满足。因此，这里需要检查平衡方程。

将总应力分为孔隙压力和有效应力，引入本构关系可以得到有限元节点平衡方程：

$$\boldsymbol{K}\text{d}\boldsymbol{v} + \boldsymbol{L}\text{d}\boldsymbol{p}_{\text{n}} = \text{d}\boldsymbol{f}_{\text{n}} \tag{14.7}$$

式中：$\boldsymbol{K}$ 为刚度矩阵；$\boldsymbol{L}$ 为耦合矩阵，$\text{d}\boldsymbol{f}_{\text{n}}$ 为荷载增量矢量。

平衡方程写成子增量的形式为：

$$\boldsymbol{K}\delta\boldsymbol{v} + \boldsymbol{L}\delta\boldsymbol{p}_{\text{n}} = \boldsymbol{r}_{\text{n}} \tag{14.8}$$

式中：$\boldsymbol{r}_{\text{n}}$ 为全局残余应力矢量。总位移增量 $\Delta\boldsymbol{v}$ 是在当前步所有迭代的子增 $\delta\boldsymbol{v}$ 的总和。

$$\boldsymbol{r}_{\text{n}} = \int \boldsymbol{N}^{\text{T}} \boldsymbol{f} \text{d}V + \int \boldsymbol{N}^{\text{T}} \boldsymbol{t} \text{d}S - \int \boldsymbol{B}^{\text{T}} \boldsymbol{\sigma} \text{d}V \tag{14.9}$$

其中：

$$\boldsymbol{f} = \boldsymbol{f}_0 + \Delta\boldsymbol{f}; \quad \boldsymbol{t} = \boldsymbol{t}_0 + \Delta\boldsymbol{t} \tag{14.10}$$

在第一个迭代中考虑，$\boldsymbol{\sigma} = \boldsymbol{\sigma}_0$，即起始步的应力。在由本构模型求解当前应力时使用连续迭代的方法。

14.1.5　非饱和渗流材料模型

非饱和渗流的模拟基于 Van Genuchten 材料模型。根据该模型,饱和度与有效压力水头关系如下:

$$S(\phi_p) = S_{residu} + (S_{sat} - S_{residu})\left[1 + (G_a \mid \phi_p \mid)^{k_n}\right]^{\left(\frac{1-g_n}{g_n}\right)} \tag{14.11}$$

Van Genuchten 假定了参数剩余体积含水量 S_{res},该参数用来描述在吸力水头下保留在孔隙中的部分流体。一般情况下,在饱和条件下孔隙不会完全充满水,由于空气滞留在孔隙中,此时饱和度 S_{sat} 小于 1。其他参数 g_a、g_l、g_n 需要对特定的材料进行测定。有效饱和度 S_e 表述为:

$$S_e = \frac{S - S_{residu}}{S_{sat} - S_{reside}} \tag{14.12}$$

根据 Van Genuchten 模型,相对渗透率表述为:

$$K_{rel}(S) = (S_E)^{g_t}\left\{1 - \left[1 - S_e^{\left(\frac{g_n}{g_n - 1}\right)}\right]^{\left(\frac{g_n}{g_n - 1}\right)}\right\}^2 \tag{14.13}$$

使用该表达式计算饱和度时,相对渗透率可以直接用有效压力来表示。

"近似 Van Genuchten 模型"的参数从经典 Van Genuchten 模型的参数转化而来,以满足线性模型的计算需要。对于 ϕ_{ps},转化方式如下:

$$\phi_{ps} = \frac{1}{S_{\phi_p = -1, 0m} - S_{sat}} \tag{14.14}$$

参数 ϕ_{pk} 等于压力水头,根据 Van Genuchten 模型,相对渗透率为 0.01,最低限值为 $-0.5m$。

◆◇ 14.2　岩土本构关系模型

14.2.1　岩土模型参数的选择和判断

岩土模型有:线弹性模型 Linear elastic Model(LM);摩尔—库仑模型 Mohr-Coulomb Model(MC);土体硬化模型 Hardening Soil Model(简称 HS),不能区分小应变情况下具有的较大刚度和工程应变水平下减小的刚度,因此在实际使用过程中需要根据主要应变水平来选择刚度参数,此时应用小应变土体硬化模型 Hardening Soil Small strain Model(HSS)。

14.2.2 界面/弱面

界面单元通常用双线性的 MC 模型模拟。当在相应的材料数据库中选用高级模型时，界面单元仅选择那些与 MC 模型相关的数据（c，φ，ψ，E，v）。在这种情况下，界面刚度值取就是土的弹性刚度值。因此，$E = E_{ur}$，其中 E_{ur} 是与应力水平相关的，即 E_{ur} 与 σ_m 成幂指数比例关系。对于软土模型 Soft Soil Model（SS）、软土蠕变模型 Soft Soil Creep Model（SSC）和修正的剑桥黏土模型 Modified Cambridge Clay Model（MCC）来说，幂指数 m 等于 1，并且 E_{ur} 在很大程度上由膨胀指数 K^* 确定。

14.2.3 MC 模型参数及其确定方法

MC 模型中共有 5 个基本参数（黏聚力 C、内摩擦角 φ、剪胀角 ψ、杨氏模量 E、泊松比 v），这些参数都可以从基本的土工试验获得。如图 14.2 中摩尔应力圆所示，内摩擦角在很大程度上决定了抗剪强度。而图 14.3 表示的是一种更为一般的屈服准则。MC 破坏准则被证明比 Drucker Prager Model（DP）更好地近似描述了岩土体，因为后者的破坏面在轴对称情况下往往是很不准确的。

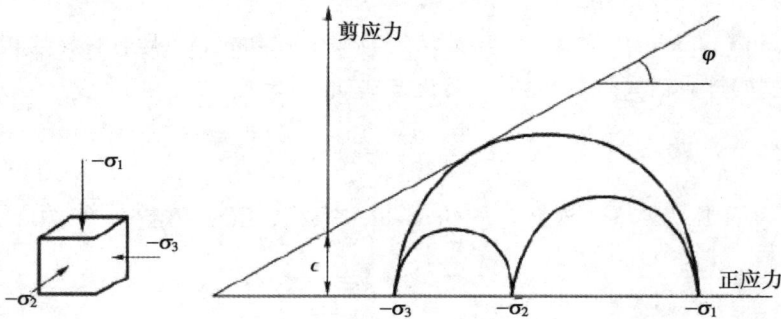

图 14.2 应力圆与库仑破坏线

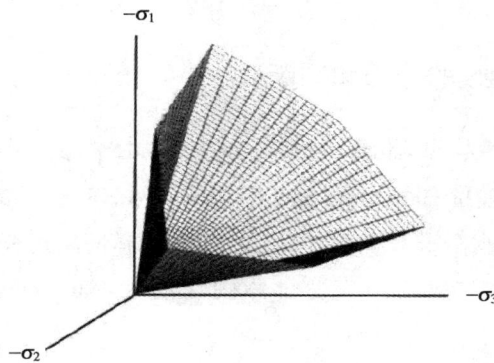

图 14.3 应力空间（$c = 0$）中摩尔—库仑屈服面

14.2.4　HS 模型参数及确定方法

HS 模型基本参数中的强度参数与 MC 模型一致，即两种模型的破坏准则均采用 MC 模型准则。软土硬化模型中土体刚度参数主要包括：标准三轴排水试验中的割线模量 E_{50}^{ref}、主固结仪加载模量 E_{oed}^{ref}、卸载/重加载刚度 E_{ocd}^{ref}，以及刚度应力水平相关参数 m。

另外，还有些高级参数，如卸载/重加载泊松比 v_r（缺省值为 0.2）；刚度的参考围压 P_{ref}（默认为 100）；正常固结状态下的 K_0 值（缺省 $K_0 = 1-\sin\varphi$）；破坏比 Rf（缺省值为 0.9，如图 14.4 所示）。

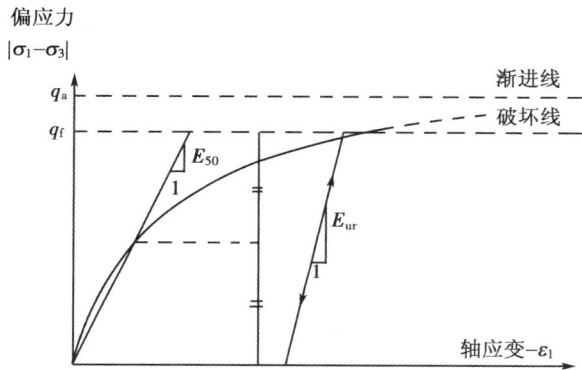

图 14.4　标准排水三轴试验主加载下双曲型应力—应变关系

抗拉强度 $\sigma_{mtention}$（缺省值为 0），黏聚力随深度递增值 $c_{increment}$（同摩尔—库仑模型，缺省值为 0）。同时，刚度参数的力学意义如下：

割线模量 E_{50}^{ref}、卸载/重加载刚度 E_{ocd}^{ref} 根据三轴排水试验确定。其中，E_{50}^{ref} 为围压 100kPa 时对应的割线模量（同 MC 模型中定义方法），E_{ocd}^{ref} 为卸载曲线近似斜率，一般卸载模量按弹性计算。E_{oed}^{ref} 为侧限压缩模量，根据固结仪试验得到，该参数力学意义为，压缩应力为 100kPa 时应力—应变曲线的切线斜率，如图 14.5 所示。

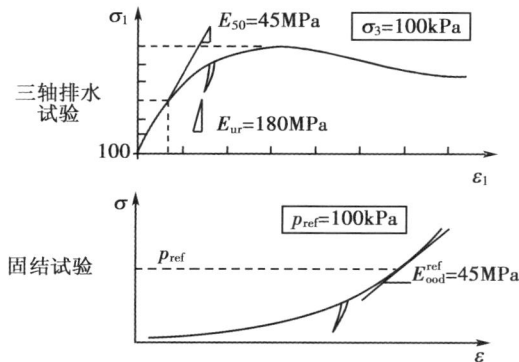

图 14.5　HS 模型中刚度参数的力学意义

14.2.5 SSC 模型参数及确定方法

与 MC 模型中一样的强度破坏参数(黏聚力 c、内摩擦角 φ、剪胀角 ψ)。基本刚度参数(变形参数):修止的压缩指标 λ^*,修正的膨胀指标 κ^*,以及修正蠕变指标 μ^*。

◆◇ 14.3 软土/软弱夹层的本构模型讨论

一般情况下,考虑的软土是指接近正常固结的黏土、粉质黏土、泥炭和软弱夹层。黏土、粉质黏土、泥炭这些材料的特性在于它们的高压缩性,黏土、粉质黏土、泥炭和软弱夹层又具有典型的流变特性。

Janbu 在固结仪实验中发现,正常固结的黏土比正常固结的砂土软 10 倍,这说明软土极度的可压缩性。软土的另外一个特征是土体刚度的线性应力相关性。根据 HS 模型得到:

$$E_{oed} = E_{oed}^{ref}(\sigma/p_{ref})^m \tag{14.15}$$

这至少对 $c=0$ 是成立的。当 $m=1$ 可以得到一个线性关系。实际上,当指数等于 1 时,上面的刚度退化公式为:

$$E_{oed} = \sigma/\lambda^* \tag{14.16}$$

其中,

$$\lambda^* = p_{ref}/E_{oed}^{ref}$$

在 $m=1$ 的特殊情况下,软土硬化模型得到公式并积分可以得到主固结仪加载下著名的对数压缩法则:

$$\dot{\varepsilon} = \lambda^* \dot{\sigma}/\sigma, \ \varepsilon = \lambda^* \ln\sigma \tag{14.17}$$

在许多实际的软土研究中,修正的压缩指数 λ^* 是已知的,可以从下列关系式中算得固结仪模量:

$$E_{oed}^{ref} = p_{ref}/\lambda^* \tag{14.18}$$

◆◇ 14.4 有限元强度折减法

强度折减法 Finite Element Strength Reduction Method(FESR)是指在外荷载保持不变的情况下,岩土体所发挥的最大抗剪强度与外荷载所产生的实际剪应力之比。这里定义的抗剪强度折减系数,与极限平衡分析中所定义的土坡稳定安全系数在本质上是一致的。

所谓抗剪强度折减系数,就是将岩土体的抗剪强度指标 c 和 φ 用一个折减系数 F_s,

如式（14.19）所示的形式进行折减，然后用折减后的虚拟抗剪强度指标 c_F 和 φ_F，取代原来的抗剪强度指标 c 和 φ，如式（14.19）所示。

$$c_F = c/F_s; \quad \varphi_F = \tan^{-1}(\tan(\varphi)/F_s) \tag{14.19}$$

$$\tau_{fF} = c_F + \sigma\tan\varphi_F \tag{14.20}$$

式中：c_F 为折减后岩土体虚拟的黏聚力；φ_F 为折减后岩土体虚拟的内摩擦角；τ_{fF} 为折减后的抗剪强度。

折减系数 F_s 的初始值取得足够小，以保证开始时是一个近乎弹性的问题。然后不断增加 F_s 的值，折减后的抗剪强度指标逐步减小，直到某一个折减抗剪强度下整个边坡发生失稳，那么在发生整体失稳之前的那个折减系数值，即岩土体的实际抗剪强度指标与发生虚拟破坏时折减强度指标的比值，就是路面、土基、基岩的稳定安全系数。

基于有限元数值模拟理论，针对路面特征开展强度折减计算时，路面、土基、基岩等均采用式（14.21）所示的 MC 模型屈服准则：

$$f_s = \sigma_1 - \sigma_3\frac{1+\sin\varphi}{1-\sin\varphi} - 2c\sqrt{\frac{1+\sin\varphi}{1-\sin\varphi}} \tag{14.21}$$

式中：σ_1，σ_3 分别为最大和最小主应力；c，φ 分别为内聚力和内摩擦角。

当 $f_s > 0$ 时，材料将发生剪切破坏。在通常应力状态下，岩体的抗拉强度很低。因此，可根据抗拉强度准则（$\sigma_3 \geqslant \sigma_T$）判断岩体是否产生张拉破坏。

强度折减计算时，不考虑地震及车辆振动效应的影响，对路面、土基、基岩稳定性只进行静力分析。

◆◇ 14.5　动力响应分析原理与方法

动力响应影响主要有：动力期间出现的位移、变形和惯性力；产生的超孔隙水压力；土的剪切强度的衰减；惯性力、超孔隙水压力和剪切应力降低对稳定的影响；超孔隙水压力的重分布和动力后的应变软化；永久变形及大面积液化引起的破坏。

研究表明动力停止之后出现的变形经常超过标准永久大变形。动力响应后变形不是惯性力和位移引起的，是超孔隙水压力和土强度降低两者的耦合，尤其出现在人造工程中。动力响应震源以地震波的形式释放的应变能，地震波使动力响应具有巨大的破坏力，包括两种在介质内部传播的体波和两种限于界面附近传播的面波。

（1）体波。纵波能通过任何物质传播，而横波是切变波，只能通过固体物质传播。纵波（P 波）在任何固体物质中的传播速度都比横波（S 波）快，在近地表一般岩石中，$V_p = 5\sim6\text{km/s}$，$V_S = 3\sim4\text{km/s}$。在多数情况下，物质的密度越大，地震波速度越快。根据弹性理论，纵波传播速度 V_p 和横波传播速度 V_S 计算见式（14.22）和式（14.23）。

$$V_P = \sqrt{\frac{E(1-\mu)}{\rho(1+\mu)(1-2\mu)}} \tag{14.22}$$

$$V_S = \sqrt{\frac{E}{2\rho(1+\mu)}} = \sqrt{\frac{G}{\rho}}$$ （14.23）

式中：E，μ，ρ，G分别为介质的弹性模量、泊松比、密度和剪切模量。

（2）面波。面波（L 波）是体波达到界面后激发的次生波，沿着表面或体内的边界传播。

◆◇ 14.6 路面地下管线沟槽回填压实机理分析

14.6.1 现场调查

现场施工—振动、冲击夯实如图 14.6 所示。

图 14.6 挖掘机（液压振动夯实机）与振动冲

环城南路地下管网施工较多且工期紧，在沟槽回填时，受开挖工作面宽度及管材回填施工工艺影响，管顶 50cm 以内采用人工夯实工艺，管顶 50cm 以上受宽度影响无法采用机械设备碾压，压实度难以得到保障，且市政道路要求快速施工开放交通，没有充分的时间让其进行自然沉降（见图 14.7）。

（a）沟槽沉陷路面　　　　　　　　（b）井盖周围下沉

图 14.7 沟槽沉陷和井盖周围路面下沉

14.6.2　有限单元给水管道沟槽回填压实机理分析

路面与土体结构单元和界面单元类型自动和土体单元类型相匹配。由于节点总数和应力点总数相等，可以将 15 节点三角单元看成 4 个 6 节点三角单元的组合。但是一个 15 节点三角单元要比 4 个 6 节点三角单元的组合功能更好(见表 14.1 和图 14.8)。

表 14.1　土体单元类型

类型	位移差值	数值积分中使用的高斯应力点	精度
6 节点三角单元	2 阶	12 个	差
15 节点三角单元	4 阶	3 个	非常精确

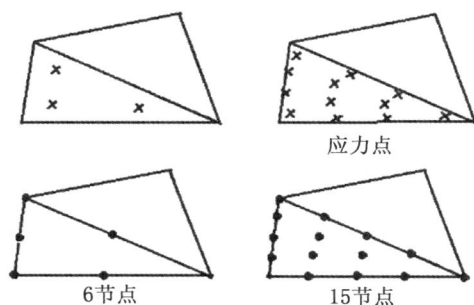

图 14.8　节点位置和土体单元的应力点

采用界面的处理方式以模拟土工布、桩基与土体之间的相互作用。土体采用 15 节点三角单元时，相应的界面单元以 5 组节点定义；采用 6 节点三角单元时，相应的界面单元则以 3 组节点定义。通过 Newton Cotes 积分得出界面单元的刚度矩阵。5 个应力点用于 10 节点界面单元，而 3 个应力点用于 6 节点界面单元(见图 14.9)。

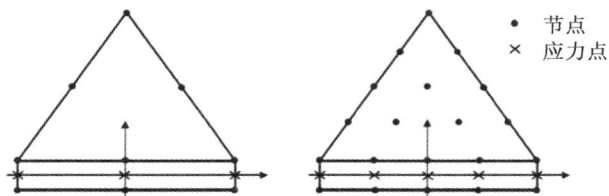

图 14.9　单元节点和应力点分布

左右两侧设置水平约束，竖向位移自由为本模型边界条件。网格划分采取平面应变模型 15 节点三角单元，网格间距 0.5m。

14.6.3　物理力学指标

岩土体和重力坝材料的物理力学指标见表 14.2 和表 14.3。

表 14.2 摩尔—库仑模型 MC 土层的物理力学指标

材料类型	$c/(\text{kN} \cdot \text{m}^{-2})$	$\varphi/(°)$	$\gamma_{\text{unsat}}/(\text{kN} \cdot \text{m}^{-3})$	$\gamma_{\text{sat}}/(\text{kN} \cdot \text{m}^{-3})$	μ	$E/(\text{kN} \cdot \text{m}^{-2})$
沥青路面	1500	53	25	25	0.18	21200000
原混凝土路面	1500	43	S25	25	0.18	21200000
砂土	500	33	25	25	0.18	21200000
黏土	30	30	18	20	0.33	150000

表 14.3 HSS 和 SSC 本构与路面土层的物理力学指标

参 数	下层黏土	下层砂土	上层黏土	上层砂土	沥青路面
本构	HSS	HSS	HSS	HSS	SSC
排水类型	排水	排水	排水	排水	排水
$\gamma_{\text{unsat}}/(\text{kN}/\text{m}^3)$	15	16.5	16	17	20
$\gamma_{\text{sat}}(\text{kN}/\text{m}^3)$	18	20	18.5	21	20
$E_{50}(\text{kN}/\text{m}^2)$	9700	98000	10000	120000	420000
$E_{\text{oed}}(\text{kN}/\text{m}^2)$	9700	98000	10000	120000	420000
$E_{\text{ur}}(\text{kN}/\text{m}^2)$	29100	294000	30000	560000	1260000
m	1	0.5	0.9	0.5	0.5
$c(\text{kN}/\text{m}^2)$	5.5	1	4	1	100
$\varphi(°)$	24	31	25	33	43
ψ	0	1	0	3	13
R_{inter}	0.65	0.65	0.8	0.8	0.9

由于土体变形过程中流固耦合阶段不能和动力阶段分开,采用设定高级模型参数添加阻尼系数,如表 14.4 所列。

表 14.4 地层土体阻尼参数

模型土体	固有频率	阻尼比	α	β
沥青面层	18.34	0.031	0.41	0.002
原混凝土路面	45.29	0.03	0.74	0.004
土基	10.53	0.014	0.16	0.001
上层基层	18.34	0.031	0.41	0.002
上层黏土	187.3	0.033	0.001	0.001
上层砂土	45.29	0.03	0.74	0.004
下层黏土	160.9	0.033	0.001	0.001
下层砂土	152.0	0.037	4.05	0.0001
下层基层	45.29	0.03	0.74	0.004
基岩	193	0.038	0.01	0.01

另外,土工格栅材料抗拉能力为 80kN/m,材料的阻尼布置均为 0.01。

14.6.4　给水管道沟槽回填压实机理分析

给水管道沟槽回填压实机理分析见图 14.10，从数值模拟分析可知：

①图 14.10(a) 有限元单元 1393，模型网格形变最大值 11.03mm，主要出现在管沟回填上方，需要考虑回填粒料与动力夯实处理。

②图 14.10(b) 为位移等值线云图，回填粒料位移值为 10~12mm，位移等值线云图下土基下部扩展位移值为 4~10mm，并且减小明显，略有扩散发展。

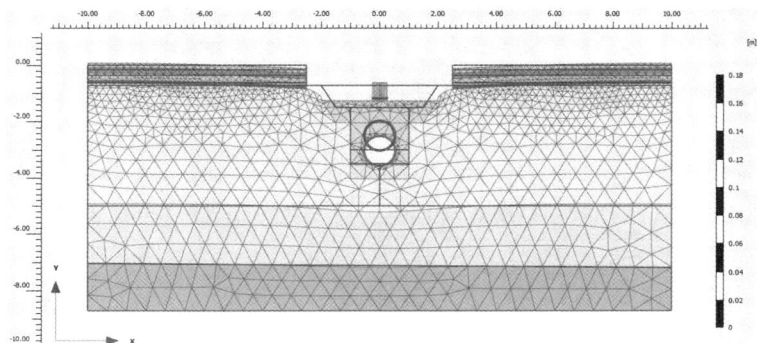

(a)模型形变

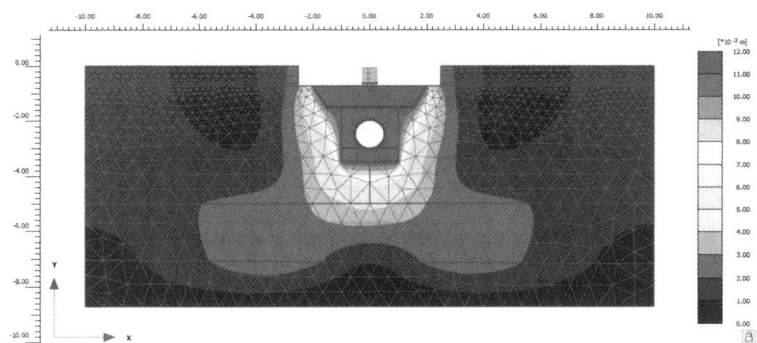

(b)位移等值线云图

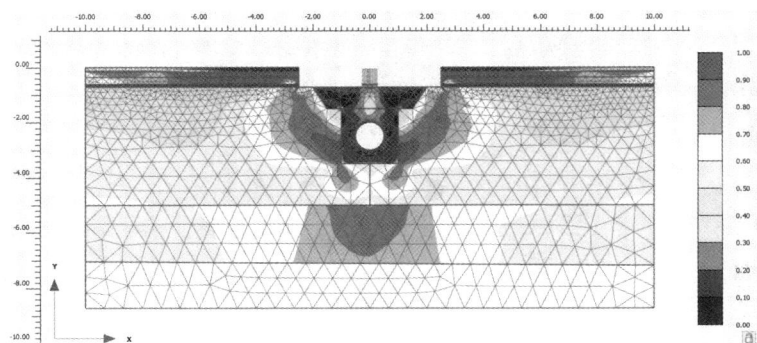

(c)相对剪应力云图

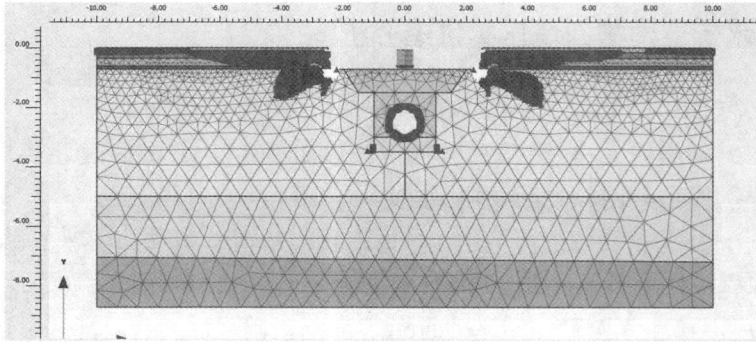

（d）塑性区分布特征图

图 14. 10　给水管道沟槽回填压实机理分析

③图 14. 10（c）为相对剪应力云图分布，最大值为 1，最大值主要出现在土基，有基础大形变轮廓出现，管沟回填区域基本均匀，管沟回填区域底部大形变未连接贯通，需要考虑回填粒料强度与动力夯实力度。

④图 14. 10（c）为砂土层相对剪应力云图分布，最大值为 1，最大值主要出现在中部，未连接贯通，但是需要控制动力夯实力度，防止出现液化"橡皮土"，基岩基本稳定。

⑤图 14. 10（d）为破坏区分布图，动力夯实对路面略有振动影响，硬化破坏区集中在土基上，拉伸破坏区分布在路面与土基接触带，分布范围很小，需要注意防护。

⑥图 14. 10（d）破坏区分布图还可以看出，管沟底脚处出现小范围硬化破坏区，管沟有挤压硬化破坏趋势，需要合理选择管材或者管沟结构形式。

14. 6. 5　给水管道井周围沟槽回填压实机理分析

给水管道井周围沟槽回填压实机理分析见图 14. 11，从数值模拟分析可知：

①图 14. 11（a）有限元单元 1095，模型网格形变最大值 0. 6175mm，主要出现在管沟井左侧回填上方，需要考虑回填粒料与动力夯实处理。

②图 14. 11（b）为位移等值线云图，回填粒料位移值为 0. 2~0. 4mm，位移等值线云图下土基下部扩展位移影响基本为零，并且减小明显。

③图 14. 11（c）为相对剪应力云图分布，最大值为 1，最大值主要出现在土基，有基础大形变轮廓出现，管沟井回填区域基本均匀，管沟井回填区域底部大形变未连接贯通，需要考虑管沟井盖回填粒料强度与动力夯实力度。

④图 14. 11（d）为破坏区分布图，动力夯实对路面略有振动影响，硬化破坏区集中在土基上，拉伸破坏区分布在路面与土基接触带，分布范围很小，需要注意防护。

⑤图 14. 11（d）破坏区分布图还可以看出，管沟井底脚处出现小范围硬化破坏区，管沟有挤压硬化破坏趋势，需要合理选择井材或者井结构形式。

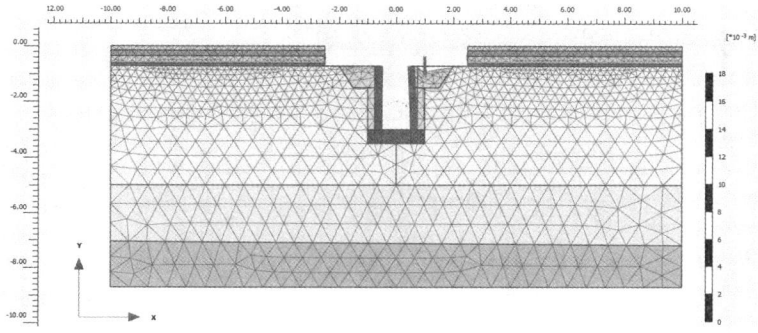

(a)模型形变

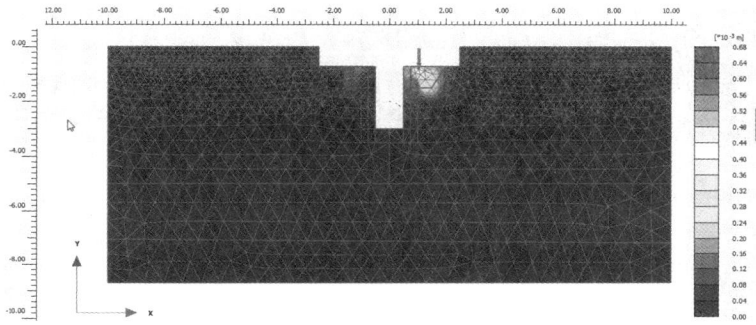

(b)位移场云图

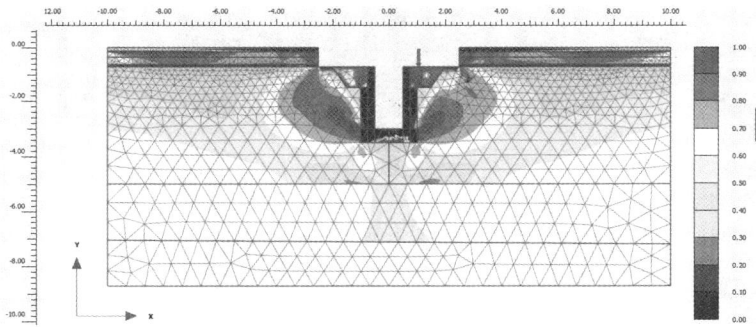

(c)剪应力云图

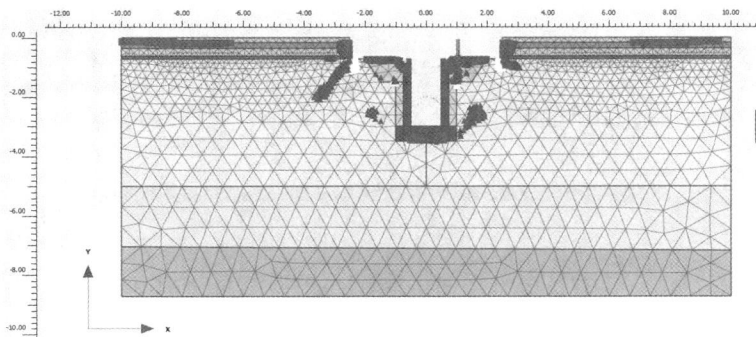

(d)塑性区分布特征图

图 14.11　给水管道井盖周围沟槽回填压实机理分析

14.6.6　雨、污管道沟槽回填压实机理分析

雨、污管道沟槽回填压实机理分析见图 14.12，从数值模拟分析可知：

①图 14.12(a) 有限元单元 2252，模型网格形变最大值 5.664m，主要出现在雨、污管道沟槽回填上方，需要考虑雨、污管道沟槽回填粒料与动力夯实处理。

②图 14.12(b) 为位移等值线云图，雨、污管道沟槽回填粒料位移值为 4~6mm，位移等值线云图下土基下部扩展位移值为 1~4mm，并且集中在雨、污管道沟槽回填区。

③图 14.12(c) 为相对剪应力云图分布，最大值为 1，最大值主要出现在土基，有基础大形变轮廓出现，雨、污管道沟槽回填区域基本均匀，雨、污管道沟槽回填区域底部大形变未连接贯通，需要考虑雨、污管道沟槽回填粒料强度与动力夯实力度。

④图 14.12(c) 为砂土层相对剪应力云图分布，最大值为 1，最大值主要出现在中下部区域，未连接贯通，但是需要控制动力夯实力度，防止出现液化"橡皮土"，基岩基本稳定。

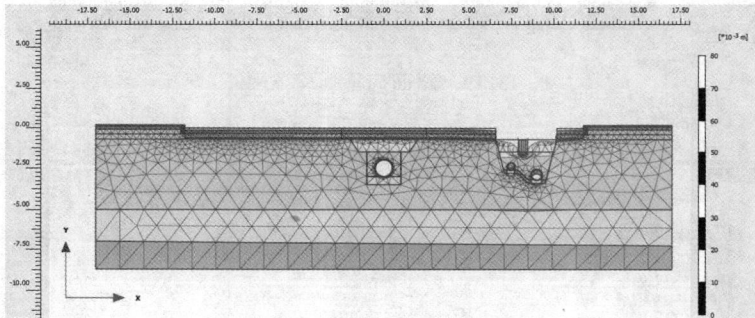

(a)模型形变

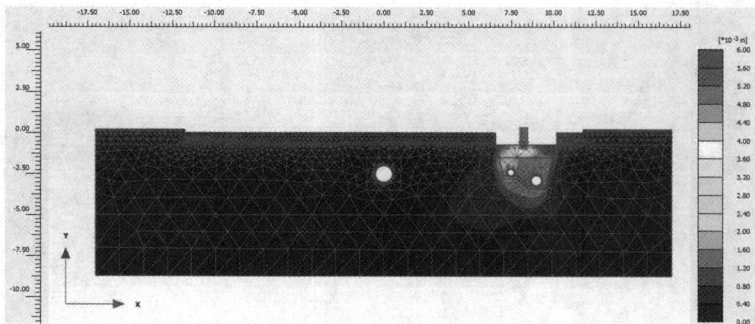

(b)位移场云图

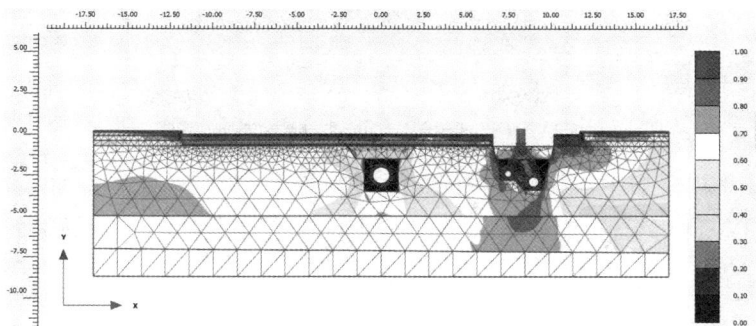

（c）剪应力云图

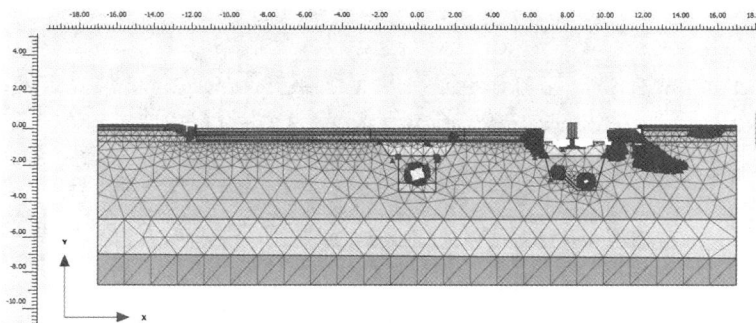

（d）塑性区分布特征图

图 14.12　雨、污管道沟槽回填压实机理分析

⑤图 14.12（d）为破坏区分布图，动力夯实对路面略有振动影响，硬化破坏区集中在土基上，拉伸破坏区不对称分布，左侧路面与土基接触带处略大，分布范围很小，需要注意防护。

◆◇ 14.7　雨、污管道井周围沟槽回填压实机理分析

雨、污管道井周围沟槽回填压实机理分析见图 14.13，从数值模拟分析可知：

①图 14.13（a）有限元单元 1910，模型网格形变最大值 2.738mm，主要出现在雨、污管道井回填上方，需要考虑雨、污管道井回填粒料与动力夯实处理。

②图 14.13（b）为位移等值线云图，雨、污管道井回填粒料位移值为 2mm，位移等值线云图下土基下部扩展位移为 1mm，并且减小明显。

③图 14.13（c）为相对剪应力云图分布，最大值为 1，最大值主要出现在土基，有基础形变轮廓出现，雨、污管道井回填区域基本均匀，雨、污管道井回填区域底部形变未连接贯通，需要考虑雨、污管道井回填粒料强度与动力夯实力度。

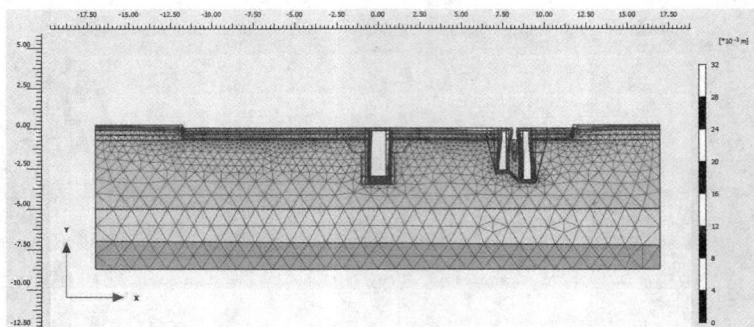

（a）模型形变

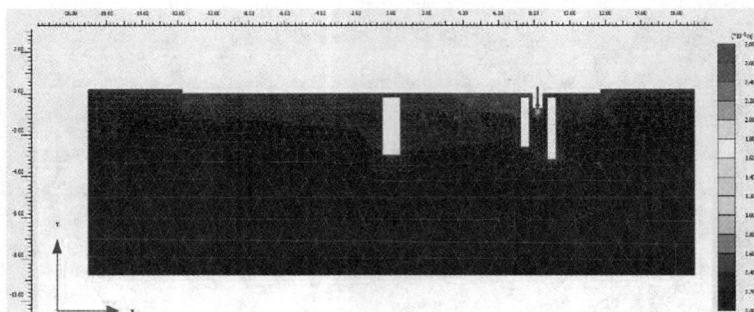

（b）位移场云图

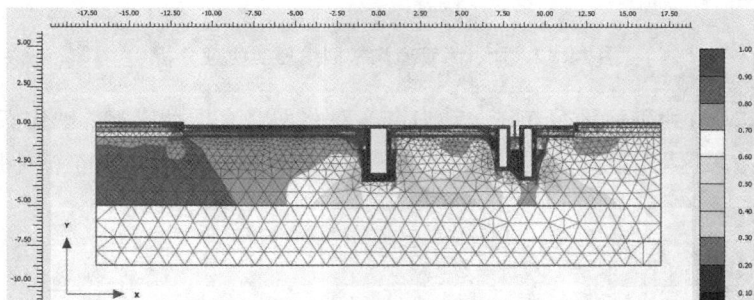

（c）剪应力云图

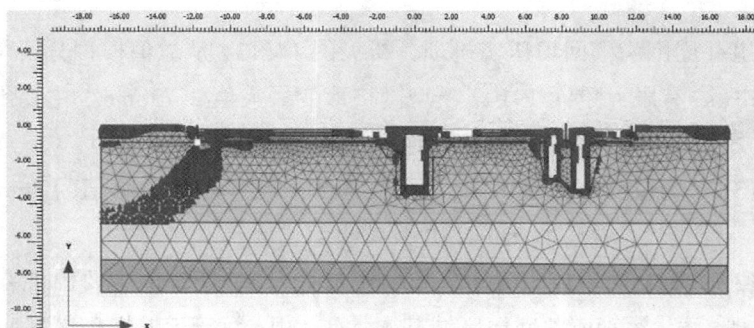

（d）塑性区分布特征图

图 14.13　雨、污管道井盖周围沟槽回填压实机理分析

④图 14.13(c)为砂土层相对剪应力云图分布,最大值为 1,最大值主要出现在中部,未连接贯通,但是需要控制动力夯实力度,防止出现液化"橡皮土",基岩基本稳定。

⑤图 14.13(d)为破坏区分布图,动力夯实对路面略有振动影响,硬化破坏区集中在土基上,拉伸破坏区分布在路面与土基接触带,分布范围很小,需要注意防护。

⑥图 14.13(d)破坏区分布图还可以看出,雨、污管道井底脚处出现小范围硬化破坏区,雨、污管道井有挤压硬化破坏趋势,需要合理选择井材或者井管结构形式。

⑦上述分析还可以看出,雨、污管道井施工对给水管线有影响,动力夯实对其管道井有挤压硬化破坏趋势,需要合理选择井材或者井结构形式。

◆◇ 14.8　井盖沟槽回填压实机理分析

井盖沟槽回填压实机理分析见图 14.14,从数值模拟分析可知:

①图 14.14(a)有限元单元 21330,模型网格形变最大值 5.88mm,主要出现在井盖沟槽回填上方,需要考虑井盖沟槽回填粒料与动力夯实处理。

②图 14.14(b)为位移等值线云图,回填粒料位移值为 4~6mm,位移等值线云图下土基下部扩展位移值为 1~4mm,并且减小明显,略有扩散发展。

③图 14.14(c)为相对剪应力云图分布,最大值为 1,最大值主要出现在土基,有基础大形变轮廓出现,井盖沟槽回填区域基本均匀,井盖沟槽回填区域底部大形变未连接贯通,需要考虑井盖沟槽回填粒料强度与动力夯实力度。

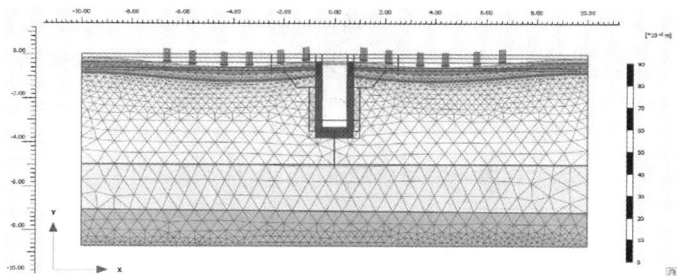

(a)模型形变

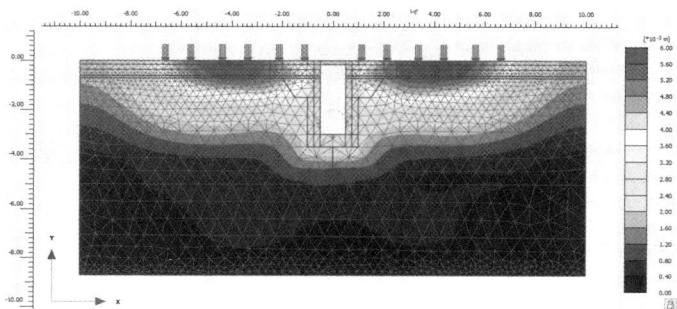

(b)位移场云图

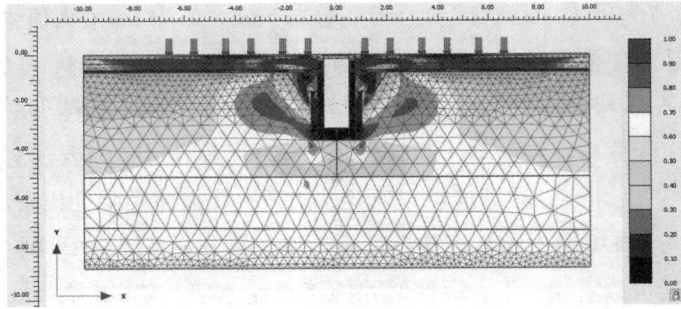

（c）剪应力云图

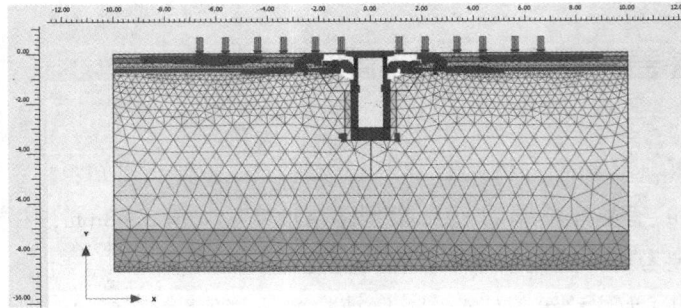

（d）塑性区分布特征图

图 14.14　井盖道沟槽回填压实机理分析

④图 14.14（d）为破坏区分布图，动力夯实对路面略有振动影响，硬化破坏区集中在土基上，拉伸破坏区分布在路面与土基接触带，分布范围很小，需要注意防护。

⑤图 14.14（d）破坏区分布图还可以看出，井盖沟槽底脚处出现小范围硬化破坏区，井盖沟槽有挤压硬化破坏趋势，需要合理选择井盖材料或者井盖沟槽结构形式。

◆◇ 14.9　井盖加强井圈沟槽回填压实机理分析

井盖加强井圈沟槽回填压实机理分析见图 14.15，从数值模拟分析可知：

①图 14.15（a）有限元单元 15877，模型网格形变最大值 0.276mm，主要出现在井盖加强井圈沟槽回填上方，需要考虑井盖加强井圈沟槽回填粒料与动力夯实处理。

②图 14.15（b）为位移等值线云图，回填粒料位移值为 0.1~0.2mm，位移等值线云图下土基下部扩展，并且减小明显。

③图 14.15（c）为相对剪应力云图分布，最大值为 1，最大值主要出现在土基，有基础大形变轮廓出现，井盖加强井圈沟槽回填区域基本均匀，井盖加强井圈沟槽回填区域底部大形变未连接贯通，需要考虑井盖加强井圈沟槽回填粒料强度与动力夯实力度。

④图 14.15（d）为破坏区分布图，动力夯实对路面略有振动影响，硬化破坏区集中在土基上，拉伸破坏区分布在路面与土基接触带，分布范围很小，需要注意防护。

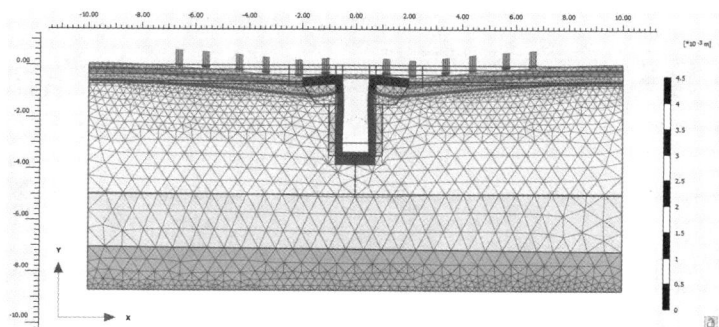

（a）模型形变

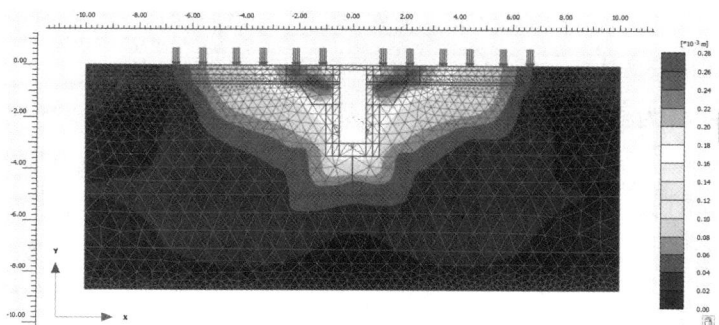

（b）位移场云图

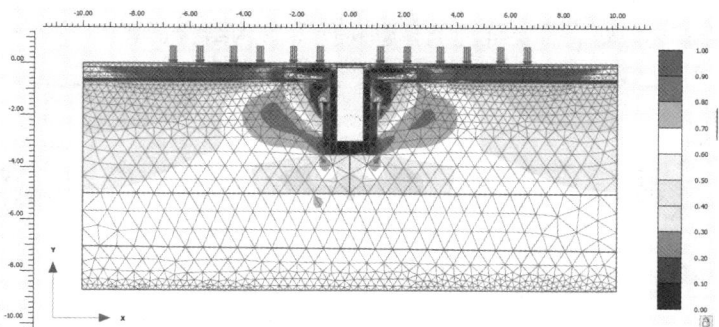

（c）剪应力云图

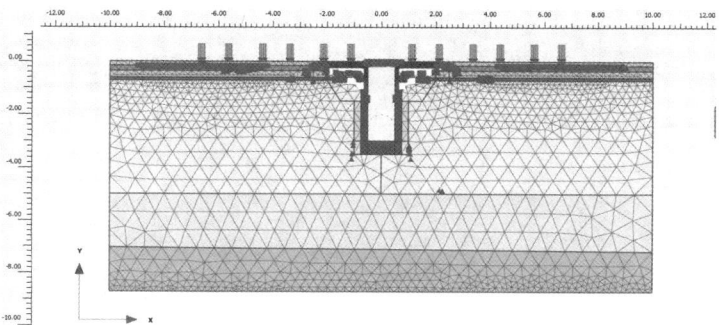

（d）塑性区分布特征图

图 14.15　井盖加强沟槽回填压实机理分析

◆◇ 14.10　环城南路路面地下给水管线渗漏诱发沉陷机理分析

环城南路路面地下给水管线渗漏诱发沉陷机理分析见图 14.16，从数值模拟分析可知：

①图 14.16(a)有限元模型网格形变图，主要出现在给水管线路面上方为 10~20mm，需要考虑路面合理修复结构。

②图 14.16(b)为位移等值线云图，最大值为 30mm，位移等值线云图下土基下部扩展波及 3 车道，路基路面处于饱和水位状态，土基大变形破坏，需要地下给水管线防漏处理，再对路面进行修补。

③图 14.16(c)为相对剪应力云图分布，最大值为 1，最大值主要出现在土基和部分路面，有基础大形变轮廓出现，破坏连续贯通，需要考虑路面地下给水管线渗漏处理。

④图 14.16(c)为黏土层相对剪应力云图分布，最大值为 1，最大值主要出现在地下给水管线土基，基本连接贯通，随着车辆荷载动力响应出现液化"唧泥"。

⑤图 14.16(d)为破坏区分布图，车辆荷载动力响应对路面破坏影响显著，硬化破坏区集中在土基路面。

⑥图 14.16(d)破坏区分布图还可以看出，管沟底脚处出现小范围硬化破坏区，给水管线有挤压硬化破坏趋势，需要合理选择管材或者管沟结构形式。

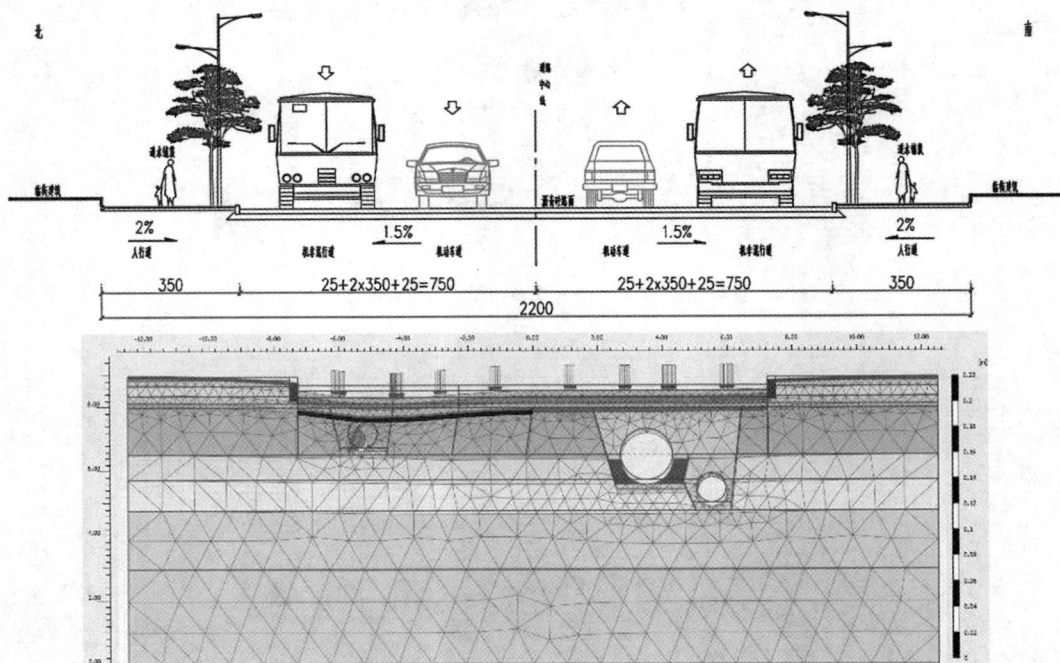

(a)车行道轮迹荷载作用路基路面与地下管线形变图

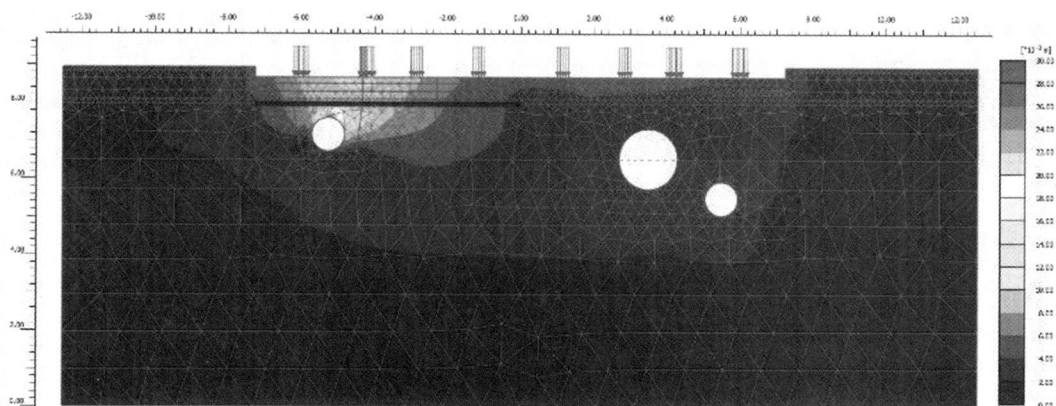

（b）车行道轮迹荷载作用路基路面与地下管线变形等值线云图

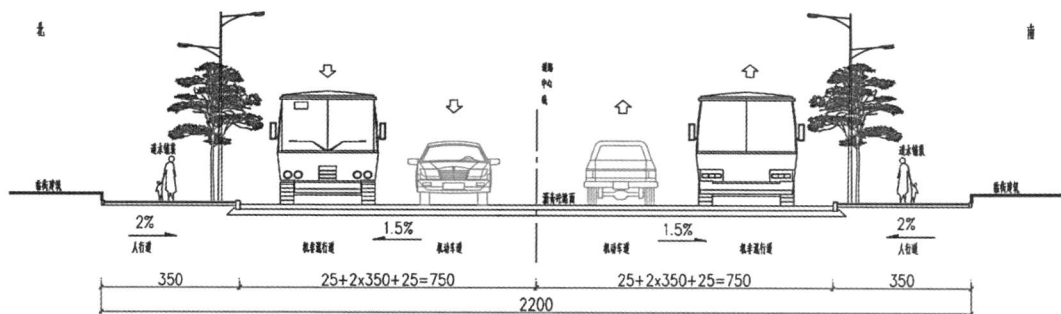

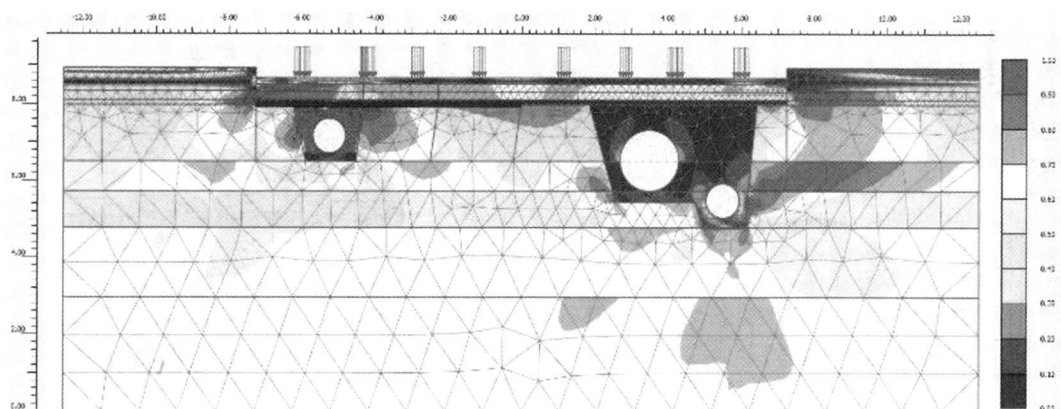

（c）车行道轮迹荷载作用路基路面与地下管线相对剪切等值线云图

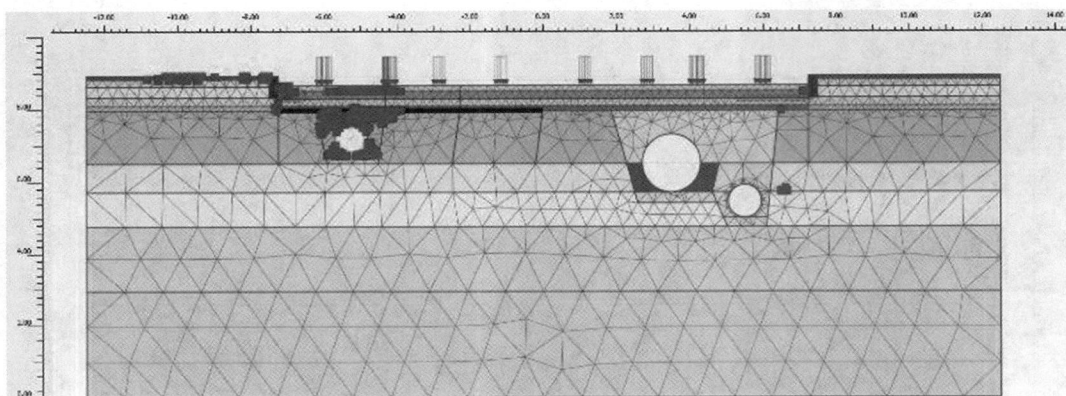

（d）车行道轮迹荷载作用路基路面与地下管线塑性破坏点分布图

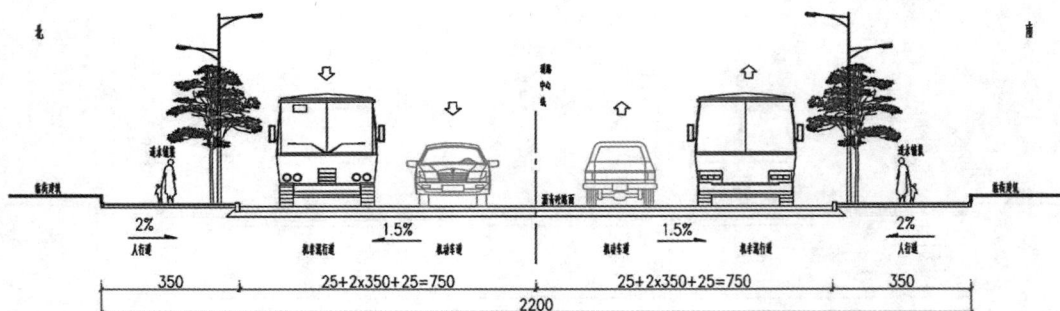

（e）车行道轮迹荷载作用路基路面与地下管线塑性–弹性点分布图

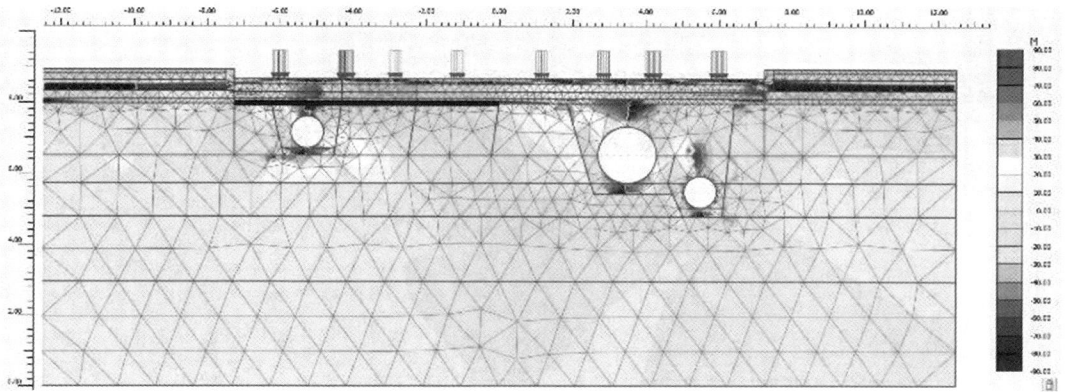

(f) 车行道轮迹荷载作用路基路面与地下管线主应力等值线分布云图

图 14.16　环城南路浅埋积水管接头渗漏机理分析

◆ 14.11　本章小结

本章在分析固结非饱和渗流理论、强度折减法和动力响应分析法的基础上，选用不同的本构模型，分别对路面地下管线、雨污管道井周围、井盖、井盖加强井圈等沟槽回填压实的机理进行了数值分析，然后，对地下管线的渗漏诱发沉陷机理进行数值模拟，得到了沥青路面病害的发生发展规律，为病害处置提供了理论依据。

第15章 沥青路面井盖病害动力固结数值模拟分析

针对沥青路面病害动力固结数值模拟分析，开展沥青混凝土路面强电井盖损坏调查诊断、沥青混凝土路面雨水井盖损坏调查诊断、沥青混凝土路面污水井盖损坏调查诊断、沥青混凝土路面给水井盖损坏调查诊断和沥青混凝土路面通信井盖损坏调查诊断的基础上，进行沥青混凝土路面井盖损坏数值模拟分析，揭示沥青路面井盖病害。

◆◆ 15.1 沥青混凝土路面强电井盖损坏调查诊断

左幅强电井盖损坏调查诊断见表 15.1

表 15.1 左幅强电井盖损坏调查诊断

序号	里程桩号 偏距/m	井盖照片	井盖损坏情况	3m 直尺测量 沉降值/mm	井盖处理建议
1	K3+066.08 2.73		（1）井盖完整 （2）井圈完整 （3）井背开裂 （4）井筒大沉降	23	（1）增加井背环 （2）修复井圈 （3）不修复井盖 （4）井筒内壁无需砂浆封层

注：井筒微沉降为 ≤5mm，井筒沉降为 >5mm 并 ≤10mm，井筒大沉降为 >10mm。

◆◆ 15.2 沥青混凝土路面雨水井盖损坏调查诊断

沥青混凝土雨水井盖损坏调查诊断见表 15.2。

表 15.2　左幅雨水井盖损坏调查诊断

序号	里程桩号 偏距/m	井盖照片	井盖损坏情况	3m 直尺测量 沉降值/mm	井盖处理建议
1	K3+058.80 0.42		（1）井盖完整 （2）井圈完整 （3）井背完整 （4）井筒沉降	6	（1）增加井背环 （2）修复井圈 （3）不修复井盖 （4）井筒内壁进行砂浆封层
2	K2+947.94 −3.36		（1）井盖完整 （2）井圈完整 （3）井背开裂错台 （4）井筒大沉降	24	（1）增加井背环 （2）修复井圈 （3）不修复井盖 （4）井筒内壁进行砂浆封层
3	K2+866.73 −4.56		（1）井盖完整 （2）井圈完整 （3）井背完整 （4）井筒沉降	10	（1）增加井背环 （2）修复井圈 （3）不修复井盖 （4）井筒内壁进行砂浆封层
4	K2+828.13 −2.81		（1）井盖完整 （2）井圈断裂 （3）井背开裂错台 （4）井筒大沉降	20	（1）增加井背环 （2）修复井圈 （3）不修复井盖 （4）井筒内壁进行砂浆封层
5	K2+743.44 −3.46		（1）井盖完整 （2）井圈完整 （3）井背完整 （4）井筒大沉降	15	（1）增加井背环 （2）修复井圈 （3）不修复井盖 （4）井筒内壁进行砂浆封层

表15.2(续)

序号	里程桩号 偏距/m	井盖照片	井盖损坏情况	3m 直尺测量 沉降值/mm	井盖处理建议
6	K2+720.54 −2.54		(1)井盖完整 (2)井圈开裂 (3)井背开裂错台 (4)井筒大沉降	21	(1)增加井背环 (2)修复井圈 (3)不修复井盖 (4)井筒内壁进行砂浆封层
7	K2+679.22 −2.72		(1)井盖完整 (2)井圈开裂 (3)井背开裂错台 (4)井筒大沉降	54	(1)增加井背环 (2)修复井圈 (3)不修复井盖 (4)井筒内壁进行砂浆封层
8	K2+640.03 −2.79		(1)井盖完整 (2)井圈完整 (3)井背开裂错台 (4)井筒大沉降	22	(1)增加井背环 (2)修复井圈 (3)不修复井盖 (4)井筒内壁需进行砂浆封层
9	K2+610.34 −2.66		(1)井盖完整 (2)井圈断裂 (3)井背开裂错台 (4)井筒大沉降	23	(1)增加井背环 (2)修复井圈 (3)不修复井盖 (4)井筒内壁进行砂浆封层
10	K0+039.93 −2329.83		(1)井盖完整 (2)井圈断裂 (3)井背开裂错台 (4)井筒大沉降	24	(1)增加井背环 (2)修复井圈 (3)不修复井盖 (4)井筒内壁进行砂浆封层

表15. 2(续)

序号	里程桩号 偏距/m	井盖照片	井盖损坏情况	3m 直尺测量 沉降值/mm	井盖处理建议
11	K0+052. 30 −2302. 73		(1)井盖完整 (2)井圈断裂 (3)井背开裂错台 (4)井筒大沉降	54	(1)增加井背环 (2)修复井圈 (3)不修复井盖 (4)井筒内壁进行砂浆封层
12	K2+468. 41 −3. 93		(1)井盖完整 (2)井圈完整 (3)井背开裂 (4)井筒沉降	10	(1)增加井背环 (2)修复井圈 (3)不修复井盖 (4)井筒内壁进行砂浆封层
13	K2+435. 05 −3. 76		(1)井盖完整 (2)井圈断裂 (3)井背开裂错台 (4)井筒大沉降	28	(1)增加井背环 (2)修复井圈 (3)不修复井盖 (4)井筒内壁进行砂浆封层
14	K2+387. 87 −3. 76		(1)井盖完整 (2)井圈断裂 (3)井背开裂错台 (4)井筒大沉降	45	(1)增加井背环 (2)修复井圈 (3)不修复井盖 (4)井筒内壁进行砂浆封层
15	K2+310. 42 −4. 12		(1)井盖完整 (2)井圈完整 (3)井背开裂错台 (4)井筒大沉降	32	(1)增加井背环 (2)修复井圈 (3)不修复井盖 (4)井筒内壁进行砂浆封层

表15.2(续)

序号	里程桩号 偏距/m	井盖照片	井盖损坏情况	3m直尺测量沉降值/mm	井盖处理建议
16	K2+270.74 −4.24		(1)井盖完整 (2)井圈断裂 (3)井背开裂错台 (4)井筒大沉降	23	(1)增加井背环 (2)修复井圈 (3)不修复井盖 (4)井筒内壁进行砂浆封层
17	K2+250.84 −9.93		(1)井盖完整 (2)井圈完整 (3)井背开裂 (4)井筒沉降	10	(1)增加井背环 (2)修复井圈 (3)不修复井盖 (4)井筒内壁进行砂浆封层
18	K2+241.12 −4.58		(1)井盖完整 (2)井圈断裂 (3)井背开裂错台 (4)井筒大沉降	20	(1)增加井背环 (2)修复井圈 (3)不修复井盖 (4)井筒内壁进行砂浆封层
19	K2+224.32 −4.62		(1)井盖完整 (2)井圈完整 (3)井背开裂错台 (4)井筒大沉降	12	(1)增加井背环 (2)修复井圈 (3)不修复井盖 (4)井筒内壁进行砂浆封层
20	K2+190.35 −3.20		(1)井盖完整 (2)井圈开裂 (3)井背开裂错台 (4)井筒大沉降	13	(1)增加井背环 (2)修复井圈 (3)不修复井盖 (4)井筒内壁进行砂浆封层

表15.2(续)

序号	里程桩号 偏距/m	井盖照片	井盖损坏情况	3m 直尺测量 沉降值/mm	井盖处理建议
21	K2+152.07 −2.95		(1)井盖完整 (2)井圈开裂 (3)井背开裂 错台 (4)井筒大沉降	14	(1)增加井背环 (2)修复井圈 (3)不修复井盖 (4)井筒内壁进行砂浆封层
22	K2+112.44 −3.30		(1)井盖完整 (2)井圈开裂 (3)井背开裂 错台 (4)井筒大沉降	26	(1)增加井背环 (2)修复井圈 (3)不修复井盖 (4)井筒内壁进行砂浆封层
23	K2+071.68 −3.95		(1)井盖完整 (2)井圈开裂 (3)井背开裂 错台 (4)井筒大沉降	14	(1)增加井背环 (2)修复井圈 (3)不修复井盖 (4)井筒内壁进行砂浆封层
24	K2+067.33 −4.86		(1)井盖完整 (2)井圈完整 (3)井背完整 (4)井筒微沉降	3	(1)不增加井背环 (2)不修复井圈 (3)不修复井盖 (4)井筒内壁不要进行砂浆封层
25	K2+008.27 −4.99		(1)井盖完整 (2)井圈完整 (3)井背完整 (4)井筒大沉降	12	(1)不增加井背环 (2)不修复井圈 (3)不修复井盖 (4)井筒内壁不需要进行砂浆封层

表15.2(续)

序号	里程桩号 偏距/m	井盖照片	井盖损坏情况	3m 直尺测量 沉降值/mm	井盖处理建议
26	K1+986.76 -3.71		(1)井盖完整 (2)井圈完整 (3)井背开裂 错台 (4)井筒大沉 降	18	(1)增加井背环 (2)不修复井圈 (3)不修复井盖 (4)井筒内壁进行砂浆封 层
27	K1+948.87 -3.52		(1)井盖完整 (2)井圈断裂 (3)井背开裂 错台 (4)井筒大沉 降	27	(1)增加井背环 (2)修复井圈 (3)不修复井盖 (4)井筒内壁进行砂浆封 层
28	K1+915.88 -3.65		(1)井盖完整 (2)井圈断裂 (3)井背开裂 错台 (4)井筒大沉 降	33	(1)增加井背环 (2)修复井圈 (3)不修复井盖 (4)井筒内壁进行砂浆封 层
29	K1+895.66 -4.72		(1)井盖完整 (2)井圈完整 (3)井背完整 (4)井筒沉降	*8	(1)增加井背环 (2)不修复井圈 (3)不修复井盖 (4)井筒内壁进行砂浆封 层
30	K1+782.00 -3.57		(1)井盖完整 (2)井圈断裂 (3)井背开裂 错台 (4)井筒大沉 降	24	(1)增加井背环 (2)修复井圈 (3)不修复井盖 (4)井筒内壁进行砂浆封 层

表15.2(续)

序号	里程桩号 偏距/m	井盖照片	井盖损坏情况	3m 直尺测量 沉降值/mm	井盖处理建议
31	K1+739.70 -3.97		(1)井盖完整 (2)井圈断裂 (3)井背开裂错台 (4)井筒大沉降	20	(1)增加井背环 (2)修复井圈 (3)不修复井盖 (4)井筒内壁进行砂浆封层
32	K1+703.42 -4.10		(1)井盖完整 (2)井圈完整 (3)井背开裂错台 (4)井筒微沉降	4	(1)增加井背环 (2)不修复井圈 (3)不修复井盖 (4)井筒内壁进行砂浆封层
33	K1+673.47 -3.50		(1)井盖完整 (2)井圈断裂 (3)井背开裂错台 (4)井筒大沉降	17	(1)增加井背环 (2)修复井圈 (3)不修复井盖 (4)井筒内壁进行砂浆封层
34	K1+632.81 -3.86		(1)井盖完整 (2)井圈断裂 (3)井背开裂错台 (4)井筒沉降	10	(1)增加井背环 (2)修复井圈 (3)不修复井盖 (4)井筒内壁进行砂浆封层
35	K1+594.24 -3.91		(1)井盖完整 (2)井圈断裂 (3)井背开裂错台 (4)井筒大沉降	50	(1)增加井背环 (2)修复井圈 (3)不修复井盖 (4)井筒内壁进行砂浆封层

表15.2(续)

序号	里程桩号 偏距/m	井盖照片	井盖损坏情况	3m 直尺测量 沉降值/mm	井盖处理建议
36	K1+556.86 -3.89		(1)井盖完整 (2)井圈断裂 (3)井背开裂错台 (4)井筒大沉降	20	(1)增加井背环 (2)修复井圈 (3)不修复井盖 (4)井筒内壁进行砂浆封层
37	K1+513.16 -4.37		(1)井盖完整 (2)井圈断裂 (3)井背开裂错台 (4)井筒沉降	9	(1)增加井背环 (2)修复井圈 (3)不修复井盖 (4)井筒内壁进行砂浆封层
38	K1+474.20 -4.84		(1)井盖完整 (2)井圈断裂 (3)井背开裂错台 (4)井筒微沉降	3	(1)增加井背环 (2)修复井圈 (3)不修复井盖 (4)井筒内壁进行砂浆封层
39	K1+434.38 -4.82		(1)井盖完整 (2)井圈完整 (3)井背完整 (4)井筒微沉降	4	(1)增加井背环 (2)不修复井圈 (3)不修复井盖 (4)井筒内壁进行砂浆封层
40	K1+396.34 -4.08		(1)井盖完整 (2)井圈断裂 (3)井背开裂错台 (4)井筒大沉降	25	(1)增加井背环 (2)修复井圈 (3)不修复井盖 (4)井筒内壁进行砂浆封层

表15.2(续)

序号	里程桩号 偏距/m	井盖照片	井盖损坏情况	3m 直尺测量 沉降值/mm	井盖处理建议
41	K1+354.98 -4.16		(1)井盖完整 (2)井圈断裂 (3)井背开裂错台 (4)井筒大沉降	19	(1)增加井背环 (2)修复井圈 (3)不修复井盖 (4)井筒内壁进行砂浆封层
42	K1+315.65 -4.93		(1)井盖完整 (2)井圈完整 (3)井背开裂错台 (4)井筒微沉降	2	(1)增加井背环 (2)不修复井圈 (3)不修复井盖 (4)井筒内壁进行砂浆封层
43	K1+289.27 -7.14		(1)井盖完整 (2)井圈断裂 (3)井背完整 (4)井筒沉降	10	(1)增加井背环 (2)修复井圈 (3)不修复井盖 (4)井筒内壁进行砂浆封层
44	K1+231.17 -2.85		(1)井盖完整 (2)井圈完整 (3)井背开裂错台 (4)井筒沉降	6	(1)增加井背环 (2)不修复井圈 (3)不修复井盖 (4)井筒内壁进行砂浆封层
45	K1+193.49 -3.06		(1)井盖完整 (2)井圈断裂 (3)井背开裂错台 (4)井筒大沉降	20	(1)增加井背环 (2)修复井圈 (3)不修复井盖 (4)井筒内壁进行砂浆封层

表15.2（续）

序号	里程桩号 偏距/m	井盖照片	井盖损坏情况	3m直尺测量沉降值/mm	井盖处理建议
46	K1+152.65 −3.12		（1）井盖完整 （2）井圈断裂 （3）井背开裂错台 （4）井筒大沉降	35	（1）增加井背环 （2）修复井圈 （3）不修复井盖 （4）井筒内壁进行砂浆封层
47	K1+112.71 −2.50		（1）井盖完整 （2）井圈断裂 （3）井背完整 （4）井筒大沉降	24	（1）增加井背环 （2）修复井圈 （3）不修复井盖 （4）井筒内壁进行砂浆封层
48	K1+070.97 −3.41		（1）井盖完整 （2）井圈断裂 （3）井背开裂错台 （4）井筒沉降	6	（1）增加井背环 （2）修复井圈 （3）不修复井盖 （4）井筒内壁进行砂浆封层
49	K1+041.34 −3.37		（1）井盖完整 （2）井圈完整 （3）井背完整 （4）井筒微沉降	3	（1）增加井背环 （2）不修复井圈 （3）不修复井盖 （4）井筒内壁进行砂浆封层
50	K1+002.84 −3.12		（1）井盖完整 （2）井圈断裂 （3）井背完整 （4）井筒沉降	7	（1）增加井背环 （2）修复井圈 （3）不修复井盖 （4）井筒内壁进行砂浆封层

表15.2(续)

序号	里程桩号 偏距/m	井盖照片	井盖损坏情况	3m 直尺测量 沉降值/mm	井盖处理建议
51	K0+956.29 −2.45		(1)井盖完整 (2)井圈断裂 (3)井背开裂错台 (4)井筒大沉降	35	(1)增加井背环 (2)修复井圈 (3)不修复井盖 (4)井筒内壁进行砂浆封层
52	K0+927.34 −3.26		(1)井盖完整 (2)井圈断裂 (3)井背完整 (4)井筒微沉降	3	(1)增加井背环 (2)修复井圈 (3)不修复井盖 (4)井筒内壁进行砂浆封层
53	K0+869.04 −6.90		(1)井盖完整 (2)井圈完整 (3)井背完整 (4)井筒微沉降	2	(1)增加井背环 (2)不修复井圈 (3)不修复井盖 (4)井筒内壁进行砂浆封层
54	K0+851.69 −2.27		(1)井盖完整 (2)井圈断裂 (3)井背开裂错台 (4)井筒微沉降	5	(1)增加井背环 (2)修复井圈 (3)不修复井盖 (4)井筒内壁进行砂浆封层
55	K0+820.11 −2.73		(1)井盖完整 (2)井圈完整 (3)井背开裂错台 (4)井筒微沉降	5	(1)增加井背环 (2)不修复井圈 (3)不修复井盖 (4)井筒内壁进行砂浆封层

表15.2(续)

序号	里程桩号 偏距/m	井盖照片	井盖损坏情况	3m 直尺测量 沉降值/mm	井盖处理建议
56	K0+771.86 −2.43		(1)井盖完整 (2)井圈断裂 (3)井背开裂错台 (4)井筒大沉降	18	(1)增加井背环 (2)修复井圈 (3)不修复井盖 (4)井筒内壁进行砂浆封层
57	K0+731.94 −2.93		(1)井盖完整 (2)井圈完整 (3)井背开裂错台 (4)井筒沉降	7	(1)增加井背环 (2)不修复井圈 (3)不修复井盖 (4)井筒内壁进行砂浆封层
58	K0+691.55 −2.15		(1)井盖完整 (2)井圈断裂 (3)井背开裂错台 (4)井筒大沉降	24	(1)增加井背环 (2)修复井圈 (3)不修复井盖 (4)井筒内壁进行砂浆封层
59	K0+670.62 −6.09		(1)井盖完整 (2)井圈完整 (3)井背开裂错台 (4)井筒大沉降	27	(1)增加井背环 (2)不修复井圈 (3)不修复井盖 (4)井筒内壁需进行砂浆封层
60	K0+615.10 −1.94		(1)井盖完整 (2)井圈完整 (3)井背完整 (4)井筒沉降	9	(1)增加井背环 (2)不修复井圈 (3)不修复井盖 (4)井筒内壁进行砂浆封层

表15.2(续)

序号	里程桩号 偏距/m	井盖照片	井盖损坏情况	3m 直尺测量 沉降值/mm	井盖处理建议
61	K0+543.05 -3.15		(1)井盖完整 (2)井圈完整 (3)井背完整 (4)井筒沉降	7	(1)增加井背环 (2)不修复井圈 (3)不修复井盖 (4)井筒内壁进行砂浆封层
62	K0+507.00 -1.43		(1)井盖完整 (2)井圈断裂 (3)井背开裂错台 (4)井筒大沉降	15	(1)增加井背环 (2)修复井圈 (3)不修复井盖 (4)井筒内壁进行砂浆封层
63	K0+460.41 -1.63		(1)井盖完整 (2)井圈断裂 (3)井背开裂错台 (4)井筒大沉降	13	(1)增加井背环 (2)修复井圈 (3)不修复井盖 (4)井筒内壁进行砂浆封层
64	K0+419.84 -2.12		(1)井盖完整 (2)井圈断裂 (3)井背开裂错台 (4)井筒沉降	7	(1)增加井背环 (2)修复井圈 (3)不修复井盖 (4)井筒内壁进行砂浆封层
65	K0+376.73 -3.29		(1)井盖完整 (2)井圈断裂 (3)井背开裂错台 (4)井筒大沉降	25	(1)增加井背环 (2)修复井圈 (3)不修复井盖 (4)井筒内壁进行砂浆封层

表15.2(续)

序号	里程桩号 偏距/m	井盖照片	井盖损坏情况	3m 直尺测量 沉降值/mm	井盖处理建议
66	K0+344.61 -1.37		(1)井盖完整 (2)井圈断裂 (3)井背开裂错台 (4)井筒大沉降	25	(1)增加井背环 (2)修复井圈 (3)不修复井盖 (4)井筒内壁进行砂浆封层
67	K0+298.43 -2.05		(1)井盖完整 (2)井圈断裂 (3)井背开裂错台 (4)井筒大沉降	32	(1)增加井背环 (2)修复井圈 (3)不修复井盖 (4)井筒内壁进行砂浆封层
68	K0+280.48 -1.47		(1)井盖完整 (2)井圈断裂 (3)井背开裂错台 (4)井筒大沉降	30	(1)增加井背环 (2)修复井圈 (3)不修复井盖 (4)井筒内壁进行砂浆封层
69	K0+260.38 -2.68		(1)井盖完整 (2)井圈断裂 (3)井背开裂错台 (4)井筒大沉降	28	(1)增加井背环 (2)修复井圈 (3)不修复井盖 (4)井筒内壁进行砂浆封层
70	K0+218.22 -2.19		(1)井盖完整 (2)井圈断裂 (3)井背开裂错台 (4)井筒大沉降	20	(1)增加井背环 (2)修复井圈 (3)不修复井盖 (4)井筒内壁进行砂浆封层

表15.2(续)

序号	里程桩号 偏距/m	井盖照片	井盖损坏情况	3m 直尺测量 沉降值/mm	井盖处理建议
71	K0+175.94 −2.72		(1)井盖完整 (2)井圈断裂 (3)井背开裂错台 (4)井筒大沉降	15	(1)增加井背环 (2)修复井圈 (3)不修复井盖 (4)井筒内壁进行砂浆封层
72	K0+126.96 −2.59		(1)井盖完整 (2)井圈断裂 (3)井背开裂错台 (4)井筒大沉降	15	(1)增加井背环 (2)修复井圈 (3)不修复井盖 (4)井筒内壁进行砂浆封层
73	K0+086.72 13.13		(1)井盖完整 (2)井圈断裂 (3)井背开裂错台 (4)井筒大沉降	20	(1)增加井背环 (2)修复井圈 (3)不修复井盖 (4)井筒内壁进行砂浆封层
74	K0+050.26 31.47		(1)井盖完整 (2)井圈完整 (3)井背开裂错台 (4)井筒大沉降	15	(1)增加井背环 (2)不修复井圈 (3)不修复井盖 (4)井筒内壁进行砂浆封层

注：井筒微沉降为≤5mm，井筒沉降为>5mm 并≤10mm，井筒大沉降为>10mm。

◆◇ 15.3　沥青混凝土路面污水井盖损坏调查诊断

沥青混凝土路面污水井盖损坏调查诊断见表 15.3。

表 15.3 左幅污水井盖损坏调查诊断

序号	里程桩号 偏距/m	井盖照片	井盖损坏情况	3m 直尺测量 沉降值/mm	井盖处理建议
1	K3+056.49 0.73		(1)井盖完整 (2)井圈完整 (3)井背开裂错台 (4)井筒大沉降	12	(1)增加井背环 (2)不修复井圈 (3)不修复井盖 (4)井筒内壁无需砂浆封层
2	K2+966.28 −4.23		(1)井盖完整 (2)井圈断裂 (3)井背开裂错台 (4)井筒大沉降	20	(1)增加井背环 (2)修复井圈 (3)不修复井盖 (4)井筒内壁无需砂浆封层
3	K2+931.29 −4.97		(1)井盖完整 (2)井圈完整 (3)井背完整 (4)井筒沉降	9	(1)增加井背环 (2)不修复井圈 (3)不修复井盖 (4)井筒内壁无需砂浆封层
4	K2+885.54 −4.80		(1)井盖完整 (2)井圈完整 (3)井背完整 (4)井筒微沉降	4	(1)增加井背环 (2)不修复井圈 (3)不修复井盖 (4)井筒内壁无需砂浆封层
5	K2+869.69 −3.22		(1)井盖完整 (2)井圈完整 (3)井背开裂错台 (4)井筒大沉降	11	(1)增加井背环 (2)不修复井圈 (3)不修复井盖 (4)井筒内壁无需砂浆封层

表15.3(续)

序号	里程桩号 偏距/m	井盖照片	井盖损坏情况	3m 直尺测量 沉降值/mm	井盖处理建议
6	K2+836.21 −4.54		(1)井盖完整 (2)井圈完整 (3)井背完整 (4)井筒微沉降	4	(1)增加井背环 (2)不修复井圈 (3)不修复井盖 (4)井筒内壁无需砂浆封层
7	K2+804.88 −3.98		(1)井盖完整 (2)井圈完整 (3)井背开裂错台 (4)井筒大沉降	13	(1)增加井背环 (2)不修复井圈 (3)不修复井盖 (4)井筒内壁无需砂浆封层
8	K2+789.44 −2.72		(1)井盖完整 (2)井圈断裂 (3)井背开裂错台 (4)井筒大沉降	27	(1)增加井背环 (2)修复井圈 (3)不修复井盖 (4)井筒内壁无需砂浆封层
9	K2+770.63 −4.29		(1)井盖完整 (2)井圈完整 (3)井背完整 (4)井筒微沉降	3	(1)增加井背环 (2)不修复井圈 (3)不修复井盖 (4)井筒内壁无需砂浆封层
10	K2+745.18 −1.87		(1)井盖完整 (2)井圈断裂 (3)井背开裂错台 (4)井筒大沉降	18	(1)增加井背环 (2)修复井圈 (3)不修复井盖 (4)井筒内壁无需砂浆封层

表15.3(续)

序号	里程桩号 偏距/m	井盖照片	井盖损坏情况	3m 直尺测量 沉降值/mm	井盖处理建议
11	K2+713.31 −4.21		(1)井盖完整 (2)井圈完整 (3)井背完整 (4)井筒微沉降	4	(1)增加井背环 (2)不修复井圈 (3)不修复井盖 (4)井筒内壁无需砂浆封层
12	K2+686.58 −4.64		(1)井盖完整 (2)井圈完整 (3)井背完整 (4)井筒微沉降	2	(1)增加井背环 (2)不修复井圈 (3)不修复井盖 (4)井筒内壁无需砂浆封层
13	K2+646.13 −3.86		(1)井盖完整 (2)井圈完整 (3)井背开裂错台 (4)井筒大沉降	35	(1)增加井背环 (2)不修复井圈 (3)不修复井盖 (4)井筒内壁无需砂浆封层
14	K2+615.94 −4.17		(1)井盖完整 (2)井圈完整 (3)井背开裂错台 (4)井筒大沉降	20	(1)增加井背环 (2)不修复井圈 (3)不修复井盖 (4)井筒内壁无需砂浆封层
15	K0+027.46 −2352.30		(1)井盖完整 (2)井圈完整 (3)井背完整 (4)井筒微沉降	5	(1)增加井背环 (2)不修复井圈 (3)不修复井盖 (4)井筒内壁无需砂浆封层

表15.3(续)

序号	里程桩号 偏距/m	井盖照片	井盖损坏情况	3m 直尺测量 沉降值/mm	井盖处理建议
16	K0+040.39 −2324.57		(1)井盖完整 (2)井圈完整 (3)井背完整 (4)井筒微沉降	4	(1)增加井背环 (2)不修复井圈 (3)不修复井盖 (4)井筒内壁无需砂浆封层
17	K0+053.29 −2298.28		(1)井盖完整 (2)井圈断裂 (3)井背完整 (4)井筒微沉降	4	(1)增加井背环 (2)修复井圈 (3)不修复井盖 (4)井筒内壁无需砂浆封层
18	K2+469.24 −5.53		(1)井盖完整 (2)井圈断裂 (3)井背开裂错台 (4)井筒大沉降	23	(1)增加井背环 (2)修复井圈 (3)不修复井盖 (4)井筒内壁无需砂浆封层
19	K2+431.35 −5.47		(1)井盖完整 (2)井圈完整 (3)井背开裂错台 (4)井筒大沉降	17	(1)增加井背环 (2)不修复井圈 (3)不修复井盖 (4)井筒内壁无需砂浆封层
20	K2+395.65 −5.15		(1)井盖完整 (2)井圈完整 (3)井背开裂错台 (4)井筒大沉降	18	(1)增加井背环 (2)不修复井圈 (3)不修复井盖 (4)井筒内壁无需砂浆封层

表15.3(续)

序号	里程桩号 偏距/m	井盖照片	井盖损坏情况	3m直尺测量沉降值/mm	井盖处理建议
21	K2+368.65 −4.33		(1)井盖完整 (2)井圈断裂 (3)井背开裂错台 (4)井筒大沉降	40	(1)增加井背环 (2)修复井圈 (3)不修复井盖 (4)井筒内壁无需砂浆封层
22	K2+365.65 −5.50		(1)井盖完整 (2)井圈完整 (3)井背完整 (4)井筒微沉降	4	(1)增加井背环 (2)不修复井圈 (3)不修复井盖 (4)井筒内壁无需砂浆封层
23	K2+325.69 −5.44		(1)井盖完整 (2)井圈完整 (3)井背完整 (4)井筒微沉降	3	(1)增加井背环 (2)不修复井圈 (3)不修复井盖 (4)井筒内壁无需砂浆封层
24	K2+295.24 −5.46		(1)井盖完整 (2)井圈断裂 (3)井背开裂错台 (4)井筒大沉降	34	(1)增加井背环 (2)修复井圈 (3)不修复井盖 (4)井筒内壁无需砂浆封层
25	K2+260.17 −5.00		(1)井盖完整 (2)井圈完整 (3)井背开裂错台 (4)井筒大沉降	20	(1)增加井背环 (2)不修复井圈 (3)不修复井盖 (4)井筒内壁无需砂浆封层

表15.3(续)

序号	里程桩号 偏距/m	井盖照片	井盖损坏情况	3m 直尺测量 沉降值/mm	井盖处理建议
26	K2+256.47 -9.96		(1)井盖完整 (2)井圈断裂 (3)井背开裂错台 (4)井筒大沉降	12	(1)增加井背环 (2)修复井圈 (3)不修复井盖 (4)井筒内壁无需砂浆封层
27	K2+254.76 -9.91		(1)井盖完整 (2)井圈断裂 (3)井背完整 (4)井筒沉降	10	(1)增加井背环 (2)修复井圈 (3)不修复井盖 (4)井筒内壁无需砂浆封层
28	K2+249.16 -9.70		(1)井盖完整 (2)井圈完整 (3)井背完整 (4)井筒沉降	9	(1)增加井背环 (2)不修复井圈 (3)不修复井盖 (4)井筒内壁无需砂浆封层
29	K2+178.38 -3.48		(1)井盖完整 (2)井圈完整 (3)井背开裂错台 (4)井筒大沉降	12	(1)增加井背环 (2)不修复井圈 (3)不修复井盖 (4)井筒内壁无需砂浆封层
30	K2+157.25 -4.04		(1)井盖完整 (2)井圈断裂 (3)井背开裂错台 (4)井筒大沉降	19	(1)增加井背环 (2)修复井圈 (3)不修复井盖 (4)井筒内壁无需砂浆封层

表15.3（续）

序号	里程桩号 偏距/m	井盖照片	井盖损坏情况	3m 直尺测量 沉降值/mm	井盖处理建议
31	K2+127.49 −4.57		（1）井盖完整 （2）井圈完整 （3）井背开裂错台 （4）井筒大沉降	13	（1）增加井背环 （2）不修复井圈 （3）不修复井盖 （4）井筒内壁无需砂浆封层
32	K2+096.53 −4.34		（1）井盖完整 （2）井圈断裂 （3）井背完整 （4）井筒微沉降	3	（1）增加井背环 （2）修复井圈 （3）不修复井盖 （4）井筒内壁无需砂浆封层
33	K2+038.63 −4.67		（1）井盖完整 （2）井圈完整 （3）井背完整 （4）井筒微沉降	4	（1）增加井背环 （2）不修复井圈 （3）不修复井盖 （4）井筒内壁无需砂浆封层
34	K2+030.05 −3.85		（1）井盖完整 （2）井圈断裂 （3）井背开裂错台 （4）井筒沉降	7	（1）增加井背环 （2）修复井圈 （3）不修复井盖 （4）井筒内壁无需砂浆封层
35	K1+977.97 −4.62		（1）井盖完整 （2）井圈完整 （3）井背完整 （4）井筒微沉降	3	（1）增加井背环 （2）不修复井圈 （3）不修复井盖 （4）井筒内壁无需砂浆封层

表15.3(续)

序号	里程桩号 偏距/m	井盖照片	井盖损坏情况	3m 直尺测量 沉降值/mm	井盖处理建议
36	K1+947.25 -4.44		(1)井盖完整 (2)井圈完整 (3)井背完整 (4)井筒沉降	6	(1)增加井背环 (2)不修复井圈 (3)不修复井盖 (4)井筒内壁无需砂浆封层
37	K1+921.18 -4.32		(1)井盖完整 (2)井圈完整 (3)井背完整 (4)井筒微沉降	2	(1)增加井背环 (2)不修复井圈 (3)不修复井盖 (4)井筒内壁无需砂浆封层
38	K1+880.14 -3.82		(1)井盖完整 (2)井圈断裂 (3)井背开裂错台 (4)井筒大沉降	14	(1)增加井背环 (2)修复井圈 (3)不修复井盖 (4)井筒内壁无需砂浆封层
39	K1+869.51 -4.75		(1)井盖完整 (2)井圈完整 (3)井背完整 (4)井筒微沉降	3	(1)增加井背环 (2)不修复井圈 (3)不修复井盖 (4)井筒内壁无需砂浆封层
40	K1+835.88 -4.75		(1)井盖完整 (2)井圈完整 (3)井背开裂错台 (4)井筒微沉降	2	(1)增加井背环 (2)不修复井圈 (3)不修复井盖 (4)井筒内壁无需砂浆封层

表15.3(续)

序号	里程桩号 偏距/m	井盖照片	井盖损坏情况	3m直尺测量 沉降值/mm	井盖处理建议
41	K1+737.21 −4.70		(1)井盖完整 (2)井圈完整 (3)井背完整 (4)井筒微沉降	4	(1)增加井背环 (2)不修复井圈 (3)不修复井盖 (4)井筒内壁无需砂浆封层
42	K1+713.68 −5.09		(1)井盖完整 (2)井圈完整 (3)井背完整 (4)井筒微沉降	3	(1)增加井背环 (2)不修复井圈 (3)不修复井盖 (4)井筒内壁无需砂浆封层
43	K1+682.72 −4.78		(1)井盖完整 (2)井圈完整 (3)井背完整 (4)井筒微沉降	2	(1)增加井背环 (2)不修复井圈 (3)不修复井盖 (4)井筒内壁无需砂浆封层
44	K1+657.62 −5.06		(1)井盖完整 (2)井圈完整 (3)井背完整 (4)井筒微沉降	3	(1)增加井背环 (2)不修复井圈 (3)不修复井盖 (4)井筒内壁无需砂浆封层
45	K1+629.04 −5.03		(1)井盖完整 (2)井圈完整 (3)井背完整 (4)井筒微沉降	2	(1)增加井背环 (2)不修复井圈 (3)不修复井盖 (4)井筒内壁无需砂浆封层

表15.3(续)

序号	里程桩号 偏距/m	井盖照片	井盖损坏情况	3m 直尺测量 沉降值/mm	井盖处理建议
46	K1+606.02 −5.17		(1)井盖完整 (2)井圈断裂 (3)井背完整 (4)井筒微沉降	5	(1)增加井背环 (2)修复井圈 (3)不修复井盖 (4)井筒内壁无需砂浆封层
47	K1+540.02 −5.33		(1)井盖完整 (2)井圈断裂 (3)井背完整 (4)井筒沉降	7	(1)增加井背环 (2)修复井圈 (3)不修复井盖 (4)井筒内壁无需砂浆封层
48	K1+508.01 −6.61		(1)井盖完整 (2)井圈完整 (3)井背完整 (4)井筒微沉降	3	(1)增加井背环 (2)不修复井圈 (3)不修复井盖 (4)井筒内壁无需砂浆封层
49	K1+480.98 −6.41		(1)井盖完整 (2)井圈完整 (3)井背完整 (4)井筒微沉降	3	(1)增加井背环 (2)不修复井圈 (3)不修复井盖 (4)井筒内壁无需砂浆封层
50	K1+451.98 −5.41		(1)井盖完整 (2)井圈完整 (3)井背完整 (4)井筒微沉降	2	(1)增加井背环 (2)不修复井圈 (3)不修复井盖 (4)井筒内壁无需砂浆封层

表15.3(续)

序号	里程桩号偏距/m	井盖照片	井盖损坏情况	3m 直尺测量沉降值/mm	井盖处理建议
51	K1+421.07 −5.58		(1)井盖完整 (2)井圈完整 (3)井背完整 (4)井筒微沉降	2	(1)增加井背环 (2)不修复井圈 (3)不修复井盖 (4)井筒内壁无需砂浆封层
52	K1+390.33 −5.46		(1)井盖完整 (2)井圈完整 (3)井背完整 (4)井筒微沉降	3	(1)增加井背环 (2)不修复井圈 (3)不修复井盖 (4)井筒内壁无需砂浆封层
53	K1+359.16 −5.19		(1)井盖完整 (2)井圈完整 (3)井背开裂错台 (4)井筒微沉降	2	(1)增加井背环 (2)不修复井圈 (3)不修复井盖 (4)井筒内壁无需砂浆封层
54	K1+330.93 −5.45		(1)井盖完整 (2)井圈完整 (3)井背完整 (4)井筒大沉降	2	(1)增加井背环 (2)修复井圈 (3)不修复井盖 (4)井筒内壁无需砂浆封层
55	K1+260.18 −9.28		(1)井盖完整 (2)井圈断裂 (3)井背开裂错台 (4)井筒沉降	10	(1)增加井背环 (2)修复井圈 (3)不修复井盖 (4)井筒内壁无需砂浆封层

表15.3(续)

序号	里程桩号 偏距/m	井盖照片	井盖损坏情况	3m 直尺测量 沉降值/mm	井盖处理建议
56	K1+259.58 −5.05		(1)井盖完整 (2)井圈断裂 (3)井背完整 (4)井筒沉降	10	(1)增加井背环 (2)修复井圈 (3)不修复井盖 (4)井筒内壁无需砂浆封层
57	K1+221.73 −4.53		(1)井盖完整 (2)井圈断裂 (3)井背完整 (4)井筒微沉降	4	(1)增加井背环 (2)修复井圈 (3)不修复井盖 (4)井筒内壁无需砂浆封层
58	K1+190.49 −4.38		(1)井盖完整 (2)井圈完整 (3)井背完整 (4)井筒微沉降	5	(1)增加井背环 (2)不修复井圈 (3)不修复井盖 (4)井筒内壁无需砂浆封层
59	K1+159.56 −4.27		(1)井盖完整 (2)井圈断裂 (3)井背完整 (4)井筒沉降	10	(1)增加井背环 (2)修复井圈 (3)不修复井盖 (4)井筒内壁无需砂浆封层
60	K1+128.39 −4.20		(1)井盖完整 (2)井圈断裂 (3)井背完整 (4)井筒微沉降	4	(1)增加井背环 (2)修复井圈 (3)不修复井盖 (4)井筒内壁无需砂浆封层

表15.3(续)

序号	里程桩号 偏距/m	井盖照片	井盖损坏情况	3m 直尺测量 沉降值/mm	井盖处理建议
61	K1+097.39 -4.81		(1)井盖完整 (2)井圈完整 (3)井背完整 (4)井筒微沉降	2	(1)增加井背环 (2)不修复井圈 (3)不修复井盖 (4)井筒内壁无需砂浆封层
62	K1+070.98 -4.44		(1)井盖完整 (2)井圈断裂 (3)井背完整 (4)井筒微沉降	2	(1)增加井背环 (2)修复井圈 (3)不修复井盖 (4)井筒内壁无需砂浆封层
63	K0+987.32 -4.39		(1)井盖完整 (2)井圈完整 (3)井背开裂错台 (4)井筒大沉降	12	(1)增加井背环 (2)不修复井圈 (3)不修复井盖 (4)井筒内壁无需砂浆封层
64	K0+956.79 -3.99		(1)井盖完整 (2)井圈断裂 (3)井背完整 (4)井筒微沉降	3	(1)增加井背环 (2)修复井圈 (3)不修复井盖 (4)井筒内壁无需砂浆封层
65	K0+928.96 -1.89		(1)井盖完整 (2)井圈断裂 (3)井背开裂错台 (4)井筒大沉降	12	(1)增加井背环 (2)修复井圈 (3)不修复井盖 (4)井筒内壁无需砂浆封层

表15.3(续)

序号	里程桩号 偏距/m	井盖照片	井盖损坏情况	3m 直尺测量 沉降值/mm	井盖处理建议
66	K0+899.27 −3.58		(1)井盖完整 (2)井圈完整 (3)井背开裂错台 (4)井筒微沉降	3	(1)增加井背环 (2)不修复井圈 (3)不修复井盖 (4)井筒内壁无需砂浆封层
67	K0+878.20 −6.83		(1)井盖完整 (2)井圈完整 (3)井背完整 (4)井筒微沉降	3	(1)增加井背环 (2)不修复井圈 (3)不修复井盖 (4)井筒内壁无需砂浆封层
68	K0+862.63 −4.30		(1)井盖完整 (2)井圈完整 (3)井背完整 (4)井筒微沉降	3	(1)增加井背环 (2)不修复井圈 (3)不修复井盖 (4)井筒内壁无需砂浆封层
69	K0+836.29 −4.13		(1)井盖完整 (2)井圈完整 (3)井背完整 (4)井筒沉降	7	(1)增加井背环 (2)不修复井圈 (3)不修复井盖 (4)井筒内壁无需砂浆封层
70	K0+804.96 −4.56		(1)井盖完整 (2)井圈完整 (3)井背完整 (4)井筒微沉降	3	(1)增加井背环 (2)修复井圈 (3)不修复井盖 (4)井筒内壁无需砂浆封层

表15.3(续)

序号	里程桩号 偏距/m	井盖照片	井盖损坏情况	3m 直尺测量 沉降值/mm	井盖处理建议
71	K0+772.92 −4.20		(1)井盖完整 (2)井圈完整 (3)井背完整 (4)井筒微沉降	5	(1)增加井背环 (2)不修复井圈 (3)不修复井盖 (4)井筒内壁无需砂浆封层
72	K0+741.39 −4.06		(1)井盖完整 (2)井圈断裂 (3)井背开裂错台 (4)井筒大沉降	37	(1)增加井背环 (2)修复井圈 (3)不修复井盖 (4)井筒内壁无需砂浆封层
73	K0+719.66 −4.04		(1)井盖完整 (2)井圈断裂 (3)井背开裂错台 (4)井筒大沉降	32	(1)增加井背环 (2)修复井圈 (3)不修复井盖 (4)井筒内壁无需砂浆封层
74	K0+688.26 −3.40		(1)井盖完整 (2)井圈完整 (3)井背开裂错台 (4)井筒大沉降	16	(1)增加井背环 (2)不修复井圈 (3)不修复井盖 (4)井筒内壁无需砂浆封层
75	K0+672.61 −5.53		(1)井盖完整 (2)井圈完整 (3)井背开裂错台 (4)井筒大沉降	32	(1)增加井背环 (2)不修复井圈 (3)不修复井盖 (4)井筒内壁无需砂浆封层

表15.3(续)

序号	里程桩号 偏距/m	井盖照片	井盖损坏情况	3m 直尺测量 沉降值/mm	井盖处理建议
76	K0+634.77 −3.59		(1)井盖完整 (2)井圈断裂 (3)井背开裂错台 (4)井筒大沉降	31	(1)增加井背环 (2)修复井圈 (3)不修复井盖 (4)井筒内壁无需砂浆封层
77	K0+606.11 −3.74		(1)井盖完整 (2)井圈断裂 (3)井背开裂错台 (4)井筒沉降	8	(1)增加井背环 (2)修复井圈 (3)不修复井盖 (4)井筒内壁无需砂浆封层
78	K0+528.84 −3.15		(1)井盖完整 (2)井圈断裂 (3)井背开裂错台 (4)井筒大沉降	13	(1)增加井背环 (2)修复井圈 (3)不修复井盖 (4)井筒内壁无需砂浆封层
79	K0+502.12 −2.68		(1)井盖完整 (2)井圈完整 (3)井背完整 (4)井筒微沉降	5	(1)增加井背环 (2)不修复井圈 (3)不修复井盖 (4)井筒内壁无需砂浆封层
80	K0+459.14 −2.68		(1)井盖完整 (2)井圈断裂 (3)井背完整 (4)井筒沉降	9	(1)增加井背环 (2)修复井圈 (3)不修复井盖 (4)井筒内壁无需砂浆封层

表15.3(续)

序号	里程桩号 偏距/m	井盖照片	井盖损坏情况	3m 直尺测量 沉降值/mm	井盖处理建议
81	K0+425.66 −3.58		(1)井盖完整 (2)井圈断裂 (3)井背完整 (4)井筒微沉降	4	(1)增加井背环 (2)修复井圈 (3)不修复井盖 (4)井筒内壁无需砂浆封层
82	K0+394.29 −3.32		(1)井盖完整 (2)井圈断裂 (3)井背开裂错台 (4)井筒大沉降	20	(1)增加井背环 (2)修复井圈 (3)不修复井盖 (4)井筒内壁无需砂浆封层
83	K0+362.61 −1.37		(1)井盖完整 (2)井圈断裂 (3)井背开裂错台 (4)井筒大沉降	26	(1)增加井背环 (2)修复井圈 (3)不修复井盖 (4)井筒内壁无需砂浆封层
84	K0+343.11 −3.03		(1)井盖完整 (2)井圈断裂 (3)井背开裂错台 (4)井筒大沉降	32	(1)增加井背环 (2)修复井圈 (3)不修复井盖 (4)井筒内壁无需砂浆封层
85	K0+300.28 −3.65		(1)井盖完整 (2)井圈完整 (3)井背开裂错台 (4)井筒大沉降	15	(1)增加井背环 (2)不修复井圈 (3)不修复井盖 (4)井筒内壁无需砂浆封层

表15.3(续)

序号	里程桩号 偏距/m	井盖照片	井盖损坏情况	3m 直尺测量 沉降值/mm	井盖处理建议
86	K0+277.89 −3.21		(1)井盖完整 (2)井圈断裂 (3)井背开裂错台 (4)井筒大沉降	20	(1)增加井背环 (2)修复井圈 (3)不修复井盖 (4)井筒内壁无需砂浆封层
87	K0+242.83 −3.92		(1)井盖完整 (2)井圈完整 (3)井背开裂错台 (4)井筒大沉降	14	(1)增加井背环 (2)不修复井圈 (3)不修复井盖 (4)井筒内壁无需砂浆封层
88	K0+210.84 −3.74		(1)井盖完整 (2)井圈断裂 (3)井背开裂错台 (4)井筒大沉降	20	(1)增加井背环 (2)修复井圈 (3)不修复井盖 (4)井筒内壁无需砂浆封层
89	K0+183.82 −3.53		(1)井盖完整 (2)井圈完整 (3)井背开裂错台 (4)井筒大沉降	11	(1)增加井背环 (2)不修复井圈 (3)不修复井盖 (4)井筒内壁无需砂浆封层
90	K0+150.82 −3.59		(1)井盖完整 (2)井圈完整 (3)井背开裂错台 (4)井筒大沉降	25	(1)增加井背环 (2)不修复井圈 (3)不修复井盖 (4)井筒内壁无需砂浆封层

表15.3(续)

序号	里程桩号 偏距/m	井盖照片	井盖损坏情况	3m 直尺测量 沉降值/mm	井盖处理建议
91	K0+119.76 −2.16		(1)井盖完整 (2)井圈断裂 (3)井背完整 (4)井筒沉降	10	(1)增加井背环 (2)修复井圈 (3)不修复井盖 (4)井筒内壁无需砂浆封层
92	K0+083.18 12.943		(1)井盖完整 (2)井圈完整 (3)井背开裂错台 (4)井筒大沉降	12	(1)增加井背环 (2)不修复井圈 (3)不修复井盖 (4)井筒内壁无需砂浆封层
93	K0+082.09 11.26		(1)井盖完整 (2)井圈完整 (3)井背开裂错台 (4)井筒大沉降	25	(1)增加井背环 (2)不修复井圈 (3)不修复井盖 (4)井筒内壁无需砂浆封层
94	K0+057.02 29.13		(1)井盖完整 (2)井圈完整 (3)井背开裂错台 (4)井筒大沉降	16	(1)增加井背环 (2)不修复井圈 (3)不修复井盖 (4)井筒内壁无需砂浆封层
95	K0+053.27 33.28		(1)井盖完整 (2)井圈断裂 (3)井背开裂错台 (4)井筒大沉降	32	(1)增加井背环 (2)修复井圈 (3)不修复井盖 (4)井筒内壁无需砂浆封层

◆ 15.4　沥青混凝土路面给水井盖损坏调查诊断

沥青混凝土路面给水井盖损坏调查诊断见表 15.4 和表 15.5。

表 15.4　左幅给水井盖损坏调查诊断

序号	里程桩号 偏距/m	井盖照片	井盖损坏情况	3m 直尺测量 沉降值/mm	井盖处理建议
1	K3+006.45 −6.82		(1)井盖完整 (2)井圈完整 (3)井背开裂 (4)井筒沉降	7	(1)增加井背环 (2)修复井圈 (3)不修复井盖 (4)井筒内壁无需砂浆封层
2	K3+000.92 −2.01		(1)井盖完整 (2)井圈断裂 (3)井背开裂错台 (4)井筒大沉降	32	(1)增加井背环 (2)修复井圈 (3)修复井盖 (4)井筒内壁无需砂浆封层
3	K2+913.43 −3.41		(1)井盖完整 (2)井圈完整 (3)井背开裂错台 (4)井筒大沉降	18	(1)增加井背环 (2)修复井圈 (3)不修复井盖 (4)井筒内壁无需砂浆封层
4	K1+571.10 −5.49		(1)井盖完整 (2)井圈断裂 (3)井背开裂错台 (4)井筒大沉降	20	(1)增加井背环 (2)修复井圈 (3)不修复井盖 (4)井筒内壁无需砂浆封层

表15.4（续）

序号	里程桩号 偏距/m	井盖照片	井盖损坏情况	3m 直尺测量 沉降值/mm	井盖处理建议
5	K0+738.43 −6.73		（1）井盖完整 （2）井圈完整 （3）井背完整 （4）井筒沉降	8	（1）增加井背环 （2）不修复井圈 （3）不修复井盖 （4）井筒内壁无需砂浆封层
6	K0+120.70 −6.88		（1）井盖完整 （2）井圈完整 （3）井背开裂错台 （4）井筒大沉降	34	（1）增加井背环 （2）不修复井圈 （3）不修复井盖 （4）井筒内壁无需砂浆封层

表 15.5　右幅给水井盖损坏调查诊断

序号	里程桩号 偏距/m	井盖照片	井盖损坏情况	3m 直尺测量 沉降值/mm	井盖处理建议
1	K0+193.34 6.99		（1）井盖完整 （2）井圈完整 （3）井背开裂错台 （4）井筒大沉降	25	（1）增加井背环 （2）不修复井圈 （3）不修复井盖 （4）井筒内壁无需砂浆封层
2	K0+384.55 3.24		（1）井盖完整 （2）井圈完整 （3）井背完整 （4）井筒沉降	7	（1）增加井背环 （2）不修复井圈 （3）不修复井盖 （4）井筒内壁无需砂浆封层

表15.5(续)

序号	里程桩号 偏距/m	井盖照片	井盖损坏情况	3m 直尺测量 沉降值/mm	井盖处理建议
3	K0+634.33 6.24		(1)井盖完整 (2)井圈断裂 (3)井背完整 (4)井筒沉降	6	(1)增加井背环 (2)修复井圈 (3)不修复井盖 (4)井筒内壁无需砂浆封层
4	K0+654.16 4.51		(1)井盖完整 (2)井圈断裂 (3)井背开裂错台 (4)井筒大沉降	55	(1)增加井背环 (2)修复井圈 (3)不修复井盖 (4)井筒内壁无需砂浆封层
5	K0+653.44 6.26		(1)井盖完整 (2)井圈完整 (3)井背开裂错台 (4)井筒大沉降	45	(1)增加井背环 (2)不修复井圈 (3)不修复井盖 (4)井筒内壁无需砂浆封层
6	K0+719.68 2.72		(1)井盖完整 (2)井圈断裂 (3)井背开裂错台 (4)井筒大沉降	25	(1)增加井背环 (2)修复井圈 (3)不修复井盖 (4)井筒内壁无需砂浆封层
7	K0+721.17 3.02		(1)井盖完整 (2)井圈断裂 (3)井背开裂错台 (4)井筒大沉降	20	(1)增加井背环 (2)修复井圈 (3)不修复井盖 (4)井筒内壁无需砂浆封层
8	K0+885.92 4.42		(1)井盖完整 (2)井圈完整 (3)井背开裂错台 (4)井筒大沉降	15	(1)增加井背环 (2)不修复井圈 (3)不修复井盖 (4)井筒内壁无需砂浆封层

表15.5(续)

序号	里程桩号偏距/m	井盖照片	井盖损坏情况	3m 直尺测量沉降值/mm	井盖处理建议
9	K0+944.25 3.10		(1)井盖完整 (2)井圈完整 (3)井背完整 (4)井筒沉降	6	(1)增加井背环 (2)不修复井圈 (3)不修复井盖 (4)井筒内壁无需砂浆封层
10	K1+087.59 5.37		(1)井盖完整 (2)井圈断裂 (3)井背开裂错台 (4)井筒大沉降	12	(1)增加井背环 (2)修复井圈 (3)不修复井盖 (4)井筒内壁无需砂浆封层
11	K1+228.00 5.85		(1)井盖完整 (2)井圈完整 (3)井背完整 (4)井筒微沉降	5	(1)增加井背环 (2)不修复井圈 (3)不修复井盖 (4)井筒内壁无需砂浆封层
12	K1+229.37 5.95		(1)井盖完整 (2)井圈完整 (3)井背完整 (4)井筒沉降	8	(1)增加井背环 (2)不修复井圈 (3)不修复井盖 (4)井筒内壁无需砂浆封层
13	K1+252.91 3.17		(1)井盖完整 (2)井圈完整 (3)井背开裂错台 (4)井筒大沉降	16	(1)增加井背环 (2)不修复井圈 (3)不修复井盖 (4)井筒内壁无需砂浆封层
14	K1+285.37 2.36		(1)井盖完整 (2)井圈断裂 (3)井背开裂错台 (4)井筒大沉降	11	(1)增加井背环 (2)修复井圈 (3)不修复井盖 (4)井筒内壁无需砂浆封层

表15.5(续)

序号	里程桩号 偏距/m	井盖照片	井盖损坏情况	3m 直尺测量 沉降值/mm	井盖处理建议
15	K1+329.35 2.97		(1)井盖完整 (2)井圈完整 (3)井背完整 (4)井筒沉降	8	(1)增加井背环 (2)不修复井圈 (3)不修复井盖 (4)井筒内壁无需砂浆封层
16	K1+725.49 5.22		(1)井盖完整 (2)井圈断裂 (3)井背开裂错台 (4)井筒大沉降	15	(1)增加井背环 (2)修复井圈 (3)不修复井盖 (4)井筒内壁无需砂浆封层
17	K1+744.11 3.72		(1)井盖完整 (2)井圈断裂 (3)井背开裂错台 (4)井筒大沉降	25	(1)增加井背环 (2)修复井圈 (3)不修复井盖 (4)井筒内壁无需砂浆封层
18	K2+088.36 2.53		(1)井盖完整 (2)井圈完整 (3)井背完整 (4)井筒微沉降	5	(1)增加井背环 (2)不修复井圈 (3)不修复井盖 (4)井筒内壁无需砂浆封层
19	K2+100.42 4.58		(1)井盖完整 (2)井圈断裂 (3)井背开裂错台 (4)井筒大沉降	23	(1)增加井背环 (2)修复井圈 (3)不修复井盖 (4)井筒内壁无需砂浆封层
20	K2+198.15 4.08		(1)井盖完整 (2)井圈断裂 (3)井背开裂错台 (4)井筒大沉降	25	(1)增加井背环 (2)修复井圈 (3)不修复井盖 (4)井筒内壁无需砂浆封层

表15.5（续）

序号	里程桩号 偏距/m	井盖照片	井盖损坏情况	3m 直尺测量 沉降值/mm	井盖处理建议
21	K2+244.03 4.08		（1）井盖完整 （2）井圈完整 （3）井背完整 （4）井筒微沉降	4	（1）增加井背环 （2）不修复井圈 （3）不修复井盖 （4）井筒内壁无需砂浆封层
22	K2+245.48 3.92		（1）井盖完整 （2）井圈完整 （3）井背完整 （4）井筒沉降	6	（1）增加井背环 （2）不修复井圈 （3）不修复井盖 （4）井筒内壁无需砂浆封层
23	K2+431.32 4.23		（1）井盖完整 （2）井圈完整 （3）井背完整 （4）井筒沉降	9	（1）增加井背环 （2）不修复井圈 （3）不修复井盖 （4）井筒内壁无需砂浆封层
24	K2+739.01 4.29		（1）井盖完整 （2）井圈完整 （3）井背开裂错台 （4）井筒大沉降	20	（1）增加井背环 （2）不修复井圈 （3）不修复井盖 （4）井筒内壁无需砂浆封层
25	K2+750.20 4.75		（1）井盖完整 （2）井圈完整 （3）井背开裂错台 （4）井筒大沉降	15	（1）增加井背环 （2）不修复井圈 （3）不修复井盖 （4）井筒内壁无需砂浆封层
26	K2+782.44 6.42		（1）井盖完整 （2）井圈完整 （3）井背完整 （4）井筒沉降	7	（1）增加井背环 （2）不修复井圈 （3）不修复井盖 （4）井筒内壁无需砂浆封层

表15.5(续)

序号	里程桩号 偏距/m	井盖照片	井盖损坏情况	3m 直尺测量 沉降值/mm	井盖处理建议
27	K2+932.53 5.03		(1)井盖完整 (2)井圈完整 (3)井背开裂错台 (4)井筒大沉降	14	(1)增加井背环 (2)不修复井圈 (3)不修复井盖 (4)井筒内壁无需砂浆封层
28	K2+933.81 5.74		(1)井盖完整 (2)井圈断裂 (3)井背完整 (4)井筒沉降	7	(1)增加井背环 (2)修复井圈 (3)不修复井盖 (4)井筒内壁无需砂浆封层
29	K2+995.77 2.39		(1)井盖完整 (2)井圈完整 (3)井背开裂错台 (4)井筒大沉降	12	(1)增加井背环 (2)不修复井圈 (3)不修复井盖 (4)井筒内壁无需砂浆封层
30	K3+005.81 2.76		(1)井盖完整 (2)井圈完整 (3)井背开裂错台 (4)井筒大沉降	12	(1)增加井背环 (2)不修复井圈 (3)不修复井盖 (4)井筒内壁无需砂浆封层
31	K3+011.08 3.47		(1)井盖完整 (2)井圈完整 (3)井背开裂错台 (4)井筒沉降	6	(1)增加井背环 (2)不修复井圈 (3)不修复井盖 (4)井筒内壁无需砂浆封层
32	K3+034.01 3.71		(1)井盖完整 (2)井圈完整 (3)井背开裂错台 (4)井筒沉降	7	(1)增加井背环 (2)不修复井圈 (3)不修复井盖 (4)井筒内壁无需砂浆封层

注：井筒微沉降为≤5mm，井筒沉降为>5mm 并≤10mm，井筒大沉降为>10mm。

◆◇ 15.5 沥青混凝土路面通信井盖损坏调查诊断

沥青混凝土路面通信井盖损坏调查诊断见表 15.6。

表 15.6 左幅通信井盖损坏调查诊断

序号	里程桩号 偏距/m	井盖照片	井盖损坏情况	3m 直尺测量 沉降值/mm	井盖处理建议
1	K0+630.49 -4.78		(1)井盖完整 (2)井圈断裂 (3)井背开裂错台 (4)井筒大沉降	27	(1)维修井背 (2)修复井圈 (3)不修复井盖 (4)井筒内壁无需砂浆封层

注：井筒微沉降为≤5mm，井筒沉降为>5mm 并≤10mm，井筒大沉降为>10mm。

◆◇ 15.6 沥青混凝土路面井盖损坏数值模拟分析

沥青混凝土路面井盖损坏数值模拟分析建模见图 15.1。

图 15.1 沥青混凝土路面井盖损坏数值模拟分析建模

由图 15.2 交通荷载影响沥青混凝土路面井盖变形云图可知，考虑车辆荷载 20kN/m^2，变形最大值为 17.65m，发生在井盖区。

由图 15.3 交通荷载影响沥青混凝土路面井盖总主位移变化等值面图可知，最大值为 17.65mm，发生在人防环道顶板、路口区。

由图 15.4 交通荷载影响沥青混凝土路面井盖总主应力矢量、方向变化可知，最大值为 35.75kPa，最小值为−16.43kPa，总主应力矢量向井体偏转。

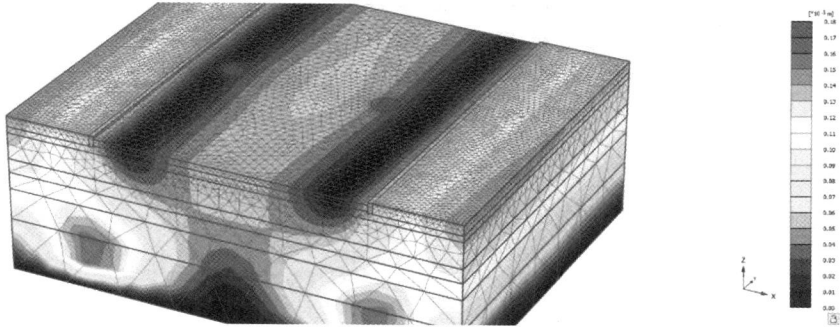

图 15.2　交通荷载影响沥青混凝土路面井盖变形云图

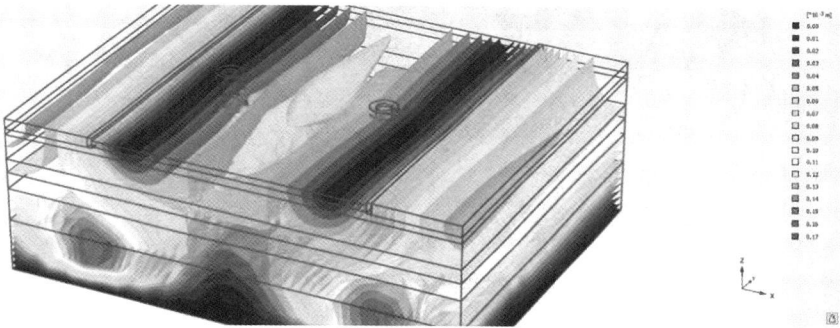

图 15.3　交通荷载影响沥青混凝土路面井盖总主位移变化等值面图

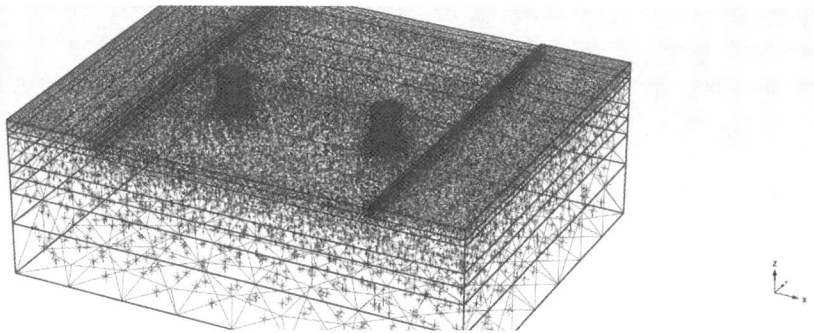

图 15.4　交通荷载影响沥青混凝土路面井盖总主应力矢量、方向变化

由图 15.5 交通荷载影响沥青混凝土路面井盖总主应力变化等值面图可知，最大值为 34.58MPa，最小值为−12.64MPa，井体出现最大值。

由图 15.6 交通荷载影响沥青混凝土路面井盖剪应力变化等值面图可知，最大值为 32.75MPa，最小值为−12.26MPa，井体出现最大值。

图 15.5　交通荷载影响沥青混凝土路面井盖总主应力变化等值面图

图 15.6　交通荷载影响沥青混凝土路面井盖剪应力变化等值面图

◆◇ 15.7　本章小结

　　为对沥青路面井盖病害进行动力固结数值模拟，本章对全路段沥青混凝土路面强电、雨水、污水、给水及通信等五种不同井盖损坏状况进行了调查与诊断，在此基础上，对井盖的损坏机理分别进行了数值模拟，得到了井盖病害的演变规律，为沥青路面井盖病害的维护与修复提供了依据。

第16章　主要结论

本书基于电磁感应、探地雷达的城市地下道路管线探测原理、方法与技术开展研究，主要探讨了电磁感应探地雷达在道路地下管线检测诊断、沥青路面主要病害与处理措施建议和沥青路面病害动力固结数值模拟分析等内容，主要成果与结论如下。

（1）电磁感应、探地雷达的城市地下道路管线探测原理、方法与技术。针对城市地下管线的基本状况，结合城市地下管线普查管理与术语规定，开展了地下管线的类别和探测方法的分类、电磁感应探测法的基本原理方法、电磁辐射（地质雷达）探测法、探地雷达 LTD2100 探测原理与数据处理方法、探地雷达 RD1100/1500 探测管线数据处理方法研究，建立了基于探地雷达地下管线探测图谱特征判识方法。

（2）开展了探地雷达在道路检测中的质量评价应用示例解译研究，形成了探地雷达在道路地下管线检测中的精准探测思路和方法。

（3）通过环城南路路面病害实体工程，深入开展了电磁感应探地雷达在道路地下管线检测与诊断，提出了沥青路面主要病害与处理措施建议，数值模拟揭示分析了沥青路面病害动力固结破坏机理，成果用于指导工程实践，效果良好。

（4）环城南路路面裂缝病害处治。对个别裂缝病害建议采取如下的处治方案：

①对于缝宽在 3mm 以内的裂缝，可暂不处理，施工前，统一喷洒粘层油后，贴附 100cm 宽的土工格栅，然后进行路面加铺方案施工。

②对于局部路段缝宽大于 3mm 且小于 10mm 的裂缝，应采用专用灌封（封缝）材料或者热沥青灌封缝内潮湿时候应采用乳化沥青灌封。

③对于局部路段缝宽大于 1cm 的裂缝，采用开槽回填处治。具体工艺：以裂缝中心 150cm 范围内开槽，开槽深度为沥青面层厚度，开槽后应采用专用灌封（封缝）材料或者热沥青灌封，然后在基层顶面裂缝位置粘附 100cm 宽的玻纤格栅后回填与原路面一致的混合料，回填材料厚度要求经压实后，之后可进行路面整治。

④对于铣刨至基层后，裂缝宽度仍大于 1cm 时，应先清除缝内杂物，并在上口适当扩展成倒梯形，顶宽 15~20cm，底宽 5~15cm，深度为 10cm 左右，直接灌入 C25 混凝土，回填材料满足压实度。之后可进行路面补强方案加铺施工。

⑤对于采用结构补强方案路段的裂缝，采用直接灌入水稳碎石，回填材料厚度满足压实度后，之后可进行路面补强加铺施工。

（5）环城南路路面坑槽病害处治。对坑槽的修复可以采取以下方法：

①严格按照"圆洞方补，斜洞正补"的原则，划出所需修补坑槽的轮廓线，处理范围，其范围应根据坑槽适当扩大处理；

②沿所划轮廓线开凿至坑底稳定部分，其深度不得小于原坑槽的最大深度；若基层已经松散破坏，将破坏的基层一并清除；

③清除槽底、槽壁的松动部分及粉尘等杂物，涂刷粘层沥青；

④填入沥青混合料并整平；

⑤用小型压实机具将填补好的部分压实，应将沥青混合料分多次进行摊铺和压实，压实时应注意边部压实和对周边部分造戍振动松散；

⑥采用封缝胶进行封边处理。

（6）环城南路路面网裂病害处治。对于局部的小面积网裂，可参照坑槽的处治方案进行，重点是处理彻底，避免多次重复维修。对于大面积、有松散迹象的网裂，建议面层铣刨处理。现场考察基层状况对薄弱部位的基层进行处理后重铺，回填材料采用 AC–20C 沥青混合料。

（7）环城南路路面沉陷病害处治。沉陷范围较小时，一般由基层引起，沉陷范围较大一般由路基引起。对路面的沉陷可根据不同的情况和病害程度，采取不同的处理方式。

因路基不均匀沉降而引起的局部路面沉陷，若路基和基层已经稳定，不再继续下沉，可只修补面层。并根据路面的破损状况分别采取下列处治措施：

①路面略有下沉，沉陷深度≤20mm，无破损或仅有少量轻微裂缝，可不作处理，仅在沉陷处直接路面方案施工。

②沉陷深度>20mm，破损较轻或仅有少量轻微裂缝，可在沉陷处喷洒涂刷粘层沥青，再用沥青混合料将沉陷部分填补，并压实平整。

③因路基或基层结构遭到破坏而引起路面沉陷，应将面层和已破坏的基层完全铲除后重铺基层。

（8）环城南路路面基层处治。路段根据面层铣刨后基层顶面的病害状况及严重程度可选择不同的处治方案：

①当基层顶面无大面积松散、唧浆等病害，而只有单条裂缝时可采取土工格栅进行贴缝处理，再进行沥青面层回填，以减缓裂缝的反射；

②基层顶面出现大面积松散、唧浆等病害，则需根据病害的数量，如数量较少可按照"圆洞方补，斜洞正补"的原则挖除病害位置基层后回填 C35 钢筋混凝土。

（9）环城南路路面底基层处治。路段采用结构补强方案，根据面层挖除后底基层顶面的病害状况及严重程度可选择不同的处治方案：

①当底基层顶面无大面积松散、唧浆等病害，而只有单条裂缝时可采取灌入水稳碎石，再进行基层回填，以减缓裂缝的反射；

②基层顶面出现大面积松散、唧浆等病害，则需根据病害的数量，如数量较少可按照"圆洞方补，斜洞正补"的原则挖除病害位置底基层后，回填素混凝土+C35 钢筋混凝土。

（10）环城南路井盖处置。环城南路井盖全部加强处理。

主要参考文献

［1］ 王成仲,安宏钧,杨松泉.钢纤维混凝土的配合比设计及应用[J].河北建筑工程学院学报,2006(2):47-49.

［2］ 黄国兴,惠荣炎.混凝土的收缩[M].北京:中国铁道出版社,1990.

［3］ 梁力,李明.土木工程数值计算方法与仿真技术[M].沈阳:东北大学出版社,2008.

［4］ 伍义生,吴永礼.有限元方法基础教程:第3版[M].北京:电子工业出版社,2003.

［5］ ARGYRIS J H.Die matrizentheorie der statik[J].Archive of applied mechanics,1957,25(3):174-192.

［6］ 王勖成,邵敏.有限单元法的基本原理与数值方法:第2版[M].北京:清华大学出版社,1997.

［7］ KAPLAN M F.Crack propagation and the fracture of a crack travering a plate[J].Journal of the American Concrete Institute,1961,58(5):591-610.

［8］ BAZANT Z P.Is no-tension design of concrete or rock structures always safe-fracture analysis[J].Journal of structural engineering,ASCE,1996,122(1):2-10.

［9］ KALKANI E C.Stress evaluation along the sidewalls of a box-shaped spillway structure[J].Computers & structures,1993,47(1):163-167.

［10］ MIRZA J,DURAND B.Evaluation selection and installation of surface repair mortars at a dam site[J].Construction and building materials,1994,8(1):17-25.

［11］ LÉGER P,CÖTÉ P,TINAWI R.Finite element analysis of concrete swelling due to alkali-aggregate reactions in dams[J].Computers & structures,1996,60(4):601-611.

［12］ MIRZA J,MIRZA M S,LAPOINTE R Laboratory and field performance of polymer modified cement-based repair mortars in cold climates[J].Construction and building materials,2002,16(6):365-374.

［13］ ABDALLAH I,MALKAWI H,MUTASHER S A,et al.Thermal-structural modeling and temperature control of roller compacted conerete gravity dam[J].Journal of performance of constructured facilities,2003,11:177-187.

［14］ ANDREW S G,HANCOCK J M,KENNEDY W J,et al.An integrated study(geochemistry,stable oxygen and carbon isotopes nannofossils,planktonic foraminifera,inoceramid bivalves,ammonites and crinoids)of the Waxahachie Dam Spillway section north Texas: a possible boundary stratotype for the base of the Campanian Stage[J].Cretaceous research,2008,29(1):131−167.

[15] KUPRIYANOV V P. Winter operation of spillway structures at hydroelectric power plants[J].Power technology and engineering(formerly hydrotechnical construction), 2010,44(4):255−262.

[16] 孔祥春,高岩,姜伟民.丙乳砂浆在压力隧洞混凝土表面缺陷处理中的应用[J].东北水利水电,2010(11):16−18.

[17] 孙宇飞,胡炜,张勇.环氧砂浆热膨胀性能试验研究[J].西北水电,2013,(3):88−90.

[18] 马宇,孙志恒,张昕.高弹性修补砂浆的试验研究[J].大坝安全,2013(2):44−47.

[19] 孙红尧.聚合物树脂水泥砂浆修补和防腐蚀技术[J].材料保护,2011,44(4):150−156.

[20] 王冬,祝烨然,黄国泓,等.HLC-GMS 特种抗冲耐磨聚合物钢纤维砂浆的性能研究[J].混凝土,2012(5):111−113.

[21] 王磊,刘方,徐玲玲.矿粉对环氧树脂基混凝土修补材料性能的影响[J].南京工业大学学报(自然科学版),2010,32(2):72−76.

[22] 刘纪伟,周明凯,陈潇,等.丁苯乳液改性硫铝酸盐水泥修补砂浆性能研究[J].人民长江,2013,44(13):51−54.

[23] 朱敏,李振华.NKY 改性树脂乳液在水工建筑物混凝土缺陷修补中的应用[J].江苏水利,2013(5):37,40.

[24] 耿飞,高培伟,徐少云.高性能丙烯酸类混凝土裂缝修补材料的制备[J].南京航空航天大学学报,2013,45(2):255−259.

[25] GRIFFTH A.The phenomena of rupture and flow in solids[J].Phil.Trans.Roy.Soc.Series A221,1921:163−168.

[26] MURRAY W M.Book reviews:fatigue and fracture of metals[J].Science,1953:118.

[27] IRWIN G R.Analysis of stresses and strains near the end of a crack traversing a plate [J].Journal of applied mechanics,1957,24:361−364.

[28] RICE J R.A path independent integral and the approximate analysis of strain concentration by notches and cracks[J].Journal of applied mechanics.1968,35:379−386.

[29] HUTCHINSON J W.Singular behavior at the end of a tensile crack in a hardening material[J].Journal of mechanics and physics of solids,1968,1:13−31.

[30] RICE J R,ROSENGRREN G R.Plane strain deformation near a crack tip in a power-hardening material[J].Journal of mechanics and physics of solids,1968,1:1−12.

[31] DUGDULE D S.Yielding of steel sheets containing slits[J].Journal of mechanics and physics of solids,1960,8(2):100-104.

[32] HILLERBORG A.Analysis of crack formation and crack growth in concrete by means of fracture mechanics and finite elements[J].Cement and concrete research,1976,6:773-782.

[33] BAZANT Z P.Crack band theory for fracture of concrete[J].RILEM materials and structures,1983,16(93):155-177.

[34] JENQ Y S,SHAH S P.Two parameter fracture model for concrete[J].Journal of engineering mechanics,ASCE,1985,111(10):1227-1241.

[35] BAZANT Z P,KAZEMI M T.Size dependence of concrete fracture energy determined by Rilem work-of-fracture method[J].International journal of fsracture,1991,51:121-138.

[36] SWARTZ S E,GO C G.Validity of compliance calibration to cracked concrete beams in bending[J].Experimental Mechanics,1984,24(2):129-134.

[37] KARIHALOO B L,NALLATHAMBI P.An improved effective crack model for the determination of fracture toughness of concrete[J].Cement and conarete research,1989,19:603-610.

[38] 徐世烺,赵国藩.混凝土结构裂缝扩展的双K断裂准则[J].土木工程学报,1992,25(2):32-38.

[39] XU SHILANG,REINHARDT H W.Determination of double-K criterion for crack propagation in quasi-brittle fracture.Part I:Experimental investigation of crack propagation[J].International journal of fracture,1999,98:111-149.

[40] XU SHILANG,REINHARDT H W.Determination of double-K criterion for crack propagation in quasi-brittle fracture.Part II:Analytical evaluating and practical measuring methods for three-point bending notched beams[J].International journal of fracture,1999,98:151-177.

[41] XU SHILANG,REINHARDT H W.Determination of double-K criterion for crack propagation in quasi-brittle fracture Part III:Compact tension specimens and wedge splitting specimens[J].International journal of fracture,1999,98:179-193.

[42] 吴智敏,杨树桐,郑建军.混凝土等效断裂韧度的解析方法及其尺寸效应[J].水利学报,2006,37(7):795-800.

[43] OUCHTERLONY F.Suggested methods for determining the fracture toughness of rock[J].International journal of rock mechanics and mining sciences and geomechanics abstracts,1988,25(2):71-96.

[44] ACI Committee.State-of-art report[R].American Concrete Institute Detroit,ACI Special

Publication,1989.

[45] 于中,居襄.混凝土断裂韧度的研究[J].力学与实践,1980(4):69-71.

[46] 高洪波.混凝土Ⅰ型、Ⅱ型断裂参数确定的研究[D].大连:大连理工大学,2008.

[47] 沈新普,黄志强,鲍文博,等.混凝土断裂的理论与试验研究[M].北京:中国水利水电出版社,2008.

[48] 唐春安,朱万成.混凝土损伤与断裂:数值试验[M].北京:科学出版社,2003.

[49] 程靳,赵树山.断裂力学[M].北京:科学出版社,2006.

[50] 张行,崔德渝,孟庆春,等.断裂与损伤力学[M].北京:北京航空航天大学出版社,2006.

[51] 方坤河,曾力.碾压混凝土抗裂性能的研究[J].水力发电,2004(4):49-51.

[52] 杨华全,李文伟.水工混凝土研究与应用[M].北京:中国水利水电出版社,2005.

[53] 中国水利水电科学研究院结构材料研究所.大体积混凝土[M].北京:中国水利水电出版社,1990.

[54] 邓东升.合成纤维对水工混凝土抗裂性能和抗碳化性能的影响[J].混凝土,2005(10):44-47.

[55] 高小建,赵福军,巴恒静.减缩剂与聚丙烯纤维对混凝土早期收缩开裂的影响[J].沈阳建筑大学学报,2006,5(22):768-772.

[56] DAVE N J,ELLISD G.Polypropylene fiber reinforced cement[J].Intenrational journal of cement composites,1979(1):19-28.

[57] 郭海洋,刘建树,赵明,等.改性异形聚丙烯(PP)增强水泥混凝土抗裂性研究[J].山东纺织科技,2001(5):11-13.

[58] KRENCHEL H.Fibre reinforcement[M].Copenhagen:Akademisk Forlay,1964.

[59] 龚洛书.混凝土实用手册:第二版[M].北京:中国建筑工业出版社,1995:881-927.

[60] 冯乃谦.实用混凝土大全[M].北京:科学技术出版社,2001:937-946.

[61] ROMUALDI J P,MANDEL J A.Tensile strength of concrete affected by uniformly distributed and closely spread short lengths of reinforcement[J].Reinforce-ment.ACI journal,proceedings,1964,61(6):657-670.

[62] 金属材料 拉伸试验 第1部分:室温试验方法:GB/T 228—2010[S].北京:中国标准出版社,2010.

[63] 混凝土结构工程施工质量验收规范:GB 50204—2015[S].北京:中国建筑工业出版社,2015.

[64] 建筑结构检测技术标准:GB/T 50344—2019[S].北京:中国建筑工业出版社,2019.

[65] 混凝土结构试验方法标准:GB/T 50152—2012[S].北京:中国建筑工业出版社,2012.

［66］ 混凝土中钢筋检测技术规程：JGJ/T 152—2008［S］.北京：中国建筑工业出版社，2008.

［67］ 谭礼陵.钢筋混凝土非线性有限元分析概述［J］.市政技术，2008（4）：344-347.

［68］ 张洪信，赵清海，等.ANSYS 有限元分析完全自学手册［M］.北京：机械工业出版社，2008.

［69］ 谢慧才，刘金伟，熊光晶，等.钢筋混凝土修补梁的实验研究和有限元分析［C］.第五届建筑物鉴定与加固改造学术论文集.北京：中国建材工业出版社，2000：240-245.

［70］ 混凝土结构设计规范（2015 年版）：GB 50010—2010［S］.北京：中国建筑工业出版社，2016.

［71］ 孙训芳，方孝淑，关来泰.材料力学：第四版［M］.北京：高等教育出版社，2002.

［72］ 李国，叶裕明，刘春山，等.ANSYS 土木工程应用实例：第二版［M］.北京：中国水利水电出版社，2007.

［73］ 尚小江，邱峰，赵海峰，等.ANSYS 结构有限元高级分析方法与范例应用［M］.北京：中国水利水电出版社，2005.

［74］ ANSYS 中国公司.ANSYS 建模及网格划分指南.2000.

［75］ 康军红，刘晓峰.碳纤维复合材料在闸墩混凝土裂缝处理中的应用［J］.科学与工程技术，2006（2）：28-30.

［76］ 赵彤，谢剑.碳纤维布补强加固混凝土结构新技术［M］.天津：天津大学出版社，2000.

［77］ 李明，张永兵，周诚.混凝土裂缝处理技术［J］.内蒙古水利，2010（1）：104-105.

［78］ 赵国藩，等.钢纤维混凝土结构［M］.北京：中国建筑工业出版社，1999.

［79］ 章文纲，程铁生，等.钢纤维混凝土的试验研究［M］.北京：空军工程学院出版社，1986.

［80］ 冯平喜.钢纤维增强路面混凝土的应用与发展［J］.山西建筑，2003，29（4）：104-105.

［81］ 曾滨，金芷生.钢纤维混凝土纤维增强作用［J］.北京科技大学学报，1995，17（5）：45-48.

［82］ 姚树江，孟凡海，张福.钢纤维混凝土在矿山井巷支护中的应用［J］.有色金属，2000（1）：24-28.

［83］ 张秀梅，孙志恒，夏世法，等.无损检测及混凝土裂缝处理［J］.中国水利水电科学研究院学报，2007，2：158-161.

［84］ 纤维混凝土结构技术规程：CECS38：2004［S］.北京：中国计划出版社，2004.

［85］ 通用硅酸盐水泥：GB 175—2007［S］.北京：中国标准出版社，2008.

［86］ 用于水泥和混凝土中的粉煤灰：GB 1596—2017［S］.北京：中国标准出版社，2018.

［87］ 混凝土结构工程施工及验收规范:GB 50204—2015［S］.北京:中国建筑工业出版社,2015.

［88］ 钢纤维混凝土试验方法:CECS 13:2009［S］.北京:中国计划出版社,1991.

［89］ 普通混凝土配合比设计规程:JGJ 55—2011［S］.北京:中国建筑工业出版社,2011.

［90］ 普通混凝土力学性能试验方法标准:GB/T 50081—2002［S］.北京:中国建筑工业出版社,2002.